科学发展观和现代化建设

Kexue Fazhanguan he Xiandaihua Jianshe

魏礼群　著

人民出版社

目　录

（二）经济结构调整和经济增长方式转变

（三）经济体制改革和对外开放

（四）以人为本和社会全面发展

(五)树立和坚持正确政绩观

前　言

奉献在读者面前的，大都是我在 1999 年以来撰写的部分文章。

本书取名为《科学发展观和现代化建设》，是因为所选的文章内容，都与论述科学发展观和现代化建设的问题密切相关。这几年，正值人类社会世纪之交，中国特色社会主义事业也处于承前启后、继往开来之际。我国改革开放和现代化建设进程波澜壮阔，成就斐然。时代在前进，实践在发展，理论在升华。我们党立足于新的实践和新的发展，着眼于对重大问题的理论思考，不断开拓马克思主义理论发展的新境界。以人为本、全面协调可持续的科学发展观，就是在邓小平理论和“三个代表”重要思想指导下形成的崭新理论成果。这是对我国社会经济发展规律认识的新飞跃，是社会主义现代化建设指导思想的新发展，具有极其重大的意义。本书汇集的文章，主要是围绕学习邓小平理论、“三个代表”重要思想和党中央的路线方针政策，学习和落实科学发展观、推进现代化建设所进行的思考，对一些重大理论观点和重大决策部署所作的阐述。以科学发展观统揽经济社会发展全局，是我国现代化建设长期的任务，还需要深入探讨相关的理论和实际问题。今后,我将为之进行持之以恒的努力。

本书汇集的文章,是本人撰写的论文或主持重大课题研究形成的研究报告。文章汇集的方法,总的说,是以逻辑为主,同时考虑写作时间顺序。为了便于反映本书的主线和层次,按照文章论述的重点,大体分为五个部分:"科学发展观和现代化建设"、"经济结构调整和经济增长方式转变"、"经济体制改革和对外开放"、"以人为本和社会全面发展"、"树立和坚持正确政绩观"。这些归并是事后分类,因此有的文章某些内容难免会有些交叉。由于写作时间不同,虽然是相同主题的文章,但论述的角度和内容不一样,后来写的文章则反映了理论和实践的新发展。这次汇集的文章,大部分已在报刊上公开发表,也有十余篇尚属首次与读者见面。本书如能对读者有所裨益,则是我的衷心期望,也殷切地希望得到读者的批评指正。

作 者

2005 年 3 月

（一）

科学发展观和现代化建设

树立和落实科学发展观

在2003年10月党的十六届三中全会上,我们党郑重地提出了科学发展观的重大思想。明确提出科学发展观,是我们党对经济社会发展规律认识的重要升华,是对我国社会主义现代化建设指导思想的新发展,具有十分重大的现实意义和深远的历史意义。我们要深刻认识提出科学发展观的背景和意义,全面把握科学发展观的内涵和精神实质,明确贯彻科学发展观的途径和要求,牢固树立和认真落实科学发展观,更好地把全面建设小康社会和整个现代化事业推向前进。

一、为什么提出树立和落实科学发展观

发展观是关于经济社会发展的世界观和方法论,包括对发展的目的、内涵、途径的根本观点,实质是对为什么发展和怎样发展的理论、道路和模式的总概括。一个国家在一定时期选择什么样的发展观,就会有什么样的发展道路、发展模式和发展战略,就会对发展的实践产生根本性、全局性的重大影响。

我们党提出的科学发展观,有一个明确、完整的表述,就是"坚持以人为本、全面协调可持续的发展观,促进经济社会和人的全面发展",要求"统筹城乡发展、统筹区域发展、统筹经济社会发展、统筹

人与自然和谐发展、统筹国内发展和对外开放”。这一科学发展观，精辟地指出了我国在新世纪新阶段要发展、为什么发展和怎样发展的重大问题，进一步指明了中国社会主义现代化建设的发展道路、发展模式和发展战略，是从国家事业发展全局出发提出的重大战略思想。

为什么明确地提出树立和落实科学发展观，它的主要依据是什么？

第一，这是贯彻落实“三个代表”重要思想的具体体现，是对我国社会主义现代化建设规律认识的进一步深化。“三个代表”重要思想在邓小平理论的基础上，进一步回答了什么是社会主义、怎样建设社会主义的问题，创造性地回答了建设什么样的党、怎样建设党的问题；同时，也开创性地回答了为什么我们党执政兴国的第一要务是发展，在社会主义初级阶段我们党应当如何认识和怎样领导发展的问题。

按照“三个代表”重要思想的要求，要把建设党的先进性和发挥社会主义制度的优越性落实到发展先进生产力、发展先进文化、实现最广大人民的根本利益上来，促进社会主义物质文明、政治文明和精神文明协调发展。科学发展观强调以人为本，强调经济社会全面、协调、可持续发展，体现了“三个代表”重要思想关于发展的要求，体现了我们党立党为公、执政为民的本质。树立和落实科学发展观，就是要把“三个代表”重要思想落实到现代化建设的各个领域，更好地推进发展这个我们党执政兴国第一要务的伟大实践。

我们党对社会主义现代化建设规律的认识，是随着实践的发展而不断深化的。早在新中国成立初期，党就提出要探索社会主义建设规律问题。1956 年，毛泽东同志发表了著名的《论十大关系》，提出一系列关于社会主义建设的重要理论观点，初步探索了符合我国国情的发展道路。党的第八次全国代表大会在全面分析国内外形势的基础上，指出我国社会的主要矛盾是人民对于经济文化迅速发展的需要同当前经济文化不能满足人民需要的状况之间的矛盾，强调要集中力量发展社会生产力，实现国家工业化。这些重大判断和指导思想是正确的，对实践的发展起到了积极作用。但是，后来由于种种复杂的原因，我国的发展走了弯路。1978 年，党的十一届三中全会深刻总结了过去二十多年的经验教训，果断地把党和国家的工作重点由“以阶级斗争为纲”转移到社会主义现代化建设上来，做出了实行改革开放的重大决策。邓小平同志和我们党提出建设中国特色的社会主义，提出并实施现代化建设“三步走”发展战略，强调社会主义的根本任务是发展生产力，“发展才是硬道理”，并制定社会主义初级阶段“一个中心、两个基本点”的基本路线和一系列重大方针政策。这是对我国现代化建设规律认识的一次飞跃，有力地推动了我国改革开放和现代化建设事业的迅速发展。以江泽民同志为核心的党的第三代中央领导集体提出“三个代表”重要思想，强调发展是党执政兴国的第一要务，坚持用发展的办法解决前进中的问题，明确提出正确处理现代化建设中的一系列重大关系，提出科教兴国战略、可持续发展战略、西部大开发战略等重大战略，进一步丰富了社会主义现代化建设的理论和实践。以胡锦涛同志为总书记的党中央在邓小平理论和“三个代表”重要思想指导下，根据新的形势和任务，特别是抗击非典型肺炎斗争的重要启示，明确提出了科学发展观，把坚持以人为本和经济社会全面、协调、可持续发展统一起来，并强调按照“五个统筹”的要求推进改革和发展。这标志着我们党对社会主义现代化建设规律的认识更加深入。科学发展观同毛泽东、邓小平、江泽民同志关于发展的重要思想是一脉相承的，是与时俱进的马克思主义发展观。

第二，这是我国进入新的发展阶段客观进程和顺利实现宏伟目标的必然要求。当人类社会进入 21 世纪的时候，我国进入全面建设小康社会、加快推进社会主义现代化的新的发展阶段。改革开放以来，我国成功地实现了由贫困到温饱、又到总体小康的两个历史性跨越，实现了现代化建设的前两步战略目标。但我们现在达到的小康还是低水平的、不全面的、发展很不平衡的小康。新世纪头20年是我们必须紧紧抓住的重要战略机遇期，是我国迈向第三步战略目标的关键时期。在这个时期，我们要全面建设惠及十几亿人口的更高水平的小康社会，使经济更加发展、民主更加健全、科教更加进步、文化更加繁荣、社会更加和谐、人民生活更加殷实。这是一个经济、政治、社会、文化、生态和人全面发展的系统集成的目标体系。我们的发展目标更加全面，发展任务更加艰巨。到2020年实现国内生产总值比2000年翻两番，需要在经济总量已经很大的基础上，继续保持快速协调健康发展。随着经济社会持续发展，居民收入水平不断提高，社会需求更趋多样化，消费结构加快升级，人们将更加追求生活内容的丰富、生活质量的提高、生活环境的改善。我国正处于经济结构加快转换的时期。服务业比重增加，制造业重组加快，农业发展水平提高；农村富余劳动力将大规模转移，城镇化水平上升，城乡联系更为密切；人口、资金在地区之间的流动加快；收入分配结构将发生新的变化。这些都要求我们必须更加重视以人为本，重视统筹协调和全面发展。目前，改革已经进入完善社会主义市场经济体制的新阶段。这既是通过改革促进发展的关键时期，也是深化改革的攻坚时期。需要更大程度地发挥市场在资源配置中的基础性作用，更好地协调各种利益关系，妥善处理各方面改革之间的关系，妥善处理改革发展稳定的关系。我国加入世贸组织标志着对外开放进入新的阶段，与世界经济的联系日益紧密，给我国经济发展既带来了机遇，又带来了新的挑战。这也要求正确处理好国内发展与对外开放的关系。

2003年我国人均国内生产总值已超过1000美元。按照既定的目标，国内生产总值到2020年翻两番，人均国内生产总值将达到

3000美元。从国际上看,人均国内生产总值从1000美元到3000美元之间,是现代化进程中一个非常关键的阶段,也是经济社会结构发生深刻变化、各种社会矛盾凸显的重要阶段。许多国家的发展进程表明,在这一阶段有可能出现两种发展结果:一种是搞得好,经济社会继续向前发展,顺利实现工业化、现代化;另一种是搞得不好,往往出现贫富悬殊、失业增加、城乡和地区差距拉大、社会矛盾加剧、生态环境恶化等问题,导致经济社会发展长期徘徊不前,甚至出现社会动荡和倒退。正反两方面的经验告诉我们,在这个重要关键阶段,一定要在高平台上处理好经济社会发展各方面的重大关系,促进经济社会全面、协调和可持续发展。

第三,这是对我国以往经济社会发展经验和教训的深刻总结。新中国成立以来特别是改革开放二十多年来,我国发展取得了历史上无与伦比、国际上为之称道的巨大成就,深刻改变了中国的社会经济面貌。在前进道路上,我们积累了许多成功经验,同时也有过值得总结的教训。我国进一步发展面临着许多矛盾和问题:经济高速增长而社会发展相对滞后;城乡差距、地区差距、居民收入差距持续扩大;就业和社会保障压力增加;资源消耗高和生态破坏严重等等。这些矛盾和问题,有些是在中国发展现阶段难以完全避免的,有些则是由于发展观的偏差所导致或者加剧的。强调树立和落实科学发展观,就是认真总结和汲取以往经济建设经验和教训得出的重要结论。今后,必须重视促进经济社会协调发展,重视处理好城乡之间、地区之间、社会不同利益群体之间的关系,重视解决好各方面的矛盾和问题。这样,才能顺利实现全面建设小康社会和现代化的奋斗目标。

第四,这是基于我国国情的必然选择和解决现实突出矛盾的迫切需要。我国正处于并将长期处于社会主义初级阶段。人口多,底子薄,社会生产力水平低,发展不平衡,资源相对不足,生态环境承载能力弱,这些是我国的基本国情。我国有近十三亿人口,今后一个时期每年还要增加1000万左右,2020年将达到14.83亿人,高峰期还将达到16.5亿人。我国人均耕地仅有1.43亩,不到世界人均水平的40%。我国资源总量约占世界的12%,居世界第三位,但人均资源量仅为世界平均水平的58%,居世界第五十三位;其中石油、天然气、铜和铝等重要矿产资源的人均占有量仅分别相当于世界人均水平的8.3%、4.1%、25.5%和9.7%;人均水资源拥有量仅为世界平均水平的1/4。随着经济增长和人口不断增加,能源、水、土地、矿产等资源不足的矛盾越来越尖锐,生态环境的形势十分严峻。我国经济建设存在的突出问题是结构不合理,经营方式粗放,经济增长主要靠增加投入、扩大投资规模。资本形成占国内生产总值的比重2003年高达42.7%,大大高于美国、德国、法国、印度等一般20%左右的水平。资源环境的代价太大。我国能源利用效率约为31.2%,与先进国家相差约10个百分点,主要工业产品单位能耗比先进国家高出30%以上。工业万元产值用水量为100立方米,是国外先进水平的10倍。2003年,我国消费钢材2.6亿吨、煤炭15亿吨、水泥8.2亿吨,分别相当于世界总产量的36%、30%和55%;消费原油约2.6亿吨,超过日本,仅次于美国,居世界第二。消费棉花占世界棉花产量的1/3。我国消费了这样巨额的资源,而创造的国内生产总值只约占世界的4%。我国单位资源的产出水平仅相当于美国的1/10,日本的1/20。每吨标准煤的产出效率,我国只有785美元,相当于美国的28.6%、欧盟的16.8%、日本的10.3%。这样消耗资源终究难以为继,环境也无法承受。我国废弃物排放水平大大高于发达国家,单位产值的废水排放量比发达国家高4倍,固体废弃物排放量高十多倍。据测算,到2020年,如果我国主要资源的人均消费量达到美国现在的水平,届时我国年消费的能源将达到175亿吨标准煤、石油47亿吨、钢6.2亿吨、铜1650万吨、铝3000万吨。这样,全球能源和石油储量也仅够我国消费66年和30年。这是不可想像的!按照现在的路子走下去绝对是行不通的！当然，我们不能像美国那样奢侈地消费地球上的资源，也不能因为面临资源问题而影响我国实现现代化的目标。根本的出路在于转变经济增长方式，走全面、协调和可持续发展之路。

同时，随着经济社会发展，社会矛盾也在增多。贫富差距呈现不断扩大的趋势，社会公平问题显现。国际上通常使用基尼系数来衡量贫富差距的大小，基尼系数在0.3—0.4之间时，为中等不平等程度，是较为合理的收入差距警戒线。据测算，近十多年来我国的基尼系数持续上升，1988年为0.341，2000年为0.417，2003年达到0.45左右，超过了国际公认的收入差距警戒线。就业压力大，现在城市下岗失业人员有1400多万，每年新增劳动力还有1000多万，农村还有2亿多个富余劳动力。如何在发展中解决这些矛盾和问题，是对我们党领导水平和执政能力的重大考验。科学发展观提供了解决我国经济社会生活中诸多矛盾和问题的强大思想武器。

第五，这是系统研究和借鉴国际上现代化发展理论的科学成果。发展是一个历史范畴。人类的发展观念也经历了漫长的历史演进。从工业革命开始到上个世纪前半期，人们对发展的认识，是走向工业化社会的过程，主要是经济增长的过程。上世纪后半期，发展观的进步是人类文明的重要成果。随着工业化推进，人们越来越将发展看作是经济增长和社会全面进步、生态环境建设相统一的过程。在1972年联合国斯德哥尔摩会议通过《人类环境宣言》以后，人们将发展看作是人类追求和社会要素和谐平衡的过程，注重人与自然环境相协调发展。20世纪80年代以来，人们将发展看作是人的基本需求逐步得到满足、人的能力发展的过程，1992年联合国环发大会通过《环境与发展宣言》，可持续发展的观念在全球取得共识。随着实践的推进和认识的提高，发展观不断加以丰富，最重要的结论是，经济增长不等于发展，经济发展不等于社会进步，发展不能以牺牲生态环境为代价。中国发展是世界发展的一部分,而且是富有特色的重要一部分。我国作为世界人口最多、经济落后的发展中国家,在探索经济和社会发展道路方面,应当顺应世界发展潮流,并不断有所创新。过去我们已经这样做,今后也能够做得更好。

总之,科学发展观是在坚持毛泽东、邓小平和江泽民同志关于发展的重要思想,充分肯定我国取得世界瞩目的发展成就的基础上,适应我国现代化建设发展趋势和汲取人类关于发展理论的有益成果,着眼于丰富发展内涵、创新发展观念、开拓发展思路、破解发展难题提出来的。牢固树立和认真落实科学发展观,是全面贯彻"三个代表"重要思想和党的十六大提出的奋斗目标的要求,是妥善应对我国现代化建设进入新阶段可能遇到的各种风险和挑战的正确选择,是提高党的执政能力和执政水平的迫切需要,关系党和国家工作的大局,关系全面建设小康社会和整个现代化事业的长远发展。我们必须站在这样的高度,充分认识树立和落实科学发展观的重大现实意义和深远历史意义。

中央提出树立和落实科学发展观以后,受到国内广大干部群众的热烈拥护,国外也给予高度评价。同时,也有些人提出一些疑虑或存在某种误解。

有一种认识,担心现在提出科学发展观,会否定过去的成绩。这种担心是不必要的。改革开放以来的25年,我们党的基本理论、基本路线、基本方针已被实践证明是完全正确的,经济社会发展的成绩巨大,这是不可否认、也否认不了的。在这个过程中,我们党经济建设的指导思想和方针政策也随着实践的发展而不断丰富和完善。包括早在20世纪80年代初就提出重视社会事业发展,制定和实施经济发展和社会发展相结合的计划;在90年代中期就明确提出推进经济增长方式和经济体制两个根本性转变。这些计划改革和重大方针在实践中发挥了重要作用,也取得了明显成效。问题是,由于多种原因,包括经济体制和运行机制的缺陷,有些方面、有些地方落实得不好。同时,有些问题的解决也需要相应的条件和过程。实践是认识的基础,认识来源于实践,又指导实践,也接受实践的检验。现在提出科学发展观,是多年来实践经验的总结,是认识的深化,同时我们国家物质基础和体制环境也有了很大变化,不仅需要提出而且有条件实施科学发展观。用现有的思想认识和理论观点去否定以前的工作成绩,是违反马克思主义的历史唯物论的,是错误的。

还有一种认识,担心贯彻落实科学发展观,会放慢经济发展速度。这也是不正确的。科学发展观不是不要发展,也不是要放慢发展速度。恰恰相反,科学发展观的第一要义是发展,而且是为了实现更快更好的发展。发展是硬道理,这是我们党长期坚持的一个重要战略思想。中国解决一切问题的关键在发展,我们党执政兴国的第一要务是发展。同时,发展必须有新思路,必须把握和运用现代化建设的客观规律。我们能否真正抓住本世纪头20年的重要战略机遇期加快发展,关键看我们是否有一个科学的发展观。只有以科学发展观为指导,实现全面、协调和可持续的发展,才能更快更好地发展,少走或不走弯路。历史经验反复表明,如果无视和违背客观规律和科学规律,盲目和片面追求经济增长速度,往往事与愿违,欲速则不达。重视经济社会全面、协调和可持续发展,可能看上去经济增长速度不会多么高,但这样的增长符合发展规律、有实效、有后劲、能持久。因此,我们要站在能否抓住和用好战略机遇,实现既快又好发展的高度,来深刻认识和理解科学发展观的精神实质。

二、全面把握科学发展观的主要内涵

科学发展观的内涵极为丰富,涉及经济、政治、文化、社会发展各个领域,既有生产力和经济基础问题,又有生产关系和上层建筑问题;既管当前,又管长远;既是重大的理论问题,又是重大的实践问题。我们要全面理解和正确把握科学发展观的主要内涵和基本要求。总起来说可以概括为三句话:一是,以人为本是科学发展观的本质和核心。二是,全面、协调、可持续发展是科学发展观的基本内容。全面发展,就是要以经济建设为中心,全面推进经济、政治、文化建设,实现经济发展和社会全面进步。协调发展,就是要统筹城乡发展、统筹区域发展、统筹经济社会发展、统筹人与自然和谐发展、统筹国内发展和对外开放,推进经济、政治、文化建设的各个环节、各个方面相协调。可持续发展,就是要促进人与自然的和谐,坚持走生产发展、生活富裕、生态良好的文明发展道路。三是,统筹兼顾是科学发展观的根本要求。这里结合经济社会发展的实际情况,主要从以下五个方面谈一些看法。

第一,坚持以人为本,不断满足人的多方面需求和实现全面发展。

这是我们党第一次明确提出的思想观点,是发展理论上的创新发展。这一论断的提出有个过程。江泽民同志在 2001 年“七一”讲话中,鲜明地论述了人的全面发展问题。2002 年党的十六大报告把人的全面发展列入全面建设小康社会的目标之中。2003 年 10 月党的十六届三中全会通过的《中共中央关于完善社会主义市场经济体制若干问题的决定》中,更加明确地提出了“坚持以人为本”。以人为本,就是要把人民的利益作为一切工作的出发点和落脚点,不断满足人们的多方面需求和促进人的全面发展。具体地说,就是在经济发展的基础上,不断提高人民群众物质文化生活水平和健康水平;就是要尊重和保障人权,依法维护公民的经济、政治、文化权益;就是要不断提高人们的思想道德素质、科学文化素质和健康素质;就是要创造人们平等发展、充分发挥聪明才智的社会环境。

提出以人为本,坚持了马克思主义的基本观点,体现了我们党的一贯宗旨。马克思说过，未来的新社会是“以每个人的全面而自由的发展为基本原则的社会形式”。马克思主义十分强调人的全面而自由的发展。社会主义建设的目的，就是要实现人的全面而自由的发展。我们从事的是建设中国特色社会主义的伟大事业，理所当然地必须坚持以人为本，一切为了人民，一切依靠人民。我们党八十多年的一切奋斗，归根到底都是为了实现好、维护好、发展好最广大人民的根本利益。坚持以人为本是贯彻“三个代表”重要思想，坚持立党为公、执政为民的本质要求，也是实现党的基本纲领和最高纲领的必然要求。鲜明地提出以人为本的思想，是总结社会主义发展经验得出的一个重要启示，是社会主义现代化建设中一个重大课题。

坚持以人为本，就要把人民群众的利益放在至高无上的地位，关心人、尊重人、理解人，事事处处为人民的利益和需要着想，重视人的价值和尊严。恩格斯把人的需要依次分为生存需要、发展需要和享受需要。我们建设中国特色社会主义，首先要解决人们的温饱问题，满足人们的基本生存需要。在这个基础上，解决人的发展问题，包括提高人们的生活水平和生活质量，提高人们的整体素质，使人们在各方面获得更广泛的发展。进一步还要让人们更好地享受生活，实现人们在经济、政治、文化、社会等方面广泛参与的权利等等。从大的方面来说，国家建设、经济增长、社会发展，归根到底都要使人们生活得更好、发展得更好。从小的方面来说，政府的各方面社会管理、公共服务，乃至一切设施建设、任何事情的处理，都把着眼点放在为人们提供周到而满意的服务上，时时处处体现出人文关怀。举一个简单的例子，现代交通设计中的斑马线——人行横道，体现的一个思想就是“行人优先”，一切车辆要礼让行人，不是车比人重要，而是人比车重要，车是为人服务的，不管什么样高贵的车辆都要先让行人。这就涉及一个重要观念的转变，就是要真正改变那种见物不见人、只追求物质增长和外部效果而忽视人自身发展的错误思想，把一切工作的出发点和落脚点还原到“为了人、服务人、发展人”的基点上来。

坚持以人为本,既是经济社会发展的长远指导方针,也是实际工作中必须坚持的重要原则。从全社会范围来看,要比较充分地满足人们多方面需求和实现人的全面发展,必须有相应的物质基础和社会条件,这只能是一个不断发展和进步的过程,不能要求过急。现在我国还处于社会主义初级阶段,无论是生产力发展和物质财富的积累,还是生产关系和上层建筑的完善,满足人们的多方面需求和实现人的全面发展还不能完全做到。要从我们现有的条件和能力出发,通过各方面的发展努力去实现。同时也要看到,以人为本是我们的执政理念和要求,应当从现在的具体事情做起,贯穿到经济社会发展的各个方面,贯穿到我们的各项工作中去。要注意处理好人民群众根本利益和具体利益、长远利益和眼前利益的关系。

坚持以人为本,就要着力解决关系人民群众切身利益的突出问题。当前人民群众特别关心、反映比较强烈的问题涉及几个方面:一是要进一步做好增加就业、加强社会保障工作,积极帮助城乡特殊困难群众解决生产生活问题。二是要坚决纠正土地征用中侵害农民利益的问题,纠正城镇房屋拆迁中侵害居民利益的问题。三是要坚决纠正企业重组改制和破产中侵害职工合法权益的问题,纠正拖欠和克扣农民工工资的问题。四是要坚决纠正教育领域乱收费和卫生领域药品购销、医疗服务中的不正之风。要采取切实有力的措施,解决好人民群众关心的问题,要对城乡特殊困难群众给予更多的关爱。

第二,坚持以经济建设为中心,保持经济平稳较快发展。

生产力的发展是一切社会发展的基础,没有生产力的发展,其他一切都无从谈起。我国社会主义初级阶段就是不发达的阶段,生产力水平低是基本的国情。社会的主要矛盾始终是人民日益增长的物质文化需要同落后的社会生产之间的矛盾，根本任务是发展社会生产力。我们党执政兴国的第一要务是发展，首先是发展经济。因此，必须集中精力把生产力搞上去，紧紧抓住经济建设这个中心不动摇，任何时候和任何情况下都不放松。

坚持以经济建设为中心，必须保持较快的经济增长速度。我们讲的经济较快发展，是建立在优化结构、提高质量和效益的基础上的发展，努力实现速度、结构、质量、效益相统一。经济发展需要一定的速度，特别是作为一个发展中的大国更需要长期保持较快的发展速度，经济增长速度低了，会带来一系列问题，包括人民生活难以改善，就业岗位难以增加，国防实力也难以增强。但是，不能片面追求经济发展速度。要坚持以提高经济效益为中心，坚持改变传统的粗放型经济增长方式，坚持走新型工业化道路，走一条科技含量高、经济效益好、资源消耗低、环境污染少、人力资源优势得到充分发挥的新型工业化路子。

总结历史经验，保持经济平稳较快发展是个至关重要的问题。如果经济大起大落，不仅会打乱正常的社会经济秩序，而且会造成社会资源的严重浪费和损失。最近，中央领导同志多次指出，我国当前经济发展正处于重要关口，要防止经济大起大落，这是有很强的现实针对性的。2003 年，我国经济保持了良好的发展态势，同时经济运行中也出现了一些新的矛盾和问题。突出的是投资规模过大，部分行业和地区盲目投资、低水平重复建设的现象严重。全社会固定资产投资比上年增长 26.7%，资本形成率达 42.7%，接近 1993 年的最高水平。2004 年一季度，投资需求进一步膨胀。全社会固定资产投资同比增长 43%，增幅比去年同期提高 12.4 个百分点。特别是钢铁、水泥、电解铝、汽车、化工、纺织、房地产、城市建设等投资过分扩张。2003 年钢铁、电解铝、水泥投资分别增长 96.6%、92.9%、121.9%；2004 年一季度钢铁、水泥又分别增长了 106.4% 和

117.5%。房地产开发投资在连续多年快速增长的基础上又增长41.1%。新开工项目过多,一季度全国新开工项目19122个,比去年同期多4521个,计划总投资增长67.4%。投资规模过大,导致煤、电、油、运和部分原材料供求矛盾尖锐。尽管煤炭、电力生产超常增长,一季度分别增长14.4%和15.7%,但煤炭库存持续下降,直供电厂存煤可用天数由年初的10天左右下降到3月末的不足8天,远低于正常库存水平。全国有17个省区市出现不同程度的拉闸限电现象。铁路货运只能满足1/3左右的需求。通货膨胀压力加大,生产资料价格总水平在去年上涨8.1%的基础上,一季度又上涨14.8%,从而加大了居民消费价格总水平上涨的压力。2003年钢材价格上涨了21.1%,2004年以来还在上涨,超过了1994年的历史高位。这些问题如果任其发展下去,就会使资源、环境问题更加突出,经济发展难以为继,就会由局部性问题演变成为全局性的问题。正是从这个意义上讲,我国经济发展处在一个重要关口。工作搞得好,就能够把来之不易的好形势巩固和发展下去;如果搞得不好,经济发展也可能出现波折。温家宝总理在记者招待会上说,这对我们政府是一次新的重大考验。

2004年经济工作的基本着眼点,是把各方面加快发展的积极性保护好、引导好、发挥好,实现经济平稳较快发展,防止大起大落。因此,必须更加注重搞好宏观调控。今年宏观调控的重点:一是坚持科学发展观,按照“五个统筹”的要求,促进经济社会全面、协调、可持续发展。二是坚决控制投资过快增长,调整和优化产业结构,坚决遏制部分行业和地区盲目投资、低水平重复建设。同时,支持有市场有效益的产业和企业发展。三是加强经济运行调节,努力缓解煤、电、油、运和部分重要原材料的供求矛盾。四是重视防止通货膨胀,抑制物价总水平过快上涨。在宏观调控中,要适应市场经济发展规律的要求,从当前实际情况出发,注重用新思路、新机制、新办法,主要运用经济、法律手段和必要的行政手段、组织纪律等综合措施,做到调控有力有效,并注意把握时机和力度,做到适时适度,区别不同情况,松紧得当,不急刹车,不一刀切。

第三,坚持统筹兼顾,促进城乡、区域、经济社会协调发展。

统筹城乡发展,逐步改变城乡二元经济结构,是我们党从全面建设小康社会全局出发做出的重大决策。全面建设小康社会,重点在农村,难点也在农村。我们党历来重视"三农"问题,但是由于种种原因,城乡差距仍呈不断扩大的趋势。1978 年,城镇居民人均可支配收入相当于农民人均纯收入的 2.56 倍,到 1985 年这一差距缩小为 1.86 倍;之后又逐渐扩大。1992 年扩大到 2.58 倍,超过 1978 年的水平,2003 年进一步扩大到 3.23 倍。我们经常说,我国以不到世界 10% 的耕地养活了占世界 22% 的人口,但同时也不要忘记,我们也是以占世界 50% 左右的农民养活了占世界 22% 的人口。农村人口多、发展滞后,农民收入增长缓慢,农业基础薄弱,已成为我国经济社会发展中亟待解决的突出问题。我们必须统筹城乡发展,站在经济社会发展全局的高度研究和解决"三农"问题,实行以城带乡、以工促农、城乡互动、协调发展。

统筹城乡发展,必须更加注重加快农村发展。主要是要抓好四个方面。一是合理调整国民收入分配结构和政策,更多地向农业、农村和农民倾斜。农业是基础产业,又是弱势产业,要承担自然风险和市场风险。加快农业农村发展,增加农民收入,光靠市场调节不行,国家必须加强扶持和保护。这是世界各国普遍的做法。国民收入分配要向农业倾斜,通过税收政策、财政转移支付等,加大对农业、农村的支持力度。进一步落实对农业"多予、少取、放活"的方针。二是推动农村劳动力向非农产业和城镇转移,加快农村工业化、城镇化进程。我国城市化滞后于工业化,城市化水平低。2003 年我国城市化水平达到 40.5%,比世界平均城市化水平 50% 低大约 10 个百分点,只相当于英国1850年、美国1910年和日本1950年的水平。因此，必须加快城镇化发展步伐，坚持大中小城市和小城镇协调发展，走中国特色的城镇化道路。三是进一步深化农村改革。当前主要是继续推进农村税费改革和深化粮食流通体制改革。农村税费改革主要是取消对农民的各种不合理收费，把必须保留的收费合并为税，大大减轻农民负担，同时配套进行农村乡镇机构、农村教育和县乡财政体制等项改革。中央决定，除烟草外，取消农业特产税，每年可使农民减轻负担48亿元。从2004年起，逐步降低农业税税率，平均每年降低1个百分点以上，五年内取消农业税。现在根据形势发展，需要加快这项改革。2004年先在黑龙江、吉林两省进行免征农业税改革试点；河北、内蒙古、辽宁、江苏、安徽、江西、山东、河南、湖北、湖南、四川11个粮食主产省区的农业税税率降低3个百分点，其他地区降低1个百分点。由此减少的税收，主要由中央财政通过转移支付加以解决。深化粮食流通体制改革，主要是全面放开粮食流通市场，加强粮食市场管理和调控，对种粮农民实行直接补贴。今年国家从粮食风险基金中拿出100亿元，直接补贴种粮农民。四是统筹推进城乡改革，消除体制性障碍。逐步建立城乡统一的劳动就业制度、户籍管理制度、义务教育制度和税收制度等，逐步形成有利于城乡相互促进、共同发展的体制和机制。

统筹区域发展，就是要继续发挥各个地区的优势和积极性，逐步扭转地区差距扩大的趋势，实现共同发展。我国幅员辽阔，地区发展很不平衡。改革开放以来，各地区都有很大发展，但地区发展的差距也在不断扩大。例如，东、中、西部GDP占全国GDP的比重，东部地区从1980年占50.1%上升到2003年占60.8%；中部地区从1980年占32.2%下降到2003年占26.1%；西部地区从1980年占17.7%下降到2003年占13.1%。东部地区人均GDP与西部地区人均GDP之比，由1980年的1∶1.6扩大到2002年的1∶2.5。2002

年，东部地区人均GDP最高的上海是40627元，西部地区最低的贵州是3140元，上海相当于贵州的13倍。逐步扭转地区差距扩大的趋势，促进地区协调发展，不仅是重大的经济问题，也是重大的政治问题，不仅关系现代化建设的全局，也关系社会稳定和国家的长治久安。

中央明确提出了促进地区协调发展的战略布局：坚持推进西部大开发，振兴东北地区等老工业基地，促进中部地区崛起，鼓励东部地区加快发展，形成东中西互动、优势互补、相互促进、共同发展的新格局。这是一个把握规律、统揽全局的重大决策。今后一个时期，要按照这个战略布局，努力促进地区协调发展。国家要从财力和政策上加大支持欠发达地区的力度，以推动这些地区加快发展。要继续实施西部大开发战略，积极有序地推进西部地区的开发。继续加强生态环境建设和基础设施建设，重点抓好关系全局的重大项目，不断增强经济发展后劲。要认真实施东北地区等老工业基地振兴战略，突出体制创新和机制创新，扩大对外开放，着力抓好重点行业、重点企业的调整改造，加快经济结构调整和技术进步。中部地区要充分发挥区域优势和经济优势，加快改革开放和发展步伐，加强现代农业和重要商品粮基地建设，提高工业化和城镇化水平。东部地区要继续发挥优势更好地发展，在全国发挥带动和示范作用，更多地支持中西部地区发展，有条件的地区要率先基本实现现代化。东、中、西部地区要积极发展多种形式的经济交流与合作，在区域协调发展中逐步实现共同富裕。

统筹经济社会发展，就是要在保持经济平稳较快发展的同时，促进社会全面进步，使经济发展与社会发展相互协调、互相促进。没有社会的发展和进步，经济不可能实现持续快速发展。改革开放以来，我国各项社会事业取得明显进步，但总体上看，经济发展和社会发展存在着“一条腿长、一条腿短”的问题。2003年非典疫情的蔓延，集中暴露出这方面的问题。我国85%的医疗卫生资源和经费投在城市，农村缺医少药状况严重，艾滋病、血吸虫病等传染病问题突出。世界卫生组织对191个国家和地区医疗卫生状况排名，中国被排在第188名。我国这几年大学连续扩招，普通高校在校大学生达到903万人，毛入学率达到13%，但仍低于世界平均17%的水平。我们必须更加注重加快社会发展。

社会发展包括广泛的内容，既包括科技、教育、文化、卫生、体育等社会事业的发展，也包括社会就业、社会保障、社会公正、社会秩序、社会管理、社会和谐等，还包括社会结构、社会领域体制和机制完善等。要切实把教育放在优先发展的地位，用更大的精力、更多的财力加快教育事业发展，重点是加强义务教育特别是农村教育。2004年要启动西部地区“两基”攻坚计划，力争到2007年使西部地区基本普及九年义务教育，基本扫除青壮年文盲，中央财政将为此投入100亿元。完善农村义务教育“以县为主”的管理体制，中央财政和省、市财政要增加对贫困县义务教育的转移支付。建设现代国民教育体系，优化教育结构和教育资源配置。推进科学技术事业发展，特别是加强基础研究和发展高新技术。大力发展卫生事业，加快公共卫生体系建设，尽快建成覆盖城乡、功能完善的疾病预防控制和医疗救治体系。切实把医疗卫生工作的重点放在农村，加强农村医疗卫生设施和卫生队伍建设，积极稳妥地推进新型农村合作医疗制度试点。积极发展文化事业，加强精神文明建设。积极做好就业和社会保障工作，逐步理顺收入分配关系，维护社会秩序，保持社会稳定。加快社会发展，还要发展社会主义民主，健全社会主义法制，建设社会主义法治国家，促进物质文明、政治文明、精神文明协调发展。同时，要坚持国防建设与经济建设协调发展的方针，在经济发展的基础上推进国防和军队现代化。加快社会发展，必须增加投入，深化改革，完善政策，从投入、体制和机制上保证社会全面发展。

第四，坚持走可持续发展之路，实现人与自然和谐发展。

在全面建设小康社会和整个现代化进程中，必须更加重视处理好经济建设、人口增长与资源利用、生态环境保护的关系，使经济发展与人口、资源、环境相协调。资源短缺，将是长期困扰我国发展的突出问题。例如，2003 年我国原油产量 1.7 亿吨，进口原油 9112 万吨、成品油 2824 万吨，进口量占到消费量的 40% 左右。随着我国经济快速发展，对石油的需求量还将大幅增加，预测到 2020 年对石油的进口需求将占到我国消费总量的 60% 以上，也就是说大部分石油将依赖进口，这对我国的发展战略和经济安全将产生重要影响。现在已经有 400 多座城市缺水，其中 108 座城市严重缺水，据估算，每年影响工业产值 2300 亿元，也给社会发展和人民生活带来很大困难。随着工业化和城市化的发展，耕地面积在不断减少，土地退化和沙漠化还在加剧，环境污染状况令人担忧。受工业"三废"污染的耕地面积 9000 万亩，占我国耕地的 1/20。全国沙漠和沙化土地面积达 174 万多平方公里，占国土面积的 18%。沙化面积每年高达 3436 平方公里，相当于北京怀柔和昌平两区的面积。北京面临着沙尘暴威胁已经是令人触目惊心的事实。2003 年全国七大水系监测，劣质水占 30%，丧失使用价值。全国 75% 的湖泊出现了不同程度的富营养化，其中巢湖、滇池、太湖污染最为严重。我国城市 50% 以上的饮用水来自湖泊水库，水污染使饮用水安全受到威胁。全国有 3.6 亿农村人口喝不上符合标准的饮用水。2003 年二氧化硫排放量为 2120 万吨，烟尘排放量达 1114 万吨，工业粉尘排放量为 1054 万吨，分别比 2002 年增长 10%、10% 和 12%。二氧化硫排放量超过环境承载能力 77%，酸雨影响国土面积 1/3 左右。全国 55% 的城市颗粒物浓度超过国家空气质量二级标准，有近 3/4 的城市人口生活在空气质量不达标的环境中。我国国内生产总值仅为美国的 11%、日本的 22%，但每年排放的废水量是美国废水排放量的 80%，是日本废水排放量的4倍。高度重视资源和生态环境问题,增强可持续发展的能力,已经成为关系中华民族生存与长远发展的根本大计。

统筹人与自然的和谐发展,必须坚持计划生育、保护环境和保护资源的基本国策。一是坚持经济社会发展与环境保护、生态建设相统一,既要讲求经济效益,也要重视社会效益和生态效益;二是坚持资源开发与节约并举,把节约放在首位;三是坚持依法严格保护环境与生态,有步骤地进行环境治理和建设;四是坚持深化改革,创新机制,实行政府调控与市场机制相结合,从体制和机制上促进可持续发展;五是要大力发展循环经济,在经济建设中充分利用资源,提高资源利用效率,减少环境污染;六是在全社会进一步树立节约资源、保护环境的意识,形成有利于节约资源、减少污染的生产模式和消费方式,建设资源节约型和生态保护型社会。

第五,坚持正确处理国内发展与对外开放的关系。

随着我国经济发展和对外开放的不断扩大,国内与国外的联系越来越密切。2003年,我国进出口总额达到8512亿美元,比上年增长37.1%,跃居世界第四位,其中进口跃居世界第三位;我国经济的外贸依存度达到60%以上,其中出口额占GDP的比重达到32%。这远远高于世界上许多国家,例如美国的外贸依存度是18.2%,日本是18.3%,印度是20%。2003年我国利用外资535亿美元,继续超过美国居世界第一位。我国经济增长占全球经济增量的17.5%,对世界贸易增长的贡献率达29%,仅次于美国。国外有人评价,中国经济与美国经济一起,成为拉动全球经济增长的两个车轮。中国经济的快速增长,正在改变着世界经济版图。同时,我们也要看到,我国经济发展中对国外贸易的依赖越来越大,特别是一些重要的战略性资源对国际市场依存度很高。如2003年我国需要原油的40%、铁矿石30%、铜资源60%、氧化铝50%都需要进口解决。国际市场价格由于我国的大量采购而大幅攀升。这些重要资源对进口依赖度这么高,一旦国际上有什么风吹草动,将直接影响到我国的经济安全。我国加入世贸组织以后,经济发展既有更多机遇,也有新的压力和挑战。所有这些,都要求我们必须统筹好国内发展与对外开放。

统筹国内发展与对外开放,是落实科学发展观的重要内容。在新的发展阶段,必须适应经济全球化深入发展的新形势,在更大范围、更广领域和更高层次上参与国际经济技术合作和竞争,提高对外开放水平。要坚持“引进来”和“走出去”相结合,充分利用国际国内两个市场、两种资源,更好地促进我国现代化建设。“引进来”要扩大规模,提高技术水平;“走出去”要开拓市场,增强竞争力。要把利用外部有利条件和发挥自身优势结合起来,充分发挥我国市场广阔、劳动力资源丰富的优势。我国作为发展中大国,必须始终把扩大内需作为经济发展的基本立足点和长期战略方针。要处理好内需与外需、利用外资与利用内资的关系。要注重引进先进技术、管理经验和高素质人才,提高自主创新能力。要扬长避短,趋利避害,既要敢于扩大开放,又要善于保护自己,在扩大开放中注意维护我国企业利益和国家经济安全。

这里还要特别讲一下科学发展观与 GDP 的关系问题。这也是目前人们讨论较多的一个问题。讲科学发展观,如何看待 GDP 指标?如何看待我们现有的经济指标体系?有没有能够与贯彻落实科学发展观相适应的衡量标准和监测指标?这就涉及如何正确看待和评价 GDP 的问题。根据 GDP 建立起来的国民经济核算体系,被称为“20 世纪最伟大的发明之一”。毫无疑问,GDP 反映着一个国家和地区的经济增长和经济发展水平,是国家制定宏观调控政策的最重要依据。我们高度重视 GDP 的作用和价值。但与此同时,我们又必须看到,GDP 本身又有明显的缺陷,主要是它不能反映经济增长中的物质消耗、社会成本、资源和环境代价,不能反映财富的分配结构和社会公平,不能反映经济增长的效率、效益和质量。GDP 本身还包含一些消极的因素,如交通事故、传染病的发生、自然灾害的出现等,都会带来 GDP 的增加,但这种增加却是负面的效果。单纯地用 GDP 来评价一个国家和地区的经济发展,容易导致不计代价地片面追求经济增长速度,忽视经济增长的结构、质量和效益,忽视生态建设和环境保护,会带来“有增长、无发展”的后果。

现在,国际上提出了一个“绿色 GDP”的概念,正在形成绿色 GDP 核算体系。绿色 GDP 的理论基础就是可持续的发展观,其基本思路就是在传统 GDP 的基础上,加减一些资源消耗、环境影响、人文发展等因素,以更好地反映经济增长中的“发展状况”。我国有关部门正在研究,探索提出适合我国国情的绿色 GDP 核算体系。这是贯彻落实科学发展观的一个重要措施。

三、怎样贯彻落实好科学发展观

提出科学发展观,是我们党关于现代化建设指导思想的新发展。贯彻落实科学发展观,必须提高各级党委、政府和领导干部的领导水平和能力。这就要求,必须切实把思想统一到科学发展观上来,在领导和管理经济社会工作中,做到把握全局,搞好统筹兼顾。统筹兼顾,协调好各方面利益关系,调动一切积极因素,是科学发展观的根本要求,也是我们党的一个重要历史经验,是我们党在新的历史条件下要长期坚持的战略方针。贯彻和落实好科学发展观,必须更新发展观念、改变发展方式、创新体制机制、转变政府职能、完善政策措施。这里着重强调切实推进“五大转变”。

第一,切实转变发展观念。树立和落实科学发展观,必须改变传统的发展观念。现在,一些发展观念与科学发展观还有较大差距。有的把“发展是硬道理”等同于“增长是硬道理”,把“以经济建设为中心”当作“以速度为中心”;有的不惜以牺牲资源环境为代价片面追求产值产量,甚至为此弄虚作假。这说明,转变发展观念仍然十分重要。必须辩证地认识物质财富的增长和人的全面发展的关系,转变重物轻人的发展观念;全面地认识经济增长和经济发展的关系,转变把增长简单地等同于发展的观念;深刻地认识人与自然的关系,转变单纯利用和征服自然的观念。要全面系统地把握科学发展观的精神实质、主要内涵和基本要求,正确处理好涉及全局的重大关系,包括当前与长远的关系、局部和全局的关系、物质文明、政治文明和精神文明的关系等,扎扎实实地做好推进经济社会全面、协调和可持续发展的各项工作。

贯彻落实科学发展观,既要有紧迫感和责任感,又要看到解决发展不平衡问题的艰巨性、复杂性和长期性。实现经济社会全面、协调、可持续发展,是一个长期的历史进程,既要努力奋斗,又不能急于求成。必须把积极进取精神同科学求实态度很好结合起来,从我国现阶段国情和各地的实际情况出发,分类指导,因地制宜,提出分阶段的目标和任务,积极而又扎扎实实地推进。

第二,切实转变经济增长方式。大力推进经济增长方式由粗放型向集约型转变,走新型工业化道路。一是要推进经济结构战略性调整,加快产业结构优化升级步伐;二是加快推进科技进步,加强现代管理,实施人才强国战略,提高生产技术和科学管理水平;三是高度重视节约资源和保护环境,发展循环经济,建设节约型社会;四是合理引导消费,倡导健康文明和可持续的消费方式。

第三,切实转变经济体制。“五个统筹”和科学发展观,是在党的十六届三中全会《关于完善社会主义市场经济体制的决定》中完整提出来的,是深化经济体制改革的指导思想和重要原则。按照“五个统筹”推进改革开放,才能为贯彻落实科学发展观提供体制和机制保障,才能促进社会资源的优化配置,才能为发展提供强大动力。我国改革仍处在攻坚阶段。必须坚持社会主义市场经济的改革方向,注重制度建设和体制创新;坚持尊重群众的首创精神,充分发挥中央和地方两个积极性;坚持正确处理改革、发展、稳定的关系,有重点、有步骤地推进改革。要实现经济社会全面、协调和可持续发展,必须建立起相应的体制和机制。要统筹推进各方面的改革,努力实现宏观经济改革与微观经济改革相协调、经济领域改革和社会领域改革相协调、城市改革和农村改革相协调、经济体制改革和政治体制改革相协调,使各方面改革相互促进。

第四,切实转变政府职能。正确处理政府与市场的关系,加快转变政府职能。我国政府机构改革取得了重要进展,但还不适应市场经济体制的要求,政府管理特别是地方政府管理中不同程度地存在着“越位”和“缺位”的问题,仍然管了许多不该管、管不了、也管不好的事情。在社会主义市场经济条件下,政府的主要职能是四个方面:经济调节、市场监管、社会管理和公共服务。我们在经济调节方面积累了不少经验,市场监管也在逐步加强,但社会管理和公共服务滞后。要进一步加强和改进经济调节和市场监管,减少政府对市场和企业经营活动的直接干预,为经济发展创造良好的市场环境。同时,更加注重履行政府的社会管理和公共服务职能,把更多的力量放在发展社会事业和为人民群众提供更多更好的服务上来。

要加强和改善宏观调控。政府的宏观调控有四个主要目标:促进经济增长、增加就业、稳定物价、保持国际收支平衡。要在保持经济持续稳定较快增长的同时,高度重视解决就业问题,实施积极的就业政策,努力把失业率控制在社会可承受的限度内;要保持物价基本稳定,既要防止通货膨胀,又要防止通货紧缩,当前主要是防止通货膨胀;要坚持国际收支基本平衡、略有结余的方针,保持人民币汇率在合理、均衡水平上的基本稳定,同时完善以市场供求为基础的人民币汇率形成机制。

第五,切实转变政绩观。树立和落实科学发展观,必须树立和坚持正确的政绩观。现在,一些地方和领导干部为了追求所谓的“政绩”,热衷于做表面文章,盲目招商引资上项目,只管当前,不计长远,甚至不惜牺牲群众切身利益,搞一些劳民伤财的“形象工程”和“政绩工程”。必须坚决改变这种图虚名、招实祸的“政绩观”,真正树立与科学发展观相适应的政绩观。用全面的、实践的、群众的观点看待政绩。所谓用全面的观点看政绩,就是既要看经济指标,又要看社会指标、人文指标和环境指标;既要看城市变化,又要看农村发展;既要看当前的发展,又要看发展的可持续性;既要看经济总量增长,又要看人民群众得到的实惠;既要看主观努力,也要看客观条件。所谓用实践的观点看政绩,就是重实干、办实事、求实效,各项政绩应该经得起实践检验和历史检验。所谓用群众的观点看政绩,就是倾听群众呼声,努力解决关系老百姓切身利益的突出问题,把实现人民群众的利益作为追求政绩的根本目的。

树立科学发展观和正确政绩观,必须大兴求真务实之风。我们想问题、办事情、作决策,都要符合中国现阶段国情。必须坚持一切从实际出发,既要积极进取,又要量力而行,不追求脱离实际的高指标,不急功近利,不虚报浮夸,致力于促进经济社会全面、协调和可持续发展。要抓紧建立和完善政绩评价标准、考核制度和奖惩制度,形成正确的政绩导向。

贯彻落实科学发展观,还必须合理调整和完善相关政策措施,包括从财政、税收、信贷、投资、分配、进出口等方面,采取有利于促进经济社会全面、协调、可持续发展的政策措施。同时,要加强同落实科学发展观相适应的法律法规和具体制度、机制建设。还要加强宣传舆论引导,在全国形成树立和落实科学发展观的良好氛围与环境。

总之,贯彻落实科学发展观,要从多方面努力。只要全国上下真正牢固树立和认真落实科学发展观,就一定会把中国特色社会主义伟大事业更加卓有成效地推向前进。

（本文系2004年4月12日在空军系统师以上干部培训班上作的报告）

经济建设和
经济体制改革的战略部署

党的十六大确立了我国在新世纪新阶段全面建设小康社会的奋斗目标,并做出了全面战略部署。其中,经济建设和经济体制改革放在了首要位置。江泽民同志在十六大报告中明确指出,全面建设小康社会,最根本的是坚持以经济建设为中心,不断解放和发展生产力。经济是基础,完成经济建设和经济体制改革的各项任务,对加快推进社会主义现代化、实现全面建设小康社会的目标具有决定性意义。十六大报告关于经济建设和经济体制改革的论述与部署,是全面建设中国特色社会主义经济的根本指针和行动纲领。我就这方面问题讲一些学习认识和体会。

一、关于经济建设和经济体制改革的主要任务

党的十六大报告指出:“综观全局,二十一世纪头二十年,对我国来说,是一个必须紧紧抓住并且可以大有作为的重要战略机遇期。”这是站在历史和时代高度,把握世界发展趋势做出的一个重大判断。要在这个重要战略机遇期内大有作为,最重要的是使我国社会生产力有一个更大的发展。为此,就必须正确提出解放和发展生产力的任务。十六大报告明确提出了全面建设小康社会的经济建设

和改革的主要任务。这就是:“完善社会主义市场经济体制,推动经济结构战略性调整,基本实现工业化,大力推进信息化,加快建设现代化,保持国民经济持续快速健康发展,不断提高人民生活水平。”确定这些任务的依据是什么?概括地说,有以下三点。

第一,这是根据当今世界格局变化和经济科技发展新趋势提出的任务。一是尽管国际局势正在发生深刻变化,但和平与发展仍是当今时代的主题。世界多极化趋势在曲折中发展,新的世界大战在可预见的时期内打不起来,我们可以争取到较长时期的和平国际环境和良好的周边环境。这是集中精力加快经济建设和推进改革的基本条件。二是世界科技革命突飞猛进,特别是信息技术已成为当代最先进、最活跃的生产力,信息产业蓬勃兴起已成为全球经济的主导产业。同时,信息产业与传统产业的融合日益加强。生物技术、新材料技术、新能源技术、海洋技术、航天航空技术等领域都已出现并仍在酝酿着新的重大突破,正处于大规模商业化应用的过程。在这种情况下,我国有可能发挥后发优势,实现技术和生产力的跨越式发展。三是经济全球化趋势进一步发展。资金、商品、技术、信息、劳务的国际间流动加快,各国产业结构调整出现新趋势。发达国家加快将一些产业向劳动力素质较好、成本较低的发展中国家转移。这有利于我们在世界范围内优化资源配置,我们可以更多地从外部获得短缺要素,并在要素组合中处于有利地位,有利于我国促进产业结构优化升级和技术进步,发展开放型经济。总之,本世纪头二十年,虽然国际局势和世界经济发展存在一些不确定因素,有不少风险和负面影响,但我们面临的国际环境依然是机遇大于挑战,希望大于困难,还是我们加快发展的好时机。

第二,这是全面分析我国经济发展和改革开放新阶段客观要求提出的任务。经过二十多年的经济建设和改革开放,我们已经胜利实现了现代化建设的第一步和第二步战略目标,生产力水平连续上了几个大台阶,综合国力显著增强,人民生活总体上达到小康水平,实现了历史性的跨越,我国工业化已取得了前所未有的成就。但工业化的历史任务尚未完成,现在又面临实现信息化的大好机遇和艰巨任务。处理好工业化和信息化的关系,实现工业化与信息化的相互融合、相互促进,是未来经济社会发展中的重大课题。我国正处于并将长期处于社会主义初级阶段,生产力和科技教育的整体水平还比较落后,实现工业化、现代化还有很长的路要走。我国社会主义市场经济体制虽已初步建立,但完善社会主义市场经济体制的任务,依然繁重和艰巨。

第三,这是为实现全面建设小康社会奋斗目标提出的任务。全面建设小康社会的目标是多方面的,其中一项目标是:“在优化结构和提高效益的基础上,国内生产总值到2020年力争比2000年翻两番,综合国力和国际竞争力明显增强。基本实现工业化,建成完善的社会主义市场经济体制和更具活力、更加开放的经济体系。”国内生产总值20年翻两番,要求年均增长7.2%,国民经济必须长期保持较快增长。这是全面建设小康社会的经济基础,也是实现其他各项目标和任务的重要条件。如果经济不能长期保持较快增长,全面建设小康社会的其他目标,都难以实现。也就是说,实现全面小康社会的奋斗目标,必须完成十六大报告提出的经济建设和改革的主要任务。

党的十六大报告提出的经济建设和经济改革的主要任务,体现了国民经济和社会发展各个方面的内在联系和本质要求,反映了新世纪新阶段中国特色社会主义经济的发展趋势,它的主要特点是:

第一,着眼于实现国民经济持续快速健康发展。1981年至2000年,我国经济年均增长9.5%,这是我国综合国力、经济实力、民族凝聚力大大增强的重要基础。本世纪头20年,我国人口总量将继续增加,又处在深化改革和调整结构的关键时期,解决就业等经济和社会生活中的各种矛盾与问题,都需要国民经济保持较快的增长速度。同时,实现经济较快增长也有诸多有利的条件:(1)经济增长空间广阔。不论是投资需求还是消费需求,国内市场都有巨大的潜力。我们在国际市场也有比较优势,仍有进一步扩大的空间。(2)国内储蓄率高,资金积累能力强。随着投资环境进一步改善,还可以大量引进外资。(3)我国有极为丰富的人力资源,总体素质不断提高,劳动力成本较低。在今后相当长时期不会出现发达国家在加速工业化阶段劳动力紧张的问题,具有支撑经济长期较快发展和增强国际竞争力的人力资源条件。(4)几十年来奠定的物质技术基础,对经济持续增长的积累效益正在涌现。随着城乡建设的进一步展开,产业结构逐步提升,会不断形成新的经济增长点和经济成长链。(5)改革开放不断推进,将进一步解放生产力,为经济持续快速增长提供体制保证和外部环境。(6)尤其重要的,是有党中央的坚强领导,党的基本理论、基本路线、基本纲领深入人心,党的基本方针政策行之有效。尽管由于经济基数不断扩大,保持经济较快增长的难度增加了,但只要我们充分利用各种有利条件,克服不利因素,经过努力奋斗,在新世纪头 20 年经济保持年均 7.2% 的增长速度是有把握的。

第二,明确把基本实现工业化、大力推进信息化、加快建设现代化统一起来。这反映了我们党对我国现代化建设规律的认识更加成熟。工业化、信息化、现代化,这“三化”既有区别,又有联系。工业化是现代化的基础,现代化是工业化高度发展的趋势和结果。我国从第一个五年计划期间就明确提出实现工业化的任务,全国各族人民为此奋斗了半个世纪,并取得了重大进展。但是对照国际经验和工业化国家的发展水平,我国工业化的任务还没有完成。突出表现在:人均国内生产总值水平和城镇化水平比较低,农村人口比重大,工业特别是制造业技术水平不高,服务业的产值比重和就业比重明显偏低。因此,继续实现工业化仍然是我国现代化进程中艰巨的历史性任务，工业化任务不完成，就不可能实现现代化。明确提出到2020年基本实现工业化任务，是我们党从我国现实出发，根据国际经验和工业化发展规律做出的科学判断。实现工业化是我国现代化建设不可逾越的发展阶段，我们只能在继续实现工业化任务的同时不断推进现代化。信息化是当今世界先进生产力发展的最新成果和重要标志，日益广泛地渗透到经济和社会发展的各个领域、各个方面，因而是工业化、现代化的纽带和不可分割的部分，为我国加快完成工业化任务提供了新的历史机遇。同时，也为工业化、现代化赋予了新的内涵。因此，大力推进信息化，以信息化带动工业化，既是完成工业化任务的必然选择，也是一项必须实现的重大任务。基本完成工业化，大力推进信息化，实际上就是加快推进国家现代化。

第三，突出以经济结构战略性调整为主线。新世纪新阶段实现社会生产力的更大发展，关键是要大力推进经济结构战略性调整，在加快结构调整中促进经济较快发展，在持续发展中促进结构调整升级。产业结构不合理、地区发展不协调、城镇化水平低等问题，已成为制约国内需求扩大和经济持续发展的突出矛盾。我国已到了不推进经济结构调整就难以健康发展的阶段。新的发展阶段结构调整不是一般意义上的适应性调整，也不是局部性调整，而是战略性调整，是提高经济整体素质、竞争力和实现可持续发展的结构调整，是包括产业结构、城乡结构、地区结构在内的全面调整。把推进经济结构战略性调整作为突出任务，反映了我国工业化、现代化发展的客观要求和必然选择。

第四，充分体现坚持和深化改革的要求。

改革是发展的强大动力。推进改革，建立完善的社会主义市场经济体制，其重大意义不仅在于保证全面建设小康社会目标的实现，而且在于为实现整个社会主义现代化奠定经济体制基础。在各项主要任务中，把完善社会主义市场经济体制放在首位，鲜明地反映了以改革促发展的重要思想。新阶段新任务要求进一步消除发展的体制性障碍。无论是所有制结构完善和国有企业改革的深化,还是现代市场体系、宏观调控体系和社会保障体系建设,以及整顿和规范市场经济秩序,各方面的任务都相当繁重。要进一步解放和发展生产力,为经济发展注入新的动力和活力,必须坚定不移地推进改革。不坚持深化经济体制改革,全面建设小康社会的目标不可能实现,也难以实现我国现代化建设第三步战略目标。

第五,坚持把推进发展与改革同提高人民生活水平紧密结合起来。无论是发展还是改革,根本目的都是为了不断改善人民生活。发展和改革的成果,最终也要体现在全体人民生活的明显改善。改革开放以来,我们党制定的路线、方针、政策,都把是否有利于改善人民生活,是否代表最广大人民的根本利益作为一切工作的根本出发点。在制定现代化建设“三步走”的战略中,每一步都把人民生活水平的提高程度作为主要任务和目标。例如,第一步战略部署把解决人民温饱问题作为主要任务和目标,第二步战略部署把人民生活达到小康水平作为主要任务和目标,第三步战略部署把人民生活比较富裕作为主要任务和目标。正因为我们党始终把不断改善人民生活摆在突出位置,并采取了一系列相应政策措施,使全国人民在改革开放中真正得到了实惠,生活水平随着经济的发展有了显著的提高,这是我们党成功地经受住各种困难与风险的考验,顺利推进改革开放和现代化建设的一个重要原因。把不断提高人民生活水平作为经济建设和改革的根本目的,也是社会主义经济发展规律决定的。只有把不断提高人民生活水平作为根本出发点,经济发展才能获得持久的动力。不断提高人民生活水平,这是全面建设小康社会的内在要求,也表明我们党始终坚持全心全意为人民谋利益的根本宗旨,是在经济建设和改革中全面贯彻“三个代表”重要思想的体现。

以上经济建设和经济体制改革的各项任务,是有机联系、不可分割的,需要全面认识和正确把握。这些主要任务贯穿着一个总的要求,就是在正确把握生产力发展规律以及生产力和生产关系、经济基础和上层建筑的辩证运动中,把发展中国特色社会主义经济全面推向前进,显著地提高我国经济总量、经济素质和经济竞争力,同时不断提高人民生活质量和水平。

党的十六大报告提出,为实现新世纪新阶段的奋斗目标,发展要有新思路,改革要有新突破,开放要有新局面,各项工作要有新举措。这四个"新"是对全国各个方面工作的总要求,也是对经济建设和经济体制改革的总要求。十六大报告提出的经济建设和改革的任务和部署本身就贯穿了这个总要求,包括提出了一系列新的观点、论断、思路、决策和举措。要全面完成经济建设和经济体制改革的主要任务,也必须始终把握这四个"新"的要求,坚持解放思想、实事求是、与时俱进,勇于开拓创新。这样,才能把经济工作提高到新水平,促进我国经济在新的起点,沿着新路子持续快速健康地向前发展。

二、关于经济建设的部署和要求

为了完成我国新世纪头20年经济建设和改革的主要任务,在经济建设方面,必须着力解决好关系全局的三个重大问题。概括起来说,就是大力推进经济结构战略性调整,走新型工业化道路,全面繁荣农村经济,积极推进西部大开发,推动整个经济在更高的起点全面繁荣、协调发展。

(一)坚持走新型工业化道路

明确提出走新型工业化道路,这是我们党立足我国国情,面向世界、面向未来做出的重大决策,是发展思想上的与时俱进和重大创新。工业化一般是指传统的农业社会向现代化工业社会转变的过程。工业化是一个历史范畴,在不同的历史条件下,不同国家实现工业化的标准和道路,都有所不同。今后走什么样的实现工业化道路,是我们面临的重大课题。党的十六大报告提出要走新型工业化道路。明确指出:"坚持以信息化带动工业化,以工业化促进信息化,走出一条科技含量高、经济效益好、资源消耗低、环境污染少、人力资源优势得到充分发挥的新型工业化路子。"从这个论断中可以体会到,新型工业化道路,就是在新的历史条件下,既顺应世界发展潮流、又符合我国国情的工业化道路。概括地说,它有以下主要特征:

——新型工业化道路,是以信息化带动的工业化。在人类社会开始进入信息时代的情况下,工业化的内容与传统的工业化有所不同,先进的信息技术会渗透到经济和社会各个领域。在推进工业化过程中也有可能在技术上发挥后发优势,实现跨越式发展。信息化是带动工业化的强大动力,信息化与工业化相结合,不仅可以加快工业化进程,而且可以迅速提高现代化水平。

——新型工业化道路,是以科技创新和进步为支撑、以提高经济效益和竞争力为中心的工业化。工业化之所以成为世界各国发展的必然趋势,就是因为工业化可以大大提高劳动生产率,促进社会生产力加快发展。但是,我国完成工业化任务与英、美、法、日等国家实现工业化的历史条件和国际环境有很大不同。现在全球制造业生产能力和产品大量过剩,国际竞争日趋激烈。在这种情况下,推进我国工业化必须坚持依靠科技创新和进步,不断提高产品的科技含量,以产品质量好、价格低的竞争力,打开国内和国际市场,争得更大的市场份额。也只有科技含量高、不断提高经济效益和竞争力,我国的工业化才符合当今时代的潮流。

——新型工业化道路,是实现可持续发展的工业化。传统的工业化道路虽然使社会生产力获得了极大发展,但同时是以大量消耗资源和牺牲生态环境为代价的。虽然发达国家"先污染、后治理",在其本国范围内取得了一定成效,但代价也是巨大的。在过去的几十年中,我们由于受历史条件、经济技术水平和经济体制等方面的限制,在推进工业化过程中,资源过量消耗,生态环境破坏严重,经济快速发展同保护资源、环境和生态之间产生了越来越尖锐的矛盾。传统的工业化道路在我国已经走不通。如果不改变主要依靠增加资源投入和破坏生态环境的粗放型经济增长方式,不仅难以实现既定的经济发展目标,而且对社会经济的长远发展将后患无穷。因此,必须走资源消耗低、环境污染少的可持续发展之路。

——新型工业化道路,是充分发挥我国人力资源优势的工业化。工业化的进程,是发展工业并用先进的工业生产技术改造和装备农业等传统产业部门的过程。因此,工业化进程必然伴随大批农民转移到非农产业和城镇。同时,随着工业和国民经济各部门资本有机构成和劳动生产率的不断提高,同量资本将同更少的劳动力相结合。因此,工业化和扩大就业在客观上存在一定的矛盾。特别是我国人口众多,就业和再就业的压力比任何国家都大,而且在信息化时代,劳动生产率有可能比以往提高得更快,从而会加剧这一矛盾。这是一方面。另一方面,极为丰富的人力资源又是我国的宝贵财富和巨大优势。改革开放以来,我国经济之所以能够持续快速增长,外商直接投资之所以持续不断地大量进入我国,我国制造业产品之所以能够在国际市场上有竞争力,一个重要原因就是我国劳动力成本较低。充分发挥我国人力资源优势,妥善处理好工业化提高劳动生产率与扩大就业的矛盾,不仅是扩大内需、保持社会稳定的必要条件,而且是发挥我国独特优势,保持和提高竞争力的重要方面。把充分发挥我国人力资源优势作为走新型工业化道路的要求,是十分必要和重要的。

以上四个方面的主要特征,是互相联系和统一的。在认识上和实际工作中,不应当把它们割裂开来,而应当努力使几个方面相互结合,互相促进。

从根本上说，工业化过程就是科技不断进步、产业结构逐步升级的过程。党的十六大报告提出，形成以高新技术产业为先导、基础产业和制造业为支撑、服务业全面发展的产业格局。这是今后时期产业结构优化升级的总体部署和基本要求。为此，必须抓好以下三个主要环节：

一是积极发展对经济增长有突破性重大带动作用的高新技术产业。高新技术产业科技含量高，发展速度快，对国民经济和社会生活的渗透和带动作用强。从世界范围看，高新技术产业及其产业化方兴未艾，前景难以估量，是各国综合国力竞争和市场竞争的制高点。加速发展高新技术产业，是我国产业结构优化升级和实现工业化、现代化的关键环节。要优先发展信息产业，特别是加速发展微电子和软件产业，提高计算机及网络的普及应用程度，加强信息资源的开发和利用，加快国民经济和社会信息化。同时，积极推动生物、航空航天、新材料、新能源等高新技术产业的成长。我国近年来加大了对高新技术产业发展的支持力度，高新技术产业步伐加快。但是，与发达国家相比，我国高新技术产业发展差距还很大，尤其是缺乏拥有自主知识产权的核心技术，创新能力不足。今后必须采取更加有力的政策措施，抓住有利时机，促进我国高新技术产业实现跨越式发展。

二是坚持用高新技术和先进适用技术改造提升传统产业，大力振兴装备制造业。用信息技术等高新技术和先进适用技术改造传统产业，增加科技含量，促进产品更新换代，提高产品质量和经济效益，是加快工业化、现代化的必然要求和重大举措。从总体上看，我国传统产业特别是工业摊子过大，产业集中度不高，技术装备落后，资源利用率低，低水平生产能力过剩与高附加值产品短缺并存等问题仍很严重，改造和提升传统产业的任务十分艰巨。关键在于加强规划，通过改革、调整和技术改造，优化企业结构，发展规模经营，改进产品质量，提高生产技术水平。

处于工业中心地位的制造业，特别是装备制造业，是国民经济持续发展的基础，是国家工业化、现代化建设的发动机。国民经济各个行业的生产技术水平和竞争能力高低，在很大程度上取决于制造业提供的技术装备的性能和水平。没有自己强大的制造业，不用先进的制造业武装、改造各个产业，提升它们的装备和生产技术水平，要实现我们国家工业化和现代化是不可能的。因此，大力振兴制造业特别是装备制造业，既是改造和提升传统产业的重要内容，也是加快实现国家工业化、现代化的必然要求。改革开放以来，通过技术引进、技术改造和自主创新，我国技术装备的设计和制造能力有了明显增强，但与发达国家相比，我国装备制造业总体水平比较低，在许多领域还缺乏提供先进和成套技术装备的能力。要依托重点技术改造项目和重大工程项目，加快振兴我国装备制造业。

与此同时，要继续加强基础设施建设。20 世纪 90 年代特别是近五年来，明显加大了基础设施建设的投入力度，多年来一直是经济发展"瓶颈"的基础设施，实现了历史性突破。能源、原材料基本上可以满足经济发展的需要，交通运输状况大为改善。但今后我国工业化、现代化建设对基础设施的需求还十分巨大，随着经济总体规模不断扩大和城乡建设水平的不断提高，基础设施建设还必须继续加强，不断增加供给能力和提高技术水平。这不仅是经济持续快速增长的必要条件，也是产业结构优化升级的重要基础。对于这一点，应当有足够的估计和认识。要进一步加强水利、交通、通信、能源、环保等基础工业和基础设施建设，重点建设和改造一批关系全局的重大项目，使基础设施建设与国民经济持续发展相适应，增强发展后劲。

三是加快发展服务业特别是现代服务业。服务业的兴旺发达是现代化经济的一个显著特征。大力发展服务业是加快工业化、现代化的必然要求。这对于促进国民经济协调发展、提高整体经济效益和效率、扩大劳动就业、加快城镇化进程、改善人民生活，都有着重大的作用。改革开放二十多年来,我国服务业虽然有了较大发展,但与目前经济发展和人均国民收入已达到的阶段相比,有相当大的差距。主要是总量不足,比重过低。2001 年,我国服务业在国内生产总值中的比重和从业人员占全部就业人口的比重分别只有 33.6% 和 27.7%,不仅大大低于发达国家,也明显低于发展中国家的平均水平。值得注意的是,我国近十年来,第三产业发展速度仍明显低于第二产业。1991 年至 2001 年,第二产业在国内生产总值中的比重由 42.1% 上升到 51.1%,上升 9 个百分点;而第三产业在国内生产总值中的比重由 33.4% 提高到 33.6%,仅上升 0.2 个百分点。这与工业化、现代化进程不相协调的问题,不能再继续下去。同时,服务业内部结构不合理,传统服务业比重过高,现代服务业发展明显滞后和不足。一些现代服务领域不适应发展市场经济的要求,服务品种少,手段落后。为此,必须更加重视发展服务业,明显提高第三产业在国民经济中的比重。

在推进产业结构优化升级过程中,一定要正确处理以下三个关系。

一是正确处理发展高新技术产业和发展传统产业的关系。我国面临着既要完成传统工业化,又要迎头赶上世界新的产业革命的双重任务。我们必须高瞻远瞩,放宽视野,不失时机地发展高新技术产业。在这方面必须增强紧迫感和使命感。同时,也必须清醒地看到,我国目前仍处于工业化中期阶段,生产力发展又很不平衡,在今后相当长时期,传统产业特别是工业制造业,仍然有广阔的市场需求和发展前景。现在,传统产业在我国经济中的比重仍然很大,是我国经济发展的重要支柱,不仅在满足国内投资、消费需求和创造就业岗位方面举足轻重,而且在发挥我国比较优势,扩大商品和服务出口方面具有重要作用。因此,那种认为传统产业都是“夕阳产业”的观点,是不对的、有害的。我国要实现工业化,推进信息化和现代化,必须依托于传统产业的改造和优化升级。我们既要加快发展高新技术产业,又不能忽视发展传统产业,关键是必须切实做好二者结合的大文章,使高新技术产业和传统产业各自发挥优势,相互融合,相互促进。

二是正确处理发展资金技术密集型产业和发展劳动密集型产业的关系。资金技术密集型产业,是指资本有机构成较高的产业。劳动密集型产业是指资本有机构成较低的产业。从各国发展的进程看,随着经济规模的扩大和生产技术水平的提高,所有产业的资金密集程度都在增加,因为随着工业化、现代化的发展,不仅资金技术密集型产业将会有大的发展,而且农业等劳动密集型产业的资本有机构成也会逐步提高,重视发展资金技术密集型产业是毫无疑问的。同时,我国人口众多,人力资源丰富,这既形成了巨大的就业压力,也是我国的一个优势。因此,我国今后仍然要十分重视发展劳动密集型产业,并引导劳动密集型产业逐步提高科技含量和劳动生产率,把发展资金技术密集型产业和劳动密集型产业很好地结合起来。在促进产业结构优化升级的同时,既充分发挥我国劳动力资源丰富的优势,又有效缓解巨大的就业压力。

三是正确处理发展虚拟经济和发展实体经济的关系。在我们党的重要历史文献中,十六大报告首次明确使用虚拟经济这一概念,是一个重要创新,对发展资本市场有理论上的指导意义。虚拟经济,是指相对独立于实体经济的虚拟资本的经济活动。虚拟经济,是人们从马克思关于虚拟资本的思想当中引申出来的一个概念。二者既有相同之处,又存在差别。按照马克思的论述,在运行过程中,虚拟资本表现为股票、债券等有价证券,可以通过促进现实财富的流动、转移和集中,来实现自身的功能、获取剩余价值。就这个实质来说,虚拟经济与虚拟资本是一致的,即它本身不是现实财富,但是它却可以通过自身的作用来引起现实财富的流动和变化,从而获取和增大价值。虚拟经济一般采取股票、债券和金融衍生产品等形式。虚拟经济的发展，主要是由于市场经济的不断发展，越来越多的货币资本从物质生产、流通领域游离出来，采取虚拟资本的形态在金融市场上盈利，而且形式日趋多样化。

虚拟经济是以一定形式对实体经济的反映，它的发展总体上对实体经济发展是有利的，但如果发展过度，也会产生负面作用。其积极作用是：可以为实体经济动员储蓄，提供融资支持；可以分散实体经济经营风险，降低交易成本；可以更好地揭示和传递实体经济的信息，提高实体经济运营效率；可以促使资本迅速从效益低的领域、企业转向效益高的领域、企业，优化资源配置，提高实体经济效益；还可以通过财富效应，刺激消费和投资需求。但同时也要看到，虚拟经济的过度发展会对实体经济带来负面影响，甚至可能造成危害。例如，股票价格过分上扬和债券的过量发行，会动摇信用基础，扰乱实体经济正常运行的秩序；虚拟经济的过度膨胀，会减少进入实体经济的资金，并增加实体经济运行的不确定性和风险。虚拟经济并不等于泡沫经济。但是，虚拟经济的过分扩张则可能出现经济泡沫过度，引发泡沫经济的产生，导致对实体经济的破坏。20 世纪 90 年代初日本泡沫经济破灭至今十余年，整个经济始终陷于低迷状态，就是一个例证。美国经济也曾经出现长达 10 年的持续较快增长，而从 2001 年起陷入低迷状态，其中的重要原因就是股市泡沫过度。据统计，20 世纪 80 年代以来，五十多个国家发生过一百多次大大小小的金融危机，其中许多金融危机都与虚拟经济的负面作用直接相关。据有关材料显示，目前全球虚拟经济的总规模已经大大超过了实体经济。2000 年底，全球虚拟经济总量已达 160 万亿美元，其中股票市值和债券余额为 65 万亿美元，金融衍生工具柜台交易额为 95 万亿美元，而当年全球国民生产总值只有约 30 万亿美元，即虚拟经济的规模已达实体经济的 5 倍。2001 年股票市值相当于国内生产总值的比例：美国为 188%；日本 73%；英国 125%；新加坡 479%；荷兰 290%；泰国88%。我国香港地区为530%。2002年我国国内生产总值为10.2万亿元人民币,2002年12月底沪、深两市股票市价总值38329亿元,相当于国内生产总值的38%;流通中市值12485亿元,相当于国内生产总值的12%。虽然各国的情况不同,股票市值与国内生产总值的比例不完全可比,但总的看,目前我国虚拟经济还不够发展,随着金融的开放以及资本市场的发展,虚拟经济将会有大的发展。然而,虚拟经济的健康发展应当以实体经济为基础,并为实体经济发展服务。无论到什么时候,不管虚拟经济如何发展,实体经济始终是人类社会生存和发展的基础。我国作为发展中国家,经济实力、金融实力远不能和发达国家相比,特别是现在我们的金融监管制度还不健全,监管能力比较弱,监管经验不足,更要注意处理好虚拟经济和实体经济的关系,既要充分发挥虚拟经济对实体经济的积极促进作用,又要注意防范其过度膨胀而产生消极、破坏作用。

综上所述,处理好以上三个关系,具有重要的现实意义和长远意义,我们必须提高认识,并在实际工作中认真加以体现。

走新型工业化道路,必须充分发挥科学技术作为第一生产力的作用,注重依靠科技进步和提高劳动者素质;正确处理经济发展与人口控制和资源、环境保护的关系,注重资源合理利用和环境生态保护。因此,十六大报告强调要把实施科教兴国战略和可持续发展战略放在更加突出的战略地位。在阐述走新型工业化道路的同时,对实施科教兴国战略和可持续发展战略做出了重要部署。强调抓紧制定科学和技术长远发展规划,加强基础研究和高技术研究,加强关键技术创新和系统集成,力争实现技术跨越式发展。强调鼓励科技创新,在关键领域和若干科技发展前沿掌握核心技术和拥有一批自主知识产权。强调深化科技和教育体制改革,加速科技成果向现实生产力转化,发挥风险投资的作用,形成促进科技创新和创业的资本运作及人才汇集机制。强调通过教育创新和发展,造就数以亿计的高素质劳动者、数以千万计的专门人才和一大批拔尖创新人才。

在实施可持续发展战略方面,强调坚持计划生育、保护环境和保护资源的基本国策。合理开发和节约使用各种自然资源。高度重视水资源保护和开发利用,抓紧解决部分地区水资源短缺问题。搞好国土资源综合整治。搞好生态保护和建设。

(二)全面繁荣农村经济,加快城镇化进程

我国到2020年基本实现工业化,这个过程很大程度上就是农业逐步实现工业化、现代化的过程,是由农村人口占多数逐步转为城镇人口占多数的过程。因此,基本实现工业化,必须在"三农"问题上有一个大的突破。党的十六大报告强调指出,统筹城乡经济发展,建设现代农业,发展农村经济,增加农民收入,是全面建设小康社会的重大任务。强调统筹城乡经济发展,这是解决"三农"问题的一个新的决策思路和政策取向。这里有三个方面需要加深认识和领会。

第一,全面建设小康社会的重点和难点都在农村。农业是国民经济的基础。没有农村的现代化,就没有全国的现代化。没有八亿农民的小康,就不可能建成全面的小康社会。党的十一届三中全会以来,农业和农村的改革与发展,为推动全国的改革开放和现代化建设做出了巨大贡献。这些年来,随着市场供求关系的变化,农业的进一步发展和农民增收遇到了新的困难。我们党和政府对解决"三农"问题已采取了一系列措施,取得了明显成效,但问题还没有得到根本解决。加快农业现代化,繁荣农村经济,努力增加农民收入,不仅是农村经济发展中的紧迫问题,也是贯彻落实扩大内需的方针,促进整个经济持续快速发展的关键问题。多年来,我国城市与农村发展差距在拉大,农民的人均纯收入增长落后于城市人均可支配收入增长,农村基础设施建设和文化、科技、教育、卫生、体育等事业的发展也都明显落后于城市。加快农业和农村经济社会发展,逐步缩小城乡差距,在农村完成全面建设小康社会的任务十分艰巨。农村全面实现小康，根本的是要靠加快发展经济，推进农业和农村经济结构调整，增加农民收入。必须根据新阶段新形势的要求，加快推进农业和农村经济结构的战略性调整，大力发展具有区域特色和国际比较突出优势的农产品，健全农产品质量安全体系，增强农业的市场竞争力，确保农民收入不断增加。

第二，解决“三农”问题必须统筹城乡经济发展。只有统筹城乡经济发展，跳出就农业讲农业、就农村讲农村的传统思路，才能站在国民经济发展全局的高度研究和解决“三农”问题，也才能在这个问题上取得新突破。所谓统筹城乡经济发展，很重要的方面，就是要合理调整国民收入分配结构和政策，更好地统筹兼顾农业和工业、农村和城市的发展，更好地统筹兼顾城乡居民收入的增加，努力使它们得到协调发展。国家要采取更加有力的政策措施，加大对农业和农村经济发展的投入和支持力度，加快农业科技进步和农村基础设施建设。各个方面都要用更大的力量支持农业、支持农村经济发展，支持农民增收。要推进农村税费改革，减轻农民负担，保护农民利益。

要坚持党在农村的基本政策，长期稳定并不断完善以家庭承包经营为基础、统分结合的双层经营体制。有条件的地方可按照依法、自愿、有偿的原则进行土地承包经营权流转，逐步发展规模经济。这是调动广大农民的积极性、发展农业和农村经济的根本所在。

第三，加快城镇化进程，逐步提高城镇化水平。这是从根本上解决“三农”问题的重大决策。农村富余劳动力向非农产业和城镇转移，是工业化和现代化的必然趋势。这对于提高农业现代化水平，拓宽农民就业渠道，增加农民收入，具有重要的作用。我国要全面建设小康社会，加快推进社会主义现代化，也必须加快城镇化进程。

改革开放以来，随着国民经济的快速增长，城镇化进程加快。1978 年到 2000 年，城镇总人口由 1.7 亿增加到 4.56 亿，占全国总人口的比重由 17.9% 提高到 36.2%。22 年提高了 18.3 个百分点，平均每年提高0.83个百分点。但总的看来，我国城镇化滞后于工业化进程。2000年，工业增加值占国内生产总值的比重已达51%，而城镇化率只有36%。目前我国城镇化水平比同等人均国内生产总值的国家和地区低10个百分点，与同等工业化水平的国家相比低20个百分点。因此，加快城镇化进程，逐步提高城镇化水平，是全面建设小康社会，推进工业化、现代化的一项十分重要的任务。

据有关方面测算，到2020年，我国城镇化水平可以提高到50%以上，即城镇化率比2000年提高14个百分点以上，平均每年提高0.6个百分点以上。这样可以达到基本实现工业化的要求。由于这个幅度还低于前22年平均提高的幅度，所以这个指标是留有余地的。理论界有一种意见认为，本世纪头20年我国城镇化步伐还可能快一些。理由是，从国际经验看，工业化中期是城镇化加速发展的阶段。例如，韩国从1967年到1987年间城市化率提高了20个百分点，日本从1966年到1987年间城镇化率提高了27个百分点。今后20年，也是我国工业化加速发展的阶段，我国的城镇化进程也会相应加快。但是，我们必须充分看到，我国农村仍有8亿人口，今后新增人口又主要在农村。农村人口和劳动力比重的下降将是一个长期的过程，是一项艰巨的任务。过去二十多年来，尽管城市人口增加近3亿，但农村人口的绝对数量并没有减多少。农村劳动力在向非农产业转移了1.5亿左右的同时，务农劳动力还增加了4000万。据测算，到2020年，我国人口总数将达14亿多左右，到那时即使城镇化率达到50%，农村人口也还有7亿多。这说明，我国农村人口减少的难度很大，城镇化水平的提高，必须与我国的经济和社会发展水平相适应，太急了不行。国际、国内的经验表明，推进中国的城镇化要遵循客观规律，与经济发展水平和市场发育程度相适应。党的十六大报告要求，"要逐步提高城镇化水平，坚持大中小城市和小城镇协调发展，走中国特色的城镇化道路。"特别强调，"发展小城镇要以现有的县城和有条件的建制镇为基础”。这是从我国现实情况出发做出的重要决策。2001 年全国共有 2053 个县(含县级市),如果每个县平均有 2 个符合条件的建制镇(当然,东、中、西部地区不会一样),加上县城约有6000 个。这是个相当大的城镇化规模。所以,城镇化进程要加快,但一定要科学规划、合理布局,同发展乡镇企业和农村服务业结合起来,绝不能盲目铺摊子,一哄而起,绝不能搞劳民伤财的“造镇”运动,坚决防止乱占耕地和破坏生态环境。对于这一点,我们要必须始终注意把握好。

以城市繁荣带动农村繁荣,这是新形势下解决“三农”问题的重要途径。现在进城务工经商就业的农民已有 1.2 亿多人,对于促进城乡经济社会共同发展,增加农民收入,起了重要作用。必须继续支持农民进城务工就业,消除和纠正农民工进城就业的体制性障碍和歧视性政策,同时又要加强管理,引导农村劳动力合理有序流动。

(三)积极推进西部大开发,促进区域经济协调发展

这是全面建设小康社会的一项重大任务。党的十六大报告在促进区域经济发展方面的内容十分丰富,在重点对推进西部大开发作总体部署的同时,对中部、东部的发展也提出了明确的方向和要求。强调东中西部地区要加强相互间的交流与合作,实现优势互补、共同发展,形成若干各具特色的经济区和经济带。

实施西部大开发战略,加快中西部地区经济发展,是党中央从我国新世纪经济社会发展全局出发做出的战略决策。三年来,国家对西部大开发在资金投入和政策上给予了大力支持,西部大开发取得了重要进展,有了良好的开端。进一步实施西部大开发战略,关键要着眼于打好基础,扎实推进,重点抓好基础设施和生态环境建设,争取十年内取得突破性进展。要坚持把生态环境建设摆到突出位置。特别要充分考虑水资源的承载能力,高度重视和搞好水资源的保护和利用。合理配置水资源,在保持生态环境建设必要用水和经济社会发展合理用水的同时,还要保持水资源的可持续利用。切实搞好退耕还林还草、天然林保护和防沙治沙。继续加强交通、通信等基础设施建设。同时,积极发展有特色的优势产业和科技教育。要统筹规划,分步实施,推进重点地带开发。坚决防止东部地区淘汰的落后工业设备、污染企业向西部地区转移。

推进西部大开发,要从两个方面共同努力。一方面,国家要继续加大对西部地区的支持力度,包括在投资项目安排、税收政策和增加财政转移支付等方面给以支持。党中央、国务院已经制定了促进西部开发的一系列政策措施,应当进一步贯彻落实到位。国家还将逐步建立长期稳定的西部开发资金渠道。只有从投入、政策等方面加大对西部地区的支持,实施西部大开发战略才能迈出更大的步伐。另一方面,西部地区要加大改革开放力度,增强自我发展能力,着力改善投资环境,吸引更多的外资和国内资本参与西部开发,努力在改革开放中走出一条加快发展的新路。这是对推进西部大开发提出的更高要求,也为西部地区指出了加快发展的正确途径。西部开发也要坚持走新型工业化道路,实现可持续发展。我们必须看到,加快西部开发既是一项重要而紧迫的任务,又是需要持久奋斗的长期而艰巨的任务,既要抓紧工作,又不能求成过急,要坚持讲实效,扎扎实实地推进。

中部地区要充分认识自己的发展优势和增长潜力。中部地区工业基础较好,农业资源丰富,要加大结构调整力度,推进农业产业化,培育新的经济增长点,加快工业化和城镇化进程。实施西部大开发战略,加快中西部地区发展,并不意味着要东部地区放慢发展。东部地区应继续发挥优势,向更高水平迈进。要加快产业结构升级,发展现代农业,发展高新技术产业和高附加值加工制造业,进一步发展外向型经济。有条件的地方要率先基本实现现代化。

在促进地区协调发展的过程中,党的十六大报告强调搞好三个

“支持”和一个“扶持”。这就是:“支持东北地区等老工业基地加快调整和改造,支持以资源为主的城市和地区发展接续产业,支持革命老区和少数民族地区加快发展,国家要加大对粮食生产区的扶持。”这是完全必要的。这些地区分布在东中西部,曾经为中国的建设和发展做出过重大贡献。由于种种原因,目前这些地区经济发展遇到较大困难,有的地方丧失了原有的优势,陷入困境。国家应当加大支持力度,以利于他们尽快摆脱困境,加快发展。要研究采取更加有力的政策措施,帮助老工业基地再创新优势;帮助资源开采为主的城市和地区发展接续产业;加大对革命老区、少数民族地区的投入,尽快帮助他们改善生产生活条件。对粮食主产区要采取多种形式的扶持措施。加快这些地区发展,有利于促进区域经济协调发展,也有利于胜利完成全面建设小康社会的任务。

三、关于经济体制改革的部署和要求

党的十六大报告强调,必须坚持社会主义市场经济的改革方向,坚定不移地推进各方面改革,明确提出改革要有新突破,并提出了一系列新的改革思路和改革措施。围绕全面完善社会主义市场经济体制的目标,对深化改革做出了系统部署:包括坚持和完善基本经济制度,深化国有资产管理体制改革;健全现代市场体系,加强和完善宏观调控;深化分配制度改革,健全社会保障体系。这里,重点讲三点体会和认识。

(一)坚持和完善基本经济制度

党的十一届三中全会以后,我们党认真总结过去在所有制问题上的经验教训,制定了公有制为主体、多种经济成分共同发展的方针,逐步消除所有制结构不合理对生产力的羁绊,出现了公有制实现形式多样化和多种经济成分共同发展的局面。党的十五大,把公有制为主体、多种所有制经济共同发展，确定为我国社会主义初级阶段的基本经济制度。改革开放以来特别是近几年来，我国所有制结构不断调整和完善。突出表现在两个方面：一是公有制经济不断发展壮大，国有经济控制力明显增强。在关系国计民生的关键领域，国有经济占主导地位。目前，国家财政收入的50%以上仍来源于国有企业。作为公有制经济重要组成部分的集体经济也在调整和改革中不断发展，目前约占总产出1/3。二是非公有制经济蓬勃发展，成为国民经济的重要力量。据有关部门测算，2001年个体、私营等非公有制经济已占国内生产总值的33%左右。非公制经济在满足人们多样化的需要、增加劳动就业、促进国民经济较快发展等方面，发挥着重要的作用。

党的十六大报告提出，要根据解放和发展生产力的要求，坚持和完善这一基本经济制度。概括起来说，就是两个“毫不动摇”和一个“统一”。即必须毫不动摇地巩固和发展公有制经济；必须毫不动摇地鼓励、支持和引导非公有制经济发展；坚持公有制为主体，促进非公有制经济发展，统一于社会主义现代化建设的进程中，不能把这两者对立起来。为什么重申必须坚持基本经济制度，强调两个“毫不动摇”、一个“统一”？这是因为：第一，改革开放以来，我们坚持以公有制为主体、多种所有制经济共同发展，不仅大大解放和发展了我国社会生产力，而且使社会主义制度得到巩固和发展。实践证明，实行这一基本经济制度，符合党的基本路线和基本纲领，符合广大人民的根本利益，必须继续坚持，毫不动摇。第二，实行公有制为主体、多种所有制经济共同发展的基本经济制度，符合我国社会主义初级阶段的基本国情。我国正处于并将长期处于社会主义初级阶段，必须长期始终毫不动摇地坚持这项基本经济制度。第三，有利于统一全党、全国人民的思想和行动。十六大报告做出这样郑重决策，无论在理论上还是实践上都有着十分重要的意义。这澄清了社会上某些人在基本经济制度问题上的片面认识。例如,有的人鼓吹私有化,攻击公有制是一切低效率的渊源,应该像前苏联以及东欧国家那样实行全面私有化。有的人把非公有制经济视为社会主义社会的异己力量,认为非公有制经济发展过快、过多,偏离了社会主义方向。还有的人把坚持以公有制为主体和发展非公有制经济对立起来,认为既然要坚持以公有制为主体,就要限制非公有制经济的发展;反之,既然要鼓励、支持发展非公有制经济,就不要坚持以公有制为主体。凡此种种,都是背离社会主义初级阶段基本经济制度的。在我国进入全面建设小康社会、加快建设现代化新阶段的时候,进一步强调全面和正确地贯彻基本经济制度,是十分必要的。

我们要根据解放和发展生产力的要求,坚持和完善社会主义基本经济制度。

首先,必须毫不动摇地巩固和发展公有制经济。公有制是社会主义经济制度的基础。公有制是国家引导、推动经济和社会发展的基本力量,是实现最广大人民根本利益和共同富裕的重要保证。发展壮大国有经济,国有经济控制国民经济命脉,对于发挥社会主义制度的优越性,增强我国的经济实力、国防实力和民族凝聚力,具有关键性作用。公有制的主体地位主要体现在:公有资产在社会总资产中占优势;国有经济控制国民经济命脉,对经济发展起主导作用。公有资产占优势,要有量的优势,更要注重质的提高。国有经济起主导作用,主要体现在控制力上。要全面认识公有制经济的含义,公有制经济不仅包括国有经济和集体经济,还包括混合所有制经济中的国有成分和集体成分。混合所有制经济的发展,体现了公有制实现形式多样化的要求,有利于公有制经济在市场竞争中发展壮大。集体所有制经济是公有制经济的重要组成部分。集体经济面宽量大,多为劳动密集型,可以体现共同致富原则,可以广泛吸收社会分散资金,缓解就业压力,增加公共积累和国家税收,是我国经济和社会事业发展的重要力量。巩固和发展公有制经济,必须继续促进城乡多种形式集体经济的发展。

第二,必须毫不动摇地鼓励和支持非公有制经济发展。发展非公有制经济,绝不是权宜之计,它是社会主义市场经济的客观必然和重要组成部分,对增强经济活力,充分调动人民群众和社会各方面的积极性,加快生产力发展,具有重要意义。要充分发挥个体、私营等非公有制经济在促进经济增长、扩大就业和活跃市场等方面的重要作用。要放宽市场准入,凡是允许外资进入的领域应当允许国内各类资本进入。在投融资、税收、土地使用和对外贸易等方面采取措施,保护公平竞争,只要是依法经营,照章纳税,保障职工的合法权益,符合安全生产和环境保护条件的企业,就应当鼓励其发展,在政策上一视同仁。同时,要依法加强监督和管理,促进和引导非公有制经济健康发展。

党的十六大报告还提出,“一切合法的劳动收入和合法的非劳动收入,都应该得到保护。”要“完善保护私人财产的法律制度”。这是适应中国特色社会主义经济发展新趋势做出的重要决策,对于坚持和完善基本经济制度,促进社会生产力发展,具有重要的意义。

第三,把坚持公有制为主体和促进非公有制经济发展统一起来。社会生产力水平的多层次性和所有制结构的多样性,是我国社会主义初级阶段的重要特征。在社会主义市场经济条件下,公有制经济和非公有制经济是相互依存、相互促进的。各种所有制经济都有广阔的发展空间。改革开放以来的实践充分证明,公有制经济和非公有制经济完全可以在市场竞争中发挥各自优势,共同发展。所以,无论在理论上还是在实践上,都不能把它们对立起来。

(二)深化国有资产管理体制改革

为了发展壮大国有经济,增强其活力和控制力,保证国有经济控制国民经济命脉,党的十六大报告把继续调整国有经济的布局和结构,改革国有资产管理体制,作为深化经济体制改革的重大任务。

现在我国有庞大的国有资产。据有关部门统计,截至 2001 年底,我国国有资产净值总计为 109316 亿元,高于当年国内生产总值。其中,经营性国有资产为 73149 亿元,占 67%;非经营性国有资产为 36167 亿元,占 33%。经营性国有资产,分布在全国各地方、各行业近 20 万户国有企业。随着市场经济的发展和国有企业改革的深化,国有资产管理体制存在的问题突出反映出来。一是运营效率低下,盲目重复建设现象普遍,国有资产流失严重。二是政企职责不清,政资机构不分,一些政府部门仍然同时兼有国有资产出资人职责和社会管理者职责。三是出资人职责由多个部门分割行使,管人、管事与管资产相脱节,“无人负责”与“行政干预”的问题并存。这些问题得不到解决,重要原因在于国有资产管理体制改革滞后。现行的由中央政府作为国有资产出资人惟一代表,并由多个部门分割行使出资人职能,所谓“五龙治水”的办法,难以对全部国有资产有效行使出资人职责,也难以对国有资产全面负责。因此,必须对现行国有资产管理体制进行改革,完善国有资产管理、监督、运营机制。

党的十六大报告对改革国有资产管理体制做出了原则性规定,其主要精神有以下四点:

第一,在坚持国家所有的前提下,充分发挥中央和地方两个积极性。国家要制定法律法规,建立中央政府和地方政府分别代表国家履行出资人职责,享有所有者权益,权利、义务和责任相统一,管资产和管人、管事相结合的国有资产管理体制。这与原来的体制有重大区别。一是,原来实行的是国家统一所有,分级管理,由中央政府代表国家行使所有者职能。而新体制实行的是国家所有,由中央政府和地方政府分别代表国家履行出资人职责,享有所有者权益,权利、义务和责任相统一。这样做,可以充分发挥中央和地方两个积极性,有利于企业清晰产权,形成多元投资主体和规范的法人治理结构。

这里说的地方政府，包括省、市（地）两级。二是，原来实行的是管资产和管人、管事相分割的体制，容易出现多个部门都可以说自己是所有者的代表，对企业发号施令，而一旦出了问题，又互相推诿，不负责任。新体制实行管资产和管人、管事相结合，权利、义务和责任相平衡，有利于国有资产的保值增值。三是，新体制强调依靠法治，在总结实践经验的基础上，由国家制定法律法规，一切依法办事。

第二，关系国民经济命脉和国家安全的大型国有企业、基础设施和重要自然资源等，由中央政府代表国家履行出资人职责。其他国有资产由地方政府代表国家履行出资人职责。根据有关部门材料显示，我国目前经营性国有资产总量和结构情况是：中央管理的44058亿元，占60.2%；地方管理29091亿元，占39.8%。需要指出，这里一般没有包括重要自然资源和无形资产。如果包括这两项，那么中央管理所占比例要大得多。同时，这里的中央和地方的划分，有待于按照将来有关国有资产管理的法律法规进行调整。此外，非经营性的国有资产还有3万多亿元。这部分中央管理所占比例要低于地方管理，即使这样，也不会改变在国有资产总量中中央管理占大头的状况。

第三，中央政府和省、市（地）两级地方政府设立国有资产管理机构。这是改革国有资产管理体制的重要举措。必须按照中央的统一决策和部署进行。要抓紧制定国有资产管理的法律法规，依法对国有资产进行管理和监督。同时，这项改革要自上而下有序进行，地方的改革要在国家有关法律法规出台后按统一部署进行。继续探索有效的国有资产经营体制和方式。这几年不少地方进行了多种形式的探索，包括设立国有资产经营管理公司，对极少数大型企业直接授权经营等，并取得了积极进展，要认真总结经验，不断加以完善。

第四，实行上述改革，各级政府都要坚持政企分开，实行所有权和经营权相分离，确保企业自主经营、自负盈亏。通过深化国有资产管理体制改革，进一步推进国有企业改革，推进国有经济的布局和结构调整，更好地实行政企分开，落实企业的经营自主权，搞活企业，提高企业效益，实现国有资产保值增值。要防止地方政府代表国家对国有资产行使出资人职责后，强化政府对企业的直接干预，形成新的政企不分。同时，各级政府都必须严格执行国有资产管理法律法规，防止国有资产流失。

在深化国有资产管理体制改革的同时，继续推进国有企业改革。国有企业是我国国民经济的支柱。国有企业改革是整个经济体制改革的中心环节。只有深化国有企业改革，才能增强国有企业的活力和市场竞争力，才能发挥国有企业在实现工业化和现代化中的重要作用。党的十六大报告对今后怎样进一步深化国有企业改革做出了明确部署。包括：进一步探索公有制特别是国有制的多种有效实现形式，大力推进企业的体制、技术和管理创新，积极采用能够提高国有经济效率的经营方式和组织形式。除极少数必须由国家独资经营的企业外，积极推行股份制，发展混合所有制经济。实行投资主体多元化，重要的企业由国家控股。按照现代企业制度的要求，国有大中型企业继续实行规范的公司制改革，完善法人治理结构。推进垄断行业改革，积极引入竞争机制。通过市场和政策引导，发展具有国际竞争力的大公司大集团。进一步放开搞活国有中小企业。

（三）深化分配制度改革和健全社会保障体系

党的十六大报告把深化分配制度改革作为经济体制改革的一项重要任务，具有重大意义。改革开放以来特别是党的十五大以来，随着社会主义市场经济体制的建立和发展，分配制度改革不断深化。同时也应看到，分配制度中仍存在着一些突出矛盾和问题：收入分配关系尚未理顺，社会收入差距扩大和单位内部平均主义并存；农民收入增长缓慢，城镇中部分居民生活困难；分配方式不规范，分配秩序混乱。必须进一步改革分配制度，调整和规范国家、企业和个人的分配关系。

第一,确立劳动、资本、技术和管理等生产要素按贡献参与分配的原则,完善按劳分配为主体、多种分配方式并存的分配制度。这是社会主义的基本原则和市场经济的基本要求在分配制度上的体现。社会主义市场经济条件下的分配制度,既要调动普通劳动者的积极性和创造性,也要激发科技人员和管理工作者的创新活力和创业精神,还要体现资本等生产要素按贡献参与分配。也就是说,要形成与我国基本经济制度相适应的分配机制。"放手让一切劳动、知识、技术、管理和资本的活力竞相迸发,让一切创造社会财富的源泉充分涌流,以造福于人民。"党的十五大明确提出允许生产要素参与分配,解决了生产要素能不能参与分配的问题。十六大进一步确立生产要素按贡献参与分配的原则,解决了怎样参与分配的问题,这是对完善分配制度在认识和政策取向上的深化。

第二,坚持效率优先、兼顾公平,既要提倡奉献精神,又要落实各项分配政策;既要反对平均主义,又要防止收入差距悬殊。初次分配注重效率,发挥市场的作用,创造公平的竞争环境,实行机会均等,鼓励人们通过诚实劳动、合法经营先富起来,以提高工作效率和经济效益;再分配注重公平,加强政府对收入分配的调节职能,调节差距过大的收入,防止两极分化,兼顾各阶层各方面群众的利益,实现公平分配。

第三,改革分配制度,规范分配秩序。继续深化国有企、事业单位和公务员工资制度改革,确立正常的工资增长机制,建立对关键岗位和有突出贡献人员的激励机制,适当拉开不同岗位间的收入差距。在企业探索实行年薪制、职工持股、技术和知识产权入股、股票期权制等分配制度,形成激励和约束机制。加强对垄断行业收入分配的监管,对某些行业的过高收入进行合理调节,取缔非法收入。

党的十六大报告指出:要以共同富裕为目标,扩大中等收入者的比重，提高低收入者收入水平。这是一个重要的论断和政策取向。其重要意义在于，这里指出了我国今后要形成的收入分配格局，是中等收入群体居多数，并占有大部分收入和财富的格局。这样的分配格局，符合共同富裕的目标，也有利于扩大内需和保持社会稳定。

社会保障体系是社会主义市场经济体制的重要支柱。建立健全同经济发展水平相适应的社会保障体系，是维护社会稳定和实现国家长治久安的重要保证。党的十三届四中全会特别是十五大以来，我国不断加强社会保障体系建设，以城镇职工基本养老保险、失业保险、城市居民最低生活保障制度和职工基本医疗保险制度为重点的社会保障体系的框架和基础已经构筑起来。覆盖范围逐步扩大，“两个确保”和一个“低保”基本实现，较好地保障了下岗失业人员、离退休人员和城市贫困居民的基本生活。

同时也要看到，我国社会保障体系仍不能适应经济社会发展的要求，进一步完善社会保障体系，是全面建设小康社会的奋斗目标和必然要求。要完善城镇职工基本养老保险制度。现行社会统筹和个人账户相结合的基本养老保险制度，符合我国国情，应继续坚持并不断完善。要进一步扩大城镇基本养老保险制度覆盖面，将各种所有制企业职工逐步纳入基本养老保险范围。改革机关事业单位社会保障制度，探索建立符合机关事业单位和企业特点的养老保险制度，形成多层次养老保险制度和体系。健全失业保险制度。全面落实城市居民最低生活保障。积极推进医疗保险体制改革。有条件的地方，探索建立农村养老、医疗保险和最低生活保障制度。

这里有一个重要问题，就是合理确定社会保障标准和水平。我国现阶段生产力发展水平不高，经济社会发展不平衡。各地区在建立和完善社会保障体系的过程中，必须循序渐进，合理确定保障的标准和水平，既要保障离退休人员、失业人员基本生活和职工基本医疗需要，又不能超过国家和社会承受能力，避免导致社保基金入不敷出,财政不堪重负,给社会经济长远发展造成负面影响。发达国家在这方面有许多教训,值得我们鉴戒。

四、关于扩大对外开放的部署和要求

全面提高对外开放水平,开创对外开放新局面,是党的十六大提出的新世纪新阶段扩大对外开放的战略部署和总体要求。十三届四中全会特别是十五大以来,我国对外开放取得丰硕成果。进出口总额由1990年的1154亿美元达到2001年的5098亿美元,世界贸易排名由第十六位上升到第六位。从1993年起连续9年成为吸收外商直接投资最多的发展中国家。1979年至2001年的22年实际利用外资累计5684亿美元,其中1997年至2001年的5年利用外资2846亿美元,占50%。各项国际经济技术合作与交流都取得显著成绩。要实现全面建设小康社会的目标和任务,必须进一步扩大对外开放。我们要适应经济全球化和我国加入世贸组织后的新形势,实施"引进来"和"走出去"相结合的战略,在更大范围、更广领域和更高层次上参与国际经济技术合作和竞争,努力把对外开放提高到新水平。

进一步扩大商品和服务贸易出口。坚持外贸市场多元化,积极拓展商品和服务贸易出口空间。既要巩固传统市场,力争向美欧日、东南亚重点市场多出口,也要开拓新兴市场,特别是俄罗斯、印度以及有潜力的非洲、拉丁美洲、东欧和西亚等市场。扩大出口不仅靠增加数量和商品价格的低廉,更重要的是靠提升出口商品的质量和档次。要坚持以质取胜,提高出口商品和服务的竞争力。优化出口商品结构,进一步提升机电产品和高新技术产品占外贸出口的比重。扶持和发展名牌优质产品,提高出口商品的技术含量和附加值。目前我国服务贸易与发达国家和一些发展中国家存在不小差距。加入世贸组织后,加快发展服务贸易是一项重要任务。要加快培育我国现代服务业，促进服务贸易快速发展。

要按照加入世贸组织的承诺，逐步全面扩大对外开放。进一步合理、有效利用外商直接投资，着力提高利用外资的质量和水平。我国金融、贸易、旅游等服务领域正在逐步开放，成为对外资极具吸引力的巨大市场。要积极探索通过收购、兼并和投资基金、证券投资等多种方式利用中长期国外资金。进一步拓宽利用外资的渠道和方式。坚持把利用外资与国内经济结构调整、国有企业改组改造结合起来，引导外资投向高新技术产业、基础设施和西部开发，鼓励跨国公司和企业集团来华投资兴办现代农业、改造和提升我国制造业特别是装备工业。着重引进国外先进技术、现代管理经验和各类专业人才。提高利用外资质量和水平，关键在于继续改善投资环境，既要改善基础设施硬环境，更要改善软环境，改进服务质量，对外商投资实行国民待遇，提高法规和政策透明度。只有这样，才能发挥我国市场潜力大、劳动力成本低的优势，增强对外资的吸引力。

党的十六大报告强调提出，实施“走出去”战略是对外开放新阶段的重大举措。这是一个重大论断和决策。实施“走出去”战略，是实现国民经济可持续发展的需要。我国是发展中国家，石油、天然气以及许多重要矿产资源、森林资源、渔业资源等不足，人均占有量较低。加强境外开发合作与综合利用，有利于为我国获取重要资源提供相对稳定的来源。实施“走出去”战略，是扩大出口、开拓国际市场的需要。我国加入世贸组织，在向其他成员履行承诺、开放市场的同时，其他成员也向我国开放市场。我们要抓住加入世贸组织的机遇，充分享受相应权利，实现权利和义务平衡，就必须加快实施“走出去”战略，带动货物、技术和服务出口，提高国际市场占有率。实施“走出去”战略，还是深化国际经济合作的需要。随着我国经济的快速发展，越来越多的国家和地区特别是发展中国家和地区，希望加强同我国开展多种形式的贸易投资合作和其他经济技术合作。我国企业到发展中国家特别是周边国家投资和合作生产,不仅可以增加当地的就业和税收,促进当地经济发展,也有利于深化我国与发展中国家和地区的团结合作,还有利于实现互惠互利、共同发展。总之,实施"走出去"战略,是关系我国现代化建设发展全局和前途的重大战略。"引进来"和"走出去",是对外开放的两个轮子。这两个轮子同时转起来,我们就会更好地发挥优势,扬长避短,促进国民经济持续快速健康发展。

实施"走出去"战略,条件具备,时机成熟。改革开放以来,我国生产力水平不断提高,综合国力明显增强。2002 年年底外汇储备达到 2864 亿美元,居世界第二位。我国加入世贸组织后,市场逐步开放,世贸组织其他成员也相应对中国进一步开放市场,提供贸易投资便利。这些都为我国企业"走出去"创造了更为有利的条件。我国境外投资从少到多,逐步扩大。这些境外企业分布在世界 160 多个国家和地区,投资领域涉及加工制造、资源开发、农林牧渔、交通运输、商贸旅游、劳务输出、医疗卫生和中介服务等各方面,绝大多数项目运作良好,经济效益逐步显现。目前已拥有一大批具备一定技术经济实力、熟悉国际化经营管理的企业,在"走出去"方面积累了许多宝贵经验。

实施"走出去"战略,必须加强总体规划和完善政策,在财政、税收、信贷、保险、外汇管理、信息服务等方面,创造有利的政策环境。要积极鼓励和支持有比较优势的各种所有制企业对外投资,包括国有企业、混合所有制企业和私营企业,采取合资、独资、联营等形式,开展跨国经营,开发利用海外资源,带动资本货物、商品和劳务出口,形成一批有实力的跨国企业和著名品牌。要根据各个国家的实际情况,采取不同的"走出去"方式,有的国家可以去直接投资办厂,搞加工贸易,有的国家则可设立商社进行商品营销活动。

党的十六大报告明确指出,"在扩大对外开放中,要十分注意维护国家经济安全。”提出这样的要求，是完全必要的。这是因为，世界经济全球化的深入发展和我国对外开放的不断扩大，有利于我们在世界范围内优化配置资源，扩大出口和利用外资。这方面的机遇和好处是显而易见的，也被二十多年来的实践所证明。同时，我们对经济全球化的负面影响和开放型经济发展中的风险要有充分的估计和应对准备。全球经济的变化有可能引起国内经济波动。现在我国经济与全球经济已经有比较强的相关性，特别是出口增长速度与全球出口增长速度已经高度相关。目前我国出口依存度已达23%，高于美国的7.2%、日本的9.5%、印度的9.2%、巴西的11.6%。跨国公司来华投资增加，有利于我们更多地吸收外资、引进先进管理经验和技术，但跨国公司规模巨大，有全球融资、生产和分销能力，有可能在我国一些产业中形成垄断力量。如果形成垄断，就会对国内相关企业的发展形成打压力量和其他多方面的负面影响。我国加入世贸组织后，金融、贸易等服务业开放步伐加快，允许外商以收购兼并方式投资，会使这种可能性加大。因此，我们要做好应对各种经济风险的政策准备、制度准备和物质准备。国内资本市场有条件地开放后，要加强国际收支监测和预警，加强对短期资本流动的管理，有效防范国际“热钱”对我国金融市场的冲击。同时，需要抓紧做好石油等战略物资储备，以增强我们对国际商品市场重要变化的承受能力和应变能力。要以在关键领域中形成自主技术创新和制造能力为目标，制定国家技术标准与产业发展战略。凡事预则立，不预则废。至关重要的是，要全面认识世界经济发展变化带来的有利条件和不利因素，不断提高在对外开放条件下推动我国经济发展的规律性认识。既要敢于对外开放，又要善于保护自己。无论扩大开放领域还是利用外资方式，都要注意积极稳妥，趋利避害，防患于未然。这样，我们可以始终处于主动地位，而较少受害。

五、关于全面建设小康社会的人民生活

努力提高全国人民生活水平，这是我国经济建设和经济体制改革的根本出发点与落脚点。党的十六大报告在这方面做出了一系列重要论述和决策。

第一，调整投资和消费关系，逐步提高消费在国内生产总值中的比重。这是在加强和完善宏观调控部分的重要内容，是一个新的重要政策取向。投资和消费比例关系是国民经济中一个重大比例关系。这一比例是否合理，决定着社会生产和再生产能否良性循环。改革开放初期，党和国家用了很大精力解决过去相当长时间存在的积累率偏高、消费率偏低的问题，使积累与消费比例关系趋于协调，城乡人民生活水平明显提高。但一个较长时期以来，消费率偏低又成为影响经济发展的突出矛盾。近20多年来，我国最终消费率呈现下降趋势。1981年至2001年，最终消费率由67.5%降到59.8%。据有关专家研究，按国际口径，社会需求分为家庭最终消费支出、政府最终消费支出、资本形成和净出口。2001年中国的家庭最终消费支出仅占国内生产总值的48%，同年全球平均为61%，低收入国家为70%，中等收入国家为59%，高收入国家为61%。大国的情况是，美国为68%、日本为56%、印度为68%。投资率高，说明国内生产总值中用于生产建设的比重高，这有利于经济发展和社会进步，但是，这也要有一个界限，并不是投资率越高越好。我国在居民消费中，农村居民消费水平明显低于城镇居民消费水平。从1997年到2000年，农村居民消费的比重不断下降。2000年占全国人口75%（国家统计局的户籍统计口径）的农民，仅占全国消费率的45%。说明农民消费水平明显偏低。最终消费率特别是居民消费率过低，也不利于经济持续发展。“一要吃饭，二要建设”，这是一个重要原则，

必须坚持实行。特别是在现实情况下,增加消费比增加投资更重要。近期内贯彻扩大内需为主的方针,特别需要扩大消费需求,提高消费率。为此,要采取有力措施,努力提高城乡居民特别是城镇中低收入者的收入;更加重要的是,要千方百计增加农村居民的收入。同时,要合理调整收入分配结构,以有利于逐步提高消费在国内生产总值中的比重。

第二,千方百计扩大就业。党的十六大报告提出,就业是民生之本。扩大就业是我国当前和今后长时期重大而艰巨的任务。国家实行促进就业的长期战略和政策。党中央高度重视劳动就业问题,这是非常必要的。十三届四中全会特别是十五大以来,党和政府采取一系列政策措施,拓宽就业渠道,改善就业结构,扩大就业总量。在就业压力持续加大的情况下,保持了全国大局稳定,为改革和发展创造了好的社会环境。我们必须看到,我国就业矛盾仍然十分突出。一是总量性矛盾。根据有关部门材料显示,2000 年我国 15 ~ 64 岁人口为 8. 5 亿,2010 年将达到 9. 7 亿,到 2020 年还会进一步增加。城镇现有下岗职工和失业人员 1400 万人,今后几年全国新增劳动力将达 4650 万人,农村剩余劳动力有 1. 5 亿人以上。城乡劳动力总供给明显大于总需求。二是结构性矛盾。一些传统工业生产能力过剩,部分资源枯竭矿山和困难企业关闭破产,不少职工面临转岗失业;企业改革继续深化,职工流动性增大,富余人员需要分流。这些都将加剧结构性失业现象。三是素质性矛盾。随着科技进步、技术更新、新兴产业兴起,对劳动者素质提出了更高的要求。素质较低、技术单一的劳动者将不适应需要而失业或难以就业,一些急需的专业技术人员和技术工人却又十分短缺甚至后继无人。四是我国经济在保持 20 多年的高速增长之后,经济总量逐步增大,从 20 世纪 90 年代后期开始,经济增长速度有所减缓,加上有机构成提高,对劳动力吸纳量相应减少。劳动就业问题既是重大的经济问题,也是重大的政治问题,必须采取多种方式,切实把就业问题解决好。十六大报告要求,各级党委、政府必须把改善创业环境和增加就业岗位作为重要职责,广开就业门路,这是完全必要和正确的决策。

第三,不断提高居民的消费水平和生活质量。这是向全面建设小康社会迈进的重要任务和奋斗目标。要适应人民群众生活水平提高的新需要,更加注重满足群众消费需求的多样化、消费结构的高度化和消费倾向的个性化,注重拓宽消费领域,改善消费环境,重点改善住行条件和消费性服务。要制定鼓励政策,创造条件,引导居民扩大对住房、汽车、教育、旅游、信息和家政服务等方面的消费,积极提供健康向上、丰富多彩的文化娱乐产品。要加强公共设施建设。发展社区服务,方便群众生活。着力改善农村医疗卫生状况,建立适应新形势要求的卫生服务体系和医疗保健体系。从总的生活消费趋势看,增加公共服务、改善生活环境、扩大医疗保健服务,应是全面建设小康社会不断提高消费水平十分重要的方面。

第四,加大扶贫工作力度,巩固扶贫成果。尽管国家“八七”扶贫攻坚计划已于2000年基本完成,但到2001年底,农村贫困人口还有3000万左右,而且都集中在一些生存环境恶劣和生态脆弱的地区,脱贫工作难度很大。国家将把扶贫工作作为一项长期任务,继续大力推进扶贫开发,尽快使目前尚未脱贫的农村人口解决温饱问题,并逐步过上小康生活。

总之,党的十六大确立的全面建设小康社会的宏伟目标,及其经济建设和经济体制改革等各项战略部署,极大地鼓舞着全党和全国各族人民更加满怀信心地把中国特色社会主义事业全面推向前进。党的十六届一中全会又选举产生了以胡锦涛同志为总书记的新的中央领导集体,顺利地进行了中央领导层的新老交替。在党中央的坚强领导下,高举邓小平理论伟大旗帜,全面贯彻“三个代表”重要思想,紧紧依靠全国各族人民的智慧和力量,齐心协力,开拓进取,艰苦奋斗，我们就一定能够胜利实现全面建设小康社会的宏伟目标，把中国特色社会主义伟大事业不断推向前进。

（本文系2003年2月15日在党中央举办的新进入十六届中央委员会委员、候补委员学习党的十六大精神研究班上讲课稿，全文发表在中共中央党校《报告选编》2003年第4期）

坚持走新型工业化道路

党的十六大报告明确提出，我国在新世纪头二十年经济建设的主要任务之一，是基本实现工业化，并郑重地提出："走新型工业化道路"。这是党中央在我国进入全面建设小康社会、加快推进社会主义现代化的新的发展阶段做出的重大战略决策。深刻认识走新型工业化道路的重要性及其途径，对于开创中国特色社会主义事业新局面，实现现代化建设第三步战略目标，具有十分重要的意义。

一、我国实现工业化和加快建设现代化的必然选择

工业化一般是指传统的农业社会向现代化工业社会转变的过程。工业化是现代化的基础和前提，高度发达的工业社会是现代化的重要标志。我国要实现工业化的任务，是新中国成立以后的第一个五年计划期间提出来的。从"一五"计划时期算起，我们为实现工业化已经奋斗了半个世纪，把一个落后的农业大国建设成为拥有独立的、比较完整的，并有一部分现代化水平的工业体系和国民经济体系的国家。但是，我国的工业化任务还没有完成，总体上看现在还处于工业化中期阶段。突出表现在：农业现代化和农村城镇化水平较低，农业劳动力和农村人口在全社会劳动力和总人口中分别占了

50%和62%左右;产业结构层次低,竞争力不强,工业特别是制造业的技术水平还不高,服务业的比重和水平同已经实现工业化的发达国家相比还有相当大的差距。工业化的任务不完成,现代化就难以实现。因此,继续完成工业化,仍然是我国现代化进程中重要而艰巨的历史性任务。

走什么样的工业化道路,是我们面临的重大课题。党的十六大报告明确提出:"坚持以信息化带动工业化,以工业化促进信息化,走出一条科技含量高、经济效益好、资源消耗低、环境污染少、人力资源优势得到充分发挥的新型工业化路子。"党中央提出的新型工业化道路,内涵极其丰富。科技含量高,就是要加快科技进步以及先进科技成果的推广应用,把经济发展建立在科技进步的基础上,提高科学技术在经济增长中的贡献率,特别要大力推进国民经济和社会信息化,并通过信息技术的广泛应用,带动工业化在高起点上迅速发展;经济效益好,就是要注重产品质量和适应市场变化,提高资金投入产出率,优化资源配置,降低生产成本;资源消耗低,就是要大力提高能源、原材料利用率,减少资源占用与消耗;环境污染少,就是要广泛推行清洁生产、文明生产方式,发展绿色产业、环保产业,加强环境和生态保护,使经济建设与生态环境建设相协调;人力资源丰富优势得到充分发挥,就是要提高劳动者素质和利用我国劳动力成本低廉的条件,提高经济竞争力,并妥善处理好工业化过程中提高生产率与扩大就业的关系,不断增加就业。总之,党中央提出的新型工业化道路,就是要充分运用最新科学技术和依靠科技进步的工业化,是提高经济效益和市场竞争力的工业化,是走可持续发展道路的工业化,是能够发挥我国人力资源优势的工业化。这是在新的历史条件和时代进步背景下,加快实现我国工业化、现代化的重大战略部署,是走经济建设新路子的根本指导方针,是完全必要和正确的。

第一,这是全面总结国内外工业化经验教训做出的重大决策。

发达国家都是在工业化之后推行信息化的。传统的工业化模式虽然使社会生产力获得了极大的发展,但也是以资源的过量消耗和注重机械化、自动化,出现过严重失业问题。在过去的几十年中,我们一直在探索走符合我国国情的工业化道路,也积累了丰富的经验。但是,由于受历史条件、经济技术发展水平和经济体制等的限制,推进工业化、保持经济快速发展,仍同保护资源、环境和生态之间产生了越来越尖锐的矛盾。加快推进我国工业化,既不能重复发达国家已经走过的传统工业化道路,也要认真总结和汲取我国以往工业化进程中的经验教训。坚决走一条有时代发展特点、符合客观规律和我国国情的新型工业化道路。

第二,这是顺应世界科技经济发展大趋势的必然选择。20 世纪 90 年代以来,世界经济科技发展出现了巨大变化。主要表现在两个方面:一是新的科技革命突飞猛进,高新技术特别是信息技术的广泛应用,不但成为经济社会发展的强大推动力,而且使人类生产活动和社会生活开始进入信息化和智能自动化时代。二是经济全球化深入发展,世界范围经济贸易发展和资金技术流动加快,各国经济和市场进一步相互开放、相互依存。特别是信息化以世界为舞台,导致了信息、技术、资本、人才等生产要素更为激烈的国际竞争。党中央顺应世界科技经济发展的新趋势,做出走新型工业化道路的决策,充分说明我们党能够与时俱进,始终站在时代前列。

第三,这是充分考虑我国基本国情得出的正确结论。人口数量大、人均资源不足、劳动力供给大于需求的矛盾突出,是我国的基本国情。实践证明,在一个人均资源相对不足的国家,以资源的过量消耗和环境生态破坏为代价推进工业化,不仅资源难以支撑,工业化和经济发展难以为继,而且破坏生态,污染环境,妨碍人民生活质量的提高。因此,必须高度重视科技进步的重要作用,着力提高经济效益,节约和合理利用资源,保护生态环境,走可持续发展之路。同时,为了充分发挥我国劳动力资源丰富的优势，缓解巨大的就业压力，维护社会公平和政治稳定，必须在推进工业化、现代化进程中，十分注意广辟就业岗位，努力扩大就业。走新型工业化道路，有利于资源的永续利用和生态环境保护，有利于就业和劳动者福祉的增加，符合最广大中国人民的根本利益和长远利益。

按照走新型工业化道路的要求，最为重要的是，必须正确处理工业化与信息化的关系。工业化是一个历史范畴，在不同国家和不同时期，工业化的内涵和道路有所不同。当今世界，信息技术飞速发展，广泛渗透到经济和社会发展的各个领域，信息产业蓬勃兴起。信息化是一个在农业、工业、服务业和科学技术等社会生产和社会生活各个方面应用现代信息技术，深入开发、广泛利用信息资源，加速现代化的过程。信息技术在国民经济各个领域的普遍应用，极大地提高了劳动生产率，降低了资源消耗和生产成本，减少了环境污染，已经成为社会生产力和人类文明进步的新的强大动力。信息化正在引起世界经济和社会的巨大变革。许多发达国家都正在通过积极发展信息技术及其产业，抢占世界经济竞争的制高点。信息化也极大地拓展和丰富了传统工业化的内涵。信息化为我国高起点加速推进工业化提供了可能。大力推进信息化，以信息化带动工业化，是我国完成工业化任务，发挥后发优势，实现生产力跨越式发展的新机遇。纵观世界发展史，任何一个国家工业化进程都与时代紧密相关，成功的工业化都是吸收和应用当时最先进技术的结果。在人类社会已进入信息时代的今天，我们必须十分重视信息化在工业化发展中产生的倍增作用和催化作用，积极推进信息化。但是还要看到，信息化是工业化发展到一定阶段的产物。信息基础设施的建设、信息技术的研究和开发、信息产业的发展，都是以工业化的成果为基础。工业化为信息化提供着物质基础，对信息化发展提出了应用需求，信息化通过工业化发展而不断深化和加速。因此，离开了信息化的工业化，不是现代化的工业化,先工业化、后信息化的道路行不通;忽视工业化,离开了工业化的信息化,将缺乏必要的物质基础,片面发展信息化的道路也走不通。只有坚持以信息化带动工业化,以工业化促进信息化,使信息化与工业化融为一体,才能真正加快我国工业化、现代化的进程。

二、大力推进产业结构优化升级

从根本上说,工业化过程就是伴随科技进步,经济不断发展、产业结构逐步优化升级的过程。党的十六大报告根据世界经济科技发展新趋势和走新型工业化道路的要求,针对我国经济建设中存在的突出问题,做出了推进产业结构优化升级的部署,即形成以高新技术产业为先导、基础产业和制造业为支撑、服务业全面发展的产业格局。这就为我们推动工业化、现代化,促进产业结构优化升级指明了方向。

(一)优先发展信息产业,积极发展高新技术产业。要加速发展信息产业,广泛应用信息技术,加快国民经济和社会信息化;同时,积极发展对经济增长有突破性重大带动作用的高新技术产业。高新技术产业特别是信息产业,科技含量高、发展速度快、渗透力和带动力强。加快发展信息产业,是顺应当今世界经济和社会发展大趋势的迫切要求,也是我国产业结构优化升级和实现工业化、现代化的关键环节。特别要加速发展微电子和软件产业,提高计算机及网络的普及应用程度,加强信息资源的开发和利用。政府行政管理、社会公共服务、企业生产经营,都要运用数字化、网络化技术,加快信息化步伐。积极促进金融、财税、贸易等领域的信息化,积极发展电子商务。加强现代信息基础设施建设。重点推进超大规模集成电路、高性能计算机、大型系统软件、超高速网络系统等核心技术的产业化。要坚持面向国内市场需求，推进体制创新，努力实现我国信息产业的跨越式发展。在大力推进信息化的同时，积极推动生物、航空、航天、新材料、新能源等高新技术产业的成长。我国近年来加大了对高新技术产业发展的政策鼓励和支持力度，一些高新技术产业迅速发展。据统计，2001 年我国高新技术产业产值接近 18000 亿元，高技术产品出口占工业制成品出口额的比重达 17.5%。但是，与发达国家相比，我国高新技术产业发展差距还很大，主要表现为规模小，产品质量不高，技术创新能力不足，核心技术不多等。今后必须突出重点，奋起直追，迎头赶上，努力实现我国高新技术产业的跨越式发展，尽快使它们成为国民经济的先导产业和新的成长链。

（二）坚持用高新技术和先进适用技术改造提升传统产业，大力振兴装备制造业。我国传统产业已有相当基础，在整个国民经济中比重很大，今后相当时期仍然是经济发展的主体力量。用高新技术和先进适用技术改造传统产业，增加科技含量，促进产品更新换代，提高产品质量和经济效益，是加快工业化、现代化的必然要求和重大举措。近几年，我国运用高新技术和先进适用技术，改造和提升传统产业的工作力度加大，取得了显著进展。一批重点企业的技术创新能力大大提高，市场竞争力明显增强。但是，从总体上看，我国传统产业特别是工业摊子过大，产业集中度不高，工艺技术装备落后，资源利用率低，低水平生产能力过剩与高附加值产品短缺并存等问题仍很严重，改造和提升传统产业的任务十分艰巨。关键在于加强规划，通过改革、调整和技术改造，优化结构，发展规模经营，改进产品质量，创新名牌，提高生产技术水平。信息技术的普及和其他高新技术的兴起，正赋予传统产业以全新的内容，着力运用高新技术改造和提升传统产业显得尤为重要和迫切。

处于工业中心地位的制造业，特别是装备制造业，是国民经济持续发展的基础，是国家工业化、现代化建设的发动机。国民经济各行业的生产技术水平和竞争能力的高低，在很大程度上取决于制造业提供的技术装备的性能和水平。必须深刻认识到，没有自己强大的制造业，不用先进的制造业武装、改造各个产业，提升它们的装备和生产技术水平，要实现我们国家的工业化和现代化，是不可能的。因此，大力振兴制造业特别是装备制造业，既是改造和提升传统产业的重要内容，也是加快实现国家工业化、现代化的基础和前提。改革开放以来，通过技术引进、技术改造和自主创新，我国技术装备的设计和制造能力有了明显增强，但与发达国家相比，我国装备制造业总体水平比较低，质量及可靠性较差，在许多领域还缺乏提供先进和成套技术装备的能力。据统计，近几年来我国全社会固定资产投资中，设备投资的2/3依赖进口，其中光纤制造设备的100%，集成电路芯片制造设备的85%，石油化工装备的80%，轿车工业设备、数控机床、纺织机械、胶印设备的70%，被进口产品挤占。振兴我国装备制造业，要以数控机床、重要基础件为重点，增强重大装备的开发能力，推进机电一体化，提高装备工业智能化水平。要依托重点技术改造和重大工程项目，为各行各业提供先进和成套的技术装备。要加快老工业基地的调整和改造。

与此同时，要继续加强基础设施建设。进入20世纪90年代特别是近五年来，我国明显加大了基础设施建设的投资，多年来一直是经济发展"瓶颈"的基础设施，实现了历史性突破。能源、原材料基本上可以满足经济发展的需要，交通运输状况大为改善。但今后我国工业化、现代化建设对基础设施的需求还十分巨大，随着经济总体规模的不断扩大和城乡建设水平的不断提高，基础设施建设还必须继续加强，不断增加供给能力和提高技术水平。对于这一点应当有足够的估计和认识。要进一步加强水利、能源、原材料、交通、通信、环保等基础工业和基础设施建设，重点建设和改造一批关系全局的重大项目，使基础设施建设与国民经济持续发展相适应，增强发展后劲。

（三）加快发展服务业特别是现代服务业。服务业的兴旺发达是现代化经济的一个显著特征。大力发展服务业是加快工业化、现代化的必然要求。这对于促进国民经济协调发展、提高经济效益和效率、扩大劳动就业、加快城镇化进程、改善人民生活，都有着重大的作用。改革开放二十多年来，我国服务业得到较快发展，但与经济发展阶段和人均收入应达到的水平相比，还有相当大的差距。目前，服务业存在的主要问题是：第一，总量不足，比重过低。2001 年，我国服务业在国内生产总值中的比重和从业人员占全部就业人口的比重分别只有 33.6% 和 27.7%，不仅大大低于发达国家，也明显低于发展中国家的平均水平。今后有着很大的发展空间。第二，内部结构落后，传统服务业比重过高，现代服务业发展明显滞后和不足。第三，服务领域狭小，服务水平不高。多数服务领域不适应发展市场经济的要求，服务品种少，手段落后。因此，必须更加重视发展服务业，明显提高第三产业在国民经济中的比重。特别要加快发展金融、物流、旅游、咨询等现代服务业，加快发展教育、文化、卫生、保健和体育事业。同时，要继续发展交通运输、仓储、批发和零售贸易、餐饮、修理、美容美发等传统服务业，特别是要适应社会需求变化，积极发展家政服务、托老托幼、生活护理、社区保安、保洁保绿等社区服务业。这些对于改善居民消费环境和生活质量有着重要意义。

在推进产业结构优化升级过程中，一定要从我国国情出发，扬长避短，趋利避害，高度重视和正确处理以下三个关系。

一是正确处理发展高新技术产业和发展传统产业的关系。我国面临着既要完成传统工业化，又要迎头赶上世界新的产业革命的双重任务。我们必须高瞻远瞩，放宽视野，积极适应世界科技革命发展的大趋势，不失时机地发展高新技术产业，特别是加速发展信息产业，发展那些对国民经济成长具有全局性带动作用的高新技术产业。在这方面，我们必须增强紧迫感和使命感。否则，我们就会与方兴未艾的新技术革命失之交臂，丧失加快发展和壮大自己的机遇。同时，也必须清醒地看到，我国目前仍处在工业化中期阶段，生产力发展又很不平衡，在一个相当长的时期内，传统产业特别是工业制造业，仍然有广阔的市场需求和发展前景。据统计，目前制造业直接创造国内生产总值的1/3，占整个工业的4/5，为国家财政提供1/3以上的财政收入，占出口总额的90%，就业人员达8000多万。因此，我们既要加快发展高新技术产业，又绝对不能忽视发展传统产业。关键是必须切实做好二者结合的大文章。传统产业的改造一定要充分运用高新技术，提高发展的起点，发挥后发优势；高新技术产业要为传统产业改造提供强有力的技术支持，在促进传统产业的提升和发展中，开辟自身发展的广阔空间。

二是正确处理发展资金技术密集型产业和发展劳动密集型产业的关系。资金技术密集型产业，是指资本有机构成较高的产业；劳动密集型产业，是指资本有机构成较低的产业。一般说来，重化工业的资金技术密集程度较高；农业、轻纺工业、建筑业的劳动密集程度较高。第三产业中的商业、生活服务业等也属于劳动密集型产业。随着工业化的推进，必须加快发展资金技术密集型产业，以提高生产技术水平和效率。但是，由于我国尚处在工业化中期阶段，经济结构必然呈现多层次性，劳动密集型产业还有很大需求和发展潜力。人口多、人力资源丰富，这既形成了巨大的就业压力，也是我国的一个突出优势。我国拥有素质较高、数量巨大的人力资源，劳动力成本较低，是在国际经济竞争中的独特优势，应当注意充分发挥人力资源的作用。从我国的这一国情出发，我们在工业化进程中，必须把发展资金技术密集型产业和劳动密集型产业很好地结合起来。既要大力发展资金技术密集型产业，又要继续发展吸纳就业能力强的劳动密集型产业,在促进产业结构不断优化升级的同时,既充分发挥我国劳动力资源丰富的优势,又缓解就业压力。各产业的发展都要根据比较成本原则,在保证产品技术质量水平的前提下,用劳动替代技术和资本成本更低,就不要一味追求技术和资金密集,可以多使用劳动力;在生产关键部位和工序要采用先进设备和技术,在一般工序则可以采取人工操作。

三是正确处理发展虚拟经济和发展实体经济的关系。虚拟经济,是指相对独立于实体经济的虚拟资本的经济活动。虚拟资本,是市场经济中信用制度和货币资本化的产物,通常包括股票、期货、金融衍生产品等。实体经济是指农业、工业、交通运输、商贸物流、建筑业、服务业等提供物质产品和服务的经济活动。20 世纪 80 年代以来,虚拟资本的形式越来越多样化,资本的虚拟化程度也越来越高。实体经济是虚拟经济的基础。虚拟经济既相对独立于实体经济之外,又不能完全脱离实体经济。虚拟经济的发展,总体上对国民经济发展有着积极的促进作用。但如果虚拟经济发展不当,也会产生消极的负面影响。虚拟经济过度膨胀,就会形成泡沫经济,导致对实体经济的破坏,甚至会出现金融危机和经济衰退。日本 20 世纪 80 年代由于虚拟经济过度膨胀而导致房地产和股市泡沫破裂,经济陷入困境,至今难以自拔,就是一个典型的例证。1997 年亚洲金融危机发生后,一些国家出现严重经济衰退,也是经济泡沫破裂所致。国内外经验教训告诉我们,虚拟经济发展应当以实体经济发展为基础,并为实体经济发展服务。虚拟经济必须稳步适度地发展,不可盲目扩张,过度膨胀。我国在加快推进工业化、现代化进程中,必须妥善处理发展虚拟经济与发展实体经济的关系。要重视发展虚拟经济,但必须扎扎实实地发展实体经济。既要充分发挥虚拟经济对国民经济的积极促进作用,又要防止和化解其消极影响,趋利避害,保障国家经济安全和健康发展。

三、实施科教兴国战略和可持续发展战略，坚持推进改革开放

走新型工业化道路，必须发挥科学技术作为第一生产力的作用，注重依靠科技进步和提高劳动者素质，改善经济增长质量和效益；必须正确处理经济发展与人口控制和资源、环境保护的关系，注重资源合理利用和环境生态保护，实现可持续发展；必须坚持以改革开放为动力，进一步消除束缚生产力发展的体制障碍，充分利用国内国外两个市场、两种资源，优化资源配置，提高经济效益和竞争力。为此，今后要着力做好以下几个方面的工作。

（一）继续实施科教兴国战略。科技进步和创新，是实现工业化、现代化的决定性因素。我们要立足我国实际，放眼世界，合理确定科技发展的重点，为工业化和产业结构优化升级不断提供强大的技术支持。一是加强基础研究和应用基础研究，瞄准世界科技发展前沿，选择我国具有一定优势、对国民经济和社会发展有重大意义的研究领域，如生命科学、信息科学、纳米科学、生态科学等，集中力量，协同攻关，力争取得新的突破。加强关键技术创新和系统集成，实现技术跨越式发展。二是鼓励科技创新，在关键领域和若干科技发展前沿掌握核心技术和拥有一批自主知识产权。在一些关系国家经济命脉和国家安全的高技术领域，提高自主创新能力。三是把工程科技放在科技发展的突出重要地位。实施重大高新技术工程项目，促进科技创新成果产业化。四是选择装备制造、农产品深加工、资源综合利用等重点领域，加快开发能够推动传统产业升级的共性技术、关键技术和配套技术，加快推进传统产业技术升级。要继续深化科技体制改革，从根本上解决科技与经济脱节的现象，加速科技成果向现实生产力转化。推进国家创新体系建设。发挥高等院校和科研机构

在知识创新中的重要作用,支持企业成为科研开发投入和技术创新的主体。发挥风险投资的作用,形成促进科技创新和创业的资本运作及人才汇集机制。完善并严格执行知识产权保护制度。

科技、经济发展乃至工业化、现代化的实现,都取决于劳动者素质的提高和大量合格人才的培养。人力资源特别是人才比任何其他资源都重要。教育是发展科学技术和培育人才的基础,在现代化建设中具有先导性和全局性作用,必须坚持摆在优先发展的战略地位。要全面贯彻党的教育方针,大力推进教育创新。深化教育改革,不断健全和完善教育体制,优化教育结构,扩大教育资源。着力推进素质教育,全面提高教育质量。通过教育创新和发展,造就数以亿计的高素质劳动者、数以千万计的专门人才和一大批拔尖创新人才。

(二)大力实施可持续发展战略。这是走新型工业化道路的根本性要求,也是关系中华民族生存和发展的长远大计。在推进工业化、现代化过程中,必须坚持把可持续发展放在十分突出的地位。认真执行计划生育、保护环境和保护资源的基本国策。合理开发和使用各种自然资源。高度重视水资源保护和开发利用,抓紧解决部分地区水资源短缺和污染严重的问题。兴建南水北调工程。加强油气资源勘探开发和战略资源储备。实施海洋开发。搞好国土资源综合整治。国家和社会都要加大投入,持之以恒地加强生态保护和建设,强化城乡环境污染治理。发展环保产业,推行清洁生产。健全环境、气象和防灾减灾监测体系。完善法制建设,增强全民环保意识。坚持运用政府调控与市场相结合的机制,特别要高度重视发挥政府依法保护资源和环境的重要作用。

(三)坚持以改革开放为动力。改革开放是经济发展的巨大引擎,也是走新型工业化道路的强大动力。一方面,要坚持以完善社会主义市场经济体制为目标,继续推进市场取向的改革,实现改革的新突破。要坚持和完善以公有制为主体、多种所有制经济共同发展的基本经济制度。继续深化以建立现代企业制度为重点的国有企业改革，推动企业转换经营机制，加强技术创新和技术改造，改善经营管理。要进一步健全市场体系，完善市场竞争机制，大力整顿和规范市场经济秩序，加强宏观调控，建立有利于走新型工业化道路的宏观环境和市场环境。另一方面，无论是调整和优化产业结构，发展信息产业和其他高新技术产业，发展农业、工业和服务业，还是实施科教兴国战略和可持续发展战略，开发利用资源和保护生态环境，都要着眼于推进体制创新、机制创新和管理创新，采取深化改革的措施和办法，积极探索和开拓新型工业化的道路。

同时，要适应经济全球化和我国加入世贸组织的新形势，在更大范围、更广领域、更高层次上积极参与国际经济技术合作和竞争，全面提高对外开放水平，以开放促改革促发展。要采取更有力的政策措施，进一步扩大商品和服务出口贸易，鼓励和支持有条件的企业走出去，更好地利用"两个市场、两种资源"，拓宽工业化、现代化发展和优化资源配置的空间。要继续积极、合理、有效地利用外资，着力引进国外先进技术和管理经验，提高我国企业的生产技术水平和管理水平，提高资源利用效率，降低生产建设成本，取得更好的经济效益，增强我国经济的国际竞争力。

回顾我国改革开放二十多年来经济建设所取得的伟大成就，我们备受鼓舞；展望未来工业化、现代化建设的光辉前景，我们充满信心。只要我们坚决地走新型工业化道路，就一定能够在新的发展阶段中推动经济结构战略性调整，基本实现工业化，大力推进信息化，加快建设现代化。中国特色社会主义的伟大事业必将取得新的更大胜利。

（原载《十六大报告辅导读本》，人民出版社 2002 年 11 月版）

不断提高驾驭
社会主义市场经济的能力

党的十六届四中全会通过的《中共中央关于加强党的执政能力建设的决定》(以下简称《决定》),深刻总结了55年来党的执政经验,全面分析了加强党的执政能力建设的重要性和紧迫性,对加强党的执政能力建设的指导思想、总体目标和主要任务作了明确阐述。《决定》强调指出:“提高党的执政能力,首先要提高党领导发展的能力。”必须“坚持把发展作为党执政兴国的第一要务,不断提高驾驭社会主义市场经济的能力。”深入领会并认真贯彻《决定》提出的这个重要精神,对于把党的执政能力提高到一个新水平,全面开创建设中国特色社会主义事业新局面,具有重大的意义。

必须深化对社会主义市场经济内在要求和运行特点的认识

我们党领导人民建设社会主义的根本任务,是解放和发展生产力,增强综合国力,满足人民群众日益增长的物质文化需要。怎样实现这样的任务?我们党经过艰辛的理论和实践探索,做出了在社会主义条件下发展市场经济的重大决策。这既是一个伟大创举,又是一个全新课题。发展社会主义市场经济是整个社会主义阶段的历史性任务。建成完善的社会主义市场经济体制和更具活力、更加开放的经济体系,还必须付出巨大的努力。《决定》提出,“要适应世界经济、科技发展趋势和我国改革发展的新形势,把握社会主义市场经济的内在要求和运行特点,自觉遵循客观规律,充分发挥社会主义制度的优越性和市场机制的作用,不断提高领导经济工作的水平。”这是“提高驾驭社会主义市场经济能力”的基本内涵和根本要求。社会主义市场经济不是静止不变的,而是不断发展的。要在实践发展中不断深化对社会主义市场经济内在要求和运行特点的认识,就必须准确把握世界经济、科技发展趋势和我国改革发展的新形势。

当今世界有两大发展趋势。一是经济全球化深入发展。资本、商品、技术、信息、劳务的国际间流动加快,各国都在调整产业结构。发达国家加快将传统产业和现代服务业向劳动力素质较好、成本较低的发展中国家转移。这有利于我们在世界范围内优化资源配置,可以更多地从外部获得生产要素,促进产业结构优化和技术进步,发展开放型经济。二是世界科学技术日新月异。特别是信息技术已经成为当代最先进、最活跃的生产力,其他高新技术领域都已出现或者正在酝酿着新的重大突破。我国有可能发挥后发优势,实现技术和生产力的跨越式发展。我国已加入世界贸易组织,经济更加开放,与国际经济联系日益密切。在这种新情况下,我们必须适应世界经济科技发展潮流,加深对社会主义市场经济规律性的认识,把握市场经济运行的特点,更好地发展和壮大自己。

从我国改革发展的新形势来看。按照党的十六大部署,本世纪头二十年,我们要实现全面建设小康社会的目标。这是实现现代化建设第三步战略目标必须经过的承上启下的发展阶段,也是建成完善的社会主义市场经济体制和发展开放型经济的关键阶段。我们发展生产力的重要任务,是要推动经济结构的战略性调整,基本实现工业化,大力推进信息化,加快建设现代化。2003 年,我国人均国内生产总值已超过1000美元,按既定的部署和现行汇率计算,到2020年将达到3000美元。这个发展阶段,既有巨大的发展潜力,又面临诸多风险。一些发展中国家的发展进程表明,人均国内生产总值1000美元到3000美元的发展阶段,有可能出现两种前途、两种结果:一种是搞得好,经济社会继续向前发展,顺利实现工业化、现代化;另一种是搞得不好,往往出现贫富悬殊、失业人口增多、城乡差距和地区差距拉大、社会矛盾加剧、生态环境恶化等问题,导致经济社会发展长期徘徊不前,甚至出现社会动荡和倒退,比如拉美一些国家就发生了这样的问题。因此,在这个关键时期,必须正确认识和自觉遵循客观规律,正确认识和处理与发展相联系的各方面重大关系,才能用好战略机遇期,顺利实现既定的目标。否则,现代化建设就难以顺利进行,甚至会走弯路。

深化对社会主义市场经济内在要求和运行特点的认识,从根本上说必须认清社会主义市场经济的本质特征。社会主义市场经济也就是在社会主义条件下发展市场经济。一方面,作为市场经济,它同资本主义条件下的市场经济在运行规则上是相通和相似的。它的根本要求,是市场机制对资源配置起基础性作用,使经济活动遵循价值规律,适应供求关系的变化;通过价格杠杆和竞争机制的功能,把资源配置到效益较好的环节中去,并给企业以压力和动力,实现优胜劣汰;运用市场对各种经济信号反映比较灵敏的优点,促进生产和需求的及时协调。现代市场经济的共同属性和一般规律,是我国社会主义市场经济必须遵循的,包括生产要素市场化、经济主体独立化、政府管理法制化等。同时,社会主义市场经济是同社会主义基本制度结合在一起的,它要体现社会主义基本制度的要求,充分发挥社会主义制度的优越性。社会主义的本质是解放生产力,发展生产力,消灭剥削,消除两极分化,最终达到共同富裕。社会主义制度的优越性,突出表现在它能够最大限度地调动广大人民群众的创造精神,能够集中力量办大事，能够把人民的当前利益与长远利益、局部利益与整体利益结合起来，能够发挥计划与市场两种手段的长处，把发挥市场机制作用和国家宏观调控结合起来，等等。从根本上说，社会主义市场经济是社会主义与市场经济的有机结合，既不同于传统的计划经济，也不同于一般以私有制为基础的市场经济；同时，我们是在人口多、生产力水平低，发展不平衡这些特殊国情下发展社会主义市场经济的，必然具有鲜明的中国特色。这些都决定了中国社会主义市场经济具有自身特有的内在要求和运行特点。

这种内在要求和特点，概括起来，就是既充分发挥社会主义制度的优越性，又充分发挥市场机制的作用，不断解放和发展社会生产力，促进经济持续快速健康发展，并且使发展的成果惠及全体人民，实现发展社会生产力与全体人民共同富裕的统一。

26 年来改革开放的波澜壮阔的伟大实践，使我们党对社会主义市场经济内在要求和运行特点的认识逐步深化，党领导经济工作的水平不断提高。但是也要看到，我国推行市场取向改革、实行对外开放毕竟只有二十多年历史，在这样短的时间内把市场经济几百年发展过程中形成的体制、机制、规则、特点都认识清楚是很困难的。建国以后我们长期实行计划经济，传统观念、传统体制的影响也不是在短时期就可以根本消除的。由于多种客观和主观的原因，我们对社会主义市场经济的认识还是不深刻、不全面的。目前，在我国社会经济生活中，违反社会主义市场经济规律的做法还比较常见。例如，政企不分的现象仍然普遍地存在着，政府管了一些应该由企业、市场和中介组织管的事情，影响了市场对资源配置起基础性作用，降低了经济效率和效益。又如，有些地方不顾市场需求和经济效益，片面追求经济增长速度，盲目扩大建设规模和进行低水平重复建设，造成资源严重浪费和生态环境破坏。再如，一些地方往往重视经济发展，而忽视社会事业发展和精神文明建设，影响了物质文明、政治文明、精神文明的共同进步，如此等等。这一切都说明，深刻认识和把握社会主义市场经济的内在要求和运行特点，仍然是我们的一项紧迫而艰巨的任务。

时代在变化，历史在前进，实践在发展。我们的认识必须随着时代和历史的变化而变化，随着实践的发展而发展。在发展社会主义市场经济的实践中，必须从提高党的执政能力、推进中国特色社会主义伟大事业的高度，自觉地通过学习和实践，不断深化对社会主义市场经济内在要求和运行特点的认识，努力提高驾驭社会主义市场经济的能力，把我国现代化建设顺利推向前进。

必须坚持抓好发展这个党执政兴国的第一要务

马克思主义执政党必须高度重视解放和发展生产力。离开发展，坚持党的先进性、发挥社会主义制度的优越性和实现民富国强都无从谈起。提高驾驭社会主义市场经济的能力，必须始终把推动发展作为党的中心任务。

我们党在中国这样一个经济文化落后的大国领导人民进行现代化建设，能不能解决好发展问题，直接关系人心向背、事业兴衰。发展是硬道理，必须抓住机遇加快发展。改革开放25年来，我们党的路线方针政策之所以得到广大人民群众的拥护，我们之所以经受住国际国内各种风浪的考验，我国的国际地位和影响力之所以不断提高，归根到底是由于我国经济持续快速发展，各项社会事业取得很大进步，综合国力显著增强。今后，我们仍然要把发展作为解决中国一切问题的关键。统观全局，新世纪头20年我国面临着发展的重大战略机遇，加快发展拥有许多有利条件。我们必须紧紧抓住重要战略机遇期，聚精会神搞建设，一心一意谋发展。

抓住机遇，加快发展，必须扭住经济建设这个中心不动摇。马克思主义认为,生产力的发展是人类社会发展的最终决定力量。我国正处在并将长期处在社会主义初级阶段,这个阶段的主要矛盾始终是人民日益增长的物质文化需要同社会生产不能满足这种需要之间的矛盾,根本任务是发展社会生产力。只有发展生产力,才能为人民生活改善、社会全面进步和人的全面发展提供物质基础,才能不断增强国家的经济实力、国防实力和民族凝聚力。因此,以经济建设为中心任何时候都不能动摇、不能放松。同时,要更新发展观念,不断开拓发展思路,丰富发展内涵。《决定》不仅深刻地论述了为什么要发展,而且进一步明确了如何发展的方向。

第一,要着力转变经济增长方式,全面提高经济的整体素质和竞争力。坚持以经济建设为中心,必须保持较快的经济发展速度。这里讲的经济较快发展,是建立在优化结构、提高质量和效益的基础上的发展,是速度和结构、质量、效益相统一的发展。因此,决不能片面追求发展速度。有市场、有效益的发展,才是真正的、健康的发展。多年来,我国实现了经济持续快速发展,取得了举世瞩目的成就。但是,由于多种原因,我国经济长期走着粗放式发展的路子,经济增长主要靠增加投入、扩大投资规模,生产要素利用效率低,资源和环境的代价太大,经济整体素质不高,竞争力不强。在今后的经济发展过程中,我们必须按照全面建设小康社会、走新型工业化道路的要求,以经济结构调整为主线,以改革开放和科技进步为动力,着力转变经济增长方式,全面提高国民经济的整体素质和竞争力。为此,要坚持大力实施科教兴国战略,加快国家创新体系建设,充分发挥科学技术第一生产力的作用,真正把经济建设转到依靠科技进步和提高劳动者素质的轨道上来;要坚持以信息化带动工业化,以工业化促进信息化,走科技含量高、经济效益好、资源消耗低、环境污染少、人力资源优势得到充分发挥的发展路子;要坚持推进产业结构调整和升级,积极发展对经济增长有突破性重大带动作用的高新技术产业,用高新技术和先进适用技术改造传统产业，大力振兴装备制造业和第三产业；要坚持把提高产品质量放在首位，切实节约和合理利用资源，建设节约型经济。归根结底，就是要走科学化、集约化、优质化的发展新路子。

第二，要及时全面分析经济形势，保持经济平稳较快发展。总结历史经验，保持经济平稳较快发展，是一个至关重要的问题。经济长期平稳较快发展，有利于提高经济增长质量和效益，有利于社会财富稳步增加，有利于不断提高人民生活水平，也有利于增强人们对经济发展前景的信心。否则，如果经济大起大落，不仅会打乱正常的社会经济秩序，而且会造成社会资源的严重浪费和损失。为了保持经济平稳较快发展，必须增强预见性，及时全面、深入地分析经济形势，准确把握经济运行中的突出矛盾和主要问题，适时提出和有效贯彻应对的方针和政策措施，加强和改善宏观经济调控，消除经济运行中的不稳定、不健康因素，防止经济大起大落。回顾建国以来走过的道路，建设规模超过国力的可能，社会总需求膨胀，往往是导致经济不稳定的主要因素。这方面付出的代价太大，教训极为深刻，应该牢牢记取。

第三，要坚持以人为本、全面协调可持续的科学发展观。以人为本，全面协调可持续的科学发展观，是我们党以邓小平理论和“三个代表”重要思想为指导，深刻总结国内外经济建设中的经验教训，从新世纪新阶段党和国家事业发展全局出发，着眼于丰富发展内涵、创新发展观念、开拓发展思路、破解发展难题而提出的重大战略思想，进一步明确了我国要发展、为什么发展和怎样发展的问题。这是我们党对人类社会发展规律、社会主义建设规律和共产党执政规律认识的升华。牢固树立和坚持贯彻科学发展观，是提高驾驭社会主义市场经济能力的重要方面，也是抓住机遇、加快发展的必然要求。为此，一要坚持以人为本。这是科学发展观的本质和核心。以人为本，就是要把人民的利益作为一切工作的出发点和落脚点,不断满足人们的多方面需求和促进人的全面发展。一切为了人民,一切依靠人民。这就要求在领导经济工作中,必须深入体察人民群众的意愿,切实把维护和实现最广大人民的根本利益体现在党领导经济社会发展的大政方针和各项部署中,落实到经济社会发展各个方面。把推进经济建设同推进政治建设、文化建设统一起来,促进社会全面进步和人的全面发展。二要按照"五个统筹"的要求,建立统筹城乡发展、统筹区域发展、统筹经济社会发展、统筹人与自然和谐发展、统筹国内发展和对外开放的有效体制机制。这"五个统筹"的实质,是要解决发展不平衡问题,实现多方面协调发展。只有协调发展,才能健康发展、持久发展。要贯彻"五个统筹"原则,就必须在指导方针、政策措施上注重加强经济社会发展的薄弱环节,特别要重视解决好农业、农村、农民问题;重视实施西部大开发战略和振兴东北地区等老工业基地战略,促进中部地区崛起,支持革命老区、少数民族地区、边疆地区和其他欠发达地区加快发展;重视扩大就业再就业和健全社会保障体系;重视发展文化、教育、科技、卫生、体育等各项社会事业;重视计划生育、节约资源、保护环境和安全生产,大力发展循环经济,建设节约型社会。三要建立体现科学发展观要求的经济社会发展综合评价体系。这是坚持贯彻科学发展观的重要措施。科学发展观对经济社会发展的全面性、公正性、协调性和可持续性提出了更高的要求。现有的经济社会发展指标体系,主要是反映经济总量和速度增长,不仅缺乏反映全要素生产率、生态文明建设的指标,也缺乏反映人的全面发展和社会全面进步的指标。必须按照科学发展观的要求,研究设计一整套评价包括经济、社会、生态和人全面发展的指标体系,以此来引导政府和企业的行为,科学考核政府和干部政绩。要积极推进统计、核算制度改革,以利于科学发展观的贯彻落实。四要坚持从实际出发,因地制宜,分类指导,积极推进。这就要求必须把积极进取精神同科学求实态度很好结合起来。贯彻落实科学发展观，既要有紧迫感和责任感，又要看到解决不平衡问题的艰巨性、复杂性和长期性。由于我国正处于并将长期处于社会主义初级阶段，生产力发展水平不高，发展很不平衡，实现经济社会全面协调和可持续发展，必然是一个动态的历史过程，既要努力奋斗，又不能急于求成。

必须坚持推进经济体制改革和提高对外开放水平

坚持社会主义市场经济的改革方向，始终站在时代前列领导和谋划改革，掌握对外开放的主动权，全面提高对外开放水平，是提高驾驭社会主义市场经济能力的重要方面。

我国已经初步建立起社会主义市场经济体制，但还很不完善，原有计划经济体制的弊端尚未根本消除，在向市场经济体制转轨中又出现了一些新的问题，生产力发展还面临着诸多体制性障碍。突出表现在：城乡体制分割，产权制度不健全，国有企业建立现代企业制度和国有经济布局调整的任务还没有完成，资本等要素市场发育滞后，收入分配差距扩大的矛盾加剧，市场经济秩序比较混乱，政府职能转变还不到位，社会管理和公共服务职能薄弱，科技、教育、文化、卫生等社会发展领域的体制改革任务还很艰巨，等等。这些说明，我国经济体制改革仍处在攻坚阶段，建成完善的社会主义市场经济体制和更具活力、更加开放的经济体系的任务还很艰巨。改革是发展的强大动力和实现国家现代化的必由之路。必须坚持社会主义市场经济改革方向，锲而不舍地推进改革。

建立和完善社会主义市场经济体制，是一场伟大的历史性变革，是千千万万人民群众的创造性实践活动。要继续打好经济体制改革的攻坚战，必须锐意进取，知难而进，必须依靠群众，充分尊重群众的首创精神，围绕改革的重点和难点，鼓励大胆探索、勇于实践，坚决破除一切妨碍发展的观念和体制机制弊端。

总结改革以来的经验，根据改革面临的问题和任务，《决定》提出需要切实解决好关系经济体制改革全局的重大问题，特别要正确处理好以下六个重要关系。一是正确处理坚持公有制为主体和促进非公有制经济发展的关系。这是深化改革中一个带根本性、全局性的问题。关键是做到两个始终“毫不动摇”：要毫不动摇地巩固和发展公有制经济，坚持公有制的主体地位，发挥国有经济的主导作用，并积极推行公有制的多种有效实现形式，进一步增强公有经济的活力和竞争力；与此同时，要毫不动摇地鼓励、支持和引导个体、私营等非公有制经济发展，落实促进非公有制经济发展的政策措施，使公有制经济和非公有制经济充分发挥各自优势，在社会主义现代化建设进程中相互促进，共同发展。二是正确处理按劳分配为主体和实行多种分配方式的关系，鼓励一部分地区、一部分人先富起来，注重社会公平，合理调整国民收入分配格局，切实采取有力措施解决地区之间和部分社会成员收入差距过大的问题，逐步实现全体人民共同富裕。合理兼顾效率与公平，是坚持改革正确方向的重大问题，必须高度重视，恰当把握。三是正确处理市场机制和宏观调控的关系，坚持按市场经济规律办事，更大程度地发挥市场在资源配置中的基础性作用，加强和改善国家宏观调控，促进国民经济充满活力、富有效率、健康运行。在这方面已经积累了丰富经验，还要根据新的情况加以正确运用和把握，并在实践中继续探索。四是正确处理中央和地方的关系，合理划分中央和地方经济社会事务管理的权限和职责，做到权责一致，既维护中央的统一领导，又更好地发挥地方的积极性。五是正确处理经济体制改革和其他方面改革的关系，加强统筹协调，努力实现宏观经济改革和微观经济改革相协调，经济领域改革和社会领域改革相协调，城市改革和农村改革相协调，经济体制改革和政治体制改革相协调,使各方面改革相互促进。六是正确处理改革发展稳定的关系,注意把握好改革措施出台的时机和节奏,坚持一切从实际出发,因地制宜,把改革的力度、发展的速度和社会可承受的程度统一起来,在社会稳定中推进改革发展,通过改革发展促进社会稳定。

《决定》提出的六个"正确处理",蕴涵着深刻的马克思主义唯物辩证法思想。我们要全面贯彻落实《决定》的精神,必须努力学会运用科学思想方法,正确处理改革中的各种关系,避免片面性,以确保改革继续朝着社会主义市场经济发展的方向前进。

实行对外开放是一项基本国策。在我国对外开放的新阶段,既要敢于开放,又要善于开放。《决定》强调要掌握对外开放的主动权,全面提高对外开放的水平。要密切关注世界经济形势变化,制定和实施正确的涉外经济方针政策,在更大范围、更广领域、更高层次上参与国际经济技术合作和竞争。要坚持"引进来"和"走出去"相结合,利用好国际国内两个市场、两种资源,注重发挥我国比较优势。既立足于国内需求又大力开拓国际市场,既充分用好内资又有效利用外资,既依靠和开发国内人力资源又借助和引进国外智力。这些既是以往开放实践经验的科学总结,也是今后必须坚持的正确指导原则。

为此,今后在对外开放中,要更加注意以下几点:一是着力提高引进外资质量。坚持引进先进技术和消化、吸收、创新相结合,提高自主开发能力,保护知识产权,增强关键行业和领域的控制力,不断提高国际竞争力。要完善"以市场换技术"的战略,努力开发和掌握核心技术,促进企业技术创新,形成拥有自主知识产权的核心技术,打造自己的世界知名品牌。进一步改善投资环境,放宽投资领域,吸引外资加快向有条件的地区、国家支持发展的地区和符合国家产业政策的领域扩展。同时,也要纠正某些地方违反国家规定盲目引进外资和靠过度优惠政策吸引外资的现象。二是推动建立妥善应对国际贸易争端的机制,善于运用国际通行规则发展和保护自己。三是根据新的形势,确定正确的对外贸易目标。作为发展中的大国,我国要在经济全球化过程中实现工业化、提高人民的物质文化生活水平,对外贸易必须考虑利用国际国内两个市场、两种资源,并且把优化资源配置、促进经济稳定增长和增加就业作为发展对外贸易的重要目标。四是在扩大对外开放中降低外部环境变化带来的冲击和风险,切实维护国家政治和经济安全。现在,我国对世界经济的影响明显增强,外部环境变化对我国的影响也在进一步加深,我国经济受到外部冲击的风险也在加大,面临的挑战也会增多。无论是开放国内市场还是发展进出口贸易,都要通过多种途径,努力规避风险,提高我国经济抵御外部经济风险的承受力和消化力。

必须坚持不断完善
党领导经济工作的体制机制和方式

坚持党的领导是我们各项事业兴旺发达的根本保证。按照发展社会主义市场经济的要求,完善党领导经济工作的体制机制和方式,是提高驾驭社会主义市场经济能力的关键所在。根据目前的实际情况和党领导经济工作面临的任务,在总结建国以来特别是改革开放以来经验的基础上,《决定》对如何完善党领导经济工作的体制机制和方式提出了明确要求。

第一,进一步明确党领导经济工作的主要任务。《决定》指出,"党领导经济工作,主要是把握方向,谋划全局,提出战略,制定政策,推动立法,营造良好环境。"这六个方面主要任务,言简意赅。"把握方向",就是指引导和把握经济社会发展的方向、改革开放的方向,保证现代化建设事业始终沿着中国特色社会主义的道路前进。

“谋划全局”,就是从全局上谋划经济社会发展,从总体上把握发展走势,解决影响全局发展的重大问题。“提出战略”,就是制定经济社会发展的长远战略目标、战略步骤、战略重点和战略举措。“制定政策”,就是提出实现经济社会发展目标和任务的方针政策。“推动立法”,就是贯彻依法治国基本方略,善于使党的主张通过立法程序成为国家意志,从制度上、法律上保证党的路线方针政策的贯彻实施。“营造良好环境”,就是通过党领导的各方面工作为经济社会发展创造良好的政治环境、经济环境和社会环境。这六个方面,集中体现了党领导经济工作主要是把方向、管全局、抓大事,也就是通过运用正确的理论、路线、方针、政策和策略,通过领导制定和实施法律,提出奋斗目标、任务,指导经济社会发展和改革开放。

第二,正确认识和处理党委和政府的关系。党的十六大报告指出:“党委在同级各种组织中发挥领导核心作用,集中精力抓好大事,支持各方独立负责、步调一致地开展工作。”要按照党总揽全局、协调各方的原则,规范党委与政府的关系。这次《决定》在明确党领导经济工作主要任务的基础上,进一步指出:“地方党委要结合本地实际,确定经济社会发展的基本思路和工作重点,加强和改进对经济社会重大事务的综合协调,确保中央的方针政策和各项部署的贯彻落实。涉及国民经济和社会发展规划、重大方针政策、工作总体部署以及关系国计民生的重要问题,由党委集体讨论决定,经常性工作由政府及其部门按照职责权限决策和管理”,强调“党委要支持政府依法充分履行职责”。这个规定,进一步明确了地方党委领导经济工作的任务、重点和机制,也明确了政府决策和管理的范围、任务和职责,既着眼于理顺党政关系,又着眼于形成党政合力,从整体上提高党领导经济工作的水平。

第三,完善党委和政府领导经济工作的方式。最重要的,是按照社会主义市场经济内在要求和运行特点,主要用经济和法律手段管理经济活动。党委要推动政府改革和完善管理经济方式。政府要依法行政,加快政府职能转变,深化行政体制改革,真正实现政企分开、政资分开、政事分开,集中精力抓好经济调节、市场监管、社会管理和公共服务。要进一步把不该由政府管的事交给企业、社会组织和中介机构,以利于更大程度地发挥市场在资源配置中的基础性作用;同时,政府该管的事一定要管好,并适应新形势改进管理方式和方法,提高行政效能和工作效率。

在社会主义市场经济条件下推进现代化建设,任重道远。我们坚信,在以胡锦涛同志为总书记的党中央坚强领导下,全党同志勇于实践,积极探索,不断提高驾驭社会主义市场经济的能力,我们党就一定能够领导全国各族人民夺取现代化建设的新的更大胜利。

(原载《〈中共中央关于加强党的执政能力建设的决定〉辅导读本》,人民出版社2004年9月第1版)

奋力推进改革开放和现代化建设

在新世纪的开端之年——2001 年,我国实施“十五”计划和现代化建设第三步战略部署赢得良好开局。2002 年,是我们党和国家发展史上具有重大意义的一年,我们党要召开第十六次全国代表大会,也是在严峻的国际经济形势下把改革开放和现代化建设继续推向前进的重要一年。做好今年的政府工作非常重要。刚刚闭幕的九届全国人大五次会议,审议通过了朱镕基总理作的《政府工作报告》(以下简称《报告》)。这个报告以邓小平理论和党的十五大精神为指导,贯彻江泽民同志“七一”重要讲话和党的十五届五中、六中全会精神,以经济工作为重点,总结回顾去年的政府工作,提出今年政府的主要任务和措施。《报告》的基本精神,就是要在严峻的国际经济形势下,坚定信心,扎实工作,再接再厉,奋力推进改革开放和现代化建设。我们要全面把握和深刻领会《报告》精神,务必把《报告》的任务和要求落到实处,以优异的成绩迎接党的十六大召开。

充分肯定成绩,正确把握形势

2001 年,面对复杂多变的国际形势,全国上下齐心协力,开拓进取,使我国改革开放和现代化建设取得了新的重大成就。这些成就来之不易,确实值得浓墨重彩。充分肯定各方面的成绩,有利于统一思想，坚定信心，增强凝聚力。因此，《报告》用凝炼的语言，扼要地概括总结了去年的成就。

一是国民经济保持良好的发展势头。在世界经济增长明显减速的情况下，由于党中央、国务院坚持扩大内需的方针，坚定地实施积极的财政政策和稳健的货币政策，实现了国民经济较快增长，国内生产总值比上年增长7.3%。更为重要的是，经济结构调整取得积极进展，经济增长质量和效益进一步提高。税收大幅度增长，全国财政收入按可比口径增加2400亿元。外贸进出口总额突破5000亿美元，其中出口2662亿美元，增长6.8%，比预料的要好得多。外商直接投资4168亿美元，增长14.9%。国际收支状况良好，年末国家外汇储备达到2122亿美元，比上年末增加466亿美元。人民币汇率稳定。这些说明，国民经济继续沿着持续快速健康发展的轨道前进。

二是经济体制改革进一步深化。在经济形势严峻的情况下，坚持不懈地深化社会主义市场经济改革。国有企业改革继续推进，现代企业制度建设加快。一些资源枯竭的矿山和严重资不抵债、扭亏无望的企业，通过关闭、破产退出市场。垄断行业改革与重组取得重要进展。粮食、棉花流通体制改革成效明显。完善社会保障体系和农村税费改革试点进展顺利。城镇职工医疗保险制度、医疗卫生体制和药品生产流通体制三项改革稳步推进。整顿和规范市场经济秩序取得阶段性成果，有力地打击了经济领域的违法犯罪分子。所有这些，都是完善社会主义市场经济体制必须进行的“攻坚”战，而且有了新的突破。

三是科技、教育和社会事业全面发展。实施科教兴国战略和可持续发展战略取得新进展。新的“863计划”、科技攻关计划和重点基础研究计划开始实施。国家创新体系建设继续推进。一批高新技术产业化重点项目正式启动。国家组织了647项重点技术创新项目和1329项国家级重点新产品试产计划项目。全年共取得省部级以上科技成果28376项。科技体制改革进一步深化。各级各类教育不断发展。全国普通高等学校招生268万人,比上年增招48万人。基础教育和职业教育进一步加强,素质教育全面推进。资源保护、环境治理和生态建设力度加大。社会主义精神文明和民主法制建设得到加强,廉政建设和反腐败斗争等方面都取得了明显成绩。

四是城乡人民生活继续改善。城镇居民人均可支配收入实际增长8.5%,这个增长幅度相当高。农民人均纯收入实际增长4.2%,扭转前两年增幅下降的状况,负担继续减轻。社会保障体系建设进一步加强。中央财政和地方财政大幅度增加了社会保障支出,国有企业下岗职工基本生活费和离退休人员基本养老金,基本上做到按时足额发放;享受城市居民最低生活保障的覆盖人数,由年初的400多万人扩大到年末的1120多万人,这些是很不容易的。城乡市场繁荣,居民住房、出行条件进一步改善。城乡居民从经济增长中得到了实惠,更加切实感到了党和政府领导的正确,增强了对国家发展前景的信心。

以上这些重大成绩,不仅说明我国进入新世纪伊始迈出了坚实有力的步伐,而且为以后更好地前进奠定了重要基础。

做好今年的各项工作,对于巩固和发展“十五”计划的良好开局,把改革开放和现代化建设继续推向前进,意义重大。做好今年的工作,很重要的一点,就是要全面认识和把握形势,既要看到成绩,又要看到困难,既要看到面临的新机遇,又要看到遇到的新挑战。这是正确制定方针政策的依据。如果只看到我国经济是当今世界上“一枝独秀”,只看到大发展的机遇,而对困难情况和遇到的挑战估计不足,就有可能陷入被动。因此,《报告》对我们面临的国内外经济形势作了科学的分析。

当前国际形势跌宕起伏,复杂多变。特别是美国发生“9·11”事件和美国在阿富汗采取军事行动后,国际政治经济格局发生深刻变化,存在许多复杂和不确定因素。去年世界经济从周期性的发展高峰进入低速增长,全球经济增长率大幅度下降。美国、欧盟、日本三大经济体同时陷入困境。这三大经济体占世界经济总量的70%以上,必将对世界经济贸易增长带来严重影响。国际市场竞争会更加激烈,贸易保护主义趋势更加强化,金融市场风险更加增大。外部经济环境的这种变化,势必给我国经济发展带来一定的负面影响,特别是外贸出口增长的难度将进一步加大。同时,国内经济发展也面临不少问题。主要是农民收入增长缓慢,就业压力增大;产业结构不合理和经济体制深层次问题矛盾还没有解决;市场经济秩序仍比较混乱,等等。所有这些,都制约着内需的持续扩大和经济健康发展。我国加入世界贸易组织,总体上有利于我国深化改革和长远发展,但某些竞争力不强的行业和企业会受到较大冲击。因此,在当前好的经济形势下,对面临的困难和隐忧,一定要有清醒的认识和足够的估计。“祸故多藏于隐微,而发于人之所忽”。我们必须居安思危,增强忧患意识和危机感,做到未雨绸缪,有备无患。

当然,也要看到做好今年工作的诸多有利条件。尽管世界风云变幻,但和平与发展作为时代的主题并未改变,世界多极化的发展趋势并未改变,我们面临的国际环境依然是机遇大于挑战。世界经济增长低迷,更凸现了我国实体经济基础扎实和市场广阔的优势。去年以来,外商在中国的直接投资大幅度回升即是明证。我国加入世界贸易组织,固然会给我们带来一定冲击,同时也带来了大发展的新机遇。目前我国综合国力显著增强,拥有比较雄厚的物质技术基础,粮食等农产品和主要工业产品供过于求,外汇储备充裕,社会保障体系逐步完善,经济发展有较大的回旋余地。更为重要的是,以江泽民同志为核心的党中央积累了应对各种复杂局面的丰富经验。所有这些,都是我们战胜困难与风险的可靠保证。我们要振奋精神,增强信心,充分利用一切有利条件,发挥各方面的积极性,用好新机遇,迎接新挑战,实现新发展。

着力抓好重点,推动工作全局

在新的形势下,政府任务十分繁重,千头万绪。在工作部署上,必须突出重点,适当兼顾其他方面,着力抓好关系全局和人民群众关心的重大问题。这样,才能秉要执本,势如破竹,取得各项工作的新进展。根据党中央关于2002年工作的总体要求,《报告》提出今年要着重做好八个方面的工作。下面,着重阐述以下四个主要任务。

(一)扩大和培育内需,促进经济较快增长。保持国民经济较快增长,是扩大就业、改善人民生活和维护社会稳定的基础,也是推进结构调整和深化改革的重要条件。在当前严峻的国际经济形势下,实现经济较快增长的根本之策,是扩大国内需求,进一步形成消费和投资的双重拉动。继续实施积极的财政政策和稳健的货币政策,并保持必要的力度,同时采取其他方面相配套的宏观经济政策。

《报告》突出强调了扩大内需必须培育内需。这是统观全局、放眼长远的战略举措,也是深怀爱民之心、善谋富民之策的生动体现。内需,包括投资需求和消费需求,归根结底,主要是城乡居民的购买力。不能认为扩大内需是无限的,是可以予取予求的。这几年,居民的购买力已经分流了不少。城镇干部职工购买住房,许多人用光了多年的积蓄;用消费信贷买房、买车、就学等,加起来已有6400多亿元,实际上是预支了购买力;还有各种社会投资,包括买股票、债券、商业保险等,共有2万多亿元。虽然国债主要是向银行发行,但银行的钱主要还是老百姓的储蓄,因此发行国债也是有限度的,再不高度重视培育和保护内需,实行扩大内需方针就会遇到困难。

为了增加城乡居民特别是低收入群体的收入,培育和提高居民的购买力,《报告》着重讲了以下四个方面的措施:

第一,采取更有力的措施,千方百计增加农民收入,切实减轻农民负担。目前,农民占全国人口的大多数,而且总体生活水平较低。发展农业生产力,提高农民购买力,是扩大和培育内需十分重要的方面,关系国民经济发展和社会稳定的全局。《报告》强调把加强农业和增加农民收入,作为整个经济工作的突出任务;把农民收入是否增加、负担是否减轻,作为检验今年农业和农村工作的重要标准。进一步指出了加强农业和增加农民收入的重要性,更加明确了经济工作的布局和重点。这是完全必要的、正确的。从根本上说,增加农民收入必须加快农业和农村经济结构调整,积极推动传统农业向现代农业的转变。这是一个较长时期的过程,需要坚持不懈的努力。为了使农民收入尽快有较多的增长,特别要抓好以下措施:扩大退耕还林规模;深化农村税费改革和粮棉流通体制改革,进一步扩大农村税费改革试点范围;全面发展农村二、三产业,努力拓宽农民增收渠道;采取符合世界贸易组织规则的措施,加大对农业的支持力度,努力维护农民利益。农民收入增加了,就会有力开拓农村的广阔市场。

第二,进一步完善城镇社会保障体系。当务之急,仍然是落实"两个确保",要确保国有企业下岗职工基本生活费和离退休人员基本养老金按时足额发放,任何地方都不得发生新的拖欠。完善失业保险制度。同时,强化城市最低生活保障制度建设,使所有符合条件的城市贫困居民都能得到最低生活保障,作到应保尽保。为此,中央财政预算较大幅度地增加了"低保"资金,地方财政预算也要增加所需资金。继续推进城镇医疗卫生三项制度改革。进一步搞好完善社会保障体系的试点工作。努力筹集和管好、用好全国社会保障基金。

第三,继续适当提高机关事业单位职工基本工资,并相应增加机关事业单位离退休人员离退休金。各类所有制企业也要在提高经济效益的基础上,适当增加职工收入。对一些地方拖欠干部、政法干警、教师工资的问题,有关地方务必采取有力措施,尽快加以解决。

宁可不上或少上建设项目，不办或少办不是急需的事，也要确保工资按时足额发放。从中央到省一级都要认真落实对困难地区加大财政转移支付力度的措施。

第四，积极扩大就业和再就业。这是增加居民收入的重要途径，也是解决低收入人群生活困难的积极办法。要努力拓宽就业渠道，增加就业岗位。采取优惠政策措施，鼓励自谋职业和促进就业。对弱势群体要予以特殊的就业援助。

认真落实以上这些措施，既是贯彻“三个代表”重要思想的具体体现，也是扩大和培育需求的必然要求。给低收入群体增加收入，提高他们的购买力，可以直接扩大消费需求，有力拉动经济增长。

为了扩大国内需求，促进经济持续较快增长，《报告》还从增发国债投资、做好财税工作和继续实行稳健的货币政策三个方面作了部署。目前，居民储蓄存款增加较多，银行资金比较充裕，利率水平较低，市场价格稳定，国债余额占 GDP 的比重仍在安全线以内，发行长期国债还有一定空间。用国债投资进行重要的和社会急需项目的建设，不仅有利于促进经济增长和培植财源，而且有利于集中力量办大事，充分发挥各方面资金的使用效益。因此，今年发行 1500 亿元长期建设国债，这个决策是正确的。增发的国债，应主要用于在建的国债项目、西部开发项目、重点企业技术改造等方面。要坚决防止无效投资和重复建设，基础设施建设也要合理规划，量力而行，不可过分超前。同时，要用好用活其他国内资金，引导和鼓励社会投资。加强国债资金的监督管理。在当前国内外经济形势存在许多不确定因素的情况下，要保持税制稳定，关键在于加强税收征管。要认真贯彻“一要吃饭，二要建设”的方针，合理调整财政支出结构。在切实防范和化解金融风险的前提下，金融机构要积极支持经济发展，努力改进服务。银行要调整和优化信贷结构。金融企业要深化改革，健全机制，强化管理。强化金融法制和监管，加强金融信息化建设。严防国际短期资本对我国金融市场的冲击,确保金融安全运行。

(二)积极推进经济结构调整和经济体制改革。进一步解决制约我国经济发展的结构性矛盾和体制性障碍,是促进经济持续增长、提高经济素质和竞争力的根本举措。必须大力推进经济结构调整,坚持不懈地把经济体制改革引向深入。《报告》把结构调整作为主线,把改革作为动力,提出了今年经济结构调整和经济体制改革的任务和要求。与往年不同,今年的《报告》把结构调整和体制改革放在了一个部分。这样既突出了结构调整这条主线,又体现了深化改革是结构调整的强大动力。

在结构调整方面。我国经济正处于迈上新台阶的关键阶段,不很好解决结构性矛盾,经济难以健康发展。因此,必须在这方面下硬功夫、真功夫。要加快产业结构优化升级,包括利用高新技术和先进适用技术改造、提升传统产业;支持重点行业和骨干企业进行技术改造;继续压缩过剩的生产能力,巩固和扩大纺织、冶金、煤炭等行业淘汰落后生产能力取得的成果,已淘汰的生产能力绝不能以任何借口恢复生产;大力发展高新技术产业,特别是要重视发展信息、生物、新材料产业,推进国民经济信息化,用信息化带动工业化;积极发展第三产业特别是包括金融、会计、咨询、法律服务等在内的现代服务业。同时,继续实施西部大开发战略,促进地区协调发展。推进西部大开发,不仅会为我国经济开拓广阔的空间,而且会为经济发展注入新的活力。

在经济体制改革方面,《报告》做出了具体部署。首先是继续深化国有企业改革,切实加强现代企业制度建设,推行规范的公司制改造,健全法人治理结构,转变企业经营机制。今年要重点检查上市公司建立现代企业制度的情况,找出存在的问题,认真加以解决。要强化企业内部改革,选择少量中央管理的大型企业和境外上市公司,进行收入分配制度改革试点。要加强和改进企业质量、成本和营销管理。加快企业管理现代化、信息化建设。企业信息化建设是一场革命,对于提高企业管理水平,转换经营机制,促进管理创新,提高经济效益有着重大的意义,必须高度重视,切实抓好。要积极推进国有企业重组改组,尽快形成和发展一批具有国际竞争力的大公司和企业集团,采取多种形式放开搞活国有中小企业。继续做好企业破产兼并工作,特别要注意按政策安置好职工,维护社会稳定。推进垄断行业改革,引入市场竞争机制。电信、电力、民航管理体制改革方案已经颁布,应抓紧组织实施。同时,要尽快研究制定铁路管理体制改革方案。

要继续调整和完善所有制结构,坚持以公有制为主体、多种所有制经济共同发展的基本经济制度,积极探索公有制多种有效实现形式,大力发展混合所有制经济和集体经济,鼓励、支持和引导私营、个体经济健康发展。

其他各项改革,也要按照建立和完善社会主义市场经济体制的要求,积极推进。特别要尽快制定投融资体制改革方案,争取早日实施。同时,还要深化收入分配制度和金融、财税、外贸、住房等方面的改革。

(三)适应加入世贸组织新形势,全面提高对外开放水平。我国正式加入世界贸易组织,标志着对外开放进入了一个新阶段。我们要以更加积极的姿态,在更大范围和更深程度上参与国际经济合作与竞争。我国加入世界贸易组织,是适应经济全球化趋势,为更好地利用两个市场、两种资源,进一步扩大对外开放,促进我国现代化建设而做出的重大决策。“入世”后,我国可以享受成员之间相互提供的最惠国待遇和国民待遇,减少其他国家对我国产品出口的限制,有利于扩大我国出口贸易和我国企业“走出去”;直接参与多边贸易新规则的制定;利用多边争端解决机制,维护我国正当权益;促进国内企业深化改革,加强管理,提高国际竞争力。同时也要看到,由于我国某些产业和企业的竞争力不强,加入世界贸易组织后,会受到一定冲击。要正确认识加入世贸组织的利与弊、机遇与挑战、防御与进攻。入世有利有弊,要真正做到利大于弊,必须做好应对工作。入世既有机遇,也有挑战,关键在于抓住、用好机遇,大胆迎接挑战。既要敢于进一步扩大开放,又要善于在开放中保护自己。各方面一定要把思想认识统一到中央的决策上来,主动做好各项工作,化挑战为机遇,变压力为动力,使我国经济赢得新的更大发展。

为了适应加入世界贸易组织的新形势,我国近年来特别是去年以来已经做了大量工作。今年要在已有工作基础上,以增强国际竞争力为核心,重点做好以下几个方面的工作。包括:按照法制统一、非歧视性、公开透明的原则,抓紧完善既符合世界贸易组织规则、又符合我国国情的涉外经济法律法规体系,确保执法公正与效率;按照加入世贸组织的承诺,有步骤地扩大对外开放领域,同时加快制度完善和修订质量、卫生、防疫、环保、安全等方面的市场准入标准;认真研究、掌握和充分行使我国作为世界贸易组织成员享有的各项权利,积极推动和参与区域经济合作;组织好世界贸易组织知识和规则的学习、宣传及人员培训。

在外贸出口方面,要继续实施市场多元化战略,力保现有市场,开拓新的市场。调整和优化出口结构,落实各项鼓励和促进出口的政策措施。积极实施"走出去"战略,鼓励和支持有条件的各类企业,到国外特别是周边国家投资办厂和承包工程,带动国内技术、设备、原材料和劳务出口。加入世贸组织,并不意味着我们取得了直入国际市场的"通行证"。必须敢于冒风险,勇于克服困难,奋力开拓市场。必须坚持以质取胜,一定要使我国出口产品质量有明显提高。质量是企业的生命,只有产品质量好,才能长期稳固地占领和扩大国际市场。各类所有制企业都必须在提高产品质量和服务水平方面下大功夫。

继续积极利用外资，优化外资结构。着力引进先进技术、现代化管理和专门人才。要大力改善投资环境，规范招商引资行为，逐步实行国民待遇。要制止利用外资搞重复建设。招商引资绝不能搞“大跃进”，政府不能代替企业行为，越俎代庖，也不能越权擅自竞相出台优惠政策。要切实清理和取缔对外商企业的各种乱收费，提供优质服务，提高办事效率。

（四）继续大力整顿和规范市场经济秩序。《报告》强调了整顿和规范市场经济秩序的重大意义，并对今年的重点工作做出了部署。我们要加深对整顿和规范市场经济秩序重要性的认识，不断提高做好这项工作的自觉性。第一，这是完善社会主义市场经济体制的重大举措。社会主义市场经济是一种公平竞争的经济，也是一种法治经济，还是一种信用经济。现在，行业垄断和地方保护主义盛行，坑蒙拐骗肆虐，商业欺诈、贿赂严重，有法不依、违法不究现象相当普遍，恶意逃废债务、欠债不还屡见不鲜。这些与社会主义市场经济运行规则格格不入，南辕北辙。只有大力整顿和规范市场经济秩序，健全公平竞争规则，强化法治，注重社会信用建设，各方面都按社会主义市场经济的“游戏规则”办事，才能在我国真正建成社会主义市场经济体制。第二，这是进一步扩大对外开放的必要条件。经济秩序混乱，严重损害我国改革开放形象和国际声誉，破坏投资环境。假冒伪劣商品出口，还会败坏我国商品在国际市场上的声誉，导致一些国家不愿进口我国商品甚至采取歧视性措施，影响出口的扩大。不大力整顿市场经济秩序，对外开放就不可能迈出大的步伐。第三，这是巩固和发展国民经济良好发展势头的迫切需要。我国要把经济发展的立足点放在扩大国内需求上。而扩大内需的一个重要方面，就是要使人民群众对市场商品质量信得过，增强消费意愿。如果任凭假冒伪劣商品充斥市场，消费者就不会有消费意愿，扩大内需就没有基础。同时，假冒伪劣商品横行，挤占了市场，也会严重影响守法经营企业的生产和合格、优质产品的销售。不大力整顿市场经济秩序，就难以实现国民经济长期稳定和健康发展。第四，这是提高国民经济素质和竞争力的必然选择。现在地方保护主义严重，到处搞地区经济封锁，一方面割裂全国统一市场，妨碍公平竞争；另一方面浪费资源、污染环境、产品质量低劣的“五小”企业关不了，阻碍了产业结构调整和规模经营发展，现代化的大企业和企业集团难以成长起来。这种状况不改变，国民经济整体素质和竞争力就难以提高，中国经济就会长期处于落后地位，也就不可能实现现代化。第五，这是全面推进社会文明进步的内在要求。经济秩序混乱，不仅破坏生产力发展，而且毒化社会风气，败坏社会公德，滋生消极腐败，动摇社会主义理想信念。如果让经济秩序混乱状况继续发展，经济就会变质，社会就会变质，实现中华民族的伟大复兴就没有希望。总之，大力整顿和规范市场经济秩序，事关我国改革、开放和发展的全局，不仅有着重大的经济意义，而且有着重大的政治意义。

由于党中央、国务院高度重视，经过全国上下努力工作，整顿和规范市场经济秩序取得了阶段性成果。在此基础上，今年的工作重点是：第一，进一步严厉打击制售假冒伪劣商品的违法犯罪活动，特别是狠狠打击严重危害人民生命健康的食品、药品、医疗器械等方面的制假售假行为。第二，继续整顿与规范建筑市场、房地产市场、文化市场和财税秩序。坚持不懈地打击骗税、偷税、逃汇、骗汇、传销和走私等犯罪活动。严厉打击伪造票据、凭证和做假账等违法行为。第三，深入整顿金融秩序。严肃查处银行、证券、保险等金融机构违法违规经营行为，依法查处金融欺诈、操纵证券市场和内部交易、恶意逃废债务等行为。整顿和规范会计师事务所等中介服务组织。大力整顿旅游市场。第四，打破地方保护和行业垄断。依法纠正和查处利用特权，设置关卡，阻碍商品流通、妨碍公平竞争的行为。第五，加强生产、交通安全管理，切实纠正各种违规违章指挥和操作现象，防止重大安全事故发生。

深入整顿和规范市场经济秩序,必须标本兼治,重在治本。要严把市场准入关。各级政府机构必须与企业和中介机构彻底脱钩。严格实行部门预算制和执法执罚“收支两条线”管理。强化法治,加大对违法犯罪活动的惩治力度。加强社会信用建设,逐步在全社会形成诚信为本、操守为重的良好风尚。广泛运用现代信息手段加强监管。加快流通体制改革,发展现代流通方式,使假冒伪劣商品难以进入市场。

《报告》对推动科技进步和创新、坚持教育优先发展、认真实施人才政策和可持续发展战略,加强精神文明建设,都提出了今年的重点任务和措施。由于党中央、国务院对这些方面的工作高度重视,因此,《报告》用了较大篇幅加以阐述。

《报告》还就保障国家安全,维护社会稳定;加强民族团结,做好宗教和侨务工作;加强国防和军队建设;维护香港、澳门长期稳定和繁荣发展;继续做好对台工作、促进祖国统一大业等方面,提出了任务,做了明确部署。

在“国际形势和外交工作”中,《报告》简要分析了今后一个时期国际局势的基本态势,回顾了过去一年我国外交工作取得的成绩。重申我国将继续奉行独立自主的和平外交政策,强调继续反对霸权主义和强权政治,反对一切形式的恐怖主义,推动建立公正合理的国际政治经济新秩序。

进一步转变政府职能,加强政风建设

这既是今年政府工作的一项重要任务,又是实现其他各项任务的重要保证。因此,《报告》将进一步转变政府职能,改进和加强作风建设,作为非常重要的内容。

总的来说,经过20多年改革,我国社会主义市场经济体制已经初步建立,政府机构改革和政府职能转变也取得了很大进展,但目前还存在不少问题。为了适应社会主义市场经济发展的要求,必须进一步推进政府职能转变。我国已加入世界贸易组织,政府管理体制和行为方式,也必须与世贸组织规则的要求相适应。去年,党的十五届六中全会做出加强和改进党的作风建设的《决定》,今年是落实《决定》的第一年,转变政府职能和加强政风建设,直接关系到党风建设的进展。我们党要取信于人民,必须在党风、政风建设方面取得明显成效。同时,当前国际局势风云变幻,我们的工作任务非常艰巨,要真正抓住新机遇、应对新挑战、实现新发展,必须使政府职能转变和政风建设迈出新步伐,努力建设廉洁、勤政、务实、高效政府。总之,无论是改革开放的新形势、新任务,还是提高为民执政的水平,都迫切需要进一步加快政府职能转变,切实改进政风。《报告》提出今年要着力抓好三个方面:

第一,加快政府职能转变。必须进一步解放思想,彻底摆脱传统计划经济观念的羁绊,进一步实现政企分开,切实把政府职能转到经济调节、市场监管、严格执法和公共服务上来。政府机关行使职权,要切实摆正位置,做到"三不":一不越位,决不要再把那些政府机关不该管、管不了,实际上也管不好的事情揽在手里,不直接管理企业微观经济活动,该由企业和市场自主决定的活动要坚决放开,充分发挥行业协会、中介机构等社会组织的重要作用;二不缺位,该由政府机关管的事情特别是严格执法、监管市场运行,就要坚决管住、管好,绝不能撒手不管或管得不力;三不错位,政府机关只能当"裁判员",不能既当"裁判员",又当"运动员",该由政府机关办的事,也要公开、透明、公正,方便群众,提高办事效率。要坚持依法行政,从严治政。各级行政机关必须依照法定的权限和程序履行职责,既不失职,又不越权,做到有权必有责、用权有监督、侵权要追究。加入世贸组织后,对依法行政提出了新的更高要求。各级政府和各部门,要进一步改革和减少行政审批,必须审批的也要规范操作,简化程序,公开透明,明确责任。对此国务院已做出了部署,各部门、各地方必须严格执行。

要加快政府管理信息化建设,推广电子政务,提高工作效率和监管的有效性。大力发展电子政务,意义重大。电子政务是国民经济和社会信息化的"牛鼻子",是转变政府职能的"助推器",是传递政令的"千里马",是政府与群众之间的"连心桥",是节约行政开支的"好管家"。因此,要适应时代要求,把推进电子政务作为突出重要的任务。关键在于科学规划、改进管理体制和基础条件、注意安全防范。

第二,切实加强政风建设。要深入开展反腐败斗争,加强廉政建设。围绕坚持清正廉洁、反对以权谋私、规范权力运行,进一步加大惩治力度,从源头上预防和治理腐败。特别要切实实行"收支两条线",严格规范招投标制度和政府采购制度。坚决反对形式主义、官僚主义,下决心解决"文山会海"问题。各级政府机关工作人员要大兴调查研究之风,深入基层,深入实际,了解真实情况,关心群众疾苦,抓紧解决人民群众反映强烈和不满意的问题。要深怀爱民之心、恪守为民之道、善谋富民之策、多办利民之事,保持同人民群众的血肉联系。这是加强和改进政风的核心问题,务必抓住不放,切实抓出成效。

第三,坚决反对奢侈浪费。当前,无论是生产、建设、流通还是消费领域,都存在大量劳民伤财、铺张浪费的现象。有的地方热衷于搞华而不实和脱离实际的"形象工程"、"政绩工程";有些地方连工资都不能按时发放,却在乱上建设项目,敞开口子胡花钱;有的地方违反规定修建楼堂馆所,办公大楼越盖越大,越盖越豪华;名目繁多的庆典活动讲排场,比阔气;公款宴请、公费出国旅游,以及大吃大喝、挥金如土的现象相当普遍。凡此种种，耗费了巨额资财，再大的家底也经不起这样挥霍。要坚决刹住各种奢侈浪费之风，这不仅有利于把有限的财力物力用于经济改革和发展的急需之务，而且有利于端正党风政风。为此：一要大张旗鼓地倡导艰苦创业、勤俭建国、勤俭办一切事业，切实制止各种不切实际、不计效果的错误做法。二要努力节省开支。生产、建设、流通领域都要大力降低成本和费用。所有企业、事业、机关和学校，都要精打细算，杜绝各种不必要的开支。三要加强财经监督，严肃财经纪律。推行国库集中收付制度，强化各级预算、审计监督，实施财政专户管理。严厉查处各种违反规定乱花钱的行为。禁止用公款大吃大喝、游山玩水和进行高消费娱乐，禁止巧立名目的出国旅游。

在当前复杂多变的国际形势下，我们面临着难得的历史机遇，也遇到新的严峻挑战，任务相当繁重。我们要更加紧密地团结在以江泽民同志为核心的党中央周围，高举邓小平理论伟大旗帜，按照“三个代表”的要求，以与时俱进的思想观念、奋发有为的精神状态、脚踏实地的工作作风，坚忍不拔，锐意进取。我们对国家的未来充满信心。中国不仅能够成为世界一个最大的市场，而且能够成为全球一片投资乐土，一个最安全的旅游胜地，一个更加繁荣昌盛的伟大社会主义国家。

（原载《九届全国人大五次会议〈政府工作报告〉学习辅导》，中国言实出版社2002年3月版）

辉煌的历史成就
丰富的实践经验

励精图治铸辉煌，继往开来谱新章。刚刚闭幕的十届全国人大一次会议，审议通过了朱镕基总理作的《政府工作报告》（以下简称《报告》）。这个《报告》以邓小平理论和“三个代表”重要思想为指导，认真贯彻党的十五大、十六大精神，全面总结了五年来全国各个方面取得的显著成就和政府工作的丰富经验，对2003年政府工作提出了切实可行的建议。这个《报告》特色鲜明，无论是结构框架、主要内容，还是表达方式和技巧，都别开生面，令人耳目一新。《报告》总体布局，体现了政府换届的要求，重点放在本届政府五年来工作总结，而五年总结又突出了经验体会，对下届政府工作只提纲挈领地提出建议。报告五年工作，尊重历史，全面客观，主要运用大量数据、事实、工作思路和措施加以陈述，实事求是，内容丰富，重点突出。总结工作和提出建议，很少有一般性议论，言简意赅，朴实无华。深入学习和全面把握《报告》的基本精神，对于正确认识五年来的卓著功绩、明确继续前进的方向，对于提高思想认识水平，增强执行正确方针政策的自觉性和坚定性，开创中国特色社会主义事业新局面，具有十分重要的意义。

辉煌成就 举世公认

《报告》用凝练的语言,简明扼要地回顾了过去五年的国内外环境和取得的辉煌成就。《报告》指出,1998 年以来的五年,是很不平凡的五年。历史正是这样。在这五年中,国际局势复杂多变,亚洲发生金融危机,世界经济增长放慢;国内产业结构矛盾十分突出,经济体制深层次矛盾凸显;1998 年、1999 年连续遭受特大洪涝灾害。面对如此严峻的形势,党中央、国务院沉着应对,指挥若定,依靠全国各族人民的智慧和力量,战胜了种种困难和风险,取得了举世公认的伟大成就。我国不仅没有像其他国家那样出现经济衰退,而且抓住机遇,极大地发展了自己,在多年努力的基础上,胜利实现了现代化建设第二步战略目标,开始向第三步战略目标迈进。这些成就鼓舞人心,值得大书特书。《报告》从五年来的经济发展和经济结构变化、经济体制改革和对外开放、科技创新和教育发展、民主法制建设和精神文明建设、城乡居民收入和消费水平,以及国防建设、祖国统一大业和外交工作等八个方面,浓墨重彩地描绘了各方面取得的巨大成就。这里重点阐述其中的四个方面。

(一)国民经济保持良好发展势头,经济结构战略性调整迈出重要步伐。五年来国民经济持续较快增长。从 1998 年至 2002 年,我国经济一路高歌。国内生产总值先后跃上 8 万亿元、9 万亿元和 10 万亿元三个台阶,2002 年达到 10.2 万亿元,居世界的位次由第六位上升到第五位,平均每年实际增长 7.7%,大大高于同期世界经济年均 3.2% 的增长速度。五年内经济稳定快速增长,没有出现波动,为过去几十年所少见。更为重要的是,经济增长质量和效益不断提高,经济结构调整步伐加快。全国财政收入从 1997 年的 8651 亿元增加到 2002 年的 18914 亿元,平均每年增加 2053 亿元;国家外汇储备从

1399 亿美元增加到 2002 年的 2864 亿美元，增长一倍多。五年间，全社会固定资产投资累计完成 17.2 万亿元，特别是发行 6600 亿元长期建设国债，带动银行贷款和其他社会资金形成 3.28 万亿元的投资规模，办成不少多年想办而没有力量办的大事，促进了经济结构的调整和优化。特别是基础设施建设成就显著。五年来，全国共安排基础设施投资 38953 亿元，为前五年的 2.3 倍。集中力量，高质量、高速度建成了一批关系全局的重大基础设施项目。进行了新中国成立以来规模最大的水利建设，一批重大水利设施项目相继开工和竣工。交通建设空前发展，现代综合运输体系初步形成。邮电通信建设突飞猛进。能源建设继续加强。城市公用设施建设明显加强，许多城市面貌有很大改观。基础设施的显著改善，大大增强了我国经济发展的后劲。结构调整的又一个重要方面，是西部大开发开局良好，区域发展朝着协调方向迈进。实施西部大开发战略三年来，国家通过加大建设投入、增加财政转移支付、实施优惠财税政策等措施，有力地促进了西部地区发展。新开工 36 项重点工程。青藏铁路、西气东输、西电东送、水利枢纽、干线公路等重大项目进展顺利。生态环境保护和建设力度加大。科技教育事业不断发展。东部与中西部地区的经济技术合作进一步加强。可持续发展能力增强，也是结构调整取得重要进展的突出表现。五年来国家共投入 5800 亿元资金，用于环境保护和生态建设，是 1950 年到 1997 年投入总和的 1.7 倍。环境污染加剧的趋势总体上得到控制。主要污染物排放总量持续降低，重点城市和地区的环境质量有所改善。资源保护取得新进展。人口自然增长率降到 6.45‰，进入了稳定低生育水平时期。总之，这五年整个经济不仅实现了持续快速增长，而且实现了经济增长方式不断转变，结构调整进展明显，是效益好、有后劲和可持续的发展。这是近五年经济发展的显著特征。

（二）改革开放取得突破性进展，社会主义市场经济体制初步建立。这几年打了深化经济体制改革攻坚战，并取得重大突破。所有制结构进一步调整和完善。公有制经济在调整和改革中发展壮大，探索公有制多种实现形式取得成效。国有经济结构调整步伐加快，控制力和竞争力明显增强。国有企业三年改革与脱困目标基本实现。大多数国有大中型骨干企业初步建立现代企业制度，涌现出一批有实力、有活力和有竞争力的优势企业。国有中小型企业进一步放开搞活。垄断行业管理体制改革迈出实质性步伐。城乡集体经济得到新的发展。股份制经济不断扩大。个体、私营等非公有制经济的较快发展，在发展经济、增加就业、活跃市场、扩大出口方面发挥了重要作用。现代市场体系建设全面展开。国民经济市场化程序进一步提高，市场在资源配置中的基础性作用明显增强。资本、产权、土地、技术和劳动力市场加快发展。现代流通和营销方式不断拓展。整顿和规范市场经济秩序取得阶段性成果。在全国先后开展了声势浩大的打击走私、骗税骗汇、制售假冒伪劣商品专项行动，进行整顿和规范文化市场、建筑市场、集贸市场、旅游市场，依法惩治了一批严重破坏市场经济秩序的犯罪分子。市场环境和消费环境逐步改善。金融、财税、投融资体制改革继续深化。与社会主义市场经济发展相适应的金融体系初步形成。改革了中国人民银行管理体制，建立了全国集中统一的证券、保险业监管体制。国有独资商业银行和政策性银行改革不断推进。整顿和规范非银行金融机构取得重要进展。证券业在逐步规范中发展。保险业改革不断深化。金融监管不断加强。防范和化解金融风险取得成效。适应社会主义市场经济要求的公共财政框架初步建立。中央和省两级政府实行部门预算制度，“收支两条线”管理和国库集中收付制度改革试点稳步推进。税制改革和税收征管改革成效显著。投融资渠道进一步拓宽，投融资方式实现多样化。住房制度改革取得明显成效。社会保障体系框架基本确立。城镇基本养老保险制度和基本医疗保险制度建设迈出重大步伐。建立了国有企业下岗职工基本生活保障制度、失业保险制度、城市居民最低生活保障制度。建立了全国社会保障基金。城镇职工基本医疗保险制度、医疗卫生体制、药品生产流通体制改革取得重要进展。农村新型合作医疗制度开始试点。可以说,这几年经济体制改革整体推进、向全面纵深发展,社会主义市场经济体制建设取得了历史性的进展。

对外开放向广度和深度扩展。对外贸易连续跨上几个台阶,外贸进出口总额由1997年的3252亿美元增加到2002年的6208亿美元,世界排名由第十位上升到第五位。利用外资水平明显提高,五年累计实际利用外商直接投资2261亿美元,超过1979年到1997年的总和。实施"走出去"战略,对外投资、工程承包和劳务合作不断扩大。我国于2001年12月正式加入世贸组织,标志着我国对外开放进入一个新的阶段。在入世第一年,由于应对有力,实现了良好开端。

(三)科技创新能力明显增强,教育事业蓬勃发展。基础研究、高技术研究和应用技术研究取得重要进展。国家创新体系建设积极推进。信息技术、生命科学、航空航天技术等领域成就突出。科技成果市场化、产业化明显加快。基础教育"两基"目标已经实现并进一步巩固。高中阶段教育得到加强。高等学校从1997年起连续扩大招生规模,高考录取率从36%提高到59%;2002年高等学校在校生1600万人,是1997年的2.3倍;五年全国本专科毕业生1300万人,毕业研究生31万人。高校后勤社会化改革取得重要进展。基本建成结构比较完整、专业门类齐全的职业和成人教育体系。民办教育迅速发展。素质教育得到加强。

(四)人民生活显著改善,总体达到小康水平。随着经济的快速发展,人民的收入水平和生活质量显著提高。城乡居民收入持续增加。城镇居民家庭人均可支配收入由1997年的5160元增加到2002

年的7703元。农村居民家庭人均纯收入由2090元增加到2476元。农村贫困人口由4960万人减少到2820万人。消费水平明显提高。城乡市场繁荣,全社会消费品零售总额从1997年的2.73万亿元增加到2002年的4.1万亿元,平均每年实际增长10.5%。消费结构优化。城乡居民居住条件明显改善,生活环境质量提高。医疗保健条件不断改善,人民群众健康水平进一步提高。

五年来,在社会主义民主政治和精神文明建设、国防和军队现代化建设、祖国统一大业和外交工作等方面都取得新的成绩。

五年的辉煌成就,意义重大。这集中说明,我国社会生产力又跃上新台阶,国家经济实力、抗风险能力和国际竞争力明显增强;在我们这样一个近13亿人口的国家,人民生活总体上达到小康水平,是社会主义制度的伟大胜利,是中华民族发展史上一个新的里程碑;经济繁荣,国力昌盛,百姓安康,社会稳定,事业兴旺,为在新世纪新阶段全面建设小康社会、实现现代化建设第三步战略目标,奠定了坚实的基础。

五年的辉煌成就,举世公认。国际社会和国际权威机构给予高度评价。一致认为,这几年世界经济不景气,中国经济"一枝独秀","是一个奇迹";中国经济持续快速增长,已成为世界经济发展的"强大引擎";世界银行近日发布的一份评估报告中说,中国"是全球最具活力的经济地区";美国哈佛大学经济学教授撰文认为:"中国现在是真正的大跃进。"

五年的辉煌成就,来之不易。这是以江泽民同志为核心的第三代中央领导集体正确领导和决策的结果,是全国各族人民万众一心、艰苦奋斗的结果。各级政府忠实履行职责,不畏艰难,励精图治,开拓创新,做出了突出的贡献。国家会铭记这五年,人民会铭记这五年,历史会铭记这五年。

五年的辉煌成就,雄辩地说明,这几年党中央、国务院采取的方针和政策是正确的，各地方、各部门、各方面执行中央的决策是得力的。只要坚持执行被实践证明是正确有效的方针政策，我国各项事业就一定会在新的起点实现更大的发展。

丰富经验　弥足珍贵

举世瞩目和国人称道的五年辉煌成就，将彪炳于中华民族发展史册。在丰富生动的伟大实践中积累的宝贵经验，更加珍贵。朱镕基总理在《报告》中，用五分之二以上的篇幅，概括了五年来政府主要工作体会和经验，也是《报告》的主要部分。《报告》指出："在过去五年的政府工作中，我们始终坚持以邓小平理论为指导，认真贯彻'三个代表'重要思想，解放思想、实事求是，全面执行党的基本路线和基本纲领，牢牢把握经济建设这个中心，大力推进改革开放，正确处理改革发展稳定的关系，积极促进物质文明和精神文明协调发展。在丰富生动的实践中，积累了不少有益的经验。"《报告》集中讲了九个方面的重要经验和体会。这些是实践的总结、理论的升华、智慧的结晶。充分说明我们党和政府对社会主义现代化建设规律的认识进一步深化，针对性、指导性都很强，是党和国家极其宝贵的巨大财富，应该倍加珍视。在学习过程中，我们要重点加以把握和领会。

——坚持正确把握宏观调控的方向和力度，实施积极的财政政策和稳健的货币政策。发展社会主义市场经济，必须加强和改善宏观调控。宏观调控最重要的，应当是着眼于保持经济稳定较快增长，敏锐把握国际国内经济形势的变化，增强预见性、针对性和有效性。近五年中央正是这样做的。这是最重要的宝贵经验。五年来，面对国际经济环境严峻和国内有效需求不足的困难局面，中央采取的最重要举措，就是果断地把宏观调控的重点，从实行适度从紧的财政政策和货币政策，治理通货膨胀，转为实行扩大内需的方针，实施积极的财政政策和稳健的货币政策，抑制通货紧缩趋势，并在实践中适时完善政策措施，把握调控力度，确保取得成效。从 1998 年下半年亚洲金融危机影响开始显现时，中央就决定实施积极的财政政策，充分利用国内资金和物资充裕的有利条件，发行长期建设国债。根据经济发展的需要，连续五年共发行长期建设国债 6600 亿元，集中力量加强经济建设中的薄弱环节。在长期建设国债资金的使用中，重点支持基础设施建设，坚持同推进产业结构调整、企业技术改造、科技教育发展和生态环境建设结合起来，注意向中西部地区倾斜。发行这些长期建设国债，有力地引导和带动了银行资金和其他社会资金，使五年内全社会投资需求不断扩大。同时，重视培育和扩大消费需求，采取多种措施，努力增加城市中低收入居民的收入，千方百计增加农民收入，实施鼓励消费的政策。所以，形成了投资需求和消费需求对经济增长的双重拉动。这几年宏观调控的成功之处，还在于高度重视做好金融工作，加强宏观政策之间的协调配合，特别是坚持实行稳健的货币政策，既保持金融对经济发展的必要支持，又防止盲目放松银行信贷。坚持实施积极的财政政策和稳健的货币政策，对于扩大国内需求、拉动经济持续增长，发挥了十分重要的作用。这些年，其他宏观经济政策和手段，也都着眼于扩大国内需求、促进经济持续快速发展，各方面政策密切配合、相互协调，也是宏观调控取得成效的重要原因。

——坚持以经济结构调整为主线，着力提高经济增长质量和效益。发展是硬道理，是解决我国所有问题的关键，必须使国民经济保持较快的发展速度。这已是人们共识的真理。但发展必须有新思路，实现有市场、有效益的速度，才会有健康的、持久的快速发展，也才是真正的硬道理。在我国经济发展出现阶段性变化的情况下，必须大力推进经济结构的战略性调整。不调整结构，我国经济就不能继续发展，经济增长质量和效益就难以提高。各级政府坚持把各方面主要精力引导到调整结构、提高经济增长的质量和效益上来，努力实现速度与结构、质量、效益相统一，取得了显著效果。特别是紧紧抓住调整和优化产业结构这个关键。这几年，集中力量加强了基础设施建设，严格控制新上加工工业项目，比较好地防止了低水平重复建设。十分重视和大力发展高新技术产业特别是信息产业，积极推进国民经济和社会信息化，使我国信息产业在较短时间实现了跨越式发展。同时，积极改造和提升传统产业，采取国债贴息、改进技改项目审批办法等措施，支持重点行业、重点企业、重点产品进行大规模的技术改造和结构调整。五年全国共完成技术改造投资 2.66 万亿元，一大批大型企业走出了依靠自身力量提升技术水平、增强竞争能力的新路子。综合运用经济、法律和必要的行政手段，关闭了一大批产品质量低劣、资源浪费、污染严重和不具备安全生产条件的企业，淘汰了一大批落后设备、技术和工艺，压缩了部分过剩生产能力。通过放宽市场准入，改善发展环境，推行现代经营方式和技术，使传统服务业得到进一步发展。同时，采取多种措施，积极支持和鼓励现代服务业发展。这几年，正是由于抓住了产业结构调整这个环节并取得明显成效，有力地促进了地区结构和城乡结构调整，整个经济趋于协调发展。

——坚持把解决“三农”问题放在突出位置，巩固和加强农业基础地位。农业、农村、农民问题，关系我国改革开放和现代化建设全局，任何时候都不能忽视和放松。这几年，针对在农业综合生产能力提高的同时，出现了农产品供过于求、价格下跌、农民收入增长缓慢的新情况，各级政府坚持把加强农业、发展农村经济、增加农民收入，作为经济工作的重中之重，倾注了极大精力，下了很大功夫。一是推进农业结构调整。通过政策支持、加强信息和技术服务，引导农民按照市场需求调整种植结构、品种结构，大力推进农业生产区域布局调整。大力发展农业产业化经营。抓住粮食供给充足的有利时机，实行退耕还林，既促进了农业结构调整，又直接增加了农民收入。在推进农业结构调整中，坚持因地制宜，不搞行政命令，尊重农民意愿。二是深化粮棉流通体制改革。坚持购销市场化是粮棉流通体制改革的根本方向，但在改革步骤上，坚持从实际出发，着眼于保护农民利益和农业生产力，积极稳步推进。1997 年、1998 年和 2001 年，中央不断提出和完善改革措施，使粮食流通体制改革逐步深化。为支持粮食流通体制改革，国家投入了很大数量的资金。棉花购销市场化改革也不断深化，取得了突破性进展。三是进行农村税费改革试点。从 2000 年起，在安徽等地开展农村税费改革试点，2002 年试点扩大到 20 个省区市，试点地区农民负担平均减轻了 30%。为支持这项改革，近三年中央财政投入资金近 336 亿元。同时，进行了乡镇机构、农村教育和县乡财政体制等配套改革。农村税费改革是我国农村继实行家庭承包经营责任制后的又一场伟大变革，对增加农民收入、促进农业发展、维护农村稳定，已经并将继续发挥重大作用，受到广大农民的衷心拥护。四是增加对农业和农村的投入。五年来，国家财政支持农村生产支出和各项农业事业费达 4077 亿元，比前五年累计增加 1852 亿元。国家还将国债资金较多地用于农业和农村基础设施的投入，改善了农民生产和生活条件。五是加强农村扶贫开发。坚持开发式扶贫方针，加大扶贫投入力度。坚持开展东部和西部地区协作扶贫。经过多年探索，走出了一条符合中国国情的扶贫开发道路。六是引导农村劳动力合理有序流动。坚持实施城镇化战略，积极稳妥地发展小城镇。支持农民进城务工就业，清理和纠正对农民工的歧视性政策和乱收费，保护他们的合法权益，同时加强引导和管理。实践证明，中央关于新阶段农业和农村工作的决策和部署是正确的。根本解决“三农”问题，是一项长期而艰巨的任务，需要坚持不懈的努力。

——坚持推进国有企业改革，切实加强再就业工作和社会保障体系建设。国有企业改革是整个经济体制改革的中心环节。不坚决推进改革,国有企业就没有出路,我国社会主义现代化事业也会遇到极大困难。深化国有企业改革,必须坚持社会主义市场经济的改革方向。这几年各级政府知难而进,敢于碰硬,使国有企业改革不断深化。一是加快现代企业制度建设。按照“产权清晰、权责明确、政企分开、管理科学”的要求,积极推行规范的公司制和股份制改革,完善法人治理结构,深化企业内部改革,建立激励和约束机制。同时,鼓励有条件的国有大型企业到境外上市。五年来,国有及国有控股企业在境内外新增上市公司 442 家,筹集资金 7436 亿元,其中在境外筹资 352 亿美元。这个过程,实际上是建立现代企业制度的过程,是实现投资主体多元化的过程,也是把国有企业与社会主义市场经济体制结合起来的过程。二是建立企业优胜劣汰的机制。从战略上调整国有经济布局和改组国有企业,支持具有优势的大公司大企业集团进一步做强做大,使他们成为国民经济的重要支柱和参与国际竞争的主要力量。同时,采取一系列政策措施,一批企业平稳地实施关闭破产,形成了劣势企业退出市场的机制。三是减轻企业负担和历史包袱。对符合条件的国有企业实施债权转股权;已实行债转股的企业,降低了资产负债率,多数已扭亏为盈。采取有效措施,努力解决企业冗员过多、企业办社会等问题,增强了企业竞争力。四是积极推进企业管理创新。大力推进企业信息化,加强成本管理、资金管理和质量管理,全面提高企业现代化管理水平。五是大力加强企业外部监督。国务院先后向一批重点国有企业和国有金融机构派出了监事会,对促进企业改善经营管理,防止国有资产流失,发挥了重要作用。国有企业改革之所以取得重大进展,一个重要的决策和经验,就是切实做好再就业工作和社会保障体系建设。这几年,坚持实行鼓励兼并、规范破产、下岗分流、减员增效和实施再就业工程的方针,相继制定一系列政策措施,促进下岗人员实现再就业。

1998年以来，2700万国有企业下岗职工中，先后有1800多万人通过各种渠道实现了再就业。同时，逐步完善“三条保障线”。各级政府逐年增加了对社会保障和再就业方面的资金投入。从2001年起，在辽宁全省进行完善城镇社会保障体系试点，取得明显成效。实践证明，中央关于国有企业改革和促进再就业、加强社会保障体系建设的一系列方针政策是正确的，是相互配套的完整体系。只有全面贯彻执行，才能保证国有企业改革目标的实现。这是一条十分重要的经验。

——坚持全面提高对外开放水平，积极参与国际经济技术合作和竞争。在经济全球化深入发展、国际竞争日趋激烈的情况下，只有顺应世界发展潮流，坚持不断扩大对外开放，才能更好地利用国内国外两个市场、两种资源，加快发展壮大自己。这几年，面对严峻的国际经济环境，我们积极应对，趋利避害，开创了对外开放的新局面。在坚持人民币不贬值的同时，果断采取一系列鼓励出口的政策措施，实施市场多元化战略和以质取胜战略，深化外贸体制改革，克服重重困难，实现了出口大幅度增长，连续跨上了几个大的台阶。同时，进口了大量国内急需的设备、技术和短缺原材料，促进了经济结构调整和技术进步。积极实施“走出去”战略。鼓励有条件的各类所有制企业到境外投资办企业，带动设备、零部件出口和劳务输出。大力改善投资环境，增强对外资的吸引力，着力提高利用外资质量，把吸收外资同产业结构调整、国有企业改组改造、西部大开发结合起来，着力引进先进技术、管理经验和专门人才。外商投资领域明显向高新技术产业、基础设施和服务业倾斜，全球最大的500家跨国公司中有400余家在华投资，设立研发中心近400家。所以，这几年利用外资规模不断扩大，质量明显提高。

——坚持实施科教兴国战略，提高科技创新能力和国民素质。发展科技、教育，是实现经济振兴和国家现代化的根本大计。这几年,始终把实施科教兴国战略作为极其重要的任务,采取了一系列措施。一是较大幅度地增加科技、教育投入。五年来,国家财政用于科技的投入累计2500亿元,比前五年增加一倍多。2002年,全国财政性教育经费投入3366亿元,是1997年的1.8倍,占国内生产总值的比重从1997年的2.5%提高到2002年的3.3%。从1998年起,中央财政支出中教育经费所占比例每年提高一个百分点。科技教育投入的大幅度增加,改善了科研条件,推动了科技创新,极大地促进了教育事业发展。二是全面深化科技、教育体制改革,积极推进科技教育与经济社会发展紧密结合。1999年以来,先后对应用型科研机构实行了企业化转制改革,对有条件的公益类科研机构也实行多种形式面向市场的改革,初步建立起科技成果转化和产业化的机制。对高等学校管理体制实行了重大改革,优化了教育资源配置;进行农村义务教育管理体制改革,有力地促进了农村教育改革和发展。三是实施人才强国战略,把培养、吸引和用好人才作为一项重大任务,取得了良好效果。

——坚持走可持续发展道路,促进经济发展与人口、资源、环境相协调。实行计划生育、保护环境和保护资源,是我们的基本国策。这几年,始终把实施可持续发展战略放在十分突出的位置,大幅度增加投入,从源头抓起,坚持标本兼治。加大了生态环境保护和建设力度。1998年发生特大洪水后,在重点林区和长江、黄河上中游开展了天然林保护工程;在生态脆弱地区有步骤地开展了大规模退耕还林还草;在长江流域实行平垸行洪、退田还湖、移民建镇等政策。加强资源保护和合理利用,强化对土地、矿产、淡水、海洋和生物等资源的管理。强化环境污染防治,加强环境基础设施建设,开展环境警示教育。加强计划生育工作,坚持控制人口数量,提高人口素质。正是采取了这些重要措施,我国在可持续发展道路上迈出了具有历史性意义的步伐。

——坚持全力维护社会稳定,为改革和发展创造良好环境。稳定是改革和发展的前提,没有稳定的环境,什么事情也做不成,改革和发展取得的成果也会丧失掉。这几年,经济体制改革攻坚,经济结构调整加快,对外开放不断扩大。在这种情况下,各种利益关系变动较大,影响社会稳定的因素增多。由于坚持贯彻稳定压倒一切的方针,十分注意处理好改革发展稳定的关系,在改革取得突破性进展,经济加快发展的同时,有力地维护了社会稳定。最重要的是,坚持把改革的力度、发展的速度与社会可承受程度统一起来;始终关心人民群众的切身利益,特别是努力解决困难群众生产生活中的实际问题;正确处理新形势下的人民内部矛盾,妥善处理突出性、群体性事件,把矛盾和纠纷解决在基层,化解在萌芽状态;加强社会治安综合治理,积极预防和减少犯罪;切实维护国家安全。

——坚持转变政府职能,努力建设廉洁勤政务实高效政府。建立和完善社会主义市场经济体制,必须实行政企分开,转变政府职能,转变工作方式和工作作风。这几年,政府在自身建设方面迈出了重大步伐。一是对政府机构实行了重大改革。主要是进一步把综合经济部门改组为宏观调控部门,调整和减少专业经济部门,加强执法监管部门。1998 年把国务院组成部门由 40 个减少到 29 个,内设机构减少四分之一,人员减少一半。2001 年,又撤销了 9 个国家行业主管局,进一步提升市场执法监管部门的职能和地位。这样的改革,进一步改变了长期以来计划经济体制下形成的政府机构框架。地方政府也进行了相应改革。机关后勤社会化程度明显提高。政企分开迈出重大步伐。中央、地方党政机关与所办经济实体和管理的直属企业脱钩,军队、武警部队和政法机关不再经商办企业。这些多年积累、群众反映强烈的问题得到解决,具有重大和深远的意义。二是努力转变政府职能。在社会主义市场经济体制下,政府主要职能是经济调节、市场监管、社会管理和公共服务。政府该管的事一定要管好,不该管的事坚决不管。这几年,大力改革了行政审批制度,对原有审批项目进行了清理,国务院已取消了1195个行政审批事项,各级地方政府也取消了一批行政审批事项。不断提高依法行政水平,推进行政执法体制改革,加强执法监督,增强政府工作透明度。电子政务建设不断加强。积极倡导诚实守信的职业道德,努力建立社会信用体系。三是十分重视队伍和作风建设。本届政府任职伊始,就对政府工作人员提出了“廉洁、勤政、务实、高效”的要求。加强了对公务员和国有企业领导人的教育与培训,努力提高政府工作人员素质。坚持不懈地开展反腐败斗争,大力纠正部门和行业不正之风,依法惩处了一批违法违纪的腐败分子。实践证明,只有加强政府自身建设,才能更好地适应改革开放和现代化建设的新形势,使各级政府成为人民真心拥护和满意的政府。这个结论是完全正确的,必须继续坚持。

通过学习,我们认为这些经验和体会,都极其重要和宝贵。从中也可以清楚看出本届政府工作布局的总体思路和鲜明特点:牢牢把握国民经济发展的全局,围绕实现经济稳定较快增长和调整优化经济结构,坚定实施有效的宏观调控政策;始终着力解决“三农”和国有企业改革这两个根本性的重大问题;坚持深化改革、扩大开放和加快科技教育发展,坚定不移地走可持续发展之路,为经济社会发展注入强大活力、不竭动力和坚实后劲;十分注意正确处理改革发展稳定的关系,全力维护社会稳定,给改革开放和发展创造良好的社会环境和社会秩序。试想,如果这几年不全面地、一以贯之地这样做,就不会有五年来国家面貌日新月异、各项事业蒸蒸日上、人民生活显著改善的好形势,就不会有五年来我国社会稳定、民族团结、国际影响日益扩大的可喜局面。这些经验,既是过去五年中各个方面取得显著成就的重要保证,对今后推进现代化事业也有着重大的指导意义,必须长期坚持下去。

乘胜前进　前景美好

2003年,是全面贯彻党的十六大精神的第一年,也是加快推进现代化、全面建设小康社会的重要一年。做好今年各项工作,意义重大。

做好今年的政府工作,很重要的一点,就是要全面认识和正确把握当前形势,既要看到有利的条件,又要看到困难和矛盾,既要看到面临的历史机遇,又要看到遇到的严峻挑战。总体上看,我们面临的国际环境依然是机遇大于挑战。经过二十多年持续快速健康发展,国家的综合实力、抗风险能力和国际竞争力明显增强,物质技术基础和外汇储备比较雄厚。同时也要看到,当前世界经济虽然出现一些复苏迹象,但还有很大的不确定性。美国经济前景不明,欧盟经济回升乏力,日本经济仍未摆脱低迷状态。这些会对我国经济发展产生不利影响。从国内看,经济结构和经济体制中还有许多深层次问题有待解决;经济增长仍受到有效需求不足和供给结构不合理的制约;城乡差距进一步扩大,农业和农村经济发展成为突出的薄弱环节,农民增收缓慢;相当部分国有企业生产经营困难;就业和社会保障工作压力很大。因此,要保持清醒头脑,增强忧患意识,居安思危。在新的形势下,我们要振奋精神,坚定信心,充分利用一切有利条件,努力变挑战为机遇,夺取改革开放和现代化建设的更大胜利。

根据党的十六大精神和中央关于今年工作的部署,《报告》对2003年政府工作提出了建议。这里,重点阐述以下几个主要方面的任务。

(一)继续扩大国内需求,实现经济稳定较快增长。保持经济发展的良好势头,是做好各项工作的基础。综合分析国内外各种情况,今年经济增长预期目标确定为7%左右,这是必要的,经过努力也是可以实现的。要坚持扩大内需的方针,继续实施积极的财政政策和稳健的货币政策,继续努力保持消费需求和投资需求对经济增长的双拉动。为此,要努力扩大消费需求。在目前情况下,这比增加投资需求更重要。要继续增加城乡居民特别是低收入者的收入,努力提高人民群众生活水平。千方百计增加农民收入,减轻农民负担。继续改善消费环境,完善消费政策,拓宽消费领域。要保持投资较快增长。今年发行1400亿元长期建设国债,有利于集中必要的资金加强国家急需的建设和重点方面,也有利于吸引和带动社会资金,扩大投资需求。关键是要调整国债资金使用方向,坚决防止低水平重复建设。对一些地方房地产投资增长过猛、高档房地产开发过多的现象,应引起高度注意。在继续防范和化解金融风险的同时,加大金融对经济发展的支持力度。优化信贷结构,改善金融服务。规范发展证券、保险、货币市场。认真做好财税工作,继续大力做好增收节支。依法强化税收征管,严厉打击各种偷逃骗税行为,做到应收尽收。各级财政要切实调整支出结构,保证重点支出。

(二)促进农业和农村经济全面发展。全面建设小康社会的重点和难点都在农村。要继续把发展农业和农村经济、增加农民收入,作为经济工作的重中之重。统筹城乡经济社会发展,切实做好“三农”工作。要加快农业和农村经济结构调整。继续推进农业区域布局调整。大力发展畜牧业、水产养殖业和农产品加工业。发展农业产业化经营。加大退耕还林还草力度。加强农产品质量安全体系和农业社会化服务体系建设。继续深化农村各项改革。农村税费改革试点在总结经验、完善政策的基础上,在全国范围内推开。进一步深化粮棉流通体制改革,切实保护农民利益。增加对农业基础设施和农业科技的投入。加快节水灌溉、人畜饮水、县乡公路、农村能源、农村教育和医疗卫生设施等建设。加强对粮食主产区的扶持。搞好扶贫开发工作。同时,要加快城镇化进程,加强对农村富余劳动力转移的协调和指导,维护农民进城务工就业的合法权益等。

(三)积极推进产业结构调整和西部大开发。要按照走新型工业化道路的要求,加快产业结构调整。积极发展对经济增长有重大带动作用的高新技术产业。大力推进信息化,用信息化带动工业化,加快工业化进程。广泛采用先进适用技术改造传统产业,努力振兴装备制造业。抓紧搞好钢铁、汽车、建材等行业的发展规划和调整,防止盲目发展和无序竞争。进一步淘汰落后生产能力。积极发展现代服务业和旅游业。扎扎实实推进西部大开发,突出重点,注重实效,打好基础。继续加强生态环境建设和基础设施建设。切实搞好退耕还林、天然林保护和防沙治沙。实施天然草原退牧还草工程。着力抓好重大项目建设,确保建设进度和工程质量。积极发展特色经济和优势产业。加快科技、教育发展。加强东中西部地区的经济交流与合作,促进优势互补和共同发展。要把支持东北地区等老工业基地加快调整、改造和振兴作为突出的重要任务,支持以资源开采为主的城市和地区发展接续产业,支持革命老区和少数民族地区加快发展。为此,要研究采取更加有力的政策措施,这是促进地区协调发展的迫切要求和必然选择。

(四)深化经济体制改革和扩大对外开放。要坚持和完善以公有制为主体、多种所有制经济共同发展的基本经济制度,毫不动摇地巩固和发展公有制经济,毫不动摇地鼓励、支持和引导个体、私营等非公有制经济发展。加快推进国有企业改革。按照建立现代企业制度的要求,继续推进国有企业规范的公司制改造,完善监督机制。积极支持符合条件的大企业到境外上市。加快形成主业突出、拥有自主知识产权和知名品牌、国际竞争力强的大公司大企业集团。进一步做好军工等困难行业的企业调整、重组和脱困工作。继续完成电力、电信、民航等行业改革。自上而下有序进行国有资产管理体制改革。继续推进金融、财税、投融资体制改革。深化分配制度改革,逐步理顺分配关系。

整顿和规范市场经济秩序是一项长期而艰巨的任务,必须坚持不懈地进行下去。要标本兼治,重在治本。继续抓好专项整治,突出重点,严厉打击制假售假等违法犯罪行为。加强制度和法制建设,严格执法,逐步把市场管理纳入法制化、规范化轨道。加快建立社会信用体系。高度重视安全生产。通过改革和整顿,加快建立社会主义市场经济新秩序。

坚持“引进来”和“走出去”相结合,全面提高对外开放水平。继续做好加入世贸组织过渡期的各项应对工作,认真行使权利,履行承诺义务。稳定鼓励出口的各项政策措施,实施市场多元化战略,坚持以质取胜,扩大商品和服务贸易。优化进口结构。进一步深化外贸体制改革。继续积极、有效地利用外资,着重引进先进技术、现代管理经验和专门人才,支持国内企业与跨国公司进行多种形式的合作。鼓励和支持有比较优势的各类所有制企业,采取合资、独资、联营等形式开展跨国经营,带动国内商品特别是资本货物出口。积极推进多边、双边和区域经济合作。

(五)进一步做好扩大就业和社会保障工作。坚持“劳动者自主择业、市场调节就业、政府促进就业”的方针,千方百计促进就业和再就业。认真落实促进下岗失业人员再就业的各项政策措施。国有企业要坚持减员增效与促进再就业相结合。广辟就业门路,积极发展劳动密集型产业,充分发挥第三产业、中小企业和个体私营经济在扩大就业方面的重要作用。规范发展劳动力市场。鼓励自谋职业和自主就业,积极提倡和推广灵活多样的就业方式。

继续加强“两个确保”和“城市低保”工作,搞好“三条保障线”的衔接。完善城镇企业职工基本养老、医疗保险制度,继续扩大各项社会保险覆盖面。稳步推进国有企业下岗职工基本生活保障向失业保险并轨。合理确定“低保”标准和保障对象补助水平,切实做到应保尽保。妥善解决国有困难企业和关闭破产企业职工的基本生活问题。多渠道筹集和管好社会保障基金。建立和完善对低收入者的救助制度。搞好农村新型合作医疗制度试点工作。

《报告》对认真实施科教兴国战略和可持续发展战略、加强社会主义民主法制和精神文明建设、切实加强政府自身建设等，都提出了今年的重点任务和措施。《报告》还就加强民族团结、维护祖国统一和社会稳定，做好宗教和侨务工作；加强国防和军队建设；维护香港、澳门长期稳定和繁荣发展；继续做好对台工作、促进祖国统一大业；继续做好外交工作等方面，提出了任务，做出了部署。

以上工作建议，保持了政府工作的连续性，目标明确，重点突出，切实可行。今年政府工作的任务是繁重的。各地方、各部门应认真按照党中央、国务院的部署，聚精会神、全力以赴地做好各项工作，努力使今年贯彻十六大精神有一个良好的开局。

党的十六大确定了全面建设小康社会的宏伟目标和战略部署。我们伟大的祖国已站在更高的历史起点上，以雄健的步伐迈上新的辉煌征程。展望国家美好的未来，我们豪情满怀，心潮激荡。我们坚信，全国各族人民在以胡锦涛同志为总书记的党中央领导下，高举邓小平理论伟大旗帜，全面贯彻“三个代表”重要思想，团结一致，发愤图强，一定能够把中国特色社会主义事业不断推向前进，从胜利走向更大的胜利。

（原载《十届全国人大一次会议〈政府工作报告〉辅导读本》，人民出版社、中国言实出版社2003年3月版）

树立和落实科学发展观
保持经济平稳较快发展

刚刚闭幕的十届全国人大二次会议,审议通过了温家宝总理作的《政府工作报告》(以下简称《报告》)。这个报告以邓小平理论和"三个代表"重要思想为指导,认真贯彻党的十六大和十六届三中全会精神,全面总结回顾了一年来政府工作,明确提出了今年政府工作的任务和措施。《报告》的基调和主线,就是抓住重要战略机遇期,抓好发展这个第一要务,坚持科学发展观,统筹城乡发展、区域发展、经济社会发展、人与自然和谐发展、国内发展与对外开放,保持经济平稳较快发展,促进社会主义物质文明、政治文明、精神文明共同进步。我们要认真领会和贯彻落实《报告》精神,齐心协力,奋发进取,不断把全面建设小康社会的宏伟事业推向前进。

特点鲜明　别开生面

十届全国人大二次会议批准的《政府工作报告》,是一个从框架结构、主要内容到语言表达都富有新意,具有鲜明特色的报告。概括地说,《报告》有以下几个主要特点:

一是突出落实科学发展观。以胡锦涛同志为总书记的党中央在邓小平理论和"三个代表"重要思想指导下,按照党的十六大精神,根据新的形势和任务，明确提出了科学发展观。科学发展观是我们党对社会主义现代化建设指导思想的新发展。树立和落实科学发展观，是全面建设小康社会和实现我国现代化的必然要求。坚持科学发展观，充分体现“五个统筹”的要求，是《报告》最重要的特点。一方面，《报告》用较大篇幅回顾了过去一年，政府在促进经济平稳快速发展的同时，注重统筹兼顾，加快社会事业发展，加强资源和生态环境保护等方面所做的工作；另一方面，在部署今年工作中，以科学发展观为指导，更加注重地区协调发展、继续实施科教兴国战略和可持续发展战略、加快发展各项社会事业，提出了明确任务和要求。

二是突出坚持以人为本。代表最广大人民的根本利益，是“三个代表”重要思想的本质要求。不断提高人民群众物质文化生活水平和健康安全水平，是党和政府一切工作的出发点和落脚点。《报告》着力回答了人民群众关注的问题。回顾去年的工作，突出反映抗击非典斗争和关心群众生活方面所做的工作。部署今年的工作任务，强调着力解决关系人民群众切身利益的突出问题，在就业再就业、搞好社会保障、改善人民生活，以及增加农民收入、关心城乡特殊困难群众等方面，提出了明确的任务和要求。这充分体现了党和政府一切为了人民、一切依靠人民的根本思想，从而进一步动员全国各族人民为创造幸福生活和美好未来而奋斗。

三是突出勇于开拓创新。《报告》通篇贯穿着奋力开拓创新的精神风貌。总结去年工作，着力反映出一年来政府工作思路创新，包括适时适度施行宏观调控，政府工作的着力点和财政支出结构适时加以调整；同时，着力推进体制创新，在抗击非典十分困难和各项建设任务非常繁重的情况下，积极有序地深化改革，做了大量很有成效的工作。部署今年的任务，着力强调抓住有利时机，深化经济体制改革，提高对外开放水平，并提出明确的任务。这些突出说明，政府工作坚持以改革开放为动力，推动体制创新和事业发展。

四是突出求真务实精神。回顾去年工作实实在在,全面、客观。讲成绩,主要用事实和数据说话,重点报告了工作部署和采取的措施;讲问题,清清楚楚,分析深刻,不回避,不敷衍。部署今年工作,思路清晰,重点突出,任务明确,措施具体,具有很强的指导性、针对性和操作性。

五是突出政府自身建设。《报告》共分为三大部分,而用一大部分讲政府自身建设,凸显了对政府的严格要求。文风是政风的一个重要方面。《报告》文风也力求体现转变政风,做到求新、求实、求精的要求。从内容看,抓住重点,兼顾其他,但不面面俱到。从文风看,很少空泛议论,言简意赅,语言尽量贴近群众,朴实无华,文字精练。读了《报告》,确实使人有别开生面、耳目一新之感。

成绩显著 经验弥珍

2003 年,是全党全国各族人民贯彻落实“三个代表”重要思想和党的十六大精神,中央领导层实现新老交替,继往开来的重要一年;同时,是面对种种挑战很不平凡的一年,也是取得显著成就的一年。《报告》第一部分开头,就概括说明了去年的大背景,指出:“过去的一年,是我国发展进程中重要而非同寻常的一年,是改革开放和社会主义现代化建设取得显著成就的一年。面对复杂多变的国际形势、突如其来的非典型肺炎疫情和频繁发生的自然灾害,在中国共产党领导下,各级政府和全国各族人民一道,以邓小平理论和‘三个代表’重要思想为指导,贯彻落实党的十六大和十六届三中全会精神,迎难而上,顽强拼搏,奋力开拓创新,在全面建设小康社会的道路上迈出重要步伐。”过去一年的成绩确实来之不易,值得认真总结。充分肯定取得的成绩,对于各方面统一思想,坚定信心,凝聚力量,继续前进,具有十分重要的意义。

《报告》开宗明义列举了2003年我国取得的几个标志性重要成就。包括抗击非典取得重大胜利;经济快速发展;国家财力明显增强;对外贸易大幅增长;就业超过预期目标;居民收入增加;首次载人航天飞行获得圆满成功。这些集中标志着我国综合国力又有新的提高,进一步增强了全国人民继续前进的信心和勇气,也为世界所瞩目。

《报告》从六个方面报告了一年来的主要工作。(一)采取果断措施,集中力量抗击非典。去年春天,我国遭遇了一场非典疫情重大灾害。迅速制止非典疫情的蔓延,有效救治患病群众,直接关系到广大人民群众的生命健康,关系到改革发展稳定的大局。面对严重疫情,党中央、国务院始终把人民群众的身体健康和生命安全放在第一位,及时研究和部署防治非典工作,采取了一系列有力措施。在党中央、国务院和各级党委政府领导下,全国人民万众一心,众志成城,夺取了防治非典的重大胜利。在这场斗争中,我们伟大的民族精神得到大力弘扬和升华,中华民族经受住了严峻的考验。这场斗争的胜利雄辩地证明,党中央、国务院和各级党委、政府的领导是坚强有力的,中国特色社会主义具有巨大的优越性。(二)适时适度调控,促进经济平稳快速增长。一是在非典疫情最严重的时候,坚持一手抓防治非典不放松,一手抓经济建设不动摇。及时对受疫情冲击较大的行业实行扶持政策,并制定促进就业再就业和农民增收等方面的措施,最大限度地减轻了非典疫情对经济发展的影响。二是当一些行业出现盲目投资、低水平扩张现象时,主要运用经济、法律手段,采取综合措施,加以引导和调控。在调控工作中,注意微调,区别对待。三是加大“三农”工作力度,及时做出部署,保护粮食主产区农民的种粮积极性。加强经济运行协调,缓解煤、电、油、运和重要原材料供应紧张状况。四是积极推进经济结构战略性调整,抓紧建设一批对经济增长和结构调整有重大促进作用的重点项目,特别是加快水利、能源、交通运输等项目建设。(三)注重统筹兼顾,加快社会事业发展。非典疫情蔓延,集中暴露出我国经济和社会发展不协调的问题。抗击非典斗争给我们的深刻启示,就是必须促进经济社会全面、协调发展,逐步改变“一条腿长、一条腿短”的状况。因此,国务院从工作的着力点和财政投入等方面,及时做出了必要调整,推动社会事业加快发展。特别是以疾病预防和农村为重点,加强全国公共卫生体系建设。针对我国基础教育薄弱环节在农村的现状,国务院做出了《关于进一步加强农村教育工作的决定》。中央财政和国债资金加大了对农村教育的支持力度。国务院组织力量编制国家中长期科学和技术发展规划以推动科技事业更好发展。(四)关心群众生活,做好就业和社会保障工作。高度重视解决群众特别是困难群众的生产生活问题,在维护群众切身利益方面做了大量工作。包括:认真落实中央关于扩大就业再就业的一系列措施,加大资金投入、政策支持和工作力度。继续落实“两个确保”和“三条保障线”。进一步加强农村扶贫开发工作,增加资金投入,改善贫困地区生产生活条件。全力做好抗灾救灾工作。(五)推进体制创新,改革开放迈出重要步伐。政府机构改革进展顺利。国有企业股份制改革继续深化。银行、证券、保险业改革稳步推进。农村税费改革试点扩大,促进非公有制经济发展的政策措施进一步落实。认真履行加入世贸组织的承诺,继续降低关税税率,扩大服务业对外开放。制定并实施出口退税机制改革方案。去年,还签署了内地与港澳建立更紧密经贸关系的安排,增强了内地与港澳的经贸联系。(六)加强法制建设,维护社会稳定。高度重视政府立法工作,进一步加强社会治安综合治理。其他各个方面都取得了新的成绩。

一年来,各个方面取得的显著成就,是以胡锦涛同志为总书记的党中央总揽全局、正确领导的结果,是全国各族人民团结奋斗、辛勤劳动的结果,也是多年来党中央、国务院实行正确决策、不断推进改革和发展、累积效应进一步显现的结果。这些成绩的取得，为做好今后的工作奠定了基础。

回顾一年工作，不仅要看到各方面取得了明显成绩，还要善于总结经验，探求规律。温家宝总理在今年初国务院第三次全体会议讲话中指出，在过去一年政府工作中，我们对社会主义现代化建设规律有了更加深刻的认识，有以下几点尤为重要：第一，树立科学发展观。要抓住机遇加快发展，通过发展解决前进中的问题，同时要统筹兼顾，促进经济社会全面、协调、可持续发展。第二，坚持以人为本。要把人民的利益作为一切工作的出发点和落脚点，全心全意为人民谋利益，这是“三个代表”重要思想的本质要求。第三，坚持正确把握宏观调控目标。就是全面考虑经济增长、增加就业、稳定物价、保持国际收支平衡。四大目标都很重要，要统筹考虑，不可顾此失彼。第四，坚持全面履行政府职能。在继续加强经济调节和市场监管的同时，更加注重履行政府社会管理和公共服务的职能。第五，坚持依法行政，建设法治政府。政府工作要按照法定权限程序行使权力、履行职责，并高度重视法制建设，公正司法，严格执法。这些经验体会，是我们党和国家的宝贵财富，应倍加珍视。

《报告》还以实事求是的科学态度，全面、深入地分析了存在的矛盾和问题。指出针对农民增收缓慢、就业和社会保障任务重、区域发展不平衡、部分社会成员收入差距过大、资源环境压力增加等问题，虽然采取了一些措施，但仍需要坚持不懈地努力。同时指出，在经济加快发展中又出现了一些新的矛盾和问题。主要是：投资规模偏大，部分行业和地区盲目投资、低水平重复建设比较严重，能源、交通和部分重要原材料供求关系紧张。粮食减产较多，违法违规占用耕地现象比较突出。教育、卫生、文化等社会事业发展滞后，群众对上学难、看病难等问题反映比较强烈。城乡不少低收入居民生活还比较困难，需要政府给予更多的关注。一些地方严重刑事犯罪案件屡有发生。重大安全事故接连不断,给人民群众生命财产造成严重损失,教训极为深刻。有些政府工作人员存在主观主义、形式主义和官僚主义作风,奢侈浪费,弄虚作假,甚至贪污腐败。政府自身建设和反腐败工作十分艰巨。《报告》强调,“对这些矛盾和问题,必须高度重视而不可回避,认真解决而不可任其发展。政府工作任重道远。”要求政府工作人员保持清醒头脑,增强忧患意识和历史责任感,知难而进,开拓创新,扎实工作。并表示要“以新的精神状态、新的工作面貌,迎接新的考验,决不辜负人民的期望”。这是对国家、对人民高度负责的宣示,也是有信心战胜险难、争取更大业绩的誓言。

任务繁重 开拓前进

《报告》第二部分,首先精辟地指出做好今年工作的重要性,明确了今年政府工作的基本思路和主要任务。《报告》指出,“今年是我国改革和发展十分关键的一年”。“政府工作的基本思路和主要任务是,以邓小平理论和‘三个代表’重要思想为指导,全面贯彻党的十六大和十六届三中全会精神,抓住重要战略机遇期,抓好发展这个第一要务,坚持科学发展观,按照‘五个统筹’的要求,更加注重搞好宏观调控,更加注重统筹兼顾,更加注重以人为本,更加注重改革创新,着力解决经济社会发展中的突出矛盾,着力解决关系人民群众切身利益的突出问题,正确处理改革发展稳定的关系,推动经济社会全面、协调、可持续发展,实现社会主义物质文明、政治文明和精神文明共同进步。”“四个更加”、“两个着力”,高度概括出了今年政府的政策取向和工作重点。

《报告》立足当前,着眼长远,对政府工作做了全面部署。

(一)加强和改善宏观调控,保持经济平稳较快发展。当前我国经济发展正处于一个重要关口。今年经济工作的基本着眼点,是把各方面加快发展的积极性保护好、引导好、发挥好,实现经济平稳较快增长,防止出现大起大落。为此,必须搞好宏观调控。宏观调控搞得好,就能够把好的经济形势巩固和发展下去;如果搞得不好,经济就有可能出现波折。在宏观调控方面强调搞好以下几点:一是经济增长目标要适当。中央提出今年经济增长预期目标为7%左右,这是就全国来说的,既考虑了保持宏观调控目标的连续性,也考虑了经济增长速度与能源、重要原材料和交通运输等实际条件相衔接,减轻资源和环境的压力,这也有利于引导各方面把主要精力放在深化改革、调整结构、提高经济增长的质量和效益上,把更多的财力、物力放在社会发展和加强薄弱环节上。这样的经济增长预期目标,综合考虑了方方面面的因素,反映了国家宏观调控的导向和意图。既考虑了当前,又着眼长远。二是坚持扩大内需的方针。保持适当的国债发行规模,着重调整国债使用方向。发行建设国债是在需求不足的情况下采取的阶段性政策,随着社会投资的增长,应逐步调减发债规模。国债资金要集中用于促进经济结构调整和社会全面发展。三是适当控制固定资产投资规模。坚决遏制部分行业和地区盲目投资、低水平重复建设。四是调整和优化产业结构。坚持按照走新型工业化道路的要求,推进国民经济和社会信息化。特别要发展高新技术产业,加快振兴装备制造业,逐步提高第三产业在国民经济中的比重。五是加强经济运行调节,缓解能源、部分原材料和交通运输的供求矛盾。六是合理调整投资和消费关系。我国消费在国内生产总值中的比重偏低,不利于国内需求的稳定扩大,不利于国民经济持续较快增长和良性循环。要通过提高居民收入水平,加强收入分配调节力度,完善消费政策和改善消费环境,增强消费者信心等措施,逐步改变投资率偏高、消费偏低的状况。七是高度重视防止通货膨胀。由前些年遏制通货紧缩趋势转为防止通货膨胀,是宏观经济政策方向、重点的调整，也是今年宏观调控的一个重要特点。以上这些，《政府工作报告》都提出了明确任务、措施和要求，我们应深入领会，认真贯彻落实。

（二）巩固和加强农业基础地位，实现农民增收和农业增产。解决农业、农村和农民问题，是党和政府全部工作的重中之重。增加农民收入，有利于扩大消费需求，开拓市场，有利于调动农民生产积极性，促进农业和农村经济发展。我们这么大一个国家，粮食问题始终是一个全局性问题，粮食安全必须高度重视。今年要按照统筹城乡发展的要求，采取更直接、更有力的政策措施，加强农业，支持农业，保护农业，努力增加农民收入。第一，保护和提高粮食综合生产能力。关键是实行最严格的耕地保护制度，努力恢复和扩大粮食播种面积。第二，推进农业和农村经济结构战略性调整。大力发展优质、高产、高效、生态、安全农业，提高农产品质量和竞争力。推进优势农产品产业带建设，促进农业产业化经营。发展畜牧业和农村非农产业，稳步推进城镇化，多渠道扩大农村劳动力转移就业。第三，继续推进农村税费改革。除烟叶外，取消农业特产税。从今年起，逐步降低农业税税率，平均每年降低1个百分点以上，五年内取消农业税。第四，深化粮食流通体制改革。全面放开粮食购销市场，加快国有粮食企业改革，加强粮食市场管理和调控，对种粮农民实行直接补贴，调动农民种粮积极性。加强对农业生产资料价格监管，保护农民利益。第五，加大对农业和农村投入力度，国债投资重点加强农村"六小工程"和农田水利建设，改善农民生产生活条件。第六，加快农业科技进步。加强农业科技推广体系建设，大力推广增产增效的先进适用技术。国家今年对"三农"的支持力度是相当大的，只要落实好各项政策措施，增加农民收入和增加农业特别是粮食生产，就会取得明显成效。

（三）统筹区域协调发展，推进西部大开发和东北地区等老工业基地振兴。促进区域协调发展,是我国现代化建设中的一个重大战略问题。根据我国当前区域发展的实际情况和全面推进现代化建设的要求,《报告》明确提出了促进地区协调发展的战略布局,这就是:坚持推进西部大开发,振兴东北地区等老工业基地,促进中部地区崛起,鼓励东部地区加快发展,形成东中西互动、优势互补、相互促进、共同发展的新格局。这是一个把握规律、统揽全局的重大部署。要继续实施西部大开发战略,认真总结经验,完善政策,落实各项措施,积极有序地推进西部地区开发。认真实施东北地区等老工业基地振兴战略,今年要有一个良好的开端。要突出体制机制创新和扩大对内对外开放,加快经济结构调整和技术进步,抓好重点行业和重点企业的调整改造。中部地区要发挥综合优势,加快改革开放和发展步伐,提高工业化和城镇化水平。东部地区要继续发挥优势,加快产业结构升级,进一步发展外向型经济,有条件的地方率先基本实现现代化。东、中、西部地区要加强多种形式的合作,在促进地区协调发展中逐步实现共同富裕。

(四)加快社会事业发展,进一步改善人民生活。按照落实科学发展观的要求,《报告》更加重视社会事业发展和人民生活问题。第一,强调"继续实施科教兴国战略,坚持走可持续发展之路"。对教育、科技发展与改革提出了明确的任务和措施,对实施人才强国战略和实施可持续发展战略也做出了明确的部署。第二,《报告》将加快卫生文化体育事业发展,加强精神文明建设,单独列出作为一项重要任务。重点就发展卫生事业进行了具体部署,强调今年要抓好三件事:一是加强公共卫生体系建设;二是改善农村医疗卫生条件,做好新型农村合作医疗试点工作;三是积极推进城镇医疗卫生体制改革试点。《报告》还指出,必须把文化建设摆在更加重要的位置,大力发展社会主义先进文化,加强精神文明建设。同时,广泛开展全民健身运动,努力提高竞技体育水平。第三,加大就业和社会保障工作力度，进一步改善人民生活。重点就做好就业和社会保障工作，以及抓紧解决人民群众反映强烈的问题等方面进行了部署。在就业方面，继续实行积极的就业政策，特别是要把财政、信贷支持和税费减免等政策落到实处；拓展就业渠道，注重发展劳动密集型产业、中小企业和非公有制经济，推行灵活多样的就业方式；鼓励自主创业和自谋职业；完善就业服务体系；健全再就业援助制度。在社会保障方面，继续做好“两个确保”工作，搞好“三条保障线”的衔接。坚持社会统筹与个人账户相结合，完善职工基本养老保险制度。依法扩大社会保险覆盖面。进一步做好城市“低保”工作，规范“低保”标准和范围。在总结辽宁省完善城镇社会保障体系工作试点的基础上，把试点扩大到吉林、黑龙江两省。要对城乡特殊困难群众给予更多关爱，帮助解决生产和生活中的实际困难。针对城镇房屋拆迁、农村土地征用和企业改制中损害群众利益、拖欠农民工工资，以及上学难、看病难等突出问题，《报告》都提出了重点任务、政策措施和工作要求。

（五）抓住有利时机，推进改革开放。改革开放是经济社会发展的强大动力。落实科学发展观，关键也在于深化改革。现实经济社会生活中的深层矛盾，许多方面必须深化改革才能解决；实现全面建设小康社会的目标，从根本上说要靠深化改革，消除体制性障碍。所以，《报告》突出改革创新。要求按照党的十六届三中全会精神，有重点、有步骤地推进改革，在一些重要方面取得新进展。《报告》着重对深化国有资产管理体制和国有企业改革、大力发展和积极引导非公有制经济、推进金融体制改革、推进财税体制改革、推进投资体制改革、加快社会信用体系建设等方面，提出了明确任务和部署。这些改革部署，有的是已有方案、措施的进一步实施，有的是对中央做出决策的具体化，有的是即将出台的改革新举措。抓好这些方面改革，我国必将向完善社会主义市场经济体制的目标迈出重要步伐。鉴于当前经济全球化深入发展，世界范围的新一轮生产要素优化重组和产业转移加快,《报告》强调适应新的形势,提高对外开放水平,统筹国内发展与对外开放,充分利用国内国外两个市场、两种资源,拓展发展空间,增强参与国际合作和竞争的能力。《报告》还对保持对外贸易适度增长、适当增加进口、积极合理利用外资和继续实施走出去战略,做出了明确部署。这些都需要认真加以贯彻落实。

转变职能 依法行政

在全面建设小康社会的进程中,政府工作任务繁重而艰巨。各级政府和领导干部要不辜负人民重托,必须适应新形势新任务的要求,推进管理创新和职能转变,提高行政能力和管理水平。多年来,我们在深化行政管理体制改革和转变政府职能方面取得了很大进展,但目前政府职能“越位”、“缺位”和“错位”的现象仍然相当突出。各级政府还在包揽许多应该由企业、市场和社会承担的事务,而有些应当由政府管理的事务却没有管或没有管好;行政审批事项过多,手续繁杂,缺乏有效的制约和监督;仍然习惯于用行政手段管理经济,包办企业投资决策和直接干预生产经营活动。必须下更大的决心,采取更加有力的措施,尽快改变这种状况。《报告》单独设立一部分,就加强政府自身建设进行了部署。第一,推进政府职能转变。各级政府要全面履行职能,在继续做好经济调节、加强市场监管的同时,更加注重履行社会管理和公共服务职能,要把更多的力量放在发展社会事业和解决人民生活问题上,特别要加快建立健全各种突发事件应急机制,提高政府应对公共危机的能力。要推进政府管理创新,提高行政效能和工作效率。第二,坚持科学民主决策。要进一步完善公众参与、专家论证和政府决策相结合的决策机制,加快建立和完善重大问题集体决策制度、专家咨询制度、社会公示制度和社会听证制度、决策责任制度。第三,全面推行依法行政。各级政府都要按照法定权限和程序行使权力、履行职责。改革行政执法体制，加强行政执法监督。《中华人民共和国行政许可法》于今年七月一日将正式施行，各级政府都要认真执行。第四，自觉接受人民监督。完善人民监督政府制度，确保人民监督权力的实现。要自觉接受人民代表大会及其常委会的监督，接受人民政协的民主监督，认真听取民主党派、工商联、无党派人士和各人民团体的意见。同时，要接受新闻舆论监督和社会公众监督。第五，加强政风建设和公务员队伍建设。弘扬求真务实精神，树立科学发展观和正确的政绩观，是加强政风建设的一项重要内容。《报告》强调各级政府办事情、作决策，都要符合中国现阶段国情。必须坚持一切从实际出发，按客观规律办事，既要积极进取，又要量力而行，不盲目攀比；必须坚持办实事、求实效，珍惜民力，不搞劳民伤财的"形象工程"；必须察实情，讲真话，不虚报浮夸；必须坚持统筹兼顾，立足当前，着眼长远，不急功近利。各项工作都要经得起实践、群众和历史的检验。《报告》还对进一步加强公务员队伍建设提出了明确要求，强调要加强廉政建设和反腐败斗争。

今年政府工作的任务相当繁重，做好工作也有许多有利条件。我们坚信，在以胡锦涛同志为总书记的党中央领导下，高举邓小平理论和"三个代表"重要思想伟大旗帜，认真贯彻党的十六大和十六届三中全会精神，牢固树立和认真落实科学发展观，积极进取，扎实工作，就一定能够克服各种矛盾和困难，不断把改革开放和社会主义现代化建设推向前进！

（原载《十届全国人大二次会议〈政府工作报告〉辅导读本》，人民出版社、中国言实出版社2004年3月版）

坚持用科学发展观统领经济社会发展全局

刚刚落下帷幕的十届全国人大三次会议,审议通过了温家宝总理作的《政府工作报告》(以下简称《报告》)。这个报告以邓小平理论和“三个代表”重要思想为指导,全面系统总结了 2004 年的政府工作,全面部署了2005 年政府的工作。《报告》的鲜明基调和主题,就是坚持树立和全面落实科学发展观,用科学发展观统领经济社会发展全局。回顾去年成绩,令人鼓舞;部署今年任务,催人奋进。我们要深入学习领会和认真落实《报告》精神,群策群力,锐意进取,不断开创全面建设小康社会和现代化事业新局面。

一、《报告》的主要特点是通篇贯穿落实科学发展观

今年的《政府工作报告》,总结过去一年的成就和工作,实事求是,全面客观;从实践中得到的体会,思想性强、含义深刻;分析存在的困难和问题,清清楚楚、准确恰当,鲜明指出了政府工作中存在的缺点和不足。对今年的工作部署,思路清晰、重点明确、措施有力、切实可行。《报告》谋篇布局、框架结构面目一新;文风朴实,语言精练。全篇充分体现党的十六大和十六届三中、四中全会精神,凸显了

求真务实、开拓创新的风格,充分反映了以人为本、执政为民的理念和对人民高度负责的精神。就其思想内容而言,《报告》主要特点是全面贯彻落实科学发展观。

科学发展观是我们党以邓小平理论和"三个代表"重要思想为指导,在全面总结和认真汲取我国现代化建设历史经验的基础上,从新世纪新阶段党和国家事业发展的全局出发,提出的重大战略思想,是中国共产党对社会主义现代化建设指导思想的新发展。《报告》不论回顾和总结过去一年的工作,还是部署2005年的任务和措施,都贯穿了全面落实科学发展观,以科学发展观统领总结工作和部署任务,无论对于妥善解决当前经济运行中的突出矛盾和问题,还是全面推进小康社会建设都具有重大意义。

以全面贯彻落实科学发展观为红线,《报告》突出了四个方面的内容:

第一,突出加强和改善宏观调控。近两年来,针对经济运行中出现的新问题,中央及时、果断地实施加强和改善宏观调控的决策与措施,这实质上是全面贯彻落实科学发展观的重大实践,是以科学发展观为指导,统一全国各方面的思想和行动,促进国民经济平稳较快和全面协调可持续发展。这是完全正确的决策和部署。去年中央用很大的力量进行宏观调控工作,各地区、各部门在实践中不断提高思想认识,按照贯彻科学发展观的要求调整发展思路和采取相应措施。总体上看,宏观调控取得明显成效,这是一个很大的成绩,应当充分肯定。同时,从当前经济运行的状况看,不少矛盾和问题没有得到根本解决,宏观调控仍处于关键阶段,工作绝不能放松,否则会前功尽弃,甚至出现更为严重的后果。因此,根据中央的决策和部署,《报告》将坚持加强和改善宏观调控作为今年政府工作一项突出的重要任务,这是完全必要的。

第二,突出以改革开放为动力推动各项工作。坚定不移地推进改革开放,这是经济工作的重要任务,也是做好各项工作的动力。过去一年,在加强宏观调控的同时,各项改革继续推进,农村改革、国有企业改革、投资体制改革、金融体制改革、行政管理体制改革等迈出了重要步伐,推动了完善社会主义市场经济体制的进程,为经济社会发展注入了新的活力。对外开放进一步扩大。今年必须用更大的力量推进改革开放,特别要加大改革力度,加快推进改革,力争在一些重要领域和关键环节取得新突破。要不断推进开放,以开放促改革,以改革促发展。做出这样的部署,反映了坚持改革开放不可动摇的决心和巨大勇气。

第三,突出构建社会主义和谐社会。社会主义和谐社会是一个民主法治、公平正义、诚信友爱、充满活力、安定有序、人与自然和谐相处的社会。加快建设和谐社会,是贯彻科学发展观、全面建设小康社会的必然要求和重大任务。这也是今年《报告》的一个新亮点。过去一年,政府工作高度重视经济社会协调发展,在发展社会事业、推动和谐社会建设方面,采取了一系列有力的政策措施,取得了重要进展。包括加大对科技、教育等社会事业发展的支持;认真落实促进就业再就业的各项政策措施,着力解决关系群众切身利益的突出问题,继续推进民主法制建设,全力维护社会稳定。今年将继续从加快社会事业发展、加强精神文明建设、健全民主法制、促进社会公平和正义、维护社会安定团结等方面,不断推进和谐社会建设。这样的部署是完全必要和十分正确的。

第四,突出加快政府自身改革和建设。这是政府适应改革开放和发展新形势新任务,提高行政能力和管理水平的必然要求,也是贯彻科学发展观的重要举措。过去一年,各级政府努力加强政府行政能力建设,认真贯彻实施《行政许可法》,坚持科学民主决策,积极建设法治政府,强化社会管理,制定一大批公共安全事件应急预案,在全面履行政府职能方面取得突破性进展。《报告》充分肯定了这方面的成绩。但是,从改革开放进程和建设现代政府的要求看,政府行政能力建设还有不小差距。加快政府自身改革和建设,切实提高行政能力,是人民群众的殷切期待。今年,要在精简政府机构、转变政府职能、建设服务型政府、推进依法行政、加强政风建设等方面取得更大进展。《报告》对这些任务和要求,都作了明确阐述。这些方面深刻反映了时代的要求、人民的要求,充分体现了政府自身建设与时俱进、高标准严要求,向建设人民满意的政府迈出实质性的步伐。

二、2004 年是落实科学发展观成就显著和经验丰富的一年

去年,是各级政府应对新的挑战和考验的一年,也是贯彻落实科学发展观、社会主义现代化事业取得令人鼓舞的重大成就的一年。针对经济运行中出现的粮食供求关系趋紧、固定资产投资膨胀、货币信贷投放过快、煤电油运紧张等一些新问题,党中央、国务院审时度势,及时做出了加强宏观调控的决策和部署。经过全国上下共同努力,宏观调控取得明显成效。经济运行中不稳定不健康因素得到抑制,薄弱环节得到加强,避免了经济大的起落。这一年,经济保持平稳较快发展,综合国力进一步增强,各项改革取得重要进展,对外开放实现新突破,社会事业加快发展,人民生活继续改善。《报告》中一组组沉甸甸的数字,一个个令世人瞩目的成就,标志着我国在全面建设小康社会道路上又迈出了坚实的一步。

2004 年,围绕全面落实科学发展观,加强宏观调控,主要抓了以下几个方面:

——切实加强"三农"工作。采取更直接、更有力的政策措施,促进粮食增产和农民增收。近年来,我国粮食播种面积不断下降,粮食连年减产,农民增收徘徊不前。这次加强宏观调控,首先从加强农

业入手。主要措施是:减免农业税,取消除烟叶以外的农业特产税,对种粮农民实行直接补贴,对部分地区农民实行良种补贴和农机具购置补贴,对主产区重点粮食品种实行最低收购价政策,对农业特别是粮食主产区大幅度增加投入。同时,大力推进农业结构调整,多渠道增加农民收入。这些政策措施力度之大,农民得到的实惠之多,是多少年来少有的,极大地调动了农民的积极性。粮食生产出现重要转机,农民收入明显增加。这对于稳定经济全局起到了至关重要的作用。

——坚决控制固定资产投资总规模。这是加强宏观调控的重要而艰巨的任务,是消除经济运行中不健康不稳定因素的关键所在。从2003年下半年以来,钢铁、水泥、电解铝、房地产等部分行业出现过度投资,煤电油运供求全面绷紧。面对严峻的形势,中央毅然决然地加大宏观调控力度,采取了一系列有针对性的政策措施,控制投资总规模,调整投资结构,加强薄弱环节。一是严把土地审批和信贷投放两个闸门,控制投资需求膨胀,特别是遏制部分行业盲目投资和低水平重复建设。二是坚持有保有压。加大对农业、水利、能源、交通、环保和社会事业的投资力度。采取有力措施,支持西部大开发和振兴东北地区等老工业基地。三是从增加供给、抑制不合理需求、协调供需关系方面采取有力措施,加强经济运行调节,缓解煤电油运紧张状况。由于采取这些有力措施,一定程度上缓解了经济运行中的矛盾。这是一个很大的成绩。

——不失时机推进改革开放。在着力加强和改善宏观调控的同时,择机推出了一些重大改革举措。全面推进农村税费改革和粮食流通体制改革;深化国有企业改革;推进国有商业银行股份制改革,推行农村信用社改革;制定并实施投资体制改革方案。全面落实出口退税改革措施。在东北老工业基地开展了增值税转型试点。与此同时,认真履行加入世界贸易组织承诺,扩大开放领域,加快实施走出去战略。改革开放,既有力地推动了各项工作,也促进了更具活力、更加开放的经济体系的建设。

——积极推进社会事业加快发展。政府工作更加注重经济社会协调发展,在加强宏观调控中,加大对科技、教育、文化、卫生、体育等事业的支持,政策措施和财政投入较多地向社会事业倾斜。国家创新体系、基础研究和科技基础设施进一步加强。一批关系经济社会发展全局的重大科技项目取得新进展。新一轮教育振兴计划开始实施,农村义务教育得到加强。以建设全国疾病预防控制体系和突发公共卫生事件医疗救治体系为重点,加快卫生事业发展。积极推进文化体制改革和文化事业发展。国土资源、环境保护和生态建设工作得到加强。这些是统筹经济社会发展、统筹人与自然和谐发展的重要举措。

——高度重视解决关系群众切身利益的问题。坚持把实现和维护人民群众的利益作为工作的出发点和落脚点,在增加城乡居民收入、提高生活水平等方面采取了一系列政策措施。依法解决各种损害群众利益的问题,特别是着力解决困难群众生产生活问题。拖欠农民的征地补偿费已基本偿还,加大了全面清理建筑领域拖欠工程款和农民工工资的力度。进一步落实促进就业和再就业的各项政策措施。继续做好两个"确保"和城市"低保"工作。中央财政大幅增加社会保障的投入。同时,加大扶贫工作力度,及时做好救灾和灾后重建工作。所有这些说明,政府工作坚持以人为本,把维护人民群众的合法权益摆在了更加重要的位置。

——大力加强和谐社会建设。这是落实科学发展观的重要方面。积极推进基层民主建设。高度重视政府法制工作,着力建设法治政府。国务院制定了《全面推进依法行政纲要》,明确了建设法治政府的目标和任务。十分重视社会预警体系建设,制定了国家突发公共事件总体应急预案,以及应对自然灾害、事故灾难、公共卫生和社会安全等方面的专项和部门应急预案。这些都是基础性、创新性制度建设。深入开展廉政建设和反腐败斗争。加强社会治安综合治理，推进治安防控体系建设。加强和改进信访工作，积极化解各类矛盾。这些措施，推进了民主法制进程，有力地维护了社会稳定。

2004年不仅大步推进了各项事业，而且在丰富的实践中思想认识得到了升华，各级政府增强了贯彻中央决策和落实科学发展观的自觉性，提高了用好重要战略机遇期、更好推动发展的认识和能力。成绩固然重要，经验更加珍贵。《报告》中讲的六个“必须坚持”工作体会，是对实践经验的深刻总结，应当加深认识和领会。这就是：必须坚持树立和落实科学发展观；必须坚持加强和改善宏观调控；必须坚持推进改革开放；必须坚持处理好全局和局部的关系；必须坚持按客观规律办事；必须坚持把人民群众利益放在第一位。这些丰富的经验，具有深刻的思想性和现实针对性，是长期指导我国改革开放和现代化建设的宝贵精神财富。

三、2005年坚持用科学发展观统领经济社会发展全局

今年是全面完成“十五”任务、为“十一五”发展打好基础的关键之年。做好政府各项工作，具有十分重要的意义。关键是要坚持用科学发展观统领经济社会发展全局，更加注重以人为本，更加注重搞好五个统筹，更加注重促进经济社会全面协调可持续发展。

《报告》明确指出，今年在工作指导和部署上，要以科学发展观为统领，突出抓好“三个着力”：**一是着力搞好宏观调控**。进一步消除经济运行中不稳定不健康因素，推进经济结构调整和增长方式转变，保持经济平稳较快发展，保持价格总水平基本稳定。**二是着力推进改革开放**。坚持以改革推动各项工作，把深化改革同落实科学发

展观、加强和改善宏观调控结合起来,注重用改革的办法解决影响发展的体制问题。全面提高对外开放水平,更好地利用国际国内两个市场、两种资源。**三是着力建设和谐社会**。按照建立和谐社会的要求,广泛地团结一切可以团结的力量,充分调动一切积极因素,激发全社会创造活力;妥善处理各方面利益关系,让全体人民共享改革和建设的成果;正确处理改革发展稳定的关系,努力为经济社会持续发展创造有利条件和良好环境。这一个"统领"、三个"着力"涉及全局、关系重大,必须深刻认识、正确把握,在实际工作中,必须合理安排,协调推进。

需要强调的是,保持经济平稳较快发展,是政府工作必须始终把握好的重大问题。这里的核心,是要全面落实科学发展观,正确处理经济增长速度与结构、质量、效益的关系。要坚持以结构调整为主线、以提高经济效益和质量为中心,决不能不讲市场、不计成本、不问消耗、不顾质量,去片面追求经济增长速度。同时,要注重促进城乡、地区、经济社会、对内对外、人与自然协调发展。中央提出今年经济增长预期目标为8%左右,主要是使预期目标更加符合实际,既考虑需要,也考虑可能,既考虑了经济发展,也考虑了社会发展。还要指出,在社会主义市场经济条件下,经济社会发展目标是指导性的,可以根据经济运行情况变化进行调整。各地区应当从实际出发,实事求是地提出本地经济社会发展的预期目标,不要盲目攀比经济增长速度,切实把工作重点放在调整结构、提高经济增长的质量和效益上。

《报告》从继续保持经济平稳较快发展、大力推进经济体制改革和对外开放、积极发展社会事业和建设和谐社会等方面,对今年的主要任务进行了全面部署。这里主要阐述以下几项重点工作:

(一)坚持加强和改善宏观调控。这是今年政府工作的一项重大任务,也是全面落实科学发展观的重要举措。必须清醒地看到,虽然去年以来宏观调控取得了重要进展，但经济运行中的突出矛盾并没有从根本上解决。宏观调控仍处于关键阶段，巩固和发展宏观调控成果的任务相当艰巨。宏观调控的决心不能动摇、力度不能减小、工作不能松懈。否则，会前功尽弃，半途而废。“行百里者半九十”。为了进一步搞好宏观调控，《报告》从五个方面进行了明确部署：**一是**实施稳健的财政政策。要由前些年扩张性的积极财政政策转向松紧适度的稳健的财政政策。适当减少财政赤字，适当减少长期建设国债发行规模。继续发行一定规模的长期建设国债，主要是为了推进结构调整，加大对“三农”和社会发展等薄弱环节的投入。同时，要认真做好财税工作。**二是**继续实行稳健的货币政策。合理调控信贷总量，既要支持经济发展，又要防止通货膨胀和防范金融风险。金融企业应积极支持有市场、有效益的企业流动资金贷款需要，合理控制中长期贷款。**三是**继续控制固定资产投资规模。防止投资反弹。要坚持把好土地审批和信贷投放两个闸门。坚持实行最严格的土地管理制度，完善政策，从严执法。同时，大力引导社会资金投向需要加快发展的薄弱环节。继续搞好经济运行调节，进一步缓解煤电油运紧张的状况。**四是**积极扩大消费需求。实行有利于扩大消费的财政、税收、金融和产业政策，发展新型消费方式，改善消费环境，开拓农村市场，培育新的消费热点。**五是**保持价格总水平基本稳定。必须看到，继续加强和改善宏观调控，是继续保持经济平稳较快发展，事关经济社会发展全局。各方面要统一思想，提高认识，自觉执行中央的决策和部署，确保令行禁止、政令畅通，确保国民经济向宏观调控预期方向发展。

（二）进一步加强“三农”工作。坚持把“三农”工作作为全部工作的重中之重。这是贯彻科学发展观、统筹城乡发展的内在要求。总体上看，我国经济社会发展进入了以工补农、以城带乡的新阶段，必须实行工业反哺农业、城市支持农村的方针，合理调整国民收入分配格局，更多地支持农业和农村发展。这是中央全面估量我国经济社会发展趋势，以及深入分析当前工农关系和城乡关系状况做出的科学判断与重要决策。今年将进一步从多方面采取加强农业的措施。**一是**稳定、完善和强化对农业的扶持政策。继续在全国大幅度、大范围减免农业税。全部免征牧业税。鉴于今年已有26个省（市、区）已全部免征农业税，明年将在全国全部免征农业税。继续实行对种粮农民的直接补贴，增加良种补贴和农机具购置补贴。中央财政还将增加对产粮大县的支持和对财政困难县乡的转移支付。**二是**促进农业和农村经济结构调整。增加粮食播种面积，提高粮食综合生产能力。继续推进农业区域化布局、专业化生产和产业化经营。**三是**加强农田水利和农村基础设施建设。重点支持农田水利、生态建设、中低产田改造、"六小工程"、旱作节水农业及县乡公路建设。**四是**要加快农业科技创新和技术推广。大幅度增加农业科技投入，加强农业科技创新能力建设，进一步完善农业技术推广体系。**五是**多渠道转移农村富余劳动力。发展农村二、三产业，稳步推进城镇化建设。目前，全国已有一亿多农民工进城就业，这是我国全面建设小康社会进程中的新事物，应当予以鼓励和引导。要改善农民进城务工就业、创业环境，积极开展职业技能培训。进一步研究制定涉及农民工的各项政策。引导农村劳动力合理有序流动。

（三）加快推进经济结构调整和增长方式转变。这是贯彻科学发展观，提高经济增长质量和效益的重要途径，也是顺利推进现代化事业和提升国家竞争力的必然选择。要坚持走新型工业化道路。依靠科技进步，围绕提高自主创新能力，推动结构调整。要着眼于充分发挥现有企业作用，促进企业技术改造和重组。这样，既可以防止低水平重复建设和盲目铺新摊子，控制固定资产投资过快增长，又可以盘活用好存量资产，真正走以内涵型为主扩大再生产的新路子，显著提高经济效益。缓解我国资源能源与经济社会发展的矛盾，必须立足国内,特别是要显著提高能源资源的利用效率。为此,要采取经济、法律手段和必要的行政手段,鼓励开发和应用节能降耗的新技术,实行高能耗、高物耗设备和产品的强制淘汰制度。大力发展循环经济。加强矿产资源开发管理。特别要大力倡导节约能源资源的生产方式和消费方式,发展节能型经济,建设节约型社会。必须十分清醒地认识到,如果我们不在经济结构调整和转变经济增长方式上取得实质性的进展,不在节约能源资源方面采取更有力地措施,我国工业化、现代化进程将会遇到极大的困难。

(四)积极推动区域协调发展。《报告》深刻阐述了中央确定的我国区域发展战略布局的内涵和重大意义。实施西部大开发,振兴东北地区等老工业基地,促进中部地区崛起,鼓励东部地区加快发展,是从全面建设小康社会和加快现代化建设全局做出的整体战略部署。这种符合各地特点、发挥比较优势、各有侧重又紧密联系的区域发展战略,体现了全面落实科学发展观、统筹区域协调发展的要求,既有利于充分调动各地区的积极性,又有利于东中西互动、优势互补、相互促进、共同发展。对这种区域发展战略,必须有全面、正确的认识。要继续坚定不移地推进西部大开发,国家对实施西部大开发的战略绝不会动摇,对西部大开发的支持力度不会减弱,西部地区经济社会发展步伐不会放慢。振兴东北地区等老工业基地开局良好,要在加快改革、扩大开放中,主要依靠体制机制创新,走出一条实现振兴的新路子。要支持中部地区充分发挥区位优势和综合经济优势。东部地区要继续加快发展,特别要在落实科学发展观、优化经济结构、深化体制改革、转变经济增长方式和建设和谐社会等方面走在前面。要采取更加有力的措施,支持老、少、边、穷地区加快经济社会发展。这是协调区域发展,使全国人民逐步走共同富裕道路的必然要求。

(五)大力推进经济体制改革和对外开放。我国经济体制改革仍处于攻坚阶段，只有加快改革步伐，才能从根本上消除妨碍经济平稳较快发展的体制弊端，也才能更好地落实科学发展观，推动经济结构调整和经济增长方式转变，促进经济社会全面协调可持续发展。我们必须增强加快改革的重要性和紧迫性认识，扎扎实实推进各项改革。今年要着重抓好六个方面：**一是**继续推进农村改革。最重要的，是搞好农村税费改革，这是农村经济社会领域的一场深刻变革。全部免征农业税，取消农民各种不合理负担，彻底改变两千多年来农民种地缴纳"皇粮国税"的历史，实现这一目标只是农村税费改革迈出的第一步，巩固成果还要付出更大的努力，走更长的路。必须把工作的重点放在搞好乡镇机构、农村义务教育体制和县乡财政管理体制等各项改革上，这是更为重要、也是更为艰巨的任务。**二是**深化国有企业改革。要坚定不移地贯彻落实中央已经确定的方针政策。坚持国有经济布局和结构的战略性调整，完善国有资本有进有退、合理流动的机制。加快国有大型企业股份制改革。加快解决企业办社会问题，继续做好政策性关闭破产工作，建立依法破产机制。同时，要深化垄断行业改革步伐，放宽市场准入，引进竞争机制。完善国有资产管理体制和监管方式，规范国有企业改制和国有产权转让，防止国有资产流失。深化集体企业改革，推动多种形式集体经济发展。**三是**鼓励、支持和引导非公有制经济发展。最重要的是为个体、私营等非公有制企业创造平等竞争的法治环境、政策环境和市场环境。进一步放宽非公有资本进入的行业和领域，拓宽融资渠道，保护私有财产权和非公有制企业合法权益。**四是**加快金融体制改革。要加快国有商业银行改革，搞好股份制改革试点。继续推进政策性银行和其他商业银行改革。加强资本市场的基础建设，建立健全资本市场发展的各项制度，切实保护投资者特别是公众投资者的合法权益，营造资本市场稳定和健康发展的良好环境。**五是**推进财税体制和投资体制改革。加快健全公共财政体制。改革和完善省以下财政体制。完善出口退税机制。深化预算管理制度改革。全面落实投资体制改革决定,真正使企业成为投资的主体,行使投资决策权;同时,加快建立新形势下的全社会投资调控体系,建立政府投资和国有企业投资责任制与责任追究制。**六是**加强市场体系建设。推进流通体制改革,深化价格改革。深入整顿和规范市场秩序,重点抓好关系人民群众身体健康和生命安全的食品、药品市场专项整治;继续整顿和规范农资市场、建筑市场和房地产市场。深入开展保护知识产权专项行动。加快推进社会信用体系建设。

今年,我国对外开放面临不少新情况,既有新的挑战,也有新的机遇。必须统筹国内发展与对外开放,全面提高对外开放水平。要加快转变贸易增长方式。支持具有自主知识产权和知名品牌的商品出口,推进加工贸易加快转型升级。要继续积极合理利用外资,着力提高利用外资质量,更好地把引进外资与促进国内产业结构升级、提高技术水平和开发能力结合起来。要加快实施"走出去"战略。抓紧做好加入世贸组织后过渡期各项工作。

(六)积极发展社会事业和建设和谐社会。贯彻落实科学发展观,必须大力实施科教兴国战略、人才强国战略和可持续发展战略,加快社会事业发展;着力解决与人民群众切身利益相关的突出问题,促进社会公平和正义,维护社会和谐安定。

在社会事业发展方面。要加快科技改革和发展。继续推进国家创新体系建设。加强基础研究、战略高技术研究和重要公益性技术研究。加大关键技术攻关力度。深化科技体制改革。充分发挥企业在技术创新中的主体作用,加强产学研结合,促进科技成果产业化。**一要**切实把教育放在优先发展的战略地位。重点加强农村义务教育,完善以政府投入为主的经费保障机制。继续实施"两基"攻坚计划。从今年起,免除国家扶贫开发重点县农村义务教育阶段贫困家庭学生的书本费、杂费,并补助寄宿生生活费;到2007年在全国农村普遍实行这一政策,使所有孩子都能够上学读书、完成义务教育,这既是提高全体公民素质的需要,也是创造机会均等、促进社会公平的重要方面,实行这一政策意义十分重大。**二要**认真贯彻党的教育方针,切实加强德育工作,推进素质教育。**三要**加快卫生事业改革和发展。今年要全面建成疾病预防控制体系,基本完成突发公共卫生事件医疗救治体系建设。切实把医疗卫生工作的重点放在农村,加强农村卫生基础设施和卫生队伍建设。要继续推进新型农村合作医疗制度试点工作。探索建立城乡医疗救助制度。加强重大传染病及地方病、职业病防治,遏制艾滋病蔓延。深入整顿和规范医疗服务收费和药品购销秩序,切实解决群众看病难、看病贵的问题。继续搞好人口和计划生育工作。**四要**大力发展社会主义先进文化。加强思想道德建设。推动文化体制改革和机制创新,加快文化事业和文化产业发展。加强农村基层文化建设,提高"村村通"水平。深入开展群众性精神文明创建活动。高度重视人才开发,加强各类型、多层次人才队伍建设。

在提高人民生活水平方面。要继续实行积极的就业政策。认真落实各项扶持再就业的政策措施,把实施范围扩大到集体企业下岗职工。中央和地方都要加大这方面的投入。同时,加强就业指导、培训和服务。统筹做好城镇新增劳动力、高校毕业生、复员转业军人和农村富余劳动力的就业工作。要加快社会保障体系建设。进一步完善职工基本养老保险制度,扩大做实个人账户试点。推进国有企业下岗职工基本生活保障向失业保险并轨。依法扩大社会养老覆盖面,提高参保率,完善灵活就业人员的参保办法。继续推进机关事业单位养老保障制度改革,完善城市"低保"制度,有条件的地方逐步建立农村"低保"制度。要继续增加城乡居民收入,特别是中低收入者收入。建立进城务工农民工资正常支付机制。改革和规范公务员工资制度。要推进收入分配制度改革,加大收入分配调节力度,逐步解决收入差距过大问题，促进社会公平。要高度重视解决城乡困难群众基本生活问题，帮助他们解决看病、住房和子女上学等实际困难。完善农村“五保户”供养制度。增加扶贫投入，积极帮助贫困地区群众脱贫致富。

在环境保护和生态建设方面。要加强工业和城市污染治理和农村面源污染治理。实行严格的排污总量控制，加大环保监督和执法力度。要让人民群众喝上干净的水、呼吸清新的空气，有更好的工作和生活环境，推动整个社会走上生产发展、生活富裕、生态良好的文明发展道路。

在加强民主法制建设方面。要积极稳妥地推进政治体制改革，加强社会主义民主政治建设。进一步扩大基层民主，完善基层民主管理制度。做好政府立法工作。推进司法体制改革，维护司法公正。依法保障妇女、未成年人和残疾人的合法权益。全面贯彻党的民族政策，促进各民族共同繁荣进步。全面贯彻党的宗教工作基本方针，做好新形势下的宗教工作。要正确处理人民内部矛盾，及时合理地解决群众反映的问题，坚决纠正各种损害群众利益的行为。加强和改进信访工作，健全社会纠纷调处机制，完善社会预警体系和应急处理机制。安全生产事关人民群众生命安全和社会稳定，必须采取更加有力措施加强安全生产工作，切实预防和减少重特大事故的发生。

四、落实科学发展观必须加快政府自身改革和建设

《报告》着眼于全面落实科学发展观和全面履行政府职能、着眼于完善社会主义市场经济体制和推进制度创新、着眼于建设现代政府和提高行政能力，深刻阐述了全面推进政府自身改革和建设六个方面的工作。

一是深化政府机构改革。强调进一步完善机构设置,理顺职能分工,严格控制编制,实现政府职责、机构和编制的科学化、规范化、法定化。要巩固政府机构改革的成果,及时解决出现的新问题。要加快推进乡镇机构改革,重点是合理界定乡镇机构职能,精简机构和减少财政供养人员。同时,积极稳妥地推进事业单位改革。只有推进政府机构改革,才能降低行政成本,提高政府效能。

二是加快转变政府职能。强调进一步推行政企分开、政资分开、政事分开。坚决把政府不该管的事交给企业、市场和社会组织。政府应该管的事情一定要管好。更加注重社会管理和公共服务。认真贯彻《行政许可法》,继续深化行政审批制度改革。只有坚持推进政府职能转变,才能全面履行政府职能,适应改革和发展的新形势。

三是改进经济管理方式方法。强调彻底改变计划经济的传统观念和做法。在新的形势下,各级政府抓经济发展,主要是为市场主体创造良好发展环境,而不能包办企业投资决策、不能代替企业招商引资,不能直接干预企业生产经营活动。各级领导干部都要增强按市场经济规律管理经济的意识和能力,增强按国际通行规则办事的意识和能力,增强主要运用经济、法律手段调节经济运行的意识和能力。这样,才能不断提高领导经济工作的水平。

四是努力建设服务型政府。强调创新政府管理方式,寓管理于服务之中,提高工作效率和服务水平。继续推进行政体制改革和政府管理方式创新,更好地为基层企业和社会公众服务。大力推行政务公开,加强电子政务建设,增强政府工作透明度,提高政府公信力。

五是提高依法行政能力。强调认真贯彻依法治国基本方略,全面实施国务院颁布的依法行政纲要,加快建设法治政府。各级政府及其部门都要严格依照宪法和法律规定的权限和程序行使权力、履行职责。推行行政执法责任制,强化行政问责制,加大对行政过错的依法追究和处罚力度。各部门都要加强内部管理,积极配合和支持审计、监察部门依法履行职责。进一步扩大公民、社会和新闻舆论对政府及其部门的监督。

六是大力加强政风建设。强调坚持以人为本,执政为民,真正做到为民、求实、清廉。要牢固树立科学发展观和正确政绩观,重实际、说实话、办实事、求实效,坚决反对形式主义、官僚主义和弄虚作假;坚决不搞劳民伤财的“形象工程”、“政绩工程”。切实减少会议和文件,改进会风和文风。严格规范和控制各种检查、评比、达标活动。要结合开展保持共产党员先进性教育活动,加强对公务员的教育、监督和管理。坚决制止奢侈浪费行为,发扬艰苦奋斗的精神。以改革和制度建设为重点,加强廉政建设和反腐败斗争。加快建立健全教育、制度、监督并重的惩治和预防腐败体系。加强对权力运行的制约和监督,确保人民赋予的权力真正用于为人民谋利益。

只要坚持树立和全面落实科学发展观,全国上下万众一心,奋发图强,开拓创新,扎实工作,就一定能够不断把改革开放和现代化建设事业推向前进!

(原载《十届全国人大三次会议〈政府工作报告〉辅导读本》,人民出版社、中国言实出版社2005年3月版)

正确认识经济生活中的重点和热点问题

今天，我准备就当前经济生活中的若干重点和热点问题，给大家介绍一些情况，谈谈认识和体会。

一、关于当前经济形势

2000 年 1 月～10 月，经济保持了平稳运行的良好态势，经济效益继续改善，国内市场销售活跃，通货紧缩趋势进一步受到遏制。

——经济平稳增长，投资、消费、出口三大需求保持全面增长势头。前三季度 GDP 增长分别为 8.1%、8.3% 和 8.2%。与此同时，三大需求全面强劲增长。1 月～10 月，固定资产投资 15687 亿元，同比增长 12.6%，增幅提高 2.9 个百分点；社会消费品零售总额 27365 亿元，同比增长 9.9%，增幅提高 3.4 个百分点；出口 2051 亿美元，同比增长 32.2%。1 月～10 月贸易顺差为 231 亿美元。

——效益明显改善，国有企业脱困取得进展。经济效益集中表现为财政收入大幅增长。1 月～10 月全国财政收入达 10807 亿元，同比增长 21.6%。其中，中央财政收入 5743 亿元，同比增长 26.6%；地方财政收入 5063 亿元，同比增长 16.4%。

截至10月末,国家外汇储备余额为1613亿美元,比上年末增加67亿美元。1月~10月,银行结汇1313亿美元,同比上升35%;售汇1161亿美元,同比上升32%;结售汇顺差147亿美元,上升69%。

财政收入的大幅增长,与企业效益好转有直接的关系。1月~9月,全国工业企业利润总额2841亿元,同比增长103%,其中国有及国有控股企业利润1609亿元,同比增长1.7倍。特别需要指出的是,通过总量控制、淘汰落后生产能力等结构调整和转换企业经营机制,纺织、冶金、铁道、食品加工、煤炭等,由过去的全行业亏损转为利润大幅增加或亏损大幅减少,辽宁、黑龙江等老工业基地也出现利润增长,这是来之不易、难能可贵的。

——农业结构调整取得初步成效,工业生产快速增长。今年农业生产结构调整加快,优质农产品和经济作物播种面积有较大幅度的增加,质差价低、市场过剩的农产品播种面积有所减少。今年大部分地区遭受了建国以来少见的严重干旱,加上各地在调整种植结构过程中减少了粮食播种面积,预计全年粮食产量9200亿斤左右,比去年减产900亿斤左右,减幅约9%。1月~10月,工业增加值增长11.6%,比上年同期提高2.5个百分点。三季度工业企业产销率为98.1%,比上半年提高1.3个百分点。

——物价止跌回升,通货紧缩趋势基本得到遏制。1月~10月,居民消费价格总指数为0.1%,连续6个月保持了正指数;1月~9月生产资料价格总指数同比增长3.2%,这是在今年3月份扭转了1996年4月以来月月同比负增长的局面后,连续7个月保持了正指数。1月~9月全国商品零售价格指数为-1.7%,但降幅也比去年同期缩小1.3个百分点。价格水平的止跌和回升,说明通货紧缩的趋势虽然尚未完全扭转,但已得到基本遏制。

——金融运行稳定,贷款增加较多。1月~10月,央行对金融机构增加再贷款 16644 亿元,比去年同期多增 3161 亿元。全部金融机构贷款余额 96709 亿元,比年初增加 10520 亿元,同比多增加 3042 亿元。1 月 ~10 月,存款继续增加,但结构有变化。全部金融机构存款余额 119947 亿元,比年初增加 11554 亿元,同比多增加 1272 亿元。企业存款大幅度上升,居民储蓄存款中人民币存款的增长速度有所下降,全年居民存款新增 3767 亿元,同比少增加 2134 亿元。

——城乡居民收入继续增长。今年前三季度,农民人均现金收入 1500 元,同比增长 2. 5%;城镇居民人均可支配收入4719 元,增长 8. 4%。

总的来看,今年以来中国经济已经克服了亚洲金融危机的影响,开始进入正常增长和良性循环的轨道。出现这种变化,固然有世界经济回升和亚洲经济开始恢复的影响,但更为重要的是三年来中央采取的扩大内需的政策开始显现成效。主要是:

第一,实行积极的财政政策。3 年来发行 3600 多亿元长期建设国债,加上地方、企业配套资金和银行贷款共 10000 亿元资金,投资于基础设施建设,不仅开拓了传统产业的市场,而且解决了基础设施薄弱的问题,增强了经济发展后劲。项目投资总规模达到 2. 2 万亿元,涉及到 5000 多个项目。同时,实施积极财政政策相应增加了财政的支出。今年 1 月 ~10 月,全国财政支出 10534 亿元,同比增长 20. 3%。

第二,实行稳健的货币政策。几年来不断深化金融体制改革,加强金融监管,整顿金融秩序,保持人民币稳定。与此同时,连续多次降低利率和存款准备金率,增加了货币投放,促进了贷款增加。

第三,千方百计扩大出口。由于采取了提高出口退税率、完善加工贸易管理和扩大生产企业进出口经营权等一系列政策措施,使出口由下降转为高速增长。

第四,结构调整取得成效。几年来,增加科技、教育投入,推动高新技术产业发展,同时加强企业技术改造,对煤炭、冶金、纺织等行业实行总量控制,淘汰落后生产能力,效果比较明显。

第五,国有企业改革取得阶段性进展。两年多来,我们通过企业重组、实行股份制、加强技术改造、转换企业经营机制、债转股、促进企业加强管理等一系列措施,国有企业改革收到明显成效。

今年以来国民经济发展形势比预料的好,说明党中央和国务院关于扩大内需为主的一系列方针、政策是正确的。但需求不足和结构不合理等问题仍然突出。

——通货膨胀潜在压力加大。主要表现在:

一是几类基础性产品价格上扬。工业品购进和出厂价格持续回升,对下游产品价格形成上涨压力。投资品中的石油制品、钢材价格上涨较多,建材、有色金属的许多品种价格上扬幅度也不小。前三季度,工业品出厂价格比去年同期上涨2.6%,原材料、燃料、动力购进价格上涨5.7%,均是1996年下半年以来的最高水平,而且呈逐季上涨趋势。据有关综合部门分析,上游产品价格上涨最终会对下游产品价格上涨形成推动,时滞大约为4月~6个月。

二是粮价有可能出现波动。预计今年粮食产量比去年减产近一成,近几个月部分地区粮价已经回升。如果明年粮出现减产,估计粮价会全面回升,将带动整个价格水平的上涨。

三是储蓄和信贷情况发生变化。

——这两年在物价总水平有所下降的情况下,货币供应量仍保持较快增长。今年1月~10月,流动性高的货币(现金加活期存款)增幅高达18.2%。

——中央银行财政性再贷款不断增加。截至今年10月底,为化解地方金融机构支付风险,已累计下达地方政府借款计划1031亿元,实际借出765亿元,一些地方还在要求增加。这实际上是一种财政性发行。

——今年中央银行向金融资产管理公司发放贷款,用于接收国有独资商业银行呆账1700多亿元。

——企业存款迅速增加。到今年10月底,全国各类企业在银行存款42000多亿元,比年初增加5000亿元,比去年同期多增加2300多亿元。企业存款上升,有利于扩大需求,但也存在部分资金用于搞重复建设和炒股等问题。

——居民储蓄存款增幅下降,而银行贷款的规模又大幅度上升,货币增发压力加大。上述这些现象反映出当前银根相对宽松,潜伏着引发通货膨胀的可能。

四是住宅价格上涨对居民消费价格水平影响较大。今年1月~10月,全国公有住房销售、住宅租赁等居住项价格上涨4.7%。住房货币化分配改革之后,住房消费支出在居民全部支出中的比重有较大提高,今后对居民消费价格的影响会增大。

此外,作为人力资本投资的教育费用也在不断上涨,医疗服务等生活必要品,价格居高不下,某些垄断性产品,如邮政、电信、电力、民航等价格仍在高水平上。

总之,我们既要克服通货紧缩带来的不利影响,又要防止通货膨胀,密切注意,高度重视,切不可掉以轻心。在货币政策、财政政策等宏观调控政策的运用上,注意把握好分寸和力度。

二、关于实施积极的财政政策和稳健的货币政策

几年来,我们坚持执行扩大内需的方针,实施积极的财政政策,取得了显著成效。建成投产的工程主要有:加固大江大河大湖堤防1.64万公里,完成75座重点大型病险水库的除险加固工程;投产铁路新线3000公里,复线2560公里,电气化里程3000公里;新增公路通车里程17.4万公里,其中高速公路10230公里;新增城市日供水

能力946.8万吨,日污水处理能力270万吨,日垃圾处理能力9929吨;新建和改造农村电网高低压线路近170万公里;新建国家储备粮库仓容517亿斤。用195亿元国债作为贴息资金,支持重点行业、重点企业的技术改造项目880个,总投资规模2400亿元。还安排了78亿元国债资金用于科技教育。利用国债资金进行重点建设,不仅有力拉动了当前经济增长,而且办成了一些多年想办而没有办成的大事,加快了结构调整步伐,增强了经济发展后劲。同时,实施积极财政政策在扩大消费、促进出口和支持改革等方面,也发挥了重要作用。实践证明,坚持实施积极财政政策,是完全正确的选择。如果不这样做,整个经济就不会有今天这样的好局面。

当前我国的赤字规模是适度的,并没有出现"赤字—债务危机"。目前具备必要的物质条件和有利时机,发行适当数额的国债,不会有大的风险。

理由如下:用可供参考的国外主要指标来衡量,我国的赤字和债务规模仍保持在可以承受的范围之内。

一是赤字率(即财政赤字占GDP的比重)并不过高。欧洲《马约》规定欧洲经济与货币联盟入围国家的财政赤字占GDP的比重不能超过3%,参照这一标准和口径,1997年之前我国的赤字率始终未超过1%,1998年为2%,1999年为2.18%。2000年继续扩大国债发行后的赤字率也不会超过3%。

二是债务负担率(即国债余额占GDP的比重远未达到警戒线。国际公认的警戒线是45%~60%。1998年之前,我国的债务负担率只有5%左右;到1998年,即使加上当年发行的2700亿元特别国债,债务负担率才升至13.3%;1999年为13.8%;估计2000年的债务负担率与上年持平,仍远远低于国际公认的警戒线,更低于许多发达国家的水平。例如,1997年美国的债务负担率为62.1%,日本为97.3%(1996年),英国为52.7%,法国为57.5%,德国为62.2%。

这可能与我国国债发行历史较短而西方国家已有上百年历史有关，因此不能简单类比。另外，随着我国改革开放的不断发展和社会主义市场经济制度不断完善，我国的债务负担能力还会进一步增强。

三是财政债务依存度（即当年国债发行额占当年财政支出与债务还本付息支出的比重）实际上也不算高。到目前为止，只有日本采用这个指标。在理论上，一般认为其上限是20%。但早在1996年日本就已达29%。就我国目前情况而言，如果不考虑财政收支结构，把预算外支出排除在外，我国的财政债务依存度1995年为20.1%，1996年为21.3%，1997年为22.2%，1998年为29.7%，1999年为26.6%。其中，同期中央财政债务依存度分别为：53.9%、56.8%、55.9%、71.1%、66.8%。但是，如果将预算外支出包括在内，则目前全国财政债务依存度只有15.5%，中央财政债务依存度只有15.03%。

——明年必须继续实施积极财政政策，增加投资和消费。近三年用国债安排的在建项目的未完工程量有近1万亿元，需要国债资金后续投入。中央决定明年发行1500亿元建设国债。其中1000亿元用于在建的国债项目，以保证这些项目如期竣工投产，包括基础设施、环保生态建设、技术改造、科技教育和人才培训等方面的项目，还要安排北方一些大中城市的供水应急工程。抓紧南水北调工程的前期工作。其余500亿元为西部开发建设国债，用于建设西电东送、西气东输、青藏铁路等重大项目。

——关键是要管好用好国债资金，防止各种挤占、挪用和贪污、浪费国债资金的现象。健全国债资金拨付使用、工程质量监理等制度，加强重要项目稽察和监管，提高资金使用效益。

——关于实行稳健的货币政策。三年来，我们实施稳健的货币政策，与积极的财政政策相协调，运用多种货币政策手段，既加大了对扩大内需、经济发展和国有企业改革与脱困的支持，又保持了金融平稳运行,成效是显著的。

几个需要注意的问题:一是中央银行财政性再贷款增加较多。二是储蓄存款增幅下降。三是企业存款迅速增加。

在我国,创造1元国内生产总值,需要1.4元货币供应,比印度、韩国高出一倍以上,我国货币供应大量增加,有我国的国情,但也必须注意加以控制。明年要继续实行稳健的货币政策,全面落实扩大内需和调整经济结构的各项金融措施,同时要注重防范和化解金融风险。密切关注经济运行特别是物价走势,适时灵活运用多种货币政策手段,包括调整银行存贷款利率和扩大公开市场操作等措施,调节货币和信贷供给,保持人民币币值和汇率稳定。

加强对金融机构的监督管理。今年国有独资商业银行经营状况有所好转。但是,整体亏损的情况并没有根本扭转,按同口径比较,不良贷款还在增加。因此,要按现代银行制度对国有独资商业银行进行综合改革,转换经营机制,改善金融服务,努力降低不良贷款比例。完善与《证券法》相配套的法规体系,加强对发行市场的监管,提高上市公司质量;加大对内幕交易、操纵市场和其他欺诈行为的查处力度;加强对证券公司的监管。

三、关于三农问题

——农民增收。这是"三农"问题的核心,也是现阶段农业和农村经济发展面临的突出问题。当前,农民收入增长已相当缓慢,自1997年以来连年呈下降态势(1997年4.6%,1998年4.3%,1999年3.8%,今年上半年现金收入只有1500元,实际增长1.8%,同比减少2.9个百分点)。主要原因,一是粮食等主要农产品价格持续下跌,严重影响农民收入的增加。1999年农民人均出售农产品的收入比上年减少108.5元,已是连续两年负增长。一方面是由于总量过剩,品种、质量难以满足市场需求,存在结构性矛盾;另一方面,国家粮食收购政策没有得到很好落实,“卖粮难”问题依然突出,农民增产不能增收。二是乡镇企业增长速度逐年回落,吸纳就业能力下降。其速度从1996年的21%下降到1999年的14%,就业人数从1997年开始不增反降,1997年减少458万人,1998年又减少513万人,靠乡镇企业增加农民收入的难度进一步加大。三是由于城镇下岗人员增多,就业空间变小,使得农民进城务工的机会及收入减少。四是农民负担仍然很重,各项费用名目繁多,部分抵消了农民实际收入,存在税费不合理问题。

——农业结构调整。这是实现农民增收、农业增效的根本途径。与以往不同,这次调整,不是简单的面积增减和品种的调剂,而是一次战略性的调整,旨在向生产的深度和广度进军,着力于全面提高农业的整体素质,中心环节是品种、质量和效益。一是要优化农产品结构,增强市场竞争力。压缩不适销品种,扩大优质农产品生产,依靠科技改进品种,提高质量。二是要调整农作物布局,发挥比较优势,培育区域农业主导农产品和支柱产业。沿海农业发达地区和大中城市郊区,发展高效农业和创汇农业,特别是应对世贸组织,要积极开发、生产和加工在国际市场有竞争力的畜产、蔬菜、花卉、水产、水果,扩大出口(据海关统计,今年1月~8月,我国农产品出口同比增长22.2%,净出口额28.4亿美元,占同期净出口额的16.8%);粮食主产区要稳定面积,提高单产,优化品质,保护和增强粮食生产能力;生态环境脆弱地区要有计划、有步骤地退耕还林、还草、还湖,着重搞好生态环境建设。三是大力实施农业产业化经营,增加农业后续效益。重点扶持一批有基础、有特色、有前景的龙头企业,搞好农产品深加工、精加工,提高产品的附加值、市场竞争力和对农村经济的带动力。

——粮食问题。一是关于粮食供求形势。1995年至1999年,粮食连续五年丰收,年产量均保持在5亿吨左右,库存平均每年增加

600多亿斤(国家库存约5200亿斤,农户约4000亿斤),人均占有量现已超过800斤,吃饭问题得到解决,呈现出供大于求的格局(虽然今年受旱灾和主动压缩粮食面积双重因素影响,粮食预计减产9%左右,夏粮已减220亿斤,早稻已减70亿斤,但这种格局并未改变),但这种供大于求是低水平、阶段性和结构性的,城乡居民特别是农民对粮食的消费水平还非常低,肉、蛋、奶吃得少,粮食加工转化很不够;优质、专用粮少,低品质粮多,难以适销对路。从长远看,粮食供给将是偏紧的,一方面,人口在不断增加,工业化、城市化进程在加快,人民生活水平在逐步提高,粮食需求持续增加的趋势不会改变;另一方面,农业基础还比较脆弱,耕地还在减少,水资源短缺,尚未摆脱"靠天吃饭"的局面,今年的严重干旱就是最好说明。因此,千万不可忽视和放松粮食生产。二是关于粮食收购政策。自1998年来实行的以保护价敞开收购农民余粮为核心的"三项政策、一项改革"的粮改政策,实践证明是行之有效的,必须切实加以落实,不能拒收、限收、停收,不得压级、压价,切实把农民手中的余粮收上来,增加种粮农民收入;合理拉开品种、季节、地区差价,实行优质优价,引导粮食生产结构调整。国家将通过增加粮食风险基金(今年再增80亿元)、建储备库(今明两年分别建200亿斤,使国家库存达到近1000亿斤)、中央储备粮直管(直接入市收购1000亿斤)等办法予以支持。

——农村税费改革。这是切实减轻农民负担的治本之举。主要内容是"三取消、两调整、一改革",即取消乡统筹费、农村教育集资等专门面向农民征收的行政事业性收费和政府性基金、集资,原乡统筹开支、中小学危房改造和乡级道路建设资金通过财政预算安排,村级道路建设等农村公益事业所需资金由村民大会民主解决;取消屠宰税;取消统一规定的劳动积累工和义务工;调整农业税和农林特产税,新的农业税实行差别税率,不得超过7%,农林特产税按略过于农业税税率进行适当调整;改革村提留征收办法,采用新的农业税附加方式统一收取,最高不超过正税20%。费改税后,乡、村正常的收支缺口,可通过中央、省级财政转移支付给予适当补助。同时,要精简机构,裁减人员,压缩村组干部补贴数,优化教师队伍,减少财政供养人数。这项工作,去年安徽省搞试点,今年有条件的省份将全面推开。

——小城镇建设。这是带动农业和农村经济发展的一个大战略。现阶段要重点发展县城和少数有基础、有潜力的建制镇,关键是发展小城镇经济,要以产业发展为依托,形成有特色的区域经济增长载体,要与农业产业化、乡镇企业、专业市场结合起来,运用市场经济的手段实现产业发展、人口聚集、市场扩大的良性循环,增强小城镇吸纳就业、带动农村发展的功能。各地要通过改革户籍制度、制定投资优惠政策、完善基础设施、改进服务管理等办法来推动实施。

——农业和农村基础设施建设。通过国家补助、财政贴息、企业投资、社会集资等形式,加快农村乡村道路、供水供电等基础设施建设;加快防洪排涝设施建设、灌区改造和节水项目建设;逐步建立农业灾害补偿机制和政策性农业保险体系。这既能消化农村剩余劳动力,利用当地建材等资源,使农民增收减负,又能改善生产和生活条件,为农业和农村经济发展奠定基础。

四、关于国有企业改革问题

国有企业改革和脱困工作取得可喜的成绩。1997 年底,国有大中型企业共有 16847 家,其中亏损企业 6599 家,亏损面 39%,亏损总额 666 亿元。为了实现三年左右时间使大多数国有大中型亏损企业摆脱困境的目标,中央采取了一系列行之有效的措施。截至今年 9 月底,6599 家亏损企业中已有 60%(3944 家)摆脱困境。其中 1196 家企业扭亏为盈,2748 家企业被兼并、破产、关闭或改为其他所有制企业。有2160户企业继续亏损。继续亏损企业占现有国有大中型企业总数(13732家)的16%，所占比重比97年下降23个百分点，其亏损额121亿元，比97年减少545亿元，下降了82%。确定的国有大中型亏损企业三年脱困目标已经基本实现。实践证明，中央的决策和采取的措施是完全正确的。

但这只是一个阶段性成果。总的看来，国有企业经营机制转换滞后，创新能力、竞争能力和盈利能力不强，还有不少企业生产经营比较困难。

深化国有企业改革，要认真贯彻党的十五届四中、五中全会精神，把重点放在建立与完善现代企业制度上。积极推动国有大中型企业的股份制改造。除少数国家垄断经营的企业可改制为国有独资公司外，鼓励其他国有大中型企业通过规范上市、中外合资和相互参股等多种形式，逐步改为多元持股的有限责任公司或股份有限公司，对关系国民经济命脉的企业要由国家控股。实行股份制不仅可以筹集资金，更主要的是有利于企业转换经营机制，通过股市的公开披露制度，增加透明度，使企业生产经营受到公众的监督。1998年以来，国有企业在境外新上市的公司22家，共筹资267亿美元；在境内新上市的公司307家，共筹资2723亿元人民币。总的看，上市公司的经营机制和经营成果明显优于其他国有企业。同时，要继续推动企业重组和整合，优化资源配置。要加快建立规范的法人治理结构。积极探索国有资产管理的有效形式。继续深化企业内部人事、劳动和分配三项制度改革。形成竞争和激励机制，真正做到职工能进能出、管理人员能上能下、收入分配能增能减。要实行管理创新，提高科学管理水平。建立健全科学的决策制度，围绕资金、成本、质量三个主要环节，全面改进和加强企业管理。要进一步推进政企分开。按照1998年国务院机构改革方案的要求，最近撤销了轻工、冶金、有色、机械等九个原国家专业局。这是实行政企分开的又一重要举措。

明年还要在减少对企业的行政审批和打破行业垄断两方面取得明显进展。电力、铁路、民航、通信等行业,要按照政企分开的原则抓紧推进管理体制改革,引入竞争机制,增强活力。继续采取多种形式放开搞活中小企业。在资金融通、技术创新、市场开拓、人才培训和信息咨询等方面,为中小企业提供服务。

五、关于收入分配问题

(一)居民收入差距扩大的表现及特点

1980 年,根据世界银行估计,中国居民收入的基尼系数为 0.33。不仅总体上差距不大,在城市内部及农村内部甚至还相当均等。至 1988 年,城乡合计的基尼系数上升至 0.382。进入 90 年代后,居民收入差距进一步扩大。1996 年,中国城乡合计的收入基尼系数为 0.424,1997 年为 0.425,1998 年则进一步上升至 0.456。按照国际上通行的看法,基尼系数超过 0.4,就属于非常不平等。

——高低收入阶层分化问题突出。在城市,截至 1999 年 6 月末,拥有金融资产量最多的 20% 城市家庭所拥有的金融资产量占全部城市居民金融资产量的 55.4%,户均拥有金融资产 14665 元,而最低 20% 的家庭仅拥有全部金融资产的 1.5%,户均为 4298 元,高低之比高达 34:1。在农村,至 1998 年年末,占人口比重 20% 的高收入农户拥有银行存款占全部样本农户总存款额的比重也高达 55%,而占农村居民人口比重 14.6%,年人均收入在 1000 元以下的农户,拥有的存款尚不足总额的 3%。“两极分化”的特征比较明显。

——居民收入差距扩大伴随明显的群体特征

在城乡差距方面:

城乡差距问题是对中国整体收入差距状况影响最大的因素之一。在改革初期,城乡差距就是相当大的。如 1978 年,城镇居民人均可支配收入与农村居民人均纯收入之比为2.57:1。80年代初,农村经济体制改革带来农村经济迅速增长一度降低了城乡差距,但自80年代中期以后,随着制度改革效力的下降,农业生产的徘徊,城乡差距又开始拉大,至1994年城乡收入比达到最高,为2.86:1;1995年后,城市经济增长减缓及农产品价格调整等因素,差距又有所下降。1995年为2.71:1,至1997年,降至2.46:1。从1998年开始,差距又进一步扩大。1999年,城乡收入比上升至2.65:1。超过了世界上绝大多数国家和地区的城乡差距水平。

在地区差距方面:

从城镇内部的情况看,1999年,按东、中、西三大地域划分,城乡居民人均收入比为1.48:1:1.06。从农村内部的情况看,1998年,东、中、西三大地域的人均收入比为1.94:1.35:1(1980年为1.44:1.1:1)。

在行业差距方面:

1990年,最高与最低行业人均收入比为1.29:1,1995年达到2.23:1;至1999年,根据国家统计局等多部委的调查结果,最高行业与最低行业的人均收入比则达到2.55:1。

不仅行业大类之间存在明显的收入差距,就像人们可以普遍观察到的,在同一行业大类之间的不同小类之间,抑或在同一行业小类的不同具体单位之间,职工收入也都存在差距,有些差距甚至还相当突出。

(二)导致收入差距扩大的主要因素

第一,市场竞争是收入差距扩大的基本原因

经过20多年的改革,在收入分配领域,市场机制已基本取代了计划分配方式,并基本形成了按劳分配为主、各种生产要素共同参与分配的收入分配制度。由竞争形成收入差距特别是初次分配领域的差距是经济市场化的必然结果。

第二，历史和传统体制形成的竞争初始条件差异是差距扩大的重要因素

第三，不公平竞争及非法和腐败因素加剧了收入不平等

竞争过程的不公平表现很多，最突出的是各种形式的垄断问题。一些部门、行业甚至一些个体社会成果，或通过各种方式实施市场进入限制，排斥甚至打击其他竞争者，进行垄断经营，或控制、操纵市场价格以获得超额利润，或利用信息不对称即信息垄断进行不公平交易甚至实施投机。

较之于竞争过程的不平等，一些社会成果利用非法手段，在不进行任何竞争与生产要素投入的情况下直接攫取财富，形成收入和财富占有的不平等，是更为值得关注的问题。其中，社会反映最为强烈，可能也是对收入不平等影响最为突出的是利用职权牟取不义之财的腐败行为。从索贿受贿到卖官鬻爵，从贪污腐化到监守自盗，从权钱交易到与不法分子狼狈为奸，有关问题相当突出。

第四，再分配能力不足，难以对分配差距形成有效调节

通过对高收入者征税，对低收入者进行转移支付等手段实施再分配，是缓解收入分配差距的基本手段，也是政府的基本职责。但从现实的情况看，各种再分配手段并未发挥其应有的功效，未能对由市场竞争以及非市场因素介入所形成的分配差距形成有效调节，在一些领域甚至进一步加剧了收入差距。主要表现在三个方面。

其一，对高收入的调节不力。一是居民收入方式日趋多元化，政府有关部门却未能根据收入分配制度的调整及现实情况的变化建立有效的收入监督及控制体系。二是税制本身存在明显缺陷。在一些领域，低收入群体的实际税赋负担明显高于高收入群体，其中最典型的是农民与城市居民之间的差异。

其二，对低收入阶层缺乏有效保护。一方面是总体投入不足，另一方面，财政分灶吃饭与社会事务分级管理体制也使贫困地区低收

入保护显得无力。

其三,某些形式的转移支付制度明显向高收入群体倾斜。有关问题突出地表现在医疗、住房等福利体制方面。又比如诸多福利基本上只是提供给城市居民,收入总体低下的农村居民无法享受。

(三)加强对收入分配的宏观调控

收入分配差异的存在是一种客观必然的经济现象,而且恰恰是这种差异,为一个社会产生活力和效率提供了基本条件。在社会主义市场经济体制下,没必要也不可能完全消灭差异,关键是要对差异程度进行合理的调控,将其控制在适当的范围之内,避免两极分化,保护广大劳动者的切身利益和积极性,促进经济的健康发展和社会的繁荣稳定。

——保护合法收入。允许和鼓励一部分人通过诚实劳动和合法经营先富起来,允许和鼓励资本、技术等要素参与收益分配。这是我国社会主义初级阶段一项重要的分配政策。因此,通过合法劳动取得的更多收入,通过合法经营取得的更多利润,都是正常的、合理的,必须加以保护的。

——取缔非法收入。通过侵吞公有财产、偷税漏税、走私受贿、权钱交易以及制假贩假等法律所禁止的行为牟取的利益,属于非法收入,应加以取缔,对获取非法收入的行为应进行严厉打击。

——整顿不合理收入。不合理收入主要指虽然不是以违法的手段获取但是却违背了公认的社会规范、降低了经济运行和资源配置的效益的收入。例如,某些企业、部门、行业依靠其在商品和服务领域的垄断地位,索取垄断价格而获得的额外收入。应严肃整顿收入分配秩序,加强对垄断行业的管理和监督,取消和规范不合理收入。

——调节过高收入。主要是通过完善税制和加强税收征管来强化国家对收入分配的调节功能,包括完善个人所得税法,开征遗产税和赠与税等新税种,同时要加大对偷税漏税行为的打击力度。

——进一步完善社会保障制度。要扩大社会保障制度的覆盖面;要改革社会保障基金的筹资机制,由国家单一保障向企业和个人共同负担转移;要合理确定保障水平,与当前的经济发展水平相适应,要改革社会保障基金的管理体制,实现基金的保值增值,将行政职能和经营管理职能分开;要保障低收入者的基本生活。

需要特别强调的是,随着生产力的发展,科学技术工作和经营管理作为劳动的重要形式,在社会生产中起着越来越重要的作用。在新的历史条件下,要深化对劳动和劳动价值论的认识。这是对社会主义分配理论的新发展。它有利于充分调动社会力量和社会资源进行经济建设;有利于资本、技术、劳动、经营等生产要素的优化配置和组合和要素市场的发展。随着经济和社会的发展,特别是在世纪之交的今天,知识经济初现端倪,科技革命迅猛发展,正在深刻地改变着人们的生产和生活方式。劳动的范围正在扩大,从物质和生产部门向服务业、信息产业扩展,劳动的形式也在发生变化,从以体力劳动为主逐渐转变为与脑力劳动并重。《中共中央关于制定国民经济和社会发展第十个五年计划的建议》(以下简称《建议》)在深化理论认识的基础上把分配制度的改革进一步推向前进,指出鼓励资本、技术等生产要素参与收益分配。在这里,认识的深化和发展主要是:(1)对非劳动要素参与分配持鼓励的态度,实际上是肯定居民积累起来的收入和财产可以作为资本来增殖;(2)在初次分配领域,承认劳动能力的差别和贡献大小的差别,对于科技骨干和经营管理者的复杂的、高级的劳动,即具有更大价值创造力的劳动,给予比过去更高的报酬,并以马克思的劳动和劳动价值理论作为依据;(3)在分配的具体形式上将学习借鉴外国的成功经验;(4)对于凭借自然垄断或行政性垄断所取得的不合理收入,政府要进行必要的干预;(5)在再分配领域,进一步发挥政府转移支付的功能,防止收入分配的两极分化。

六、关于建立社会保障制度问题

（一）加快完善社会保障制度势在必行

社会保障制度是维护社会安定，促进经济发展的一项重要社会经济制度。党的十四大确定我国改革的目标是建立社会主义市场经济体制，同时把改革社会保障制度作为一个重要内容。这些年，社会保障制度改革取得重要进展。目前，我国已初步形成了以养老、医疗和失业保险以及城市居民最低生活保障制度为重点的社会保障体系总体框架。

在这次《建议》中，把完善的社会保障制度作为社会主义市场经济体制的重要支柱，将加快完善社会保障制度提高到更加突出的重要地位。这是一个重要的理论创新和工作部署，进一步丰富了社会主义市场经济体制的基本内涵。

无论从我国社会保障的现状看，还是从我国改革开放和现代化建设面临的新任务看，都迫切需要加快完善社会保障制度。

第一，我国社会保障体系尚不健全，必须加快制度建设。这集中表现为企业仍然是社会保障的主要承担者，社会保险金的发放和退休人员、下岗职工的日常管理工作没有从企业中分离出来，以致许多国有企业这方面的社会负担越来越重。同时，社会保险资金缺乏有力保障。目前，不少地方当期基本养老金入不敷出，有些地方离退休人员的养老金没有做到按时足额发放，医疗保险也没有得到很好落实。两年前，为了解决国有企业下岗职工基本生活保障问题，中央提出采取“企业、社会、财政”各1/3的筹资办法，实际上企业和社会分担的部分落实得不好。还要看到，社会保险基金管理不规范。按照国家规定，基本养老保险基金要实行全额缴拨，但目前有些企业仍然实行差额缴拨的办法，造成企业挤占、减发或欠发基本养老金的现象。此外,基本养老保险基金已经明确要实行省级统筹,但全国大部分地区仍然实行市县级统筹,省内基金调剂受到很大的限制。在企业和政府之间、中央政府和地方政府之间,社会保障的责任划分也不够明确,以致往往出现企业依赖政府、地方政府依赖中央政府的现象。

第二,加快完善社会保障制度,是我国改革开放和发展新形势的迫切需要。现在,我国经济体制改革进入攻坚阶段,经济结构处于大调整时期,改革开放和经济建设面临着极其艰巨的历史任务。实现这些任务,特别需要有一个稳定的社会环境。国有企业改革是经济体制改革的中心环节。当前,国有企业面临的最大难点之一,仍是企业人员过多,难以形成公平竞争、公开监督的企业运行机制。而深入推进企业改革的重要条件,是要有一个完善而规范的社会保障体系。这样,企业才能够真正实现下岗分流、减员增效,增强活力和竞争力。否则,新老国有企业之间、国有企业与非国有企业之间就无法开展公平竞争。

同时,我们要对经济结构进行战略性调整,迫切需要加快传统产业的改组改造和结构优化升级。在这个过程中,必须淘汰落后、压缩部分行业的过剩生产能力,依法关闭一些长期亏损、严重污染环境和资源枯竭的企业。同时,还要按照专业化分工协作和规模经济原则,加快企业组织结构调整。所有这些,必然会引起较大规模的职工岗位转换,在一定时期内失业人员的增加是难以避免的。只有加快建立完善的社会保障体系,妥善解决职工离开企业以后的基本生活问题,才能避免对社会稳定造成冲击。否则,产业结构的调整和升级就难以顺利进行。随着我国加入世贸组织,对外开放将进入一个新的阶段。国内市场和各领域要进一步开放。优胜劣汰愈益成为一种普遍的、必然的现象,劳动力的岗位变换和流动也会更加频繁,失业和再就业现象将经常发生。只有建立完善的社会保障制度,才能提高我国企业和职工的抗风险能力，维护社会稳定。

第三，我国人口老龄化进程加快，也需要加快完善社会保障制度。我国人口老龄化具有两个显著特点。一是基数大、速度快。二是我国经济底子薄、负担重。发达国家的人口老龄化是在人均国民收入水平比较高的情况下出现的，而且建立了较健全的养老保险制度。例如，美国在1935年建立社会保障制度时，美国人口还没有进入老龄化社会；日本进入老龄化社会时，人均国内生产总值已达到1700美元，有较充裕的财力支持建立养老保险制度。我国的人口老龄化问题，是在人均国民收入较低的情况下出现的，这将迫使我国在经济还不够发达的时候解决比发达国家还要严重的老龄化问题。近几年来，我国参加养老社会统筹的企业离退休人员每年增加200多万人，养老金支出增幅越来越大。今后离退休职工费用还将激增，老龄人口社会保障任务越来越重。加快完善社会保障制度，是做好老龄人口工作的重要措施。现在不加快社会保障制度建设，将来有可能出大的问题。同时，加快完善社会保障制度，特别是把养老、医疗、失业保险制度建设好，才能让离退休职工放心，也才能使在职职工安心。

（二）完善社会保障制度的主要任务

完善社会保障制度总的原则，是坚持按照发展社会主义市场经济的要求，有利于保障劳动者的合法权益和基本生活，有利于推进改革和发展，有利于维护社会稳定。

完善社会保障制度的主要目标，就是要加快形成独立于企业事业单位之外、资金来源多元化、保障制度规范化、管理服务社会化的社会保障体系。基本内涵包括：建立可靠、稳定的社会保障基金的筹措机制和有效营运、严格管理的机制；坚持社会统筹与个人账户相结合的城镇职工基本养老保险制度；推进城镇职工基本医疗保险制度和医药卫生体制改革；进一步完善失业保险制度，在试点的基础上逐步把国有企业下岗职工基本生活保障纳入失业保险;加强和完善城市居民最低生活保障制度,逐步提高城市贫困人口救济补助标准。同时,积极发展社会福利、社会救济、优抚安置和社会互助等社会保障事业。

基本社会保险标准的确定,必须与我国目前经济发展水平以及各方面的承受能力相适应。世界上有些国家由于把社会保障水平搞得过高,造成了国家财政不堪重负,还出现了种种不良社会弊端,近来正纷纷酝酿改革。要合理确定我国基本社会保险的标准,包括企业与个人缴纳养老保险费、医疗保险费的比例,发放标准和基金积累率等,都要从我国实际情况出发,并要兼顾国家、企业、个人三者利益,兼顾目前利益和长远利益。我国现在处于并将长期处于社会主义初级阶段,生产力发展水平比较低,同时人口众多,基本社会保险的缴费水平和待遇水平都不能过高。否则,不仅各方面承受不起,也会影响国家经济发展和企业竞争力。标准也不能太低,应当考虑保障对象维持基本生活的需要。还要制定全国大体统一的基本社会保险支付标准、项目和范围,消除劳动力合理流动的障碍。公务员的养老保险办法应与企业事业单位有所不同,应考虑公务员工作的特点和建立廉洁勤政、办事高效、队伍稳定的要求,健全公务员的社会保险制度。我国农村人口比重大,生产力发展水平较低,对农民的社会保障办法也应该不同于城镇居民。农民养老应以家庭保障为主,与社区扶持相结合。有条件的地方,根据农民自愿,也可以实行个人储蓄积累社会保险。

当前和今后一个时期,完善社会保障制度应着力抓好以下几个方面。

第一,必须建立真正独立于企业事业单位之外的社会保障体系。企业事业单位只履行依法缴纳社会保险费的义务,不再承担发放基本社会保险金和管理社会保障对象的工作,实行社会保障管理和服务社会化。

第二,坚持和完善中国特色的社会保障基本制度。包括实行社会统筹和个人账户相结合的养老、医疗保险制度,完善失业保险制度和城市居民最低生活保障制度,为职工和城市居民提供最基本的社会保障。世界各国的职工养老、医疗、失业保险制度,都有各自的特点。我国基本养老保险和基本医疗保险实行社会统筹和个人账户相结合的制度,这是一种制度创新,是符合我国国情的。现行的国有企业下岗职工先进入再就业服务中心,由服务中心安排再就业或转入失业保险的办法,是一种过渡性的措施,应加快创造条件,逐步加以规范化,目标是使企业下岗职工直接进入失业保险。

第三,广辟途径,扩充社会保障资金。我国目前社会保障基金的来源主要是:城镇企业职工基本养老、医疗和失业保险基金,主要依靠参保企业和职工缴费;各级政府机关职工的基本养老保险基金依靠政府财政,医疗保险依靠政府财政和个人缴费;全额拨款的事业单位职工基本养老保险基金依靠政府财政,企业化管理的事业单位基本养老保险基金依靠单位和个人缴费;全部事业单位职工的医疗保险和失业保险基金依靠单位和职工缴费;城市最低生活保障的资金主要来源于各级地方财政。

要进一步拓宽思路,积极开辟筹资渠道,特别要着力建立一个全国性的社会保障基金。一是依法扩大社会保险覆盖范围,提高收缴率,加大征缴力度。国家强制实施的基本养老保险、失业保险等社会保险项目,城镇各类企业事业单位及其职工都必须依法及时足额缴纳社会保险费。同时,要进一步加强征缴管理,堵塞漏洞,应收尽收,减少流失。二是进一步调整财政预算支出结构。近几年来,我国各级财政支出用于社会保障的资金增加较多。1998 年支出 965 亿元,占各级财政可支配财力的 9%;1999 年达到 1280 亿元,占各级财政可支配财力的 10%,这方面增长速度是空前的。但总的来看,这个比例还较低。世界上不少国家社会保障支出的比例都比我国高。三是有步骤地变现部分国有资产。此外，还可以采取其他可行的办法。例如，可以考虑发行社会保障基金专项债券和彩票，以及将征收的利息税、遗产税、赠与税等收入，专项用于社会保障基金。

第四，健全社会保障基金的有效营运和保值增值机制。社会保险基金收缴、支付及营运，要做到规范化、制度化，并严格管理，做到公开、透明、安全。在这方面，国外有不少经验。比如，美国、智利、新加坡、马来西亚、印度、巴西等国家的社会保险基金，不仅通过专业化的投资机构和组织投入资本市场运作，取得稳定而又可观的收益，成为积累社会保障基金的重要来源，而且支持了资本市场发展和国民经济的发展。一项经济计量研究表明，这些年智利养老基金的发展使本国总要素生产率每年提高一个百分点，对总要素生产率提高的贡献率为50%。这方面我们可根据我国国情，研究借鉴国外成功的做法。

为了加强对全国性社会保障资金的管理筹集和运行，国家已成立“全国社会保障基金”，并设立“全国社会保障基金理事会”，负责管理中央财政拨入的资金、通过变现部分国有资产所获得的资金以及其他形式筹集的资金；挑选、委托专业性的资产管理公司对基金的资产进行运作，以实现基金保值增值；向社会公布社会保障基金的资产、收益、现金流量等情况。理事会由国务院有关部门和社会知名人士、专业人士组成，提高了基金的权威性、公开性、透明度。

第五，实现社会保障对象管理和服务的社会化。退休人员、失业人员要与用人单位脱钩，由社区组织统一管理，社会保险金实行社会化发放。社会保障管理和服务的社会化工作，应当依靠街道办事处、居民委员会和社区组织来做。这些基层组织可以发挥很重要的作用。同时，要广泛运用现代信息技术手段，建立一个功能齐全、覆盖面广、规范透明的社会保障信息网络。社会保险资金的缴纳、记录、核算、支付以及查询服务,都要纳入计算机管理系统,并逐步实现全国联网。

最近,中央已批准《关于完善城镇社会保障体系的试点方案》,从明年开始在辽宁全省和其他各省确定的试点地区进行试点。

七、关于加入世贸组织问题

概括地说,加入世贸组织有“利”也有“挑战”。有“利”的方面,主要体现在成为世贸组织成员后的权利;“挑战”则指开放市场及履行世贸组织相应义务带来的竞争与压力。

“利”的方面:

——加入世贸组织能够促进我国市场体系的建立和完善。加入世贸组织,实行对外开放,发展对外贸易,遵循国际市场规律,按照国际贸易规范积极参与国际交换与国际竞争,必然会将国际市场的价格机制、供求机制、竞争机制引入国内,从而有利于完善我国的市场机制。这有利于加快国内货物市场的形成和发展;有利于培育和发展国内要素市场和服务市场;有利于建立统一、开放、竞争、有序的大市场创造良好的国际环境。

——加入世贸组织可以加快我国经济增长方式的转变。有利于利用国外的先进技术和加快国内技术进步;有利于加快中国经济体制及企业制度创新;有利于我国投资市场的形成和完善。

——加入世贸组织会促进产业结构的优化和竞争力的提高。我国可以参与更广泛的经贸合作与竞争,充分利用经济全球化带来的资源、市场、资金、人才、技术等各方面的机遇,在世贸组织这一整体范围内进行经济结构、产业结构调整。

——有利于加快现代企业制度的建立。加入世贸组织有利于吸收各市场经济国家企业组织形式的有益经验。我国不同形式的企业能够与占世界经济贸易95%的国家和地区的各种形式的企业进行直接的市场竞争,学习这些企业生产经营管理经验,引进先进的技术,探索适合自身发展的企业组织形式,有利于进一步明确我国企业作为市场主体的地位。

——加入世贸组织有利于提高我国对外开放的水平。有利于促进全方位对外开放格局的形成与发展;有利于进一步扩大不同领域的对外开放,包括农业和服务业;有利于更好地利用外资;为我国对外投资创造良好环境。

——加入世贸组织会促进政府效率的提高。世贸组织要求各成员政府及时公布所有对外经济贸易的政策、法规,并提供相应服务。这客观上要求政府职能部门转变工作作风,强化服务意识,自觉接受监督。世贸组织的许多协议都要求各成员国加快实施贸易便利化,管理的现代化和规范化。

——加入世贸组织可以加快现代化金融体系的建立和完善。加入世贸组织是促进现代化金融体系建立的有效渠道。允许一定数量的外国金融机构以一定形式在中国一些城市或地区提供银行或保险服务,有利于打破国有银行及保险公司独家垄断的局面,引进竞争机制,引进先进管理经验及开发更多的金融新产品、服务,学习国外金融机构先进的服务营销体系。尽快形成以国有商业银行为主体、股份制银行及外资金融机构等多种金融机构并存的金融组织体系,形成适度竞争的有序局面。

——加入世贸组织可以促进社会主义市场经济法制建设。包括规范市场主体的法律,规范市场主体竞争行为与秩序的法律,改善和加强宏观调控、促进经济协调发展方面的法律,以及建立和健全社会保障制度方面的法律。

加入世贸组织后,中国会在企业、经济结构及政府管理三个领域受到挑战。

——就企业而言。中国现在的大部分企业届时将面临加快转型的困难，这不仅限于国营企业，而是涵盖各种的企业类型。因为以中国的企业看，传统的生产型企业产权制度模糊，作坊式、老板式企业大量存在，未来发展受到局限，投资意愿低；在企业内部的人才及管理都非常落后，他们不转型，经济发展将会受到严重影响。

——就市场而言。中国加入世贸组织后也可能受到冲击。虽然中国市场化改革获得进展，特别是在部分领域市场发育较好，然而就整体而言，市场发育水平存在很大问题。主要表现在市场信号在企业内部反映的灵敏度很低，许多企业甚至不懂市场信号；政府调节市场手段基本限于行政手段，金融手段发育不完善；在一些重要市场的市场化程度极低，例如：就金融市场而言，资产证券化程度低，影响产权变化；劳动力市场的人才流动程度低，害怕直接面对市场的心理在国民中普遍存在。

——就经济结构构成而言。面临加入世贸组织形势，中国目前的经济结构将会受到挑战，这主要表现在对产业结构、企业结构和产品结构的冲击。

具体来说，在产业结构方面：农业产业市场化程度很低，农业仍属于弱质产业，难以抵御国外现代化、规模化农业的冲击；就工业看，目前重化工、能源、铁路等基础产业仍存在活力不足的严重问题。以目前中国的石油产业来看，虽然大油田颇具规模，然而人口属地化，资本无法流动，与国外大石油企业的灵活经营存在很大差距。

企业结构分析，目前中国企业结构遇到调整的刚性，许多企业破产后就从社会上根本消失，无法根据市场进行资源的有效再配置，主要还是在于企业没有实现资本资产化，企业产权不明晰，严重制约了企业的转型。

在产品结构方面，整个社会产品低层次化较为明显，不管是生产设备还是日常生活用品都存在低水平上的重复。

总之,经济结构的调整不是简单的一句话,而是一个经济转型的问题。

——对政府管理模式的挑战。相对于企业市场及经济结构而言,政府经济管理模式是中国加入世贸组织后受到冲击最严重的方面。

应该说,现在中国的政府经济管理已经从计划经济模式转向市场经济,然而政府管理经济的模式必须转变到成熟市场经济条件下的模式,通过制定经济政策,通过市场调节手段,主要利用经济杠杆去调节经济。

加入世贸组织的中国任重道远。为增强我国产品的国际竞争力,进一步扩大我国的进出口贸易,以适应加入世贸组织的新情况,我们必须做出如下努力:

第一,积极拓展国际市场。一方面要狠抓出口产品质量,积极采用国际市场认可的产品质量标准,主动推进国家标准和行业标准的修订与完善,增强产品的市场竞争力。同时,要实行品牌战略,积极开发有自己特色的产品,争取以名牌产品占领国际市场。另一方面,要实施多元化市场战略。要在继续瞄准传统主销市场的同时,积极推进全方位、多元化的出口战略,积极拓展国际市场。

第二,加快结构调整步伐。优先发展一批重点产品,要集中扶持一批市场容量大、体现产业实力和水平、关系国计民生、对行业有较强带动作用的缺门、短线产品。削减生产能力闲置、市场供应远超过市场需求的长线产品的生产。扶持一批高新技术产品。对于原有基础薄弱、尚未形成规模的新兴行业(如环保设备等),应抓住国内市场需求不断上升的有利时机,发挥存量资产作用,提高技术创新能力,重点开发生产,以促进我国的产业升级。

第三,加速产业外向化进程,发展大型企业集团,增强企业的国际竞争力。加入世界贸易组织后,我国的产业不仅要适应社会主义市场经济的要求，而且也要遵循世界贸易组织的规定，全面走向国际大市场。因此，必须加大产业体制改革的力度，把企业推向国际市场，提高国有企业出口额所占比重。

第四，改革科技管理体制和机制，加大技术创新力度，最终形成拥有自主知识产权的专有技术和核心技术。科技创新工作的重点在于管理体制和机制创新，提高科技成果的转化率、缩短转化周期。以技术进步带动产业结构升级。在不长的过渡期内使产业的竞争力，达到能够与国外大公司抗衡自保的水平。

第五，依照国际惯例保护市场和产业，维护企业和国家利益。世界上所有的国家，都毫不例外地利用世界贸易组织的例外条款、国际惯例、幼稚工业保护等原则，保护自己的市场和产业。我国加入世界贸易组织后，也要充分利用上述原则和惯例提供的优惠条件，尽快制定有关法规，以便在国内工业受冲击时运用法律手段加以保护。

八、关于经济全球化问题

经过农业、工业服务业和信息业的多次发展浪潮的推动，经济全球化已经成为全球经济的发展趋势。经济全球化的产生，符合经济发展的客观规律。当前，中国加入世贸组织日益临近，中国经济将不可避免地加入这一洪流。

经济全球化与经济一体化不是一个概念。经济全球化是同世界的多极化相互伴随的。由于各国所处的地理位置不同、资源禀赋不同、种族习俗不同、文化素质不同、现行政治模式不同、经济发展水平不同，都将使各自力求采取符合自己国际的发展模式，而不可能仅采取同一经济模式。因此，只要世界上还存在着国界，各国的经济就不可能走向完全的经济一体化。

经济全球化的主要支配力量是跨国公司。根据联合国有关机构最近的统计，全球6.3万家跨国公司通过近70万家子公司，已经渗透到了全世界的各个国家和地区的各个产业。它们控制着40%的全球产出、60%的贸易、70%的技术转让、90%以上的直接投资，一个以跨国公司为主轴的国际经济体系正在形成。

在经济全球化为我们提供的机遇方面，至少有三方面：

一是可以实现生产要素的“晋材楚用”。中国在这一方面已经积累了不少成功的经验，在利用国际上的资金、经验、人才、技术等方面受益匪浅。

二是有利于实现产业发展的合理化。国家的竞争力有赖于产业的竞争力。在全球化背景下，各国产业的发展将从一开始便显露在全球的视野之中。因此，产业的进入壁垒将减少，“门槛”总体上可能降低，新兴工业国家由此将获得好处。

三是可能降低我们学习管理经验的成本。跨国公司前来攫取利润的同时，也必然带来管理经验，我们将有更多机会从管理中学习，从学习中创新。

同时，经济全球化是把双刃剑，它给我们带来巨大机遇的同时，也给我们带来了巨大的挑战。也至少有以下三点：

首先，随着经济全球化的深入，国际经济的动荡将成为常态。而国际经济的动荡和波及效应，会使国际的经济安全和发展中国家的经济安全受到严重的威胁。

其次，经济全球化有可能导致两极分化进一步加强。全球化不是天下大同，而是充满了强强之间、强弱之间的激烈矛盾和斗争。20世纪是世界经济空前繁荣的世纪，也是人类贫富最为悬殊的世纪。90年代是经济全球化进展最快的时期，也是南北国家差距持续扩大的时期。据世界银行统计资料，占世界人口一半以上的低收入国家，其收入只占世界总收入的6%。而且，许多发展中国家仍然还在“信息贫困”之中，将有可能被剥夺参与科技进步与实现经济增长的机遇,两极分化由此会进一步加剧。

第三,强势经济易于导致经济霸权和文化霸权。当前,发达国家不仅控制着包括世界贸易组织在内的现有的国际机构,而且是经济全球化国际规则的主要制定者,这一状况对广大发展中国家是十分不利的。在经济全球化的国际竞争中,高科技行业占有重要的地位,而且发展中国家都因客观存在的科技水平差距而不能以平等的身份参与竞争。发展中国家还面临着自己的优秀人才被跨国公司尽行搜罗的危险。

要从战略的高度来重视科学技术的发展。大力推动科技进步,通过完善以企业为主体的科技创新制度和科研院所改制,建立起鼓励科技人才创新的机制。科技创新将推动市场发展,而市场发展又将推动人才开发,由此形成良好的科技创新氛围。当前,在信息经济领域,印度已经后来居上了。那么,在下一步的生物经济的全球化竞争中,希望我们能够不错过机会。

应建立一套稳健的金融运行机制,以防范金融风险。金融是现代经济的中枢,有了金融的安全才会有经济的安全,才能在经济全球化的进程中把握机遇、健康发展。我们要密切关注全球金融市场的开放进程,把握金融市场开放的主动权。

第四,应充分利用国际规则的"安全阀"来保护我国的民族产业。例如,以世界贸易组织的例外条款、区域贸易保护条款、非歧视原则以及世贸组织争端解决机制为"安全阀",用以保护那些具有自主知识产权的民族产业,保护那些能够代表我国先进生产力和先进经济文化以及竞争优势的民族产业。

第五,应努力参与并推进国际间经济关系的协调。在全球化中,既要加强在国家和企业管理方面互动型的战略学习,取人之长,补己之短,了解和学习国际规则,还要扫除"恐外"心理,积极稳妥地参与和推进国际间经济关系的协调。把"学外"与"不恐外"结合起来。

这既是一个学习的过程,也是维护中国在全球利益的过程,更是争取中国最大市场份额的过程。

九、关于国际油价及对我国经济的影响问题

国际原油价格在经历了1998年低价位后,自去年2月以来,不断攀升。今年3月油价达到了1991年以来的最高水平,9月份一度突破37美元/桶。国际油价的持续走高,已给世界经济造成一定的影响,同时也对我国经济发展形成了一定的压力。国际油价上涨对我国的影响主要体现在以下几个方面:

——对我国经济发展产生了一定的压力,但未产生大的负面影响。统计表明,虽然油价上涨带动了工业品价格及整个物价水平的轻微上涨,但对我国宏观经济影响不大,并未形成引发通货膨胀和经济增长势头逆转的真正压力。我国的能源消费结构仍以煤炭为主,国际油价变动对我国能源供应的影响有限。“九五”以来,石油在我国能源消费结构中的比重逐年上升,已由1995年的17.5%上升到1999年的23.4%,到1999年,煤炭仍占我国能源消费总量的67.1%。同时,我国的石油供应主要依靠国内。只要我们及时采取正确的宏观调控措施,就能避免出现明显的通货膨胀和经济衰退。

——石油进口费用上升,外汇支出增加,但不会导致我国的国际收支失衡。我国现已是石油净进口国,国际油价上涨必然使石油进口费用增加。1999年,我国石油净进口量为4381万吨,净进口用汇为55亿美元。由于我国对外贸易仍保持较大顺差,资本流动也处于净流入阶段,外汇储备水平较高,因此,只要我国出口继续保持一定的增长势头,一段时间的较高油价不至于导致我国国际收支和外汇收支失衡。

——石油企业上游利润大增,石油收益分配凸显不合理。据国

家统计局统计,国际油价大幅度上涨,成为影响今年工业利润增长的首要因素。由于油价上涨,炼化企业的利润空间大为缩减。按目前国际原油价格与成品油价格的比价关系测算,石油、石化两集团在炼油环节仍是亏损的,其原因不仅在于原油涨价,成本上升,根本原因还在于我国石油加工业在技术上和管理上与国外相比还存在较大差距,加工深度低,费用高,适应能力和开发创新能力较弱。

——主要用油行业成本上升,利润下降,一些小企业面临亏损和倒闭。自去年11月以来,国家已连续7次上调成品油价格,国内成品油市场价格大幅度上涨,涨幅达44%。油价上升对交通运输业影响最大。其中铁路、内河及远洋航运、民航及城市公交尤为明显。农业、林业和渔业等行业效益明显下降。用石油作原料的化肥企业受影响较大。从国外进口化工原料和化工产品的企业,相关的石化产品,如塑料、化纤、纺织品等,也受到成本上升的压力。如果油价持续走高,还将进一步引起产业间利益的调整和重新分配。许多制造企业的成本会上升,化工、建材等行业因成本增加可能推动价格上涨。

——石油储备和库存能力有限,无力调节国内市场供应。目前,我国还没有建立国家原油战略储备,国家成品油储备库容量仅有205万立方米。我国企业的原油储罐容量约为3131万立方米,全社会成品油储罐容量约为3703万立方米,只能满足低水平的生产周转需要。由于储备能力和库存有限,国家调节国内市场的能力较弱,个别地区一度出现了成品油供应不足的情况。

十、关于西部大开发问题

(一)西部开发战略的提出

早在20世纪50年代,毛泽东在《论十大关系》中就强调,要处理好沿海和内地的关系。80年代,邓小平提出了“两个大局”的战略构想。他指出,“沿海地区要加快对外开放,使这个拥有两亿人口的广大地带较快地发展起来,从而带动内地更好地发展,这是一个事关大局的问题。内地要顾全这个大局。反过来,发展到一定时候,又要求沿海拿出更多力量帮助内地发展,这也是个大局。那时沿海也要服从这个大局。”近年来,江泽民也多次强调,“西部大开发是全国发展的一个大战略、大思路”,“直接关系到扩大内需、促进经济增长,关系到民族团结、社会稳定和边防巩固,关系到东西部协调发展和最终实现共同富裕。”

(二)西部地区的基本情况

地域概念。中国疆土辽阔,地貌复杂,民族众多。按照地理位置和经济发展水平划分,通常分为东部、中部和西部三大块。按传统划分法,西部地区包括了四川、贵州、云南、西藏、陕西、甘肃、青海、宁夏、新疆、重庆10个省区市,总面积约541.37万平方公里,占国土总面积的56.4%,人口2.77亿,占全国人口总数的23%。西部地区与周边十多个国家接壤,我国的陆地边境线80%在西部。

(三)实施西部大开发意义重大

实施西部大开发是实现区域经济协调发展的必由之路,体现了大国经济的发展规律。实现共同富裕是社会主义的根本原则和本质特征。实施西部大开发战略是增进民族团结,保持社会稳定和边疆安全的根本保证。

实施西部大开发是实现我国第三步发展战略目标的重要保证。我国现代化建设的第一步战略目标已于20世纪80年代实现。由于“九五”计划的顺利实施,第二步战略目标即将全面完成。21世纪初是实现第三步战略目标的关键时期,我们要实现社会生产力、综合国力和人民生活水平再上一个大台阶,人民将过上比较宽裕的小康生活。没有西部地区的小康,就没有全国的小康;没有西部地区的现代化,也谈不上全国的现代化。

实施西部大开发战略是扩大国内有效需求,保持经济持续快速增长的重大举措。西部地区占全国面积的一半以上,拥有巨大的市场空间,而且我国的优势资源大部分集中在这里,具有巨大的经济发展潜力。基础设施相对滞后,居民消费水平较低,扩大内需开拓市场的潜力也很大。而东部地区的进一步发展,越来越受到市场、资源等各方面的制约,相当一部分资金、技术和人才资源,需要寻找新的发展空间。所以,加快西部地区的基础设施建设和生态环境建设,把资源优势变为经济优势,不仅可以在西部地区培育出新的经济增长点,而且能为中部和东部地区的发展提供新的市场空间和资源接续。

实施西部大开发战略是适应世界范围经济结构调整,提高我国国际竞争力的迫切要求。实施西部大开发战略,将为全国经济结构调整和产业优化升级提供广阔的空间。在实施西部大开发过程中,通过优势互补,合理分工,可以优化地区经济结构,改善生产力布局,优化资源配置,促进经济结构优化,提升产业层次,使经济发展迈上新台阶。

(四)西部地区发展潜力巨大

——人口众多:人口占全国人口总数的23%。

——自然资源丰富:我国已发现的160种主要矿产中,西部均有相当储量。13种主要矿产的保有量在全国占绝对优势。其中,煤炭储量占全国的38.6%,石油占全国的41%,水能资源占全国的82.3%,可利用的资源非常丰富。

——智力资源丰富:20世纪80年代统计,“三线建设”的几个重点省份,陕西、四川、甘肃、贵州等,技术人才的数量及占总人口的比例,均在全国居于前列。时至今日,西安、成都、兰州三城市的人才密度,仍仅次于北京、上海。陕西省的综合科技实力,居全国第三。地方科研成果转化率不足10%。

——产业基础较好。20世纪60年代建设的三线企业。进行了大规模的调整、改造和搬迁。攀钢和兰炼等大型国有企业通过技术改造,提高了技术水平。

——对外开放水平有一定基础。开放内陆省会城市、沿长江城市和沿边城市,促进了与国际经济的交流和合作,对引入国外的资金、技术和管理经验,发挥了重要作用。

(五)西部大开发主要困难因素

一是与东部沿海地区经济发展差距拉大。从经济增长速度来看:1979 年至 1999 年,西部地区国内生产总值增长率比东部地区低 1.4 个百分点,比中部地区低 0.2 个百分点。经过 20 多年的积累,东部地区经济总量平均比 1978 年增长了 7.8 倍,翻了近三番;中部增长了 6 倍;西部增长了 5.7 倍。西部地区人均 GDP 约四百美元左右,仅相当于全国平均水平的 70%,相当于沿海发达地区的 30% 左右。在全国进出口总额中,西部地区所占的比重非常小。在利用外商直接投资中,西部地区只有 3.48%,而中部为 9.76%,东部占 86.76%。

二是生态环境恶化问题突出。由于粗放型经济增长方式尚未得到根本改变,技术水平和管理水平落后,导致生态环境状况在总体上呈不断恶化趋势。由于自然条件恶劣和人口增长快等方面的原因,西部地区生态环境恶化问题尤为突出。林草植被减少,水土流失严重,一些原来植被良好的地方变成荒山秃岭,不少粮田草场成为荒漠。目前,全国水土流失面积 360 多万平方公里,西部地区约占 80%;每年新增荒漠化面积 2400 多平方公里,大都在西部地区。长江和黄河上游地区水土流失,西北戈壁沙漠地区荒漠化和滇桂黔石灰岩山区石漠化的问题日趋严重。每年因上游水土流失进入长江、黄河的泥沙量达 20 多亿吨,导致中下游江河湖泊和水库不断淤积抬高,不仅加重了长江、黄河中下游地区的水患,加剧了北方地区少雨干旱,也激化了在利用资源等方面地区间的矛盾。中西部地区不少城市的大气污染、水污染和垃圾污染等问题也很突出。世界卫生组织1998年度监测评价,世界10大污染城市,中国就有8个,其中贵阳、重庆、兰州,分别列第一、第二和第四位。

三是贫困问题比较严重,边远地区的民族问题不容忽视。目前3400万左右没有解决温饱问题的农村贫困人口,大部分分布在西部地区。由于自然条件恶劣、生态环境脆弱,脱贫难度很大。特别是相当一部分少数民族地区贫困人口比例高,基础设施薄弱,经济和社会发展水平尤为落后。

四是一些老工业基地和资源型城市经济衰退。20世纪五六十年代,国家重点建设了一批老工业基地和资源型城市。由于冶金、机械等传统产业密集,技术装备老化,产业竞争力下降,加上国内外市场环境变化的影响,生产经营困难。资源型城市产业结构单一,一些地区资源枯竭,缺乏接续产业,经济增长乏力。特别是国有大中型企业集中的地区,职工下岗就业压力很大,社会经济矛盾突出。

(六)实施西部大开发战略的主要任务

这是一项宏大的系统工程,是一个需要几代人艰苦奋斗的伟大事业,必须科学论证、统筹规划。

第一,加快基础设施建设

交通。沟通东西部运输通道,完善西部地区内部运输网络,打通国际运输通道。"十五"期间,公路加快建设"五纵七横",建成贯通"三纵两横"国道主干线。沟通国家贫困县与国道网络的连接。实施乡村公路通达工程,逐步提高西部地区路网的通达深度。

通信。"十五"期间,在"八纵八横"光纤主干网的基础上,继续加快西部地区通信干线和支线建设,完成省会城市到其他城市之间的二级网和三级网建设。加强信息网络建设,在部分有条件的地区普及计算机和网络教育,建设特大城市和中心城市之间的信息高速网。加强西部邮政网络建设,提高邮件传递速度和服务水平。

能源。“十五”期间，重点抓好两大项目。一是“西气东输”。逐步建设陕甘宁、塔里木、柴达木、川渝地区石油、天然气生产外输基地。二是“西电东送”。包括南、中、北三大通道。南线通道是将澜沧江、红水河和乌江的水电资源送往广东；中线通道是以三峡电站为中心，陆续开发长江中上游干支流上的大型水电站，向华东地区输电，实现川渝电网与华中电网相互联通；北线通道是逐步建设内蒙古电厂，黄河上游大型水电站，实现西北电网与华北电网联网。要因地制宜地开发推广太阳能、风能和地热能等新能源。

水利。“十五”期间，尽快完成宁夏扬黄灌溉等22项在建大中型水利工程，抓紧开工建设四川成都紫坪铺、宁夏沙坡头等重大水利工程，加快防洪控制、城市供水等工程的建设。加强调水工程的前期工作。在积极研究本地水资源开发的同时，开展跨流域调水研究。

第二，大力推进生态环境建设和保护

天然林资源保护工程。到2010年，长江上游、黄河上中游工程区内的45571万亩天然林要停止采伐，并严加管护，同时，对其他现有的46203万亩森林、灌木林地、未成林造林地，采取封山堵卡、个体承包等形式进行全面有效管护。2000年至2010年造林20984万亩，其中封山育林5508万亩，飞播造林12585万亩，人工造林2891万亩。

退耕还林（草）。实行“退耕还林（草）、封山绿化、以粮代赈、个体承包”政策，选择长江上游和黄河上中游地区13个省（自治区、直辖市）。“十五”期间，退耕还林（草）将在试点示范工作的基础上总结经验，逐步推开。到2010年，退耕还林（草）8000万亩。在其他生态建设工程方面，加快长江、黄河上中游风沙区、草原区等重点地区生态环境建设综合治理工程、防沙治沙工程、三北防护林工程、水土流失治理等工程和自然保护区的建设。

第三，调整和优化产业结构

农业。大力发展特色农业,如新疆的棉花水果,云南的热带作物等。发展生态农业、效益农业和节水农业。积极发展畜牧业、农副产品的储藏、保鲜和深加工。

资源。搞好资源的升值转化,建成五大优势资源基地:一是以开发青海柴达木盐湖和云贵磷矿资源为重点的钾、磷肥基地;二是结合西部能源充足的优势,开发铝、铅、锌、镍等特色资源,加快贵州与广西铝金属、云南铅锌和甘肃金川镍工程项目建设进度,形成重要的有色金属基地;三是合理开发和利用内蒙古、四川的稀土资源,建成稀土研究开发的重要基地;四是积极开发新疆、四川、陕西、青海天然气资源的工业综合利用,建成天然气加工基地;五是积极发展新疆棉花和广西、云南、四川经济林的深加工,建成重要的植物纤维基地。

工业。发挥现有产业优势,改造"三线"工业,建设西部地区电力、钢铁、石化等装备制造业基地;依托重庆、西安、成都、兰州等城市的科技研发力量,建成西部航空航天、电子信息、生物工程等高技术产业基地。

旅游。"十五"时期,围绕沿长江、西北丝绸之路、云贵川三条大的旅游线路开发,加强旅游基础设施建设。重点是连接旅游景区与交通干线之间的道路,搞好自然景观旅游区和历史文化遗产景观旅游区的资源保护和基础设施的完善配套。

第四,积极促进科技教育和社会事业发展

科技。积极推广农业节水、生态建设、能源清洁高效利用、资源综合利用、军民两用等技术。利用自主知识产权,开发反渗透复合膜技术及工程应用技术,进行苦咸水淡化,推进工业废水循环利用。

教育。继续加强基础教育,特别是加快九年义务教育的普及工作。大力发展各种形式的职业教育,扩大对西部地区高等教育招生的规模。推进高等教育后勤社会化。

社会事业。加强大中型城市的博物馆等标志性文化设施建设。

改善基层公共医疗机构的基本设施和服务条件,改善居民饮水等基本生活条件,丰富群众精神文化生活,努力提高人口素质。

十一、关于整顿市场经济秩序问题

当前,经济生活中的一个突出问题,是经济秩序比较混乱。主要表现在:假冒伪劣商品横行,而且品种多、数量大、范围广,泛滥成灾;偷税、骗税、骗汇和走私活动猖獗;社会信用紊乱,欠债不还、逃废债务现象十分普遍;财务失真,明目张胆编造假账假数据,违反财经纪律的行为屡禁不止;建筑领域招投标弄虚作假,工程质量低劣的问题相当严重;还有重大特大安全生产恶性事故不断发生。必须把规范和整顿市场经济秩序作为一个重要任务。

一是深入开展严厉打击制售假冒伪劣商品犯罪活动。

二是整顿和规范市场秩序。进一步健全市场法规,特别要严格执法,规范市场主体行为。运用现代科技特别是信息手段,加强对市场的监管。加快税务、金融、外汇、海关的计算机联网。反对地方保护和部门分割市场的行为。

三是严肃财经纪律。财政、金融、税务、审计等部门,要严格执行有关法律法规,健全各环节的监控机制,强化管理和监督,堵塞各种漏洞。对违反财经纪律的行为要严肃查处。

四是切实加强安全生产管理。严格安全生产责任制。

十二、关于"十五"计划问题

党的十五届五中全会是在我国进入新的发展阶段的背景下召开的,是在经济全球化深入发展、国际间的竞争日趋激烈的环境下召开的,是在各国都研究新世纪的发展的情况下召开的,这本身就具有划时代的意义。全会通过的《建议》,在对改革开放和经济发展等方面的理论认识上,不仅丰富了内容,深化了已有认识,而且有不少发展和创新。

——对我国20多年来改革开放和发展所取得的巨大成就做出了新的权威性的评估。

《建议》将20多年来的巨大成就概括为三个历史性重大变化:我国的生产力水平迈上了一个大台阶,商品短缺状况基本结束,市场供求关系发生了重大变化;社会主义市场经济体制初步建立,市场机制在配置资源中日益明显地发挥基础性作用,经济发展的体制环境发生了重大变化;全方位对外开放格局基本形成,开放型经济迅速发展,对外经济关系发生了重大变化。从现代化进程来说,"巨大成就"的重要标志是:我国已经实现了现代化建设的前两步战略目标,人民生活总体上达到了小康水平。在这里,"大台阶"、"基本结束"、"初步建立"、"基本形成"、"重大变化"、"已经实现"、"总体上达到"等都是新的和符合实际的重要判断,标志着我国在经济成长程度、制度变革、对外关系等方面都将进入一个新的阶段。《建议》用三个"重要时期"概括了今后五年至十年的重要地位:我国经济和社会发展的重要时期;进行经济结构战略性调整的重要时期;完善社会主义市场经济体制和扩大对外开放的重要时期。之所以称为"重要时期",是因为,新的阶段在现代化进程中是承上启下的,量的积累已经足以发生质的变化,在突破体制障碍和消化消极的历史遗产方面是关键的一步。这一概括不仅明确了新阶段的重点任务,而且明确了新阶段对完成这些重点任务具有关键的意义。

——以全新的方式概括了制定"十五"计划的指导思想和基本要求。

《建议》用四句话和四个关键词对制定"十五"计划的指导思想和基本要求作了简明扼要、重点突出、要求明确的概括:把发展作为主题，把结构调整作为主线，把改革开放和技术进步作为动力，把提高人民生活水平作为根本出发点。就各项内容本身来说，不能说是新的，但用语和概括是全新的，作为一个体系充满了新意。“新”就新在：第一，以极大的政治勇气坚持以经济建设为中心。《建议》指出，发展既是经济问题，也是政治问题，必须用发展的办法解决前进中的问题，要求人们必须始终如一地抓住经济建设这个中心不动摇。第二，把结构调整作为推动经济发展的新的大思路。在这里，经济结构的调整不仅仅是作为任务提出来的，而且是作为新的思路提出来的，作为新思路的核心提出来的。这种结构调整的性质，不是一般意义上的适应性调整，而是由新技术革命带动的、对经济的全局和长远发展具有重大影响的战略性调整；不是局部的个别方面的调整，而是包括产业结构、地区结构、城乡结构、技术结构等在内的，以提高经济整体素质和竞争能力、实现可持续发展为目标的全面调整。第三，把改革开放和科技进步同时摆在了“动力”的地位。《建议》提出，经济发展和结构调整必须依靠两个创新，即体制创新和科技创新；不仅把改革开放而且把技术进步也作为经济发展和社会进步的动力。这是双重的动力，一个是生产关系方面的动力，另一个是生产力方面的动力。第四，把发展的目的和增长的动力统一起来了。在经济利益大调整的情况下，在农民和城镇部分居民收入增长缓慢、下岗失业职工大量增加的情况下，中央重申不断提高人民生活水平是我们党一切工作的根本出发点和归宿点，并指出，要使人民得到实惠，使人民有奔头。这是非常重要的。尽管这不是新的观点，但有很强的现实针对性。

中央领导同志将这次全会和文件形成的指导思想概括为“五个必须”即：必须用发展的办法解决前进中的问题；必须对经济结构进行战略性调整；必须不断提高人民生活水平；必须紧紧依靠改革开放和科技进步两大动力；必须坚持经济和社会协调发展。

——提出了以信息化为先导的新兴工业化战略和生产力的跨越式发展战略。

《建议》在总体上提出:继续完成工业化是我国现代化进程中的艰巨的历史性任务;大力推进国民经济和社会信息化,是覆盖现代化建设全局的战略举措;要求以信息化带动工业化,发挥后发优势,实现社会生产力的跨越式发展。《建议》又以“加快国民经济和社会信息化”为小标题指出,信息化是当今世界经济和社会发展的大趋势,也是我国产业优化升级和实现工业化、现代化的关键环节。要把推进国民经济和社会信息化放在优先位置。这里的新意在于:第一,在国际社会信息化迅猛发展的情况下,强调必须把工业化的任务继续下去,由传统工业化阶段转向新兴工业化阶段,绝不能半途而废,不能违背生产力发展的规律;第二,我国作为后发展国家,不能像发达国家那样,走“先工业化、后信息化”的路子,不能离开信息化搞工业化,而必须把工业化和信息化结合起来,使二者融为一体,互相促进,共同发展,必须以信息化为先导,用信息化带动工业化;第三,在我国信息化大大落后于发达国家的情况下,必须把推进信息化放在优先地位;只要在体制创新的前提下发挥后发优势,就可以实现我国技术的跨越式发展、信息产业的跨越式发展、社会生产力的跨越式发展。但是,生产力是继承的,这种“跨越”既不是跨越新兴工业化阶段,也不是跨越信息化自身的必经阶段,而是力求把发展的步子迈得更大一些,缩短工业化和信息化的进程。

——把解决粮食安全水资源和油气资源问题提到了重要的战略地位。

保持国民经济持续快速健康发展,切实维护国家的经济安全,必须始终高度重视并抓紧解决好粮食安全、水资源和油气资源问题。这是直接关系我国长远发展的战略问题,是资源战略和经济安全战略的新发展。在此之前,从来没有提到这样的高度。这既是三大资源战略问题,也是经济安全问题。我们必须从中华民族的长远发展考虑,从应付世界可能出现的突发事件考虑,为我们的子孙后代考虑。

——强调西部大开发必须突出重点,必须处理好与东部发展的关系。

党的十五届五中全会指出,西部大开发要开好局。《建议》除了进一步明确开发的主要任务外,突出强调两点:一是要突出重点,逐步推进。要依托亚欧大陆桥、长江水道、西南出海通道等交通干线,发挥中心城市的作用,以线穿点,以点带面,有重点地推进开发。二是强调,实施西部大开发战略,绝不意味着可以延缓东部地区的发展。东部地区的发展过去是今后仍然是从财力、物力和技术上支撑国民经济全局极为重要的力量,也是支援西部开发和中西部加快发展不可缺少的条件。

——提出走有中国特色的城镇化道路。

《建议》在党的十五届三中全会的基础上,专门以单独的标题提出了我国城镇化的战略和部署。新意主要体现在:一是强调提高城镇化水平,是优化城乡经济结构、促进国民经济良性循环和社会协调发展的重大措施,在条件已渐成熟的情况下,要不失时机地实施城镇化战略。二是确认在农村发展小城镇是推进我国城镇化的重要途径。三是明确发展小城镇的重点是县城和部分条件好发展潜力大的建制镇,并逐步形成合理的城镇体系。四是提出要为发展小城镇提供必要的体制条件。要改革小城镇户籍制度,尽快形成符合小城镇经济社会特点的行政管理体制。五是走出一条符合我国国情、大中小城市和小城镇协调发展的城市化道路。这说明,我国的城镇化道路和战略已经趋于成熟和完善。

——提出大力开发人才资源和教育要适度超前发展的战略。

人才是最重要、最宝贵的资源;要把培养人才、留住人才、吸引人才、用好人才作为一项重大的战略任务。其中,除了培养各方面的专业人才外,还要培养一支高素质的领导人才队伍。一方面要拿出政治家的眼光和气魄,通过体制创新形成一个能够拴住人心的环境,培养一个争相创新的氛围,使优秀人才脱颖而出,发挥才干;另一方面,要加快发展教育事业。《建议》指出,教育是培养人才的基础,对经济和社会发展具有先导性、全局性的作用,要适度超前发展。为此,要增加国家对教育的投入,扩大高中阶段教育和高等教育规模,并逐步建立终身教育体系。

——强调决心突破影响生产力发展的体制性障碍,做到“两个适应”。

经济发展和结构调整归根到底要靠改革。要大胆探索,勇于创新,突破影响生产力发展的体制性障碍,逐步完善社会主义市场经济体制,为国民经济和社会发展提供强大的体制保障。改革是社会主义实现自我完善和发展的根本途径和动力。社会主义制度的自我完善,说到底,是一个制度创新的问题。改革涉及各个层次和各个方面,包括政治体制的改革,今后还有大量工作要做。不改革,不进行体制创新,很多问题的解决就没有出路。在改革中,要从基本理论的高度充分认识继续调整和完善所有制结构的必要性。所有制结构的多样性是由生产力水平的多层次性所要求的,社会生产力水平的多层次性和所有制结构的多样性,是我国社会主义初级阶段的重要特征。关于改革,新的深化了的认识主要在于,中央对影响生产力发展的体制性障碍有了更深刻的认识,确认突破体制性障碍或体制创新是解决很多问题的根本出路。

——以加入世贸组织为契机,在新世纪的开始把对外开放推向一个新的阶段。

党的十五届五中全会进一步强调了扩大对外开放的极端重要性。

15世纪以后中国的落后,很重要的一个原因就是中国当时的封建统治者闭关自守,夜郎自大,对世界科学技术的发展不甚了了,使中华民族痛失历史性的发展机遇。历史的经验告诉我们,中国要发展,要进步,要富强就必须对外开放,加强与世界各国在经济、科技、文化等方面的交流与合作,吸收和借鉴一切先进的东西。封闭就要落后,落后就要挨打。能否通过扩大开放不断地了解、学习、跟上世界发展的潮流,是关系一个国家、一个民族兴衰成败的大问题。

“十五”时期我国对外开放将进入新的阶段。这既是一个重要判断,也是一个重大的战略决策。其主要标志是:将吸收外资同产业结构调整、国有企业改革和西部大开发紧密结合起来;有步骤地推行银行、保险、电信、外贸、内贸、旅游等服务领域的开放,逐步对外商投资实行国民待遇;积极吸收外资特别是跨国公司投资高新技术产业;参与国有企业改组改造和基础设施建设;适应跨国投资发展趋势,积极探索采用收购、兼并、投资基金和证券投资等多种方式利用中长期国外投资;抓紧清理、修订和完善有关经济法律法规,提高透明度;实施“走出去”的战略,努力在利用国内外两种资源、两个市场方面有新的突破。

——力求在完善社会保障制度的基础上提高保障的水平和质量。

完善的社会保障制度是社会主义市场经济体制的重要支柱,关系改革、发展、稳定的全局。要加快形成独立于企业事业单位之外、资金来源多元化、保障制度规范化、管理服务社会化的社会保障体系;建立可靠、稳定的社会保障基金的筹措机制和有效营运、严格管理的机制。除进一步明确城镇职工基本养老保险制度、基本医疗保险制度外,还要对失业保险和社会救济提出具体的要求,进一步完善失业保险制度,在试点的基础上逐步把国有企业下岗职工基本生活保障纳入失业保险;加强和完善城市居民最低生活保障制度,逐步提高城市贫困人口救济补助标准。我国社会保障制度方面的改革已经基本成熟。

——对新世纪三大任务的新概括和实现三大任务的根本保证。

党的十五届五中全会对即将开始的新世纪的主要任务作了概括,即:继续推进现代化建设,完成祖国统一,维护世界和平与促进共同发展。新的概括把现代化建设摆在了第一位;反对霸权主义的任务寓于维护世界和平与促进共同发展的任务之中;把促进共同发展和维护世界和平一并提出,体现了我们对国际形势的基本看法,即和平与发展仍然是当今世界的主题。在三大任务中,现代化建设是核心,是和我们的主要矛盾、中心任务或根本任务、"三步走"的战略目标相联系的;香港和澳门回归以后,解决台湾问题的任务更加突出地摆在我们的面前,而且面临严峻复杂的形势,但不能久拖不决,要有两手准备;前两项任务的完成,都需要和平稳定的国际环境和周边环境,和平与发展是各国人民共同的强烈愿望,我们应当顺应潮流,高举和平与发展的旗帜,在国际上树立维护和平及致力共同发展的形象。当前,尽管霸权主义和强权政治有新的发展,但我们一定要用马克思主义的宽广眼界观察世界,即一定要用历史的深远的眼光和世界的全局的眼光观察世界。为了实现三大任务,必须进一步加强党的建设;三大任务能否圆满完成,关键在党。党的建设是实现三大任务的根本保证。

(本文系 2000 年 12 月在中国人民大学的演讲)

继续保持经济发展良好势头

不久前召开的中央经济工作会议,深刻分析了我们面临的国际国内形势,全面总结了2001年的经济工作,明确提出了2002年经济发展任务。在当前世界经济阴霾笼罩、波谲云诡的情况下,2002年中国的经济走势是人们非常关心的。这里,简要谈一点看法。

一、2001年中国经济保持良好的发展态势

在党中央、国务院的正确领导下,经过全国各族人民团结奋斗,我国经济发展赢得进入新世纪和实施“十五”计划的良好开局。集中表现在,国民经济沿着快增长、高效益、低通胀的良性循环轨道前进。初步预计,全年国内生产总值增长高于7%的预期目标,在经济效益提高的基础上,国家财政收入大幅增长,全年预计增长16%左右。全社会固定资产投资增长12%左右。产业结构调整和西部大开发迈出重要步伐。西电东送、西气东输、青藏铁路、三峡工程等重大骨干工程建设进展顺利。人民生活继续改善,城镇居民人均可支配收入实际增长7%左右,农民人均纯收入实际增长可超过4%,高于前两年的增幅。市场物价基本稳定。对外贸易规模继续扩大,尽管出口增长回落较多,但仍有所增长。利用外资大幅度回升,外商直接投资增长15%左右。金融运行平稳。人民币币值稳定,国际收支

状况良好,国家外汇储备超过2000亿美元。国有企业改革继续深化,整顿和规范市场经济秩序工作全面展开,社会保障体系建设进一步加强。科技、教育、文化、卫生、体育等各项社会事业取得新进展。在国际环境复杂多变,世界经济和贸易明显减速的情况下,我国经济发展取得这样的成绩,被国外媒体赞誉为“一枝独秀”,这确实是不容易的。实践充分证明,以江泽民同志为核心的党中央关于经济工作的方针政策和部署,是完全正确的、有效的。这样的成绩,也为以后国民经济的持续发展奠定了重要基础。

二、2002年我国经济面临的国际国内形势

以党的十六大召开为标志,2002年是我们党和国家在历史发展上具有重大意义的一年。做好经济工作十分重要,同时任务也非常艰巨。这是因为,我们面临着新的困难和挑战。当前国际形势跌宕起伏,复杂多变,特别是美国发生“9·11”事件和美国在阿富汗采取军事行动后,国际政治经济格局正发生深刻变化,存在许多复杂和不确定因素。美国、日本和欧洲三大经济体的经济同时陷入低迷。两个月前,美国经济研究局宣布,美国经济从2001年3月起已进入衰退,结束了长达10年的繁荣,第三季度国内生产总值增长率为-1.1%,预计第四季度下滑的幅度更大。日本经济早就衰退。欧盟经济也呈不断收缩之势。这三大经济体同时出现衰退和停滞,对于已经明显减速的世界经济更是雪上加霜。这将使国际市场竞争更为激烈,区域性贸易保护主义趋势更加强化,金融市场的风险增大。外部经济环境的这种变化,势必会给我国经济发展带来一定的负面影响,特别是使我国外贸出口的难度进一步加大。同时,我国国内经济发展也面临不少问题,主要是:农民收入增长缓慢,就业压力增大,产业结构矛盾突出,经济体制中的一些深层次的问题还没有解决。这些

都制约着内需的持续扩大和经济健康发展。古人云:居安思危,思则备,有备无患。因此,我们对 2002 年经济发展的难度应有足够的估计,要做好战胜各种困难的充分准备。

当然,也要看到诸多有利条件。尽管世界风云变幻,但是和平与发展作为时代的主题不会改变,世界多极化的发展趋势不会改变,我们面临的国际环境依然是机遇大于挑战。世界经济增长低迷,更凸显了我国经济和市场广阔的优势。去年以来,外国投资者将中国视作一片投资乐土,纷至沓来,外商直接投资大幅度回升即是有力的证明。我国加入世界贸易组织后,虽然会有挑战,但这将给我国经济注入新的活力。目前我国综合国力显著增强,拥有比较雄厚的物质基础。粮食和主要工业消费品供过于求,外汇储备充裕,社会保障体系逐步完善,经济发展有较大的回旋余地。政治稳定,社会安定。特别重要的是我们党经受了国内外政治、经济各种重大事件的考验,积累了应对各种困难局面的丰富经验。所有这些,都是我们战胜困难与风险的可靠条件和保证。

总之,2002 年中国经济发展面临不少困难,必须做到心中有数,以更大的努力应对挑战。如果对困难的情况估计不足,就有可能陷入被动。同时,又要充分看到各种有利条件和发展潜力,坚定信心,知难而进。只要把工作做好,完全可以变挑战为机遇,使我国经济赢得更大的发展。

三、继续保持经济发展良好势头,是 2002 年经济工作的基本任务

党中央、国务院在全面分析国际国内经济环境的基础上,明确提出了我国 2002 年经济发展的目标、任务和政策措施。认真贯彻落实中央的决策和部署,今年国民经济将继续在良性循环的轨道上前

进,会呈现以下四大明显趋势。

一是经济持续较快稳定增长。保持国民经济的较快增长,无论对于增加财政收入、缓解就业压力、改善人民生活,还是推进结构调整、深化改革、维护社会稳定,都是至关重要的。从各方面的有利条件和潜力看,也有可能做到这一点。为此,中央决定坚持实行扩大内需的方针,继续实施积极的财政政策和稳健的货币政策,进一步形成投资和消费对经济增长的双重拉动。在扩大投资需求方面,继续发行一定规模的长期建设国债,主要用于在建国债项目建设收尾,支持西部大开发和经济结构调整。同时,还要采取有效措施,用活用好其他国内资金,促进社会投资增长。在扩大消费需求方面,进一步增加城乡居民特别是低收入者的收入,提高社会购买力水平,包括进一步加强城镇社会保障体系建设,确保国有企业下岗职工基本生活费和离退休人员基本养老金按时足额发放,把符合条件的城镇贫困居民都纳入最低生活保障范围,切实做到应保尽保。努力拓宽就业门路,促进下岗和失业人员就业和再就业,以有效增加这部分居民收入。特别是要千方百计增加农民收入,减轻农民负担,以扩大农村市场需求。增加城乡居民收入,也是培育和保护内需的潜力。这项工作做好了,可以直接拉动消费增长,从而有力促进经济发展。为了培育和扩大内需,将加强和改进财税工作,强化税收征管,合理调整财政支出结构。同时,要更好发挥稳健货币政策的作用,进一步加大金融对经济增长的支持力度。

二是经济整体素质和竞争力不断提高。中央决定将扩大内需和经济结构调整更好地结合起来,其基本着眼点在于着力提高经济整体素质和效益,增强经济创新力和竞争力。这是我国经济在新的成长阶段的重大任务,也是应对加入世贸组织的根本之策。在工作部署上,继续推进农业和农村经济结构调整,特别是在培育和推广优良品种、发展产业化经营和优化区域布局方面取得重要进展。积极发展以信息技术为主的高新技术产业,大力发展现代服务业,广泛采用高新技术和先进适用技术改造和提升传统产业,着重提高装备工业的设计和制造水平,大力促进产业结构优化升级。特别是将以更大的决心和力量加强企业技术革新和技术改造,增强企业技术创新和开发能力。同时,落实中央关于西部大开发的一系列战略部署和政策措施,促进区域经济协调发展。继续实施科教兴国战略和可持续发展战略。抓好这些工作,不仅有利于当前经济持续增长,也有利于增强经济发展的后劲。

三是社会主义市场经济秩序进一步好转。中央要求,要加大整顿和规范市场经济秩序工作的力度。这既是增强消费者和投资者信心、贯彻扩大内需方针的重要举措,也是提高经济效益、为经济发展创造良好市场环境的必然要求。2002 年将在已取得成绩的基础上,全面展开,突出重点。进一步严厉打击制售假冒伪劣商品的违法犯罪活动,继续整顿和规范建筑市场、文化市场和税收征管秩序,坚持不懈地打击骗税、逃税、非法传销和走私违法犯罪活动。大力整顿旅游市场,加强安全生产管理。坚持标本兼治,重在治本。特别是严把市场准入关,从源头上治理;健全法制,严格执法;加强社会信用制度建设,采用信息技术手段强化监管。在整顿和规范市场经济秩序方面下大力气,不仅有利于显著提高经济运行的质量和效益,而且将会大大推动社会主义市场经济体制的建立和完善。

四是经济体制改革继续深化,对外开放更加扩大。这将为经济持续快速增长提供强大的推动力。中央要求,要继续推进国有企业改革,切实加强现代企业制度建设。特别是在完善法人治理结构、改革内部制度、转换经营机制上取得扎实进展。全面加强企业管理现代化建设,加快推进企业管理信息化。积极推动国有企业重组改组,继续做好企业兼并破产工作。采取多种形式放开搞活国有中小企业,进一步探索公有制多种有效实现形式,推动混合所有制经济有更大发展。通过政企分开和企业管理，打破行业垄断，形成适度竞争，促进通信、电力、铁路、民航和其他公益性行业健康发展。还要深化财税、分配、投融资、住房、金融体制等各项改革。加入世界贸易组织以后，我国将在更大范围和更广程度上扩大对外开放。我们将充分利用可享受的最惠国待遇的有利条件，大力推进市场多元化战略，促进外贸出口。同时，将紧紧抓住现在外商看好中国经济和市场的良好时机，更多更好地利用外资，正确引导外资投向，优化外资投资结构，吸引外商投资基础设施建设和企业技术改造，参与西部开发，发展高新技术产业，为扩大国内需求和调整经济结构服务。完全可以相信，通过深化改革、扩大开放，我国经济将得到更好的发展。

四、扎实工作，锐意进取，积极推动国民经济良性发展

应对新的挑战，战胜困难，做好经济工作，关键是各级领导机关和广大干部，要以与时俱进的思想观念和奋发有为的精神状态，切实转变作风，锐意进取。至关重要的，一是厉行勤俭节约，反对奢侈浪费，合理、节约使用各种资源。要在全社会大兴勤俭建国、勤俭办一切事业之风。生产、建设、流通和消费等各个领域都要努力节省开支，精打细算，杜绝各种浪费，把有限的财力物力用在改革和发展的急需之务。二是适应新形势、新任务的要求，进一步转变政府职能。要按照建立廉洁、勤政、务实、高效政府的要求，为民执政，依法行政、从严治政，勤勉理政。三是切实加强作风建设，特别要坚决克服各种形式主义和官僚主义。各部门都要大力精简会议和文件，切实解决“文山会海”问题。要深入实际，狠抓落实，心无旁骛，埋头苦干，办实事、讲实效。只要各地区、各部门齐心协力，团结奋进，真正把中央经济工作会议精神落到实处，今年国民经济就一定能够保持和发展

“十五”开局的良好势头，把中国特色的社会主义现代化事业不断推向前进。

（原载《紫光阁》2002 年第一期）

当前经济形势和宏观调控问题

现在，我就当前经济形势和宏观调控问题，谈几点看法，与大家共同探讨。

一、关于当前经济形势总体判断

在2003年年底召开的中央经济工作会议上，中央做出了我国经济发展正处在一个重要关口的论断。这主要是指，经济加快发展中出现的突出矛盾和问题，必须妥善加以解决；搞好宏观调控，中国经济这艘大船就可以平稳较快航行，否则难免发生波折。一段时间以来，我国经济形势和加强宏观调控备受国内外关注。

究竟如何判断经济形势？如何估量宏观调控？从国家统计局几天前发表的最新数据，可以得出这样的基本认识：当前我国总体经济形势是好的，不仅经济运行中的不稳定、不健康因素得到抑制，而且国民经济继续快速增长，宏观调控取得了明显成效。

一方面，固定资产投资过快增长的势头有所遏制。5月份城镇固定资产投资增幅比4月份回落16.4个百分点；1月～5月增幅比1月～4月回落8个百分点；钢铁、有色、水泥等几个过热行业投资增幅显著下降。货币信贷增幅明显回落。基础产品价格涨势减缓。

与此同时，农业生产形势出现转机，夏粮增产已成定局，全年粮食产量也有望明显回升。工业生产、对外贸易、利用外资持续快速增长。消费市场稳中趋旺。企业效益稳定提高,财政收入大幅增加。

以上情况表明,整个经济正朝着宏观调控预期目标发展。对此,国内外普遍给予积极评价。英国《经济学家》周刊前几天刊登的一篇文章写道:最新统计数字表明,中国政府宏观调控的努力"确有成效"。

二、加强宏观调控完全必要

在社会主义市场经济条件下,加强宏观调控是国家管理经济的一项基本职能。但是在不同时期、不同情况下,宏观调控的方向、重点和力度会有所不同。中央这次实施加强宏观调控的决策,有着很强的现实针对性。

去年以来,我国经济运行中新出现的突出矛盾不断加剧,集中表现为固定资产投资增长过快、建设规模过大。2003 年全社会固定资产投资增长 26.7%,比 2002 年加快 9.8 个百分点。今年一季度,固定资产投资同比又增长 43%,提高 15.2 个百分点,增幅之高是多年来没有的。尤其是几个行业投资增长过猛,低水平重复建设严重。2003 年钢铁、水泥投资分别增长 96.6%、121.9%,今年一季度又分别增长 1 倍以上。投资领域存在的问题显而易见。这给经济社会发展带来了一系列问题:

一是货币信贷过度扩张。去年银行新增本外币贷款 2.99 万亿元,比上年增长 56%。贷款过度扩张反过来又推动投资膨胀。今年一季度,固定资产投资来源中,银行贷款同比增长 59.2%,加快了 6.1 个百分点。

二是煤电油运供求关系紧张。多数省份出现多年来未有的拉闸限电,不少地方"停三开四"。煤炭库存持续下降。铁路运输越绷越紧,沿海港口也出现多年来未见的压船压港现象。

三是物价总水平不断上升。今年一季度,居民消费价格总水平上涨2.8%,特别是粮食价格同比上涨20.7%。去年流通环节生产资料价格平均上涨8.1%,今年一季度又上涨14.8%,钢材、水泥价格大幅度上涨。通货膨胀压力加大。

四是乱征滥占土地现象相当严重。许多地方大搞“开发区”、“工业园”,大搞房地产开发,以多种名目圈占耕地。大量耕地被占用,削弱了粮食生产能力。同时,不少城市建设靠低成本经营土地,搞所谓的“经营城市”,政府低价出让土地,企业拿土地抵押贷款,有些企业“空手套白狼”。由于大量违法违规占用耕地和拆迁房屋,对失地农民和房屋拆迁居民补偿不足,增加了社会不稳定因素。

五是固定资产投资效益明显减弱。据专家计算,近几年全国固定资产投资对经济增长的贡献不断减弱。固定资产投资增长1%,国内生产总值1999年可增长1.29%;而2002年仅增长0.48%,2003年进一步下降到0.4%以下。这其中有多种因素,但投资规模过大,低水平重复建设严重,势必导致投资效益下降。

这一轮投资需求膨胀,原因是多方面的。我国正处在工业化、城镇化加快发展阶段,需要投资有较快的增长,消费结构和产业结构升级也拉动着投资需求。同时,外商投资持续增加,社会投资趋于活跃。因此,近年来投资快速增长有其合理的一面。

同时,这次投资过分扩张又有不合理的一面,带有明显的“政府主导型”和市场盲目性。这里说的“政府主导型”,不是指政府直接投资的数量占主导,而是指不少地方政府职责“错位”、“越位”。政府“投资饥渴症”仍很强烈,热衷于上新项目,直接干预企业投资决策,甚至越俎代庖,为企业跑项目、要贷款,直接搞招商引资。这里说的“市场盲目性”,是指市场主体的趋利性和短期行为。随着国内市场主体、投资渠道、利益结构多元化格局的不断发展,市场机制发挥更大作用,这增强了经济发展活力,但也使各类投资主体行为取向多元化,不确定性增加。近年来,民间投资的比重明显上升,去年个体、私营和外资投资占投资总额的57%;今年1月~4月接近60%。许多企业的投资决策,由于难以了解经济发展全局和市场长远变化趋势,很容易受局部利益和眼前利益的驱动,往往带有很大的盲目性和短期行为。

建设规模必须与国力相适应,包括与财力、物力、资源和环境承受能力相适应,这是一条客观规律,任何时候都不能违背。否则,就会遭受挫折和惩罚。固定资产投资增长过快、建设规模过大的问题如果不及时加以解决,势必会造成社会总需求膨胀,经济结构严重失衡。一旦市场发生变化,不少企业倒闭,失业人员增加,银行坏账增多,最终会导致经济大起大落。历史经验反复证明,经济大起大落会对经济发展造成巨大破坏,恢复起来需要更长时间,付出更大代价,也会造成资源的更大浪费,甚至会影响社会稳定。事实已经并将继续证明,中央这次加强宏观调控是完全必要的。

三、这次加强宏观调控的主要特点

这次加强宏观调控,在较短时间内就取得明显成效,充分表明中央关于加强宏观调控的决策和部署是及时的、正确的、有效的。回顾一年来的历程,可以清楚地看到,这次加强宏观调控有以下几个主要特点:

第一,见事早,行动快。党中央、国务院针对经济运行中的局部性、苗头性问题,见微知著,适时、积极、主动地实施了宏观调控措施。去年二季度,中央就察觉经济运行中出现了新的突出矛盾和问题,提出冷静观察,适度微调,提醒各地方各部门跟踪研究和注意解决固定资产投资增长过快的问题。从去年6月起,就先后采取了调整房地产信贷政策、深入开展清理整顿开发区和土地市场秩序、提高银行存款准备金率等措施。特别是11月底召开的中央经济工作会议,对加强宏观调控做出了重要部署。今年4月份,针对经济运行中突出矛盾加剧的实际情况,中央果断做出加大宏观调控力度的决策和部署。

第二,重点突出,区别对待。这次加强宏观调控,不是搞全面紧缩,而是有针对性地解决突出问题。着力抓了两个重点环节:一是控制投资需求膨胀,解决建设规模过大,特别是几个行业盲目扩张和重复建设问题;二是切实加强农业特别是粮食生产。粮食问题关系全局。在半年多时间里,国务院专门召开三次加强农业和粮食生产的会议。针对粮食供求关系发生变化、粮食价格上涨的新情况,及时采取了一系列有力措施,调动农民种粮和种粮地区的积极性,使粮价回升在较为合理的水平。这对保持物价总水平的基本稳定,消除社会的通货膨胀预期,起到了重要作用。同时,重视加强煤、电、油、运供求调节和协调。这次加强宏观调控,坚持从各行业、各地区的实际出发,该控制的坚决控制,该支持的积极支持,不搞"一刀切"。

第三,适时适度,不"急刹车"。这次加强宏观调控,着眼于经济"软着陆",采取的是"点刹车"办法。各项措施出台的时机、节奏和力度把握得当,力求在解决突出矛盾和问题时,尽可能减少损失和社会震动。

第四,因症施策,注重实效。这次加强宏观调控注重采用经济办法,综合运用经济手段、法律手段和必要的行政手段。在控制投资需求方面,主要是把紧土地和信贷两个闸门,加强土地和信贷管理。这是釜底抽薪的办法。两次提高银行存款准备金率,并实行差别准备金率制度;提高部分过热行业项目资本金比例;实行差别电价,调节电力需求。这些都是经济办法。高度重视运用法律手段,包括制定和完善市场准入标准,严格市场准入;依法严肃查处违法违规乱上项目、乱占耕地、强迫拆迁等问题。对于地方政府直接干预企业活动,助长盲目投资、重复建设的行为，不仅运用经济和法律手段，还运用行政手段来约束和纠正。运用行政手段也十分注意依法办事。

四、加强宏观调控任务仍相当繁重

我们既要看到宏观调控取得了明显成效，还要看到经济生活中的突出问题并未得到根本解决。一是投资增幅仍然偏高，投资结构不合理的问题还比较明显。1 月 ~5 月新开工项目多达 45779 个。各地投资需求依然比较旺盛。二是煤电油运供求状况仍然相当紧张。二季度高峰时段全国电力供需缺口将超过 2000 万千瓦，三季度可能超过 3000 万千瓦。运力严重不足，5 月份铁路请车满足率只有 42.6% 左右，大大低于去年同期 60% 的水平。三是货币信贷增速回落基础不稳固。5 月份中长期贷款增幅仍偏高。许多项目虽已停建或缓建，但信贷扩张仍可能出现反弹。四是价格总水平上涨压力依然较大。5 月份居民消费价格总水平同比上涨 4.4%。由于去年涨价翘尾因素影响，6 月份同比仍会继续上升。现在各地要求调整公共事业和服务价格的呼声很大，国际原油价格水平仍在高位、国内电价调整等，都将加大价格上涨的压力。

对宏观经济的走势，仅仅从一二个月时间还难以做出准确判断，因为有些经济指标受多种因素影响，一时不能完全反映实际发展趋势，必须继续深入研究。加强宏观调控工作不容松懈。

五、正确把握加强宏观调控的着力点

从根本上说，我国经济发展中的深层次问题，是经济结构问题、经济增长方式问题和经济体制问题。经济结构不合理、粗放经营、经济体制不健全，是造成投资需求膨胀、阻碍经济健康发展的根本性因素。

在经济结构方面,问题是多方面的。一是产业结构不协调。第二产业比重偏高,第三产业比重过低。二是各产业内部结构不协调。农业中优质产品比重偏低;制造业中低水平产品加工能力过剩,而高水平产品加工能力不足,不少关键产品和装备依靠大量进口。第三产业中现代服务业发展滞后。三是基础设施与经济发展不协调。能源、交通和公共设施建设薄弱。四是产业组织结构落后。大企业不强,小企业不专。企业技术创新能力不强,技术进步缓慢。五是经济发展与社会发展不协调。科技、教育、文化、卫生等社会事业发展落后。六是投资与消费关系不协调。投资率长期偏高,消费率偏低。此外,还有地区之间、城乡之间发展不协调。这些结构性矛盾不解决好,国民经济难以真正良性循环和长期稳定发展。

在经济增长方式方面。生产、建设、流通等领域中普遍存在高投入、高消耗、低产出、低效益的问题。我国经济增长在很大程度上是靠消耗大量资金资源实现的,环境的代价也很大。许多大宗消费的战略性资源对国际市场的依赖性已经很高。靠大量消耗能源、资源来上项目、求增长,长此以往,不仅资源、环境难以支撑,还会危及国家经济安全。

在经济体制方面。政企不分的问题还比较严重,一些地方政府直接干预企业生产经营活动的现象还相当普遍;企业改革没有到位,相当多企业还不能按市场经济规则办事和依法经营;市场体系不健全,市场配置资源的基础性作用难以充分发挥;投资、金融、财税体制改革有待深化,经济法治需要加强,信用体系建设尤为迫切。如果经济体制改革和机制创新没有大的进展,经济建设中的深层次矛盾也难以根本解决。

因此,我们应当把加强宏观调控作为调整结构、转变增长方式、推进改革的动力和契机,大力推进结构调整、转变增长方式和深化体制改革。这也是今后相当长时期经济工作的重大任务。

六、搞好宏观调控意义重大

综观全局,无论从当前还是从长远来看,搞好宏观调控的意义不可低估。

第一,这有利于防止经济大起大落,保持经济平稳较快发展。及时、主动地解决投资过快增长等突出矛盾和问题,正是为了防止经济的局部性问题演变成全局性问题,避免以后被迫进行大的调整。只有避免经济大起大落,保持经济平稳较快发展,才能真正抓住和用好新世纪头二十年我国现代化建设的战略机遇期。

第二,这有利于贯彻落实科学发展观,实现全面协调可持续发展。这次加强宏观调控的一个基本着眼点,就是要改变片面追求经济增长速度、忽视经济增长质量和效益的倾向,改变盲目追求工业过快增长、忽视农业和其他产业协调发展的做法,改变单纯重视经济发展、忽视社会发展的现象,促进经济增长速度和结构、质量、效益相统一,推动经济和社会全面协调可持续发展。

第三,这有利于走新型工业化道路,更好地推进工业化和城镇化。这次投资规模过分扩张,城市建设规模过大,耗费大量土地资源,暴露了一些地方在推进工业化、城镇化过程中的许多问题。对乱占滥用土地的问题,如果不加以坚决制止和纠正,必将犯历史性的不可挽回的严重错误。这次加强宏观调控,既要清理整顿土地市场秩序,又要通过深化改革,建立健全土地管理制度和长效机制,这将对顺利推进工业化、城镇化和现代化产生重大而深远的影响。

第四,这有利于创造推进改革开放的良好环境,加快体制和机制创新。深化经济体制改革,需要在较为宽松、稳定的经济和社会环境中进行。搞好宏观调控才能为深化改革提供良好的环境。同时,加强宏观调控的一个重要着力点,是要深化改革,推进体制和机制创新,消除经济发展的体制性障碍。搞好宏观调控,也有利于改善投资环境,进一步扩大对外开放。

多年来,我们党积累了比较丰富的宏观调控经验,对社会主义市场经济规律的认识也不断深化。中央这次加强宏观调控的决策和部署,已在实践中取得了明显成效。只要继续抓好落实,并及时发现和解决新情况、新问题,就一定能够实现宏观调控的预期目标,促进国民经济既快又好地发展。对此,应当充满信心。

(本文系作者2004年6月在国家信息中心“博士后论坛”上的演讲)

我国经济发展新阶段的有利条件和挑战

实现国家现代化,是一个相当长时期的过程。但把握好关键的发展阶段,至关重要。许多国家发展的实践证明,人均国内生产总值超过1000美元后,即进入了一个新的发展阶段;向人均3000美元过渡时期,是一个十分关键的阶段。预计2005年我国国内生产总值将超过15万亿人民币,按当前汇率计算,人均1400美元左右,到2020年将超过3000美元。全面认识我国在今后经济社会发展阶段的主要特征、有利条件、制约因素以及需要把握好的全局性问题,对于正确制定我国中长期发展战略,实现全面建设小康社会的奋斗目标乃至进而实现社会主义现代化,具有重大意义。

(一)正确认识我国经济社会发展的阶段性特征。根据国际经验,我国今后时期既是一个“发展机遇期”,也是一个“矛盾凸显期”;既是需要经济更大发展的时期,也是需要加大防范风险的时期。在这个时期,如果把握得好,则可以顺利把现代化建设推向新的阶段;如果搞得不好,工业化、现代化建设就会走弯路。要推进经济社会既快又好地发展,首先需要深入研究和准确把握今后时期发展阶段的特征。

从阶段性特征来说,以下几个方面应值得我们高度重视。**一是**我国社会主义市场经济体制已经初步建立,同时这一体制还不完善,生产力发展仍然面临诸多体制机制性障碍。改革进入攻坚阶段,经济体制创新任务艰巨。其他方面改革任务也很繁重。**二是**我国经济持续快速增长,而长期积累的经济结构性矛盾和粗放型增长方式尚未改变。城乡二元结构加快转换,缩小城乡发展差距,特别是解决好农业、农村、农民问题的任务仍然十分艰巨。**三是**我国人民生活总体上达到小康水平,但现在达到的小康还是低水平的、不全面的、很不平衡的小康。一方面人民群众的需求越来越多样化,另一方面城乡贫困人口和低收入人口尚有相当数量。**四是**我国对外开放范围扩大、领域更广,与国际社会的联系更加紧密,同时面临的国际竞争更加激烈。**五是**我国社会主义民主政治不断发展,依法治国的基本方略进一步落实,人民群众政治参与的积极性不断提高,人们思想活动的独立性、选择性、多变性、差异性明显增强,对发展社会主义民主政治和先进文化提出了更高要求。**六是**我国社会结构和社会组织形式发生深刻变化,社会活力不断增强,同时人员流动性大大增加,人民内部矛盾处于多发时期,社会建设和管理面临一系列新课题。总之,随着我国工业化、城镇化、市场化的不断发展和对外交往的不断扩大,经济社会发展呈现出一系列重要的阶段性特征。深入研究和把握这些阶段性特征,是我们抓住机遇、应对挑战,推进经济社会又快又好发展的重要前提。

(二)在新的发展阶段的有利条件。一是物质技术基础比较雄厚。经济增长所需要的许多重要能源、原材料和机械装备,国内的生产量相当大,交通、通信等基础设施建设已有相当规模,高新技术产业发展方兴未艾,现有的物质技术条件是过去任何时候都不能比拟的。**二是**资本快速积累和高投资率。过去长期以来,我国的高储蓄率为资本积累和投资提供重要条件。据有关研究,1978 年至 2003 年,资本积累年均增长为 9.9%,对经济增长的贡献率为 63%。在今后时期,城乡居民消费率将有所提高,但储蓄率不会有明显降低,高投资率仍是推动我国经济增长的主要源泉。**三是**劳动力资源丰富。这具有劳动力价格低廉的比较优势;同时,我国劳动力整体素质较高,可以基本满足经济社会发展的需要,可以避免一些国家和地区在高速增长过程中劳动力成本迅速上升的矛盾。**四是**国内市场广阔。十三四亿人口日益增长的市场需求是任何国家无法相比的。工业化、城市化进一步发展,产业结构和消费结构不断升级,投资和消费增长空间继续扩张。**五是**社会主义市场经济体制不断完善。这可以进一步增强经济活力与效率,各方面发展的积极性和巨大潜力会进一步发挥出来。**六是**社会政治稳定。这样,全国人民可以聚精会神搞建设,同时国外投资者和国际社会上对我国发展也有信心。**七是**外部环境比较有利。随着综合国力的增强和国际地位的提高,我国可以更好地利用国内外两种资源、两种市场。**八是**更加重要的是,经过 26 年实践,我们党积累了走中国特色社会主义道路的丰富经验,全国人民对国家的未来充满信心。这是推进改革和发展的根本保证和基本条件。

(三)新的发展阶段面临的矛盾和挑战。一是由于人口总量大,就业压力巨大的矛盾将长期存在,今后时期就业形势相当严峻。**二是**能源资源供求矛盾更为突出。目前,我国石油、铁矿石、氧化铝等重要矿产品的供给 40% 以上都要靠进口。据预测,在加强能源资源节约利用工作的前提下,到 2020 年我国石油需求总量约为 4. 5 亿吨,天然气需求总量约为 2000 亿立方米;届时国内石油生产量预计为 2 亿吨,天然气生产量 1200 亿立方米。石油、天然气缺口分别为 2. 5 亿吨、800 亿立方米,需要通过进口来弥补。近来,国际油价、矿石价格不断攀升,在高位运行,能源、资源对经济发展的约束作用日益明显,同时生态环境的压力加大。**三是**城乡二元经济结构不断转换,不少方面深层次矛盾凸显。**四是**社会各方面利益多元化,摩擦增加,保持社会稳定的难度加大。**五是**我国与世界经济联系日益加深,外部冲击和国际经济金融风险输入的可能性增加,国外竞争对手利用各种手段干扰、阻碍、遏制我国的发展,有可能引发国内市场动荡和经济金融波动。对这些制约因素,我们需要有清醒的认识并积极采取应对措施。

总之,我们需要正确把握未来发展趋势,紧紧抓住发展机遇,增强忧患意识,积极应对各种挑战,充分利用各种有利条件,努力克服制约因素,扬长避短,趋利避害,这样才能在今后发展的关键阶段赢得主动,取得更大的胜利。

为了保证我国经济社会在新的发展阶段取得成功,达到预期目标,必须全面贯彻落实科学发展观,认真研究解决好一系列关系现代化建设全局的重大问题。

(2005 年 3 月)

正确处理改革发展稳定的关系

改革、发展、稳定，是我国社会主义现代化建设总体格局中三个关键环节。正确认识和处理这三者关系，是一个全局性和战略性的重大问题。因此，江泽民同志在关于《正确处理社会主义现代化建设中的若干重大关系》的讲话中，首先论述和强调必须处理好改革、发展、稳定的关系。这充分说明我们党对这个问题的极端重视，把它作为新的历史时期中最重要的基本关系。

一、充分认识处理好改革、发展、稳定三者关系的重要性

党的十一届三中全会以后，我国进入了以改革开放为鲜明特点的新的历史时期。17 年来，社会主义现代化建设取得了伟大的历史性成就。在这个过程中，我们党形成了建设中国特色社会主义的理论、路线、方针和政策，也积累了丰富的实践经验。其中一个极为重要的方面，就是必须正确认识和处理改革、发展、稳定的相互关系。正如江泽民同志在讲话中指出："三者关系处理得当，就能总揽全局，保证经济社会的顺利发展；处理不当，就会吃苦头，付出代价。"无论从理论还是实践看，也无论从当前形势还是今后任务看，处理好改革、发展、稳定三者的关系，至关重要。

(一)从根本上说,处理好改革、发展、稳定的关系,是党的基本理论、基本路线和基本方针的基本要求,是顺利推进建设中国特色社会主义事业的重要前提和保证。

我们现在从事的伟大事业,概括地说,就是以邓小平建设中国特色社会主义理论和党的基本路线为指导,通过改革开放,解放和发展生产力,实现中国的社会主义现代化。邓小平建设中国特色社会主义理论科学体系的核心内容,是解放思想,实事求是,坚持把发展生产力放在首要位置,强调改革开放是实现中国现代化的必由之路。在邓小平建设中国特色社会主义理论指导下形成的党的基本路线,要求以经济建设为中心,坚持四项基本原则,坚持改革开放。根据邓小平建设中国特色社会主义理论和党的基本路线,在深刻总结经验和科学分析形势的基础上,我们党又确定了"抓住机遇、深化改革、扩大开放、促进发展、保持稳定"的基本方针。现在国内条件具备,国际环境有利,既有挑战,更有机遇。抓住有利时机,加快社会主义现代化建设步伐,这是全党和全国人民共同的强烈愿望。我们必须以极大的历史责任感和使命感,积极做好各方面工作,既快又好地推进改革和发展,胜利实现强国富民、振兴中华的宏图伟业。

我国近代的历史和当今世界的现实都清楚地表明,经济落后就会非常被动,就会受制于人。而中国面临现在这样好的发展机遇不是很多,所以要牢牢抓住,加快发展和壮大自己,否则就可能在激烈的国际竞争大潮中落伍。中国目前不仅落后于发达国家,还落后于一些在60年代与中国处于同一发展水平的国家,重要原因之一,就是当时没有抓住六七十年代国际上提供的大好发展机遇。我们一定要切实汲取这一深刻教训。加快我国经济发展,必须进一步解放思想,加快改革开放步伐。这是解放和发展生产力的强大动力。而要抓住难得的历史机遇,加快改革开放,集中精力把经济建设搞上去,又必须巩固和发展团结稳定的政治局面和社会局面。没有政治稳定,社会动荡不安,什么改革开放,什么经济建设,统统搞不成。因此,我们能不能真正抓住机遇,加快改革和发展,关键在于能不能正确地认识和处理改革、发展、稳定的关系。只有处理好这三者关系,才能有一个良好的长期稳定的政治和社会环境,也才能不失时机地把改革和建设不断推向前进,少走弯路,避免挫折。完全可以这样说,能否处理好改革、发展、稳定的关系,关系到我们能否抓住机遇、用好机遇,涉及到我国整个改革开放和现代化建设的进程,决定着建设中国特色社会主义事业的前途。

(二)改革开放17年来的丰富实践充分证明,处理好改革、发展、稳定的关系,是建设中国特色社会主义、推进现代化事业的一条基本经验。

在这段历史时期中,什么时候对改革、发展、稳定关系处理得当,那个时候不仅改革得以顺利推进,经济持续发展,而且社会局面稳定,人民群众满意;反之,什么时候对改革、发展、稳定关系处理不够妥当,那个时候就经济关系紧张,社会局面不稳,改革进程缓慢,经济发展也出现波折。拉开改革开放序幕的20世纪80年代初期,农村改革步子迈得比较大,在城市只是进行改革试点,积累经验和作思想理论准备,经济发展速度比较适当,同时注意维持安定团结的政治局面。所以,在改革开放的推动下,经济迅速发展,社会稳定进步,各项事业蒸蒸日上,呈现出开国以来少有的好形势。80年代中期,这几年改革、发展、稳定关系总的看是比较协调的,但由于改革开始向城市全面推进,加大整个改革力度时,经济增长速度偏高,社会需求出现过旺状态,1984年底和1985年上半年投资与消费增长过快,造成经济生活关系紧张,不得不实行经济"软着陆"措施,影响了一些改革措施的出台。80年代后期,改革和发展中都一度出现急于求成的倾向,在通货膨胀压力相当大的情况下,还试图全面推进价格改革,进一步加快经济发展速度,改革的力度和发展的速度超过了国力和社会的承受能力,结果不得不进行三年治理整顿,加上其他多种原因,政治和社会局面动荡,不得不放慢改革和发展步伐,随之社会经济生活矛盾加大。不少项目停建缓建,市场疲软,企业生产经营困难,付出了相当大的代价。这几年的经验教训,人们都记忆犹新。1992年邓小平同志重要谈话后,党中央做出加快改革开放和现代化建设步伐的战略决策,并高度重视处理改革、发展、稳定的关系,在全面推进改革开放的同时,实行加强和改善宏观调控的措施,从而不仅确保以建立社会主义市场经济体制为目标的财税、金融、外贸、外汇、价格等重大改革取得突破性进展,而且国民经济得到持续、快速、健康发展,同时保持了政治和社会稳定。"八五"时期,社会主义现代化建设开创了新局面,改革开放大踏步前进,经济社会发展取得辉煌成就,社会安定团结局面不断巩固和发展。这是党中央正确处理改革、发展、稳定关系的结果,说明我们党在驾驭全局、把握客观规律和领导经济工作水平方面有了很大提高。历史事实是一面镜子,正反方面的实践有力表明,能否正确处理改革、发展、稳定三者关系,确实事关改革开放和现代化建设的全局和进程。

(三)从我国面临的形势和任务看,处理好改革、发展、稳定的关系尤为重要。

现在我国社会主义现代化建设进入了一个新的阶段,改革和发展的任务相当繁重和艰巨。纵观世纪之交的国内外形势,我们有着不可多得的历史机遇,也面临着严峻的挑战,需要妥善处理系列"两难"问题。例如,现实经济生活中存在着经济关系不顺、经济运行机制不合理的矛盾,影响经济良性循环,必须通过加大改革力度,切实加以解决,进一步理顺中央与地方,宏观调控与市场机制,国家、企业和个人之间以及东部和中西部地区之间等关系。而目前经济体制改革进入攻坚阶段,协调各方面经济关系和完善经济运行机制,既要继续克服原有体制中的弊端,又要解决改革中新出现的问题,因此改革的难度加大。又如,我国经济进入了加速实现工业化和全面推进现代化阶段,这就需要有巨额资金积累。而我国不仅经济底子薄,而且人口多,积累和消费关系在相当时期都会处于紧张平衡状态,同时目前财政困难,捉襟见肘,债务负担沉重,既要扩大积累以推进工业化、现代化进程,又要提高人民生活水平,兼顾积累和消费,处理好人民的当前利益和长远利益,是涉及到社会经济发展全局的重大课题。再如,实现今后 15 年奋斗目标和战略任务的关键,在于实行两个具有全局意义的根本性转变,一是经济体制从传统的计划经济体制向社会主义市场经济体制转变,二是经济增长方式从粗放型向集约型转变。这两个转变的实质,是较大幅度地提高经济效率和劳动生产率。这也是实现国民经济现代化的必由之路,不能松懈和游移。而实行这两个转变,等量投资所提供的就业岗位会相对减少,提高经济效率也势必会节省大量人员。我国现在城乡已富余一亿四千万劳动力。“九五”期间城乡新成长的劳动力还将达到一亿二千多万人。所以,既要积极推进两个转变,又要扩大城乡劳动就业,缓解巨大的就业压力,这也是应当而且必须处理好的大课题。我们还可以列举出更多的“两难”矛盾。这些“两难”矛盾,都涉及到改革、发展和稳定。采取正确的原则、政策和措施,妥善处理这三者关系,我们就能够顺利实现既定的目标和任务,否则,就会招致波折和损失。

总之,强调正确处理改革、发展、稳定的关系,是建立在正确贯彻党的基本理论、基本路线和基本方针基础上的,是对 17 年来建设中国特色社会主义伟大实践的深刻总结,也是全面分析我国现代化建设面临的形势和艰巨任务得出的重要结论,既有科学的理论意义,又有很强的现实针对性。这生动地反映出我们党对改革、发展、稳定三者关系认识的深化,对建设中国特色社会主义的客观规律有了更加深入的认识和把握。

二、全面和完整地理解改革、发展、稳定三者之间的关系

要正确处理改革、发展、稳定的关系,就必须全面地、深刻地认识和理解这三者的相互关系。江泽民同志指出:“改革、发展、稳定三者存在着不可分割的内在联系”。这为我们从整体上和相互联系上、全面地和辩证地认识改革、发展、稳定之间的关系,提供了理论依据和思想武器。

必须牢固确立“发展是硬道理”的思想。马克思主义的历史唯物主义从来认为,生产力的发展是一切社会存在和发展的最终决定力量。社会主义社会的产生,社会主义从初级阶段到发达阶段,以至共产主义的实现,都离不开生产力的发展。现阶段我国社会的主要矛盾,是人民日益增长的物质文化需要同落后的社会生产之间的矛盾。社会主义阶段的最根本任务是发展生产力,必须把发展生产力摆在首要位置,坚持以经济建设为中心,推进社会全面进步。邓小平同志指出:“社会主义的优越性归根到底要体现在它的生产力比资本主义发展得更快一些、更高一些,并且在发展生产力的基础上不断改善人民的物质文化生活。”从我国现阶段的情况看,解决所有问题的关键是要靠自己的发展。增强综合国力,改善人民生活,繁荣科学、教育、文化事业,解决劳动就业、地区差距等经济社会矛盾,离不开发展;巩固、发展公有制经济和人民民主政权,完善社会主义制度和增强社会主义的吸引力,保持社会稳定和实现国家长治久安,离不开发展;顶住国外霸权主义和强权政治的压力,维护国家主权和独立,也离不开发展;使我国从根本上摆脱落后的状况,跻身于世界现代化国家之林,更离不开发展。因此,除非发生大规模外敌入侵,无论在什么情况下都不能动摇经济建设这个中心。在20世纪六七十

年代，由于没有能够正确分析和对待国际国内某些事件，特别是给党和国家造成巨大危害的“文化大革命”中，我们有过离开经济建设这个中心的严重教训。改革开放 17 年来，尽管国际国内发生了这样那样的重大事件，我们都没有离开经济建设这个中心。集中精力把经济建设搞上去，这是 17 年来我国社会生产力上了一个大台阶、综合国力上了一个大台阶和人民生活上了一个大台阶的关键所在，今后还必须坚定不移地这样做，真正抓住机遇，珍惜机遇，用好机遇，加快发展。判断各方面工作的是非得失，归根到底，要以是否有利于发展社会主义社会的生产力，是否有利于增强社会主义国家的综合国力，是否有利于提高人民的生活水平为标准，而不能偏离这个标准。

为了更快更好地发展，必须坚持和深化改革，扩大对外开放。开放也是改革。我们所有的改革，都是为了进一步解放和发展生产力。改革是社会经济发展的强大推动力，也是中国实现现代化的必由之路。改革的实质和目标，是要从根本上改变束缚我国生产力发展的经济体制，同时相应地改革政治体制和其他方面的体制，以实现中国的社会主义现代化。17 年来，我国现代化建设的巨大成就是在改革中实现的。改革带来的最深刻变化，就是摆脱了许多思想和体制上的禁锢，调动了广大人民群众的积极性，为整个经济注入了旺盛活力，大大促进了生产力的解放和发展。我国改革已经取得了重大进展，国民经济的市场化、社会化程度明显提高，新的宏观调控体系已建起基本框架，对外开放总体格局基本形成，封闭半封闭状态已经根本改变。但是，社会主义市场经济体制尚未建立起来，现在仍处于新旧体制转换阶段。新旧体制转换过程中产生着许多新的摩擦、矛盾，甚至一些漏洞。现实经济生活中诸如结构不合理、分配关系扭曲、流通秩序混乱、经济效益低下等问题，很大程度上都与改革没有到位直接相关。改革是大势所趋，人心所向，不深化改革我们就不可能前进。改革犹如逆水行舟，不进则退。我们要实现未来 15 年的奋斗目标,关键在于抓好深化改革。改革的决定性作用不仅表现在当前,更重要的是要为下世纪初社会经济的全面振兴和繁荣,以至为实现现代化宏伟目标和国家长治久安,创造良好的体制条件和环境。因此,我们要牢固树立发展必须依靠改革的观念,坚定不移地按照建立社会主义市场经济体制的目标要求,把各方面的改革不断引向深入,并取得切实成效。建立和完善社会主义市场经济体制,涉及到我国经济基础和上层建筑的许多领域,需要有一系列相应的体制改革和政策调整,必须相互配套地进行。

发展和改革必须有稳定的政治和社会环境。没有一个稳定的政治和社会环境,就不能安下心来搞改革和建设。党的十一届三中全会以来,邓小平同志反复强调保持政治和社会稳定的巨大意义。他指出,保持安定团结的政治局面,是实现现代化所必须具备的前提条件,"我们搞四化,搞改革开放,关键是稳定","中国的问题,压倒一切的是需要稳定。没有稳定的环境,什么都搞不成,已经取得的成果也会失掉。改革开放 17 年来,我国的改革开放和现代化建设之所以能顺利进行并取得巨大成就,重要的是我们从总体上保持了一个安定团结的政治局面和稳定的社会环境。虽然出现过风波和波折,但我们党及时、果断、坚决地排除了各种不稳定因素,化解了引发经济波动和社会不稳定的矛盾。没有政治和社会环境的稳定,我们改革开放和现代化建设不可能取得现在这样举世瞩目的伟大成就。从国际上看,在经济体制转换和经济结构调整的大发展时期,保持社会稳定局面,则是两个共同经验,许多发达国家是如此,亚洲"四小龙"也是如此。尽管他们的目的和手段有所不同。所以,我们在实现现代化的整个进程中,任何时候都不能忽视稳定这个基本前提。在我们这样一个十三亿多人口的大国中进行现代化建设,是一项前无古人的全新事业。我们具有很多有利条件和优势,也面临不少不利因素和困难。在改革和建设中,只看到有利条件,对不利因素估计不足,贸然行事,就会造成经济的不稳,而经济不稳又往往会导致政局和社会动荡。如果政局不稳,社会动乱,那就不仅会加剧原有的矛盾和困难,而且丧失我们的有利条件和优势。我国当前正处于经济体制转轨和经济快速发展时期,各方面利益关系变动较大,涉及到中央与地方,国家、企业与个人,部门与部门,地方与地方以及社会成员之间的利益调整,协调利益格局是一个非常敏感的问题,人们思想观念的转变也需要有一个过程,旧的矛盾在解决中,新的矛盾又会不断出现,一些社会经济矛盾可能更为突出,保持稳定的难度更大。在这种情况下,强调稳定具有更为重大的现实意义。正因为如此,江泽民同志在讲话中指出:"稳定是发展和改革的前提,发展和改革必须要有稳定的政治和社会环境,这是我们付出代价才取得的共识","没有稳定的政治和社会环境,一切无从谈起,多么好的规划、方案都将难以实现。"

改革、发展、稳定三者在现代化建设总体布局中,是互为条件、有机联系和相互促进的。我们必须把三者看成为一个整体,用辩证的、联系的和变化着的观点,深刻地认识它们之间相互促进、相辅相成的关系,而不能孤立地、形而上学地理解三者关系,把它们割裂开来和对立起来。发展是目的,改革是动力,稳定是前提。发展需要改革,依靠改革清除束缚生产力发展的体制障碍,建立有利于促进技术进步、优化资源配置和增进效益的经济运行机制,增强发展的活力,提高经济的整体素质和效益。改革需要发展提供必要的物质条件和较为宽松的经济环境,同时改革必须为发展服务,解决经济发展中的矛盾和问题。也就是说,发展和改革必须紧密结合,相互协调,互相适应,而不能分离,更不能相排斥。稳定是发展的前提和内在要求,它不仅体现在发展的全过程,也体现在发展的结果之中。改革与稳定的关系同样如此。改革的过程需要稳定的环境,而改革的进展必然在更高层次上维系社会的稳定。一个贫穷落后的社会不可能维系长久的稳定,一个僵化低效的经济体制也不可能成为维系社会稳定的基础。因此,稳定离不开改革和发展。只有生产力发展到更高的水平,适应生产力发展的新体制确立起来,我们的社会局面才能实现更为坚实可靠的稳定。也就是说,发展和改革要以社会稳定为前提条件,在社会稳定中推进改革和发展;同时,社会长期的稳定又必须靠深化改革和不断发展来实现。以上这些就是我们应当坚持的改革、发展、稳定三者相统一的和完整的正确决策原则和基本观点。

三、处理好改革、发展、稳定三者关系的主要原则和途径

江泽民同志在讲话中,不仅深刻论述了正确处理改革、发展、稳定关系的重要性和三者之间辩证统一的相互关系,而且阐明了处理好这三者关系的领导艺术、指导原则和途径、方法。他强调指出:"要善于统观全局,精心谋划,从整体上把握改革、发展、稳定之间的内在关系,做到相互协调,相互促进。"根据这个要求,在实际工作指导和部署中,注意把握以下几点是至关重要的。

第一,坚持把加快改革和发展的紧迫感同科学求实的精神很好结合起来。

这里最重要的是,我们要紧紧抓住和充分利用难得的历史机遇,坚持解放思想,奋发进取,积极推进改革和发展;同时,必须坚持按照客观经济规律办事,实事求是,量力而行,尽力而为。要坚持适度性,任何事物变化都有一个"度",超过了一定的限度,就会走向反面。所谓物极必反,过犹不及,都是事物内在规律的反映。处理任何矛盾都要坚持适度原则,力戒过"度",力戒绝对化。要执行正确的建设和改革方针,统筹部署发展与改革,合理兼顾发展、改革和稳定。发展的规模、速度和改革的任务、力度,都要充分考虑社会经济各方面

可能承受的程度。我们应当在统观全局的基础上,从有利于协调改革、发展、稳定三者的关系着眼,积极而又合理地确定一定时期发展与改革的任务,以及完成任务的措施和步骤。

第二,合理把握经济发展规模和速度。

速度低了不行,过高也不行。速度低了,现有生产能力和资源得不到充分发挥,劳动就业矛盾增加,不利于提高人民生活水平,也不利于为推进改革提供必要的物质条件,同时也会造成社会经济的不稳定。速度过高,势必刺激需求过旺,出现严重通货膨胀,经济关系紧张,也会妨碍改革顺利进行,导致社会经济动荡。从多年来的实际情况看,我国出现的问题主要在后者。偏重追求高速度,在我国存在着一些突出的客观原因。我们国家经济落后,全国上下都有急于摆脱落后面貌的强烈愿望和冲动。企望发展速度快一些,这本来是可以理解的。问题在于,单凭主观愿望和感情冲动办事,就会盲目"大干快上"。我国经济体制改革正在进行中,政企职责不分、"投资饥渴症"、"资金使用软约束"等体制弊端尚未得到根本克服,市场竞争和风险机制没有建立起来,争投资、上项目而不负责任的现象相当普遍地严重存在。在收入分配领域,企业缺乏约束机制,违反政策滥发工资、奖金和福利补贴,不顾生产经营状况盲目攀比增加个人收入的现象也屡禁不止。在这种情况下,极易出现投资和消费需求过旺现象。根据以往的经验和现实的状况,今后仍然需要注意防止盲目追求不切实际的高速度倾向。党的十四届五中全会上,党中央确定"九五"期间经济增长率按8%安排,这是积极稳妥的。多年的经验告诉我们,在经济建设中,单凭良好的主观愿望,而不遵循经济规律,必然会受到经济规律的惩罚,欲速不达。想大干快上,结果往往是大起大落。经济全局不稳定,必然又导致政治和社会的不稳定。而要使国民经济以适当的速度持续增长,必须努力保持社会总需求和总供给的基本平衡。要合理把握固定资产投资增长速度,使建设规模与国力相适应;合理把握全社会消费基金增长幅度,把生活的改善建立在经济发展可能的基础上。尤其要努力保持财政、信贷和国际收支基本平衡,控制货币供应量。这是抑制通货膨胀,保持经济全局稳定的重要环节。

第三,正确部署与推进经济体制改革和其他方面改革。

我国搞改革完全是一项崭新的事业,又是一项复杂艰巨的社会系统工程,必须积极而又稳妥地向前推进。邓小平同志指出,在改革中我们必须遵循的原则是:“胆子要大,步子要稳。所谓胆子要大,就是坚定不移地搞下去;步子要稳,就是发现问题赶快改。”由于改革只能在探索中前进,经验只能在实践中逐步积累,工作中产生某些偏差甚至失误也是难免的。只要我们勇于探索,每走一步都兢兢业业,大胆细心,及时总结经验,就可以及时纠正错误,避免大的损失。要坚持从我国国情出发,实施积极又而稳步前进的改革方略,审时度势,果断而又慎重决策。鉴于改革已进入攻坚阶段,要坚持重点突破、整体配套地推进。微观经济放开和市场化的范围和程度,要与宏观调控能力和手段的增强相适应,以利于有效驾驭全局,使改革有秩序地前进。城乡之间的改革要相互协调。对具体的改革措施和力度可能产生的影响,要进行认真反复测算和利弊比较,充分考虑国家财力、企业和社会各方面承受能力,并要慎重选择改革措施的出台时机,以尽可能减少社会震荡。特别重要的是,要坚持改革与发展密切结合,改革要有利于促进经济发展,有效地解决经济生活中的深层次矛盾,促进经济良性循环,并保证发展战略目标和任务的实现。同经济体制改革和经济发展相适应,必须按照民主化和法制化紧密结合的要求,积极推进政治体制改革。进一步完善人民代表大会制度,坚持和完善共产党领导的多党合作制与政治协商制度。下决心进行行政管理体制和机构改革,切实做到转变职能、理顺关系、精兵简政、提高效率。要恰当地协调经济体制改革与政治体制改革的关系,以巩固和发展稳定的社会政治环境，保证社会主义现代化建设的顺利进行。

第四，在推进发展与改革中坚持加强和改善宏观调控。

这是改革开放以来特别是"八五"时期取得的一条重要经验。在改革力度加大，经济发展速度又比较快的时候，由于经济关系变动和调整的幅度比较大，各种矛盾和摩擦必然随之增加，难免会出现这样或那样的问题。我国经济规模大，又是在对外开放条件下进行改革和建设，与世界经济和市场在各方面的联系极为密切和复杂。这样，在经济快速发展中，对保证经济总量平衡、优化经济结构提出了更高的要求。在改革的攻坚阶段，解决经济生活中的深层次矛盾和调整不合理的利益格局，问题十分复杂，难度很大。我们要在国民经济的快速发展中推进经济体制改革，又要在加快建立社会主义市场经济体制进程中保持经济的快速发展，同时还要保持社会环境的稳定。在这种情况下，尤其需要高度重视国家的宏观调控，恰当地协调改革、发展和稳定的关系。近几年的实践有力证明，只有加强和改善宏观调控，才能实现经济持续快速健康发展，保证改革向广度和深度推进并取得预期成效，同时保持政治和社会环境稳定，使加快改革发展与保持社会稳定相统一。宏观调控的着眼点，要放在正确处理改革、发展、稳定的关系。加强和改善宏观调控，必须搞好动态监测预测，密切跟踪经济运行情况，全面估量和正确判断形势，合理确定宏观调控的目标、任务、重点和力度。特别是要敏锐察觉和抓住影响全局的新情况和新问题，及时采取正确措施加以解决。经常进行一些"微调"，可以防止矛盾和问题加剧发展，以免被迫进行大的调整。由于"微调"力度较小，所造成的震动和损失必然比较小。

第五，坚持"两手抓"、两手都要硬，促进经济和社会协调发展。

在改革开放和现代化建设的伟大变革中，邓小平同志创造性地提出了"两手抓"的重要方针和领导艺术。他多次强调：一手抓物质文明建设,一手抓精神文明建设;一手抓改革开放,一手抓打击经济犯罪;一手抓建设,一手抓法制。做到"两手抓",不仅能够使改革开放和发展不断推向前进,而且能够较好地处理现代化建设过程中产生的影响社会稳定的因素,协调好各方面的利益关系,促进社会稳定和进步。我们进行社会主义现代化建设,无疑要致力于发展生产力,把物质文明建设好;与此同时,还要大力加强社会主义精神文明建设。物质文明和精神文明都搞好,才是中国特色的社会主义。加强社会主义精神文明建设,不仅可以为改革开放和现代化建设提供智力支持和精神力量,而且可以形成有利于改革开放和现代化建设的思想文化条件以及和谐稳定的社会环境。今后 15 年我们面临着经济快速发展和深化经济体制改革的新形势,同时在进一步扩大对外开放的条件下进行现代化建设,面临着世界范围各种思想文化相互激荡。因此,对社会主义精神文明建设提出了新的要求。能否搞好精神文明建设,关系我国社会主义事业的兴衰成败。我们越是集中力量发展经济,越是加快改革开放,就越要加强精神文明建设,加强和改进思想政治工作。要坚持不懈地用邓小平建设中国特色社会主义理论武装全体干部和群众,进行党的基本路线教育。加强爱国主义、集体主义、社会主义思想教育。深入持久地开展反腐败斗争,加强党风和廉政建设。同时,要大力推进社会主义民主法制建设。加强立法、司法、执法、普法工作,强化全民族的法制观念和意识。搞好社会治安综合治理,依法严厉打击各类严重刑事犯罪与经济犯罪活动,坚决扫除各种社会丑恶现象,以保持政治和社会的长期稳定。

总之,我们学习江泽民同志讲话,必须从理论与实践的结合上深刻认识改革、发展、稳定三者的相互关系,正确把握它们之间的内在联系和辩证统一关系,在思想认识和实际工作中,不能片面强调一个方面而忽视其他方面。当然,处在社会经济变革中的客观外界事物变化是快速和复杂的,在实际工作安排上,根据不同时期的具体条件和环境,可以有所侧重。从长远来看,要求三者关系都处理得恰到好处,不发生一点波动,是不容易的。但是,我们要增强正确处理这三者关系的自觉性,在重大问题决策上,注意掌握"度",统筹兼顾,认真做好综合协调工作。这样,我们在推进改革开放和现代化建设的伟大事业中:就可以避免大的波折,顺利实现强国富民、振兴中华的宏伟目标。

(原载《学习江泽民同志〈正确处理社会主义现代化建设中的若干重大关系〉专辑》,人民出版社1996年2月第1版)

（二）

经济结构调整和经济增长方式转变

搞好经济结构战略性调整

江泽民同志在党的十五大报告中,把“大力调整和优化经济结构”作为经济发展战略的一项重要任务。深刻领会和认真贯彻这一重大决策,对于实现我国经济社会跨世纪的宏伟目标,有着十分重要的意义。

从根本上说,一个国家经济发展的过程,实质上是经济结构不断调整和优化的过程。这里讲的经济结构,主要包括产业结构、产品结构、技术结构、企业组织结构和地区布局结构。经济结构调整和优化,是国民经济持续协调发展、资源优化配置的客观要求,也是国民经济整体素质提高和实现现代化的重要标志。因此,调整和优化经济结构是一个长期的任务和历史过程。然而,这项任务在我国当前显得尤为重要和迫切。近年来,我们党和国家已经把这项工作作为重要任务,各地区、各部门也做了大量工作,并取得了一些进展。在学习和贯彻党的十五大精神中,我们应当明确认识和正确把握的是,十五大报告在调整和优化经济结构方面提出了什么样的新要求,它的决策依据是什么,如何去实现新的任务和部署?

我们首先应当注意到,这次党的十五大明确提出对我国“经济结构进行战略性调整”的要求。所谓进行“战略性调整”,至少包括了以下三个方面的涵义。一是整体性的调整,而不是局部性的调整。也就是说,我们面临全方位调整的任务。不仅产业结构要调整,而且产品结构、技术结构、企业组织结构和地区结构也要调整;不仅产业部门之间关系要调整,而且各产业内部结构也要调整,不仅各行业要调整,而且各地区也要调整。二是结构升级性的调整,而不仅是相互适应性的调整。建国以来包括改革开放以来,我国经济进行过多次较大范围的调整,那些调整大多是解决经济比例关系失调,缓解"瓶颈"部门制约、"填平补齐"的问题。例如,60 年代初、80 年代初的调整主要是解决农、轻、重比例失调,90 年代初的调整主要是缓解农业、基础工业、基础设施与加工工业不相适应的矛盾。通过调整,使各方面比例关系趋于协调、相互适应。而现在的调整,是要实现经济结构优化和产业升级的调整,包括一、二、三产业及各产业内部结构逐步高度化,注重发展规模经济,提高产业技术水平等,也就是使经济结构的演变格局与整个工业化、现代化的进程相协调。三是注重经济成长质量的调整,而不仅在于经济总量一时的扩大。也就是说,要着眼于全面提高国民经济整体素质和效益,调整布局,合理配置资源,优化结构,改进技术,改善环境,促进经济良性循环,提高经济运行效益和增长质量。这是壮大综合国力和增强国际竞争力的根本保证。总之,以上三个方面的要求,使我们对调整和优化经济结构的认识提高到了一个新的水平。

那么,提出这些新要求的依据何在呢?概括地说,这是由我国经济发展面临的国内外新情况决定的。

首先,我国经济成长进入了深刻的阶段性变化时期。经过四十多年特别是改革开放以来的加速建设,我国经济发展已基本走完为解决人民温饱生活的阶段,开始向满足人民小康生活的阶段迈进。在生活需求方面,城乡人民消费选择性增强,不仅要求商品数量的满足,更要求质量、档次的提高,品种、花色的增加和商品、服务消费领域的扩大。这是一种不以人的意志为转移的客观大趋势。在这种情况下,原有的生产结构与市场需求变化发生了尖锐的矛盾。原有经济水平下形成的生产能力大多趋于饱和,相当多的行业生产能力过剩。据第三次全国工业普查对94种主要工业产品统计,生产能力利用率在60%以上的有51种,占62.8%;利用率在50%左右和50%以下的35种,占37.2%目前市场上90%的工业消费品供过于求。从中可以看出,现有工业生产能力大量闲置,其中主要原因是传统产业和产品结构不适应市场需求的变化。许多产业和产品的升级换代步子慢,赶不上人民生活水平提高的需要,城乡居民手中有钱又买不到合适的商品。目前居民消费需求正朝着追求高档次、新品种、宽领域方面演变,处在向消费结构明显升级转化之中。从整个经济现状看,我国进入工业化加速发展阶段。工业化水平的提高,既要求加快发展先进技术和高新技术产业,拓展服务性产业,又要改造包括农业在内的国民经济各个部门,还要为广大农业人口向非农业转移提供劳动的场所、劳动手段和劳动对象。这些,对产业结构升级和生产技术水平的提高提出了迫切的要求。同时,随着我国经济规模的扩大,资源相对短缺的矛盾将更加突出。必须在优化资源配置、提高资源加工深度、降低消耗、增加附加值上寻找出路。现在一些企业陷入困境,其中一个重要原因,是产品无市场,开工不足,或质量差、效益低,企业组织结构也不合理。如果我们不下大力量改变现有的经济结构,不仅会影响当前改革和发展的顺利进行,而且将严重妨碍我国工业化和现代化的进程。也就是说,只有从整体上、结构升级上和提高素质上调整经济结构,才能适应我国经济进入新的成长阶段的需要。

其次,世界科技加速发展和国际经济结构加快重组。这种大趋势,正在并将迅猛推动世界经济发展的进程。高新技术及其产业的崛起,特别是电子化、信息化、智能化、数字化技术的蓬勃兴起和广泛运用,已使一些发达国家由工业经济向信息经济时代迈进,传统产业被大规模的改造和转移。在这种新形势下,我们既面临严峻挑战,也面临采用新技术、吸收国外资本的良好机遇。只有从整体上、结构升级和提高素质上调整和优化经济结构，才能适应世界科技进步和经济结构调整的历史潮流，充分利用加速国内工业化、现代化的国际条件和机遇。现在一些发展中国家都在利用世界经济、科技加速变化的时机，大力调整本国经济结构，以加快发展经济，我们如果见事迟、行动慢，就会处于落后和被动的地位。

再次，我国对外开放向广度和深度不断推进，我们面临着日益激烈的国际竞争。一方面，我们要进一步打开国门，开放市场，允许国外资本进入，国际上实力雄厚、技术和管理经验占优势的企业及跨国经营集团已经并将继续进入我国，挤占我国部分市场，我们将与他们展开空前尖锐的市场竞争。另一方面，我们还要进一步走向世界经济舞台，参与国际市场的开拓与竞争。市场竞争的法则，不仅是数量的较量，更重要的是技术、质量和效率的较量。我国目前许多行业、企业和产品的国际竞争力低，一些技术密集型的产品价格远远高于国际市场价格水平。如果我们不抓紧结构调整，不提高我国产品和企业竞争力，就会有越来越多的产品被迫退出国内外市场。为了使我国经济在日趋激烈的国际竞争中立于不败之地，必须大幅度地提高生产技术水平和产品质量，显著降低生产成本，增加产品附加值，以提高市场占有率。所有这些，都要求尽快提高我国经济的科技含量、产业素质、企业素质和生产技术水平。

总之，对整个经济结构进行战略性调整，不是一项任意的决策，而是科学分析我国经济发展现状及其客观要求，全面估量我国经济成长的国内外环境，高瞻远瞩，总揽全局，保证我国经济发展沿着健康轨道前进的正确抉择。我国目前宏观经济环境相对宽松，经济总量趋于平衡，市场机制作用可以得到更好发挥，也为加快经济结构调整创造了良好的条件。关键在于加大结构调整的力度。

如何适应新的形势，正确地进行经济结构的战略性调整？根据党的十五大部署，必须认真贯彻执行以下几个重要指导原则。

第一,坚持以市场为导向,使社会生产适应国内外市场需求的变化。这是市场经济运行规律的必然要求。市场需求变化是产业结构和产品结构调整的主要依据,也是企业结构调整的根本方向。既要考虑国内市场,又要瞄准国际市场;既要考虑市场的现实需要,又要把握市场变化的长远趋势。只有以市场需求变化为方向和依据,才能使生产与需要衔接起来,才是产销畅通、有效益的良性循环的生产。我国目前经济结构矛盾突出,最集中的表现就是社会生产与市场需求变化不相适应,造成产销脱节,积压严重,而适应市场需求结构升级的新产品、高档产品却供不应求。相当多的企业还没有做到面向市场,不能根据市场需求组织生产。无论是宏观经济调控还是微观经济活动,无论是上新项目还是技术改造,都必须牢固地确立市场需求第一的思想观念和行为准则,全面分析和估量市场需求容量和结构。同时,要十分重视开拓市场,开发新产品,提供新服务,创造新需求,为经济不断发展寻求新的市场。当前特别要注意调整工业产品结构,开拓农村广阔市场,并全方位拓宽国际市场,实行市场多元化。总之,要研究市场、面向市场、开拓市场,这是经济进入新的成长阶段搞好结构调整、增加有效供给、提高经济效益的重要前提。

第二,坚持依靠科技进步,促进产业结构优化升级。科学技术是第一生产力,科学技术进步是经济成长的头等重要因素,也是提高产业素质和结构优化的关键所在。未来 10 年到 20 年,电子信息技术的最新发展,将深刻影响人们认识世界的方式和能力,影响人类物质文化的生产和消费;生物工程技术将把农业、医疗和生态保护带入崭新境界;新材料和先进制造技术等高科技也将给社会生产活动带来飞跃性进步。因此,无论是产业结构、产品结构还是技术结构的调整,都必须充分估量未来科学技术特别是高技术的重大作用,把加速科技进步放在经济结构调整和发展的关键地位,强化应用技术的开发和推广,促进科技成果向现实生产力转化,不断提高经济增长中的科技含量。

在这个基础上,要正确认识和把握产业结构优化升级的一些重要关系。一是第一、二、三产业的关系。要继续加强第一产业,着力调整和提高第二产业,积极发展第三产业,农业是国民经济的基础,关系改革和发展的全局,必须坚持把加强农业放在经济工作的首位,确保农业和农村经济稳定发展。特别是要牢固确立立足我国自己解决十多亿人口吃饭问题的战略思想,始终不放松粮食生产,同时综合发展农林牧渔各业。这是产业结构优化升级的基础,是大力发展二、三产业的前提和基础。要多渠道增加农业投入,不断改善农业生产条件。积极发展农业产业化经营,形成生产、加工、销售有机结合和相互促进的机制,推进农业向商品化、专业化、现代化转变。要坚持稳定党在农村的基本政策,深化农村改革,充分调动农民的生产积极性。进一步发展和提高第二产业素质是产业升级的重要方面,要在继续加强农业的同时,下大力气调整和提高第二产业,使之适应加速工业化、现代化的进程,这是用先进技术武装国民经济各部门,提高社会生产技术水平和劳动生产率的必然要求和基本途径。要鼓励和引导第三产业加快发展,逐步提高它们在国民经济中的比重。第三产业的兴起和发达,是国民经济现代化程度的重要标志。与我国工业化、现代化进程的总体状况相比,目前第三产业的比重偏低,应采取有力的政策措施,加快它们的发展,并注意形成合理的布局和结构,以进一步发挥第三产业在提高社会生产效率、增加城乡劳动就业和方便人民生活等方面的重要作用。二是发展传统产业与开拓新兴产业的关系。要在加快工业化进程的同时,积极推进经济信息化进程。从我国实际情况看,传统产业的发展还有很大的余地,应当大力采用先进技术改造和提高传统产业,为国民经济和社会发展提供必要的物质技术条件,也为包括高技术产业在内的新兴产业发展创造深厚基础。要下更大的力气,采取更有力的措施,调整和改组包括机械、轻纺在内的加工工业，大力提高它们的素质和水平，扩大附加价值高的产业在国民经济中的比重，增加适应国内外市场的竞争力。要不失时机地积极开发高技术产业和其他新兴产业，特别是大力发展信息产业。信息产业附加值大、技术含量高、渗透力强，是当今社会的先导产业，是最活跃、最有生命力、市场最广阔的现代产业。信息化是当代最先进、最强大的社会生产力。我们要加快国民经济信息化建设进程，充分发挥信息化在工业化现代化中的“倍增器”和“催化剂”的巨大作用，以信息化促进工业化，提高工业化水平，并为今后逐步向信息经济时代过渡奠定基础。这是我国跨世纪时期产业结构升级的重大课题。三是加强基础工业、基础设施与振兴支柱产业的关系。水利、能源、交通、通信和重要原材料等基础工业和基础设施，是国家工业化、现代化大厦的基石，现在虽然有了比较雄厚的基础，但从总体上看，仍有广阔的市场需求和发展前景，还需要进一步发展，使它们逐步与国民经济的工业化、现代化相适应。同时，必须大力振兴机械、电子、汽车、石油化工和建筑业，使之尽快成为带动整个经济增长和结构升级的支柱产业。这些产业市场需求量大、产业关联度高、生产技术新，是我国跨世纪时期新的经济增长点，是国民经济登上新台阶的主导和支撑力量，必须确立有限目标，择优扶持，集中突破，带动全局，加快发展。在推动产业结构升级过程中，还要切实把开发新技术、新产品、新产业同开拓市场结合起来，积极发展市场竞争力强的优势产业和名牌产品，并把发展技术密集型产业和劳动密集型产业结合起来，以提高经济的整体效率和缓解劳动就业的压力。

第三，坚持发挥优势，促进地区经济协调发展。国土幅员辽阔，各地自然资源和地理环境差异很大，经济发展也不平衡，这是我国的一个基本国情。改革开放以来，党和政府根据地区经济发展平衡与不平衡规律，实行因地制宜、发挥优势，扬长避短的方针，使全国各地经济都有很大发展。但由于发展快慢不同,地区差距有所扩大。人均国民生产总值,东、中、西部地区之比,1978 年为 1:0.67:0.54(以东部地区为 1),1994 年变为 1: 0.35: 0.28。三大地区国民生产总值占全国国民生产总值的比重,1990 年东部为 54%、中部为 30%、西部为 16%,到 1995 年,东部地区占 58%,5 年内上升了 4 个百分点;中部和西部地区分别占 28%、14%,都下降了 2 个百分点。1996 年国家采取加大中西部地区发展力度以后,地区发展差距开始有所缩小。在世纪之交的发展阶段中,我们党从大局着眼,对协调地区经济布局作了战略部署。这就是在充分发挥各地优势,使东、中、西部地区经济都得到更好发展的同时,更加重视支持中西部地区的发展,从多方面努力,积极朝着缩小地区发展差距的方向努力。东部地区要进一步充分利用有利条件,在推进改革开放中实现更高水平的发展,有条件的地方率先基本实现现代化,更好地发挥东部地区在增强综合国力和国际竞争力方面的重要作用。中西部地区要加快改革开放,充分发挥资源丰富的活力,发展优势产业。国家要采取优先安排资源开发和基础设施建设项目,鼓励国内外投资者向中西部地区投资,实行规范化的财政转移支付制度等措施,支持中西部地区加快发展。东部发达地区也要进一步采取多种形式发展同中西部地区的联合与对口支援。特别要更加重视和积极帮助贫困地区和少数民族地区发展经济,加大其发展力度,加快这些地区的经济发展。同时,要求各地区都要从实际出发,着力发展优势互补、各具特色的经济,加快老工业基地改造,充分发挥中心城市的作用,进一步形成跨地区的区域经济和重点产业带。切实按照这样的部署去做,既可以更好地发挥各地优势,提高资源配置效益和效率,又可以逐步缩小地区发展差距,促进全国各地区经济共同发展与繁荣。

第四,坚持推进经济增长方式转变,改变高投入、低产出、高消耗、低效益的状况。我国经济建设中长期存在的一个严重弊端,是粗放经营，浪费严重，效益低下，四十多年来尽管取得了巨大成就，但付出的代价太大。实行经济增长方式由粗放型向集约型转变，这是显著提高国民经济整体素质和效益，有效解决我国经济生活中深层次矛盾的根本途径，也是我国工业化、现代化建设进入新阶段的必然要求和根本任务。它的基本要求是，从主要依靠上新项目、铺新摊子、扩大建设规模，转变到主要立足于现有基础，把建设的重点放到现有企业的改造、改组、充实和提高上；从主要依靠增加大量资金投入和能源、原材料、劳动力的消耗，转变到主要依靠提高生产要素的质量和使用效率，提高综合要素生产率对经济增长的贡献份额；从主要依靠经济规模的扩张，转变到主要依靠结构优化升级、实现规模经营、合理布局生产力，提高结构优化效益、规模经济效益和区域分工效益；从主要追求产值速度和产品数量，转变到注意产品质量、性能和品种，提高产品的技术含量、附加价值和市场占有率。这两年，各部门、各地区在转变增长方式方面做了不少工作，也取得一些进步，但与实现“根本性转变”的要求相比还有很大距离。必须加大工作力度，加快转变步伐。要从优化产业结构和产品结构、改组改造现有企业、发展大型企业集团、提高劳动者素质、推进科技进步等方面下大功夫，坚持节约、合理利用资源，大幅度提高能源、原材料的利用效率。大力加强宏观经济管理、行业管理和企业管理，特别要采取综合配套的政策和措施，限制粗放经营，鼓励集约经营，力争在较短时间内使经济增长方式转变有一个明显进展。

以上四个方面，是调整和优化经济结构的指导原则，也是需要着力解决好的主要任务；它们之间是密切联系、不可分割的，在实际工作中，应当而且必须使各方面很好地结合起来。

调整和优化经济结构，必须切实解决长期以来普遍存在的“大而全”、“小而全”和不合理重复建设问题。“大而全”、“小而全”问题严重，是我国经济建设中的一个顽症，是当前经济结构不合理的突出表现,也是我国经济素质和效益低下的重要根源。它造成企业规模小,行业间相互封闭,专业化程度低,地区经济结构雷同。由于新建企业过多,占用大量建设资金,极大地妨碍了原有企业的技术改造和技术进步,技术和设备严重老化,使产品缺乏竞争力。现在有不少行业生产能力明显供过于求,但一些地方还在盲目上项目,以致使不少新建项目投产之日就是亏损之时,损失浪费惊人。据有关部门对"八五"期间投产的475个大中型项目调查,投产即亏损的达120个,其中严重亏损的有80个。这种情况确实值得深思。我们必须把克服经济建设中"大而全"、"小而全"现象,作为调整和优化经济结构的突破口和根本性任务。

解决经济建设中"大而全"、"小而全"问题,以至实现调整和优化经济结构的各项任务,都必须正确运用市场和计划两种手段。经济结构的调整和优化,本质上是优化资源配置问题。我们实行社会主义市场经济,必须充分发挥市场对资源配置的基础性作用。一般竞争性的产业、行业和企业的生存和发展,主要靠市场去调节,即在市场竞争中通过优胜劣汰的过程,选择产品、企业和产业,促使社会资源不断地流向有市场需求、耗能少、效益高的产品、企业和产业,从而使产品、企业和产业结构不断趋于合理。对于基础工业、基础设施领域的生产与建设,也要充分发挥市场竞争机制的作用,有的也要逐步实行市场化。那种以为加大结构调整力度、改变"大而全"、"小而全"现象,就必须强化计划审批手段、实行定点生产等行政方法,是不对的。必须明白,随着我国经济体制改革的深化,经济市场化程度越来越高,主要靠行政手段调整结构已难以奏效。无视客观现实的变化,强求沿用过多的行政手段,势必会遭到市场经济规律的惩罚。然而,我们也必须清醒地看到,现在我国正处于新旧经济体制转换过程中,市场发育不够充分,市场经济很不成熟,市场分割现象仍相当严重,市场机制作用还难以充分有效地发挥出来;同时,正如前面所讲,我们面临着的是适应国内外新形势,从战略上调整和优化经济结构的重大任务。在这种情况下,我们既要充分发挥市场机制的重要作用,又必须切实加强和改进国家的宏观调控,包括进行科学的市场预测,合理制定规划,完善产业政策、布局政策和技术政策,调整投资结构,运用相互配套的经济政策和法规等,有效发挥政府和计划的指导作用,以利于在我国现实情况下,抓住有利时机,加快结构调整步伐。因此,那种以为调整和优化结构不要政府和计划指导的思想也是不对的。问题是,政府和计划指导要符合市场经济规律,要做到科学、合理、有效。最近,在国家发展大型企业集团和加快经济结构调整中,地处江苏的金陵石化公司、扬子石化公司、仪征化纤集团公司、南化集团公司打破传统的条块分割格局,四家企业组建石化产业集团公司,实现强强联合,就是国务院在调整研究、广泛听取意见的基础上,做出的正确决策。

从根本上说,调整和优化经济结构要靠深化和推进经济体制改革,特别是要加快投融资体制改革步伐。关键是要实行政企分开,使企业真正成为市场主体、投资主体和技术开发主体,并由企业自行承担相应风险。在坚持间接融资为主的前提下,积极发展资本市场,逐步扩大直接融资的比重,培育多元化投资主体。打破地区封锁、条块分割,清除市场障碍,尽快建成统一开放、竞争有序的市场,以利于进一步发挥市场对资源配置的基础性作用,促进生产要素的合理流动和优化配置。要把深化企业改革同推进经济结构调整结合起来,以资本市场为纽带,通过市场组建具有较强竞争力的跨地区跨行业跨所有制和跨国经营的大型企业集团。进一步深化科技、教育体制改革,促进科技、教育同经济的紧密结合,从政策上支持和鼓励企业从事科研开发和技术改造,有条件的科研机构和大专院校要以不同形式进入企业或同企业合作,走产学研结合道路,以更好地实施科教兴国战略,使经济建设真正转到依靠科技进步和提高劳动者素质的轨道上来。总之,只有着眼于全面推进经济、科技、教育体制改革,以此为巨大动力,才能真正推动经济结构的调整和优化,尽快实现经济增长方式的根本性转变,推动国民经济持续、快速、健康地发展,成功地迈上新的大台阶。

（原载《宏观经济管理》1997 年第 10 期）

坚持在发展中推进结构调整

党的十五届五中全会通过的《中共中央关于制定国民经济和社会发展第十个五年计划的建议》(以下简称《建议》),对我国跨入新世纪初期的国民经济和社会发展做出了全面部署。在这个纲领性文件中,立足于我国现阶段的实际,顺应时代发展潮流,着眼于加快我国现代化建设和提高国际竞争力。强调"十五"期间我国发展是主题、结构调整是主线,并明确提出坚持在发展中推进经济结构调整、在经济结构调整中保持快速发展的重大指导方针。深刻认识和认真贯彻这条指导方针,正确处理经济发展与经济结构调整的关系,对于胜利实现《建议》提出的各项任务,把我国社会主义现代化事业成功地推向新的发展阶段,有着十分重要的意义。

必须把经济发展与结构调整很好地结合起来

今后五年到十年,是我国经济和社会发展的重要时期,是进行经济结构战略性调整的重要时期,也是完善社会主义市场经济体制和扩大开放的重要时期。要圆满完成这一重要时期的发展、调整、改革和其他各项任务,需要妥善解决一系列重大课题,其中十分重要的方面,就是必须注意正确处理经济发展与经济结构调整的关系,坚持以经济发展带动结构调整,以结构调整促进经济发展。

从根本上说，经济发展与结构调整是有机统一，相互联系、相互促进的。经济发展既有经济规模和总量的扩大，也有素质和效益的提高。一个国家经济的成长和发展，实质上是经济结构不断调整和优化的过程。经济结构调整包括就业结构、技术结构、地区结构、城乡结构的调整和优化，是国民经济持续协调发展、资源优化配置的内在要求，也是提高经济整体素质和效益的必然选择。经济规模和总量的扩大，不仅可以为经济结构调整创造空间和条件，而且可以为经济结构调整提供良好的社会经济环境。同时，经济结构调整进展快一些，既有利于解决经济生活中的深层矛盾，也有利于经济整体水平的提高。因此，我们必须用全面的、科学的观点，科学地、正确地认识经济发展与结构调整之间关系。那种把二者对立起来或者割裂开来的观点，都是不对的、有害的。党中央关于“十五”计划的建议，对经济发展与经济结构调整的关系进一步做出明确、科学的论断，并作为重大的指导方针，具有十分重要的理论意义和极大的现实针对性。

在迈向新世纪的全部经济工作中，我们的首要的着眼点应是推动经济持续快速发展。这是因为发展是硬道理，是解决中国所有问题的关键。从目前需要看，只有使经济保持较快的发展速度，扩大经济规模和壮大经济实力，才能有效解决经济和社会生活中存在的矛盾和问题。例如，不断提高人民生活水平，要靠发展；缓解庞大的就业压力，要靠发展；振兴科技教育事业，要靠发展；加强国防建设，也要靠发展；增强人民群众的凝聚力，维护社会安定团结局面，还要靠发展。同时，要为实施经济结构的战略性调整创造较为宽松的环境和更加有利的条件，也要求经济有一定的发展规模和速度。如果经济没有必要的发展速度，不仅人民生活、劳动就业和其他各项社会发展的问题难以得到应有解决，而且包括产业结构、地区经济、城乡结构在内的经济结构调整将会遇到很大困难，有些需要提供必要的财力支持的经济体制改革也受到制约和影响。从战略和全局发展看，当今世界，经济全球化日益发展，科技革命突飞猛进，国际竞争更加激烈。发达国家在经济上科技上占优势的压力、霸权主义和强权政治的压力将长期存在。我们必须增强紧迫感和使命感，使经济发展得快一些、好一些，以利于不断提高我国的综合国力和国际竞争力。如果我们经济发展太慢，就会被动挨打。可以说，加快经济发展，增强了经济实力，是我国屹立于世界强国之林，在风云变幻的国际局势中居于主动地位，立于不败之地的关键所在。现在，我国的市场需求广阔，传统产业发展有着巨大的空间，新兴产业方兴未艾，劳动力资源丰富，改革开放继续推进，社会安定团结，同时世界经济发展势头看好。我们应当充分利用国内外各种有利的条件，抓住机会加快经济发展。

要实现国民经济持续快速健康发展，必须对经济结构进行战略调整。这不仅是因为调整和优化结构是经济成长规律的要求，更是我国经济发展面临的迫切任务。当前，经济结构存在的问题，主要是产业结构不合理，地区发展不协调，城镇化水平低。只有把经济结构问题都解决好，才能有利于扩大国内需求，增加有效供给，也才能显著提高国民经济的整体素质和效益。我们必须看到，经过五十年特别是改革开放二十年来的建设，我国生产力水平迈上一个大台阶，商品短缺状况基本结束，市场供求关系发生了重大变化，正进入全面建设小康社会并加快推进现代化的新的发展阶段。现代化建设的重要的阶段性变化，对经济发展要求突出地反映在经济增长由数量型向质量型转换，集中体现在加速产业结构优化升级。与此相应，经济工作的重点也必须及时转向全面推进结构调整，这样社会生产结构才能适应社会需求结构的变化，经济增长和效益才能进一步提高，整个经济才能得以快速发展。否则，经济将受制于市场约束，在低水平上蹒跚而行，难以顺利发展，甚至会陷入困境。还要看到，进行经济结构战略性调整，是世界经济结构调整的大趋势，是科技进步日新月异的必然要求。我国将加入世界贸易组织，在这种新的形势下，我们不在结构调整方面下大功夫，并取得切实进展，就不能创造经济增长的新优势，甚至带来我们不愿意看到的经济风险。总之，抓紧进行经济结构的战略性调整，不仅直接关系到当前的经济利益和持续发展，而且直接涉及到经济的全面和长远发展。所以，我们必须努力实现经济持续快速发展，切实加大结构调整的力度，而绝不能有丝毫的游移和放松。

我国经济建设历史和现实的经验充分证明，正确认识和把握经济发展与结构调整的关系至关重要。仅以近三年来的情况看，由于受到亚洲金融危机冲击，国内市场供求关系又发生重大变化，经济生活中出现通货紧缩趋势。在这种形势下，果断采取扩大内需和调整结构的宏观经济政策，通过增发国债和增加居民收入等措施，形成投资和消费对经济增长的双重拉动，并注意把保持经济的较快发展同加快结构调整很好地结合起来，收到了显著成效。特别是今年以来经济出现重大转机，社会需求全面回升，经济增长加快，结构调整取得积极进展。农业种植结构按照优质高效的方向调整，在纺织、煤炭、冶金、制糖工业中进一步压缩和淘汰了部分落后生产能力，高新技术产业快速发展，西部大开发迈出重要步伐，城乡经济朝着协调方向发展，整个经济沿着良好循环轨道前进。从东部沿海一些省市的情况看，正是近几年坚持在发展中调整结构，在结构调整中保持快速发展，才使得这些地方经济规模不断扩大，结构逐步优化，成功地实现了国民经济持续快速健康发展。无论是全国还是一些地方的这些经验，值得认真总结，并很好地坚持下去。

正确贯彻在发展中调整结构、在调整结构中快速发展的方针

按照经济发展是主题、经济结构调整是主线的要求，并贯彻在

发展中推进结构调整和在结构调整中保持快速发展的方针,在具体工作中需要从实际出发,统筹考虑,周密部署,务必使发展与调整有机结合、相互促进。为此,把握好以下几个方面是至关重要的。

坚持在发展中调整经济结构,以发展带动调整。这就要求,在实施国民经济战略性调整中,必须使国民经济保持合理的发展速度,努力扩大经济规模和总量。为此,要以满足国内外市场需求为目标,充分利用各种有利条件,挖掘各方面潜力,积极促进经济既快又好地发展。只要有市场、讲效益、讲质量,就要尽可能发展得快一些,把我国经济蕴藏着巨大的潜力充分发挥出来。经济发展速度快一些,经济总量和规模大一些,就能够更好地满足社会各方面的需要,增强国家经济实力,也能够为经济调整提供更大的空间和必要的条件,从而有利于加快结构调整和优化。

我们绝不能在调整结构中放慢可能争取到的发展速度,不能等结构调整好了再加快发展。生产发展有自身规律,生产要素不是可轻意和随意改变的,产业的兴衰更替取决于市场容量和技术进步等诸多因素,是一个渐进的、较长时期的过程。因此,对国有经济进行战略性调整和对国有企业进行改组、改造,以及对所有制结构的完善,都必须以有利于国民经济持续快速发展为前提,而决不能相反。这就需要正确地把握经济结构调整的规模和步骤。同时,还应当正确处理传统产业与高新技术产业关系,把改造传统产业同发展高新技术产业紧密结合起来。要明确认识到,许多传统产业包括农林牧业、食品加工、纺织服装、能源、建筑建材、机械设备制造、汽车、冶金、石油化工等工业,在当前和今后一个较长时期内仍然是我国经济的主体,对满足国内市场需求、吸纳劳动就业和参与国际市场竞争,以至对推动国民生产总值的快速增长,都起着十分重要的作用,绝不能轻言淘汰所有传统产业,而应当根据市场供求变化,大力调整传统产业结构,并积极推进传统产业的技术改造和创新,通过开发新产品、新工艺、新材料，以及产品升级换代和深加工，形成和创造新的需求，促进传统产业的有效发展。如果忽视有市场需求的传统产业，不仅不利于经济的持续发展，而且也不利于新兴产业的发展，会导致多方面的消极后果。当然，高新技术产业的兴起和壮大，是我国产业升级、经济逐步现代化的重要标志，是显著提高经济增长质量和竞争力的根本所在，必须不失时机地加快发展高新技术产业。

坚持在结构调整中保持经济快速发展，以高速促进发展。我们要进行的国民经济战略性调整，将通过产业升级、技术升级提高经济增长质量和竞争力，通过协调地区结构和城乡结构，为经济增长开拓更广阔的空间，通过对所有制结构的完善和国有经济战略性调整，为经济注入新的活力。所有这些，都将有力地促进国民经济持续快速健康发展。这里需要把握以下几个方面。首先，应当把主要精力和工作重点切实放在结构调整上，不失时机地加大结构调整的力度，这样的速度才是扎实的、能够持续快速发展的速度。绝不能忽视经济结构优化去片面追求经济总量的扩张，否则一时上去了，很快就会跌下来。其次，要正确把握结构调整的方向和目标。《建议》对全国经济结构调整做出明确部署。最重要的是产业结构、地区结构和城乡结构的调整。在产业结构调整方面，要继续巩固和加强农业的基础地位，并要抓好农业和农村结构调整，特别要以优化品种、提高质量、增进效益为中心，大力调整农业产品结构。要加快工业改组改造和结构优化升级，广泛采用高新技术和先进适用技术，加快传统产业技术改造，提高工艺技术和装备水平。积极推进老工业基地改造，因地制宜发展接续和替代农业，并要加快发展电子信息、生物工程和新材料等高新技术产业。要大力发展现代服务业，改造传统服务业，明显提高服务业增加值占国内生产总值的比重和从业人员占全社会从业人员的比重。要加快国民经济和社会信息化，在全社会广泛应用信息技术，加强现代信息基础建设，加速发展信息产业，使信息化覆盖现代化建设全局,以信息化带动工业化,并发挥后发优势,实现社会生产力的跨越式发展。要进一步加强水利、交通、能源等基础设施建设。在地区经济结构调整方面,要实施西部大开发战略,坚持突出重点,注重实效,力争用五到十年时间,使西部地区基础设施和生态环境建设有突破性进展,西部开发有一个良好开局;同时,要加快中西部地区发展步伐,继续发挥东部沿海地区在全国经济发展中的带动作用。在城乡结构调整方面,要积极推进城镇化,提高城镇化水平,走出一条符合我国国情的、大中小城市和小城镇协调发展的城镇化道路。认真按照《建议》的部署和要求去做,不仅经济增长的质量和效益会明显提高,而且会为经济发展提供广阔的市场和持久的动力,促进整个经济协调发展和良性循环。最后,要注意把握调整力度和工作衔接,统筹协调当前发展和长远发展。经济结构调整必然是有退有进、有上有下,在一定时间内,调整和发展会产生一些矛盾。比如,压缩和淘汰部分行业落后的生产能力,关闭那些产品质量低劣、浪费资源、污染严重、不具备安全生产条件的企业,如果不同时让那些有市场和产品质量高、效益好的产业和企业尽快发展起来,就会暂时影响发展速度。因此,在具体工作中,要从各地实际出发,注意把握好退与进的力度,特别是在新上项目时,要统筹考虑当前利益与长远利益的需要,大中小项目的结构要合理,基础设施建设项目和其他项目建设也要有恰当比例,注意适当多安排一些有市场需求或者近期能创造市场需求、建设周期短、见效快的项目,以保持经济的适当发展速度。

坚持实施兼顾发展与调整宏观经济政策,使二者密切结合。正确的宏观经济政策是使经济发展与结构调整相互联系、相互促进的重要纽带和保障。这方面最为紧要的是三大政策。一是社会需求政策。要根据经济发展的形势作及时相应的调整。例如,在社会需求不足、经济发展速度偏低或持续下滑的情况下,应采取扩大需求的政策，包括扩大出口需求、投资需求和消费需求。这如同前三年实行的宏观调控政策一样。鉴于目前国内需求不旺的状况，近期仍要继续实行积极的财政政策和稳健的货币政策，并采取其他措施，带动企业和社会投资，促进消费，以保持经济以较快速度发展。当然，如果出现社会需求过旺，发展速度太高，以至通货膨胀加剧，就需要实行从紧的财政政策和货币政策，这如同 90 年代中期所采取的宏观调控政策一样。二是产业发展政策。要根据市场供求变化和经济发展的长远目标，制定恰当的产业政策。对有市场需求和发展前景的行业和企业，采取鼓励和支持发展的财政政策、货币政策、外资外贸政策和技术政策等。反之，对供大于求或者产品质量低劣、污染环境、浪费资源的行业和企业，则采取限制发展的经济政策。我们从 80 年代末就开始通过制定和实施产业政策，来促进产业结构调整，最近有关部门又颁布了今后一个时期的产业政策。这方面我们已积累了不少实践经验，应当根据发展与调整的要求，更好地加以运用。三是投资结构和消费结构政策。这是协调经济发展和经济结构调整的直接和最有效的政策。投资方向决定着产业发展的规模和速度，对今后时期鼓励发展的传统产业和高新技术产业，应通过多条渠道和采取多种方式加大投资力度；反之，对需要压缩、淘汰的生产能力，则坚决控制和禁止投资。消费结构政策对社会消费有着重要调节作用，从而直接影响不同企业的发展。例如，今后时期随着人民生活水平由小康水平向更加宽裕水平迈进，将对住房、汽车、电信、旅游、保健、文化等商品和服务消费提出更高的要求，为此应当从消费政策上加以支持，以引导消费结构升级，从而有力带动相关产业的发展。总之，只要把经济总量政策同经济结构政策很好地结合起来，就一定会既有效地促进经济持续快速发展，又有力地推动经济结构调整和优化。

关键在于推进体制创新和科技创新，充分发挥市场和政府的作用

实现经济发展与结构调整相互促进，不仅要正确认识它们之间的辩证关系，在实际工作中把握好二者的目标和力度，关键还在于加快改革开放和科技进步，推进经济体制创新和科技创新，按市场经济规律办事，既充分发挥市场机制的作用，又要高度重视政策的引导和调控作用。

第一，继续深化改革。深化改革的意义在于，为经济发展和结构调整提供强大的推动力，扫除经济发展和结构调整的种种障碍；同时，有些经济结构调整，包括调整和完善所有制结构、对国有经济进行战略性调整等，本身就是改革的重要内容。要通过改革，进一步解放生产力。当前，特别要加速政企分开的改革，以使企业真正成为市场竞争的主体，能够主动地按照市场需求变化，组织生产、投资、经营和调整结构。目前，政企错位的现象还相当严重。不少企业仍然缺乏市场主体意识，遇到生产、投资等问题仍然找政府；不少地方政府也还直接干预企业的生产经营，热衷于定产品、定项目，越俎代庖。这种情况必须坚决加以改变。要彻底打破部门、行业垄断和地区封锁，进一步培育市场体系，发展商品、资本、劳动力及其他生产要素市场，充分发挥市场机制的基础性作用，促进资源优化配置。既要坚决消除某些衰退产业和无法生存发展的企业退出市场的阻碍，又要大力克服某些产业和企业进入市场的困难。这样，才能有利于充分发挥各种生产要素对经济发展的促进作用，又有利于生产要素在不同企业、产业、地区的优化组合。目前，社会生产力水平的多层次性和所有制结构的多样化，是我国社会主义初级阶段的重要特征。必须适应生产力性质和发展的要求，继续调整和完善所有制结构，从战略

上调整国有经济布局，推进国有企业战略性改组，进一步发展公有制为主体、公有制实现形式多样化和多种所有制经济共同发展的格局。这既是经济持续快速发展的内在要求，又是调整和优化经济结构的重要任务。

第二，进一步扩大对外开放。从20世纪70年代末以来，我们积极扩大开放，充分利用国内国外两个市场、两种资源，既加快了经济发展，又促进了经济结构的调整，这是我国经济上了一个大台阶的重要条件。我国即将加入世贸组织，我们要抓住这个历史契机，进一步推动全方位、多层次、宽领域的对外开放，以带动经济持续增长，推动结构有效调整。要充分利用世界范围经济结构大调整的时机和条件，积极扩大国外市场需求，增加商品和服务领域出口规模，优化出口商品结构。特别是进一步发展我国有竞争优势的商品出口，努力保持出口贸易的较快增长。要更多地引进资金、技术和管理经验，并同我国在产业结构、国有企业改组改造和西部大开发紧密结合起来，促进经济结构的战略性调整和产业升级。进一步扩大利用外资领域。适应外商更多采取跨国兼并投资的新特点，推动国内大型企业与跨国公司合资、合作，吸引跨国公司在国内设立生产加工和技术开发基地。同时，积极扩大经济技术合作的领域、途径和方式，支持有竞争力的企业跨国经营，到境外开放加工贸易与开发资源。这样，既可以更好地开拓国际市场，扩大商品、设备、技术、劳务出口，又可以在参与国际合作与竞争中，提高我国企业的素质和竞争力。

第三，大力促进科技进步和创新。这是实现国民经济持续快速发展和促进经济结构优化的决定性因素。无论是使经济保持合理的发展速度，还是从战略上调整经济结构，都必须高度重视科技进步与创新。科技进步与创新对于经济发展和结构调整具有巨大的促进作用，不仅可以提供不竭动力和强大技术支持，推动经济规模的扩大，而且提高经济的增长含量，推动产业结构、技术结构升级。我国传统产业具有相当基础，只要积极采用高新技术和先进适用技术，加快技术改造，就会开拓新的发展空间，提高到新的水平。以电子信息技术和生物工程为代表的高新技术在我国方兴未艾，加强技术创新，发展高新技术，不仅可以显著提高产业、技术水平，而且可以有力地推动现代产业蓬勃兴起，从而为生产力发展开辟无限广阔的道路。当今世界上，依靠科技进步和创新，创造经济持续增长和经济结构优化奇迹的国家和地区，不乏其例。最引人注目的，是美国被称为“新经济”的发展。从20世纪80年代初开始，美国历届政府都把促进科技进步和科研成果产业化作为主要发展目标。通过增加研究与开发投入，促进高新技术产业发展；依靠风险资本和小企业开发高新技术；加强对传统产业的技术改造。依靠科技进步和创新，加速经济结构调整，从而创造了整个90年代经济的高速增长。最近几年，欧盟许多国家也紧随其后，把加速科技进步与创新作为实现经济繁荣的引擎。总之，无论理论还是实践都向我们昭示，经济要实现快速增长，经济结构调整要取得突破性进展，必须采取有力措施，真正加速科技进步，实现技术创新。正是基于此种认识，这次中央《建议》把科技进步和创新放在前所未有的突出地位，并做出了新的战略部署，我们必须认真加以贯彻落实。

第四，充分发挥市场和政府的共同作用。贯彻在发展中推进结构调整、在结构调整中快速发展的方针，必须正确认识和处理市场和政府的关系。总的原则是，坚持充分发挥市场导向作用和市场在资源配置中的基础性作用，同时加强政府的引导、服务、调控和推动作用。在发展社会主义市场经济的新形势下，无论是经济发展还是结构调整，都必须面向市场、开拓市场、符合市场需求，资金、技术、劳动力等生产要素的组合和其他资源配置都要通过市场或尽可能发挥市场机制的作用。这样，才能使生产与需求相协调，适应供求关系变化，也才能增强经济的活力和效率。但是，这绝不意味着可以忽视和排斥政府的重要作用,特别是我国目前市场体系尚不健全,又处于对经济结构进入战略性调整阶段,为了抓住时机加快发展和调整步伐,应当高度重视政府的作用。当然,要进一步转变政府职能和管理方式。政府的作用,主要是搞好经济发展和结构调整的规划,提供信息服务,掌握政策;制定和执行法规,规范市场行为;综合运用经济的、法律的和必要的行政手段,消除结构升级的体制、政策障碍,为发展和调整创造良好的条件和平等竞争的市场环境;加强组织协调和检查监督。这样,就可以更好地顺应经济发展规律的要求,更好地促进经济发展和推动经济结构调整,顺利实现发展和调整的目标。

(原载《求是》2000 年第 21 期,原文标题为:《坚持在发展中推进结构调整,在结构调整中保持快速发展》)

经济发展中需要处理好的重大关系

种种情况表明，目前国内外经济形势正处在一个深刻复杂的变化之中。对于这些变化，我们还缺乏应有的预见和了解。这些变化本身，也处在快速发展和逐步显现的过程当中。要寻求新的发展，必须拨雾观潮，掌握大势，乘风破浪，知难而上，统筹协调，稳步前进。

当前世界经济发展总的特征是处于转折时期，在这个转折点上，经济发展的长期趋势明显，短期局势变幻不定。长期形势虽然看好，短期风险加大。从我国的具体情况看，由于我国经济处于两个根本性转变的历史阶段，经济增长又处在收缩与扩张的波动期之间，世界经济长期趋势和短期特征与我国自有的发展阶段和增长周期叠加在一起，特点更加明显，发展和波动的两面性更加突出，长期问题和短期矛盾更加尖锐，工作难度和风险更大。

在这种情况下，对我国今年经济形势的分析和应对，无论具体的形势如何推断，都要把握大势，看清现阶段特有的机遇和挑战，特有的光明与困难。搞好今年的工作，有很多有利条件，但是，我们也清醒地看到，保持这个好的局面并不容易，所面临的困难和问题更多更大，突出表现是当前经济发展中短期和长期矛盾尖锐，深层和表面的问题皆趋激化。

短期和表象性的矛盾，主要是高增长后面的低效益问题、低通胀后面的高失业问题和低水平稳定后面的高风险问题。长期和深层性的问题，则是来自两个带有根本性的"不适应"：一是在体制、机制层面，由于改革和开放还在推进中，因此对建立在全球化基础上的新兴市场经济体系不适应；在实体、产业层面，由于我们以传统技术为基础的工业化还未完成，因此对建立在高科技基础上的新的知识型经济发展不适应。

面对这种情况，主要的难点和关键之点是要把握大局，统筹兼顾，处理好以下几方面重大关系。

总体部署：稳与进的关系

从当前的国际国内形势的特点来看，经济方面既有加快发展的动力，又有稳中求进的要求。总的来看，在短期形势不明朗的时候走得稳一些是上策。工作安排上各方面不应搞得过紧，发挥潜力也要留有余地。具体的是在发展方面的指标安排上既要有利于形成积极的预期，又要保持抑制通货膨胀、促进结构调整升级的必要约束力；在改革工作的安排上要注意求变与求稳的两方面要求；在开放方面要兼顾效益与风险的平衡。

发展目标：经济增长数量与质量的关系

从宏观的角度看，处理好经济增长数量与质量的关系，突出地是要处理好总量扩张与结构调整的关系。总量与结构矛盾不是简单的孰轻孰重的问题，而是同一问题的两个方面。这在我国经济告别短缺时代的现阶段更是如此。当前总量问题比以往任何时候都更加明显地表现为结构性矛盾。结构限制了总量的增量，结构制约了总量的质量。要解决总量的数量和质量问题，实现结构优化升级是求得两方面双赢的最佳策略。

增长动力：需求拉动与供给驱动的关系

在我国和世界经济都出现一定程度过剩现象的情况下，扩大需求成为宏观政策的必然选择。国外也已有人倡导所谓的新凯恩斯主义。但是也必须看到,目前的经济过剩现象,是在新的特殊情况和技术产业革命的大背景下产生的,这使这次过剩危机与以往的情况相比有很大不同。可以说,目前的需求不足一方面是由于有效需求相对于总供给的缺亏,在另一方面,有效供给不足使有支付能力的需求无法实现,这可从我国目前存在巨量游资却无法形成实际消费和投资热点可以清楚看出。促进经济增长的政策必须重视这种情况,目前的经济政策一定要把需求拉动与供给驱动结合起来,既要参考凯恩斯主义,又要借鉴供给学派。

宏观政策的调控力度:"积极"与"适度从紧"的关系

坚持适度从紧的财政货币政策,是我们总结改革开放以来多次正反两方面情况得出的一个重要经验,也是我国经济体制和增长方式没有得到根本性转变以前必须长期坚持的宏观调控的总的基调。应该看到,"适度从紧"是需要坚持的长期性方针,并不要求在经济发展的各个时点和各项短期政策都要一味从紧。适度从紧同时也是要求从紧适度,过紧或过松都不符合适度从紧的精神。目前,我们既要继续实施积极的财政政策,又要明确这是在特殊条件下实施特殊政策,仍必须在适度从紧、平衡财政的总方针指导之下。要注意目前实行的短期政策与长期经济政策的衔接和财政收支的长远平衡问题。

经济工作的重心:"三农"与"三工"问题的关系

农业、农村、农民的问题十分重要,在另一方面,工业、工厂和工人的"三工"问题也必须引起我们的高度重视。可以说,"三农"问题是我们解决改革、发展和稳定三大问题的基础,"三工"问题则是解决这三大问题的要害和关键。按照中央的部署,今年要集中力量抓紧研究部署国有企业深化改革问题,这将是解决"三工"问题的一个关键步骤,也将为我们把"三工"与"三农"工作同时做好提出了新的要求和创造了新的条件。

扩大需求：扩大内需与开拓外需的关系

扩大内需不是权宜之计，利用两种资源、两个市场的方针也不可因世界经济出现的问题和风险而有丝毫的松劲与动摇。相反，应该把当前的世界经济形势看成是发展外向型经济的一个难得机遇。但在当前情况下，应当突出地把扩大内需作为主要的问题。内需与外需同样重要，各有其不可替代的作用，对我国经济发展都有重要贡献，在实际工作指导上要恰当把握，在政策引导上不可出现偏差。

扩大内需：增加投资与扩大消费的关系

投资与消费相比，对刺激经济增长方面更易控制且见效更快，在这方面我们也有较多的经验。在新的形势下如何引导和鼓励消费，还需要进一步的探索。今年要采取更加有力的措施，努力扩大城乡居民消费。主要是增加城乡居民货币收入，进一步减轻农民负担，引导居民增加即期消费，增加城乡居民消费信贷规模，改变不合理的限制民用电等不利于消费的政策，加强有利消费实现的城乡基础设施建设。

促进经济发展：国有经济发展与非国有经济发展的关系

较大比重的国有经济是我们进行经济调控的优势所在。当前较快的经济增长也主要得益于国有经济的发展。但是只靠国有经济的拉动是不够的。还要切实采取措施，鼓励、支持和引导非国有经济增长，促进经济中富有活力的经济的增长。

产业发展：加强基础设施和开发高新技术产业的关系

我国产业结构的突出问题，是两头弱小，中间肿大。以一般加工工业为主的中间部分低水平膨胀，构成上下两头的基础设施和高新技术产业十分薄弱，这种状况亟待改变。基础设施具有市场稳定，风险性较小的优点，在近期经济形势看不太准的时候多搞一点是必要和稳妥的。但是，高新技术产业这一头也必须继续抓紧抓好。虽然近期经济发展有诸多不确定因素，但未来世界经济发展的主导力量必将是现在处于高风险、高竞争的高新技术产业的这个长期和总的趋势不会改变。能不能搞好这类产业,将比基础设施的建设更能决定我国今后经济发展的总体实力和潜力。如果我们在现在不在发展高新技术产业多担一些风险,就会在将来的发展中承担更大的风险。

企业规模结构:大与小的关系

在经济发展中大企业和中小企业同等重要,不可偏废。韩国的大企业模式和中国台湾地区的中小企业模式各有短长,不可简单肯定或否定。前段时间我们对中小企业重视不足,现在多采取一些措施加以支持是应该的。但是像中国这样一个大国,大企业和中小企业都必须充分发展。发展大集团、大企业的战略必须坚持,关键是发展什么样的大企业。中小企业也必须大力发展,关键也是搞什么样的中小企业。我们要的是"大而强"的大企业和"小而专"、"小而精"的中小企业,以及这样的大中小企业有机结合的合理分工协作体系。

(原载《经济与信息》1999 年第 3 期,与赵世洪同志合作)

扩大内需方针和宏观调控政策

一、扩大内需方针的提出的历史背景

我国提出扩大内需方针,直接的导因是应对亚洲金融危机的冲击和影响。1997 年 7 月 2 日,亚洲金融危机首先在泰国爆发,并很快席卷东南亚,随后波及到韩国、日本等国家和地区。这些国家和地区股市暴跌、汇率下降、生产停滞,经济出现负增长。但直到 1997 年下半年,亚洲金融危机还未明显影响我国。当年我国外贸形势比较好,外贸出口比上年增长 20.9%,对外贸易的位次跃居世界第十位。1997 年全年,我国国内生产总值比上年增长 8.8%,全国商品零售价格总水平比上年增加 0.8%,迎来了经济"高增长、低通胀"的良好局面。

在当时较好的国内经济形势下,我们对亚洲金融危机可能给我国造成进一步的负面影响,虽然已经估计到了,但总体上看,对事态严重性的估计,仍有些不足。

从 1998 年上半年的经济发展情况看,亚洲金融危机对我国的负面影响超出了年初的预料,国内经济出现了新的变化。上半年出口增速逐月放慢,一季度同比增长 13.2%,4 月份增长 7.9%,5 月份下降 1.5%,6 月份仅增长 1.6%。整个上半年出口增长 7.6%,同比增幅回落 18.6 个百分点。由于出口增速的减慢,影响经济增长速度的回升。1997 年我国 GDP 增长 8.8%，其中约 2.87 个百分点是靠净出口拉动的。由于亚洲金融危机爆发，1998 年我国出口形势逆转，这意味着经济增长失去出口需求的拉动力。据国家统计局的估计，1998 年上半年由于出口交货值增幅减慢，约影响工业生产增长减慢 2.1 个百分点，由此影响 GDP 增长减慢 1 个百分点。1998 年上半年国内生产总值增长 7%，增速回落 2.5 个百分点。更为严峻的是，在经济增长速度下滑的同时，商品零售价格总水平自 1997 年 10 月开始下降，到 1998 年 7 月，持续下降了 9 个月；工业品价格指数自 1996 年 6 月到 1998 年 7 月持续下降 25 个月之久，出现了通货紧缩趋势。通货紧缩趋势的发展使国内经济中许多深层次的矛盾逐步暴露。再加上 1998 年长江、松花江发生百年不遇的特大洪涝灾害，经济损失高达 2000 多亿元。经济形势十分严峻。

面对这种经济形势，党中央、国务院果断地实行扩大内需方针，实施积极的财政政策和稳健的货币政策。1998 年 7 月 27 日至 31 日，时任国务院总理朱镕基在内蒙古、山西考察工作时，首次公开提出要实施积极的财政政策。他指出："必须清醒地看到，要实现今年的经济发展目标，任务十分艰巨，特别是要充分估计亚洲金融危机对我国经济发展的不利影响。针对当前通货紧缩的形势，中央决定实施更加积极的财政政策，筹集更多的资金，进一步加大基础设施建设投资力度。这是扩大国内需求，拉动经济增长的最有效措施。"至此，我国宏观调控政策出现了重大转变，由原来实行适度从紧的财政政策和货币政策转向实施积极的财政政策和稳健的货币政策。同时，做出人民币不贬值的决策，采取包括增发国债、降低存贷款利率、提高出口退税率等在内的一系列宏观调控政策。开始实施扩大内需的方针。

最初提出扩大内需方针，是一项紧急应对之策。其初衷是破解亚洲金融危机的影响，控制住经济增长下滑的势头。之后，随着形势发展,扩大内需从单纯的加大投资到投资和消费双重拉动。扩大内需方针在实践中不断完善。

二、实施扩大内需方针以来的主要宏观经济政策和措施

为了保持国民经济的持续快速健康发展,中央采取了一系列重大政策和措施。

(一)实行积极的财政政策和稳健的货币政策

这几年,面对国际经济环境严峻和国内市场有效需求不足的困难局面,采取的最重要举措就是果断地把宏观调控的重点,从实行适度从紧的财政政策和货币政策,治理通货膨胀,转为实施积极的财政政策和稳健的货币政策,抑制通货紧缩趋势,并在实践中不断完善政策措施,把握调控力度,确保取得成效。

在实施积极的财政政策方面,着力扩大投资和消费需求。

一是发行长期建设国债,带动固定资产投资。1998 年至 2002 年共发行长期建设国债 6600 亿元,总投资规模 32800 亿元,到 2002 年底累计完成投资 24600 亿元。

二是发挥税收政策的积极作用。为鼓励投资,从 1999 年 7 月 1 日起减半征收固定资产投资方向调节税,2000 年开始暂停征收;对符合国家产业政策的各类技术改造项目购置国产设备的投资,按 40% 的比例抵免企业所得税。调整进口设备税收政策,降低关税税率。1998 年,对国家鼓励发展的外商投资项目和国内投资项目,实行了在规定的范围内免征关税和进口环节增值税,以鼓励引进国外先进技术设备。降低部分外商投资企业所得税率。从 1999 年 7 月 2 日起,对从事能源、交通、港口建设项目的外商投资企业减征企业所得税。为支持外贸出口,1998 年至 1999 年,连续三次提高出口退

税率,使我国出口货物的平均退税率由原来的8%左右提高到15%左右,五年累计办理出口退税4000多亿元。为适当刺激居民储蓄向消费、投资转化,从1999年11月1日起,恢复对居民本币和外币储蓄新发生的存款利息所得征收个人所得税,到2002年底累计征税超过700亿元。

三是努力扩大消费。从1999年以来,我国连续三次较大规模地增加机关事业单位人员的基本工资标准,还实施了年终一次性奖金制度,建立了艰苦边远地区津贴制度,使机关事业单位月人均基本工资水平,由1998年的400元提高到2001年的823元,翻了一番。同时,重视加强"两个确保"和"低保"工作,不断完善社会保障体系。1998年至2002年中央财政大幅提高"两个确保"和城市"低保"的投入,共安排资金1934亿元,增加了企业困难职工和城镇低收入者的收入。通过扩大退耕还林、深化农村税费改革和粮食流通体制改革等措施,千方百计增加农民收入。居民收入水平的不断提高,有力地促进了消费的增加。

四是大力推动企业技术进步和实施西部大开发战略。已使用355亿元国债作为贴息资金,总投资达4354亿元,支持重点行业、重点企业的技术改造项目2175个。2000年开工的西部开发项目总投资规模为3700亿元,其中国债投资500亿元,青藏铁路、西气东输、西电东送、南水北调等一批关系全局的重大工程相继开工。

五是中央财政加大对地方的转移支付力度。1998年,我国中央财政本级收入4892亿元,到2001年达到8578亿元,年均增长19.4%,中央财政收入占全国财政收入的比重由49.5%上升到52.4%。与此同时,中央财政对地方的转移支付总额年均增长20.8%。中央财政收入中约2/3用于对地方的转移支付,主要是工资、社会保障、扶贫及税收返还等方面的转移支付支出,促进了各地区经济社会的协调发展。

在稳健的货币政策方面，既防止盲目放松银行信贷，又支持经济发展。

一是与积极的财政政策相配合，为国债项目提供配套贷款。五年来，银行共发放国债项目配套贷款 1.32 万亿元。还推广了小额农户信用贷款和联保贷款，推行出口退税账户托管贷款，扩大对中小企业贷款利率浮动幅度，开展证券公司股票质押贷款，支持有市场、有效益、有信用企业的流动资金和技改资金贷款的需要等。另外，长期建设国债主要是面向商业银行发行的，没有银行的支持资金，增加建设国债投资也不可能。

二是 1996 年 5 月以来连续 8 次降息，存款利率平均累计下调 5.98 个百分点，贷款利率平均累计下调 6.92 个百分点。金融机构法定贷款利率，以一年期流动资金贷款为例，2002 年 2 月 21 日与 1995 年 7 月 1 日相比，共下降 6.75 个百分点，下降幅度为 56%。

三是积极发展居民住房、助学等消费信贷。1998 年开始，中国人民银行制定了一系列发展消费信贷的政策，各商业银行的消费信贷业务迅速发展。消费信贷的种类已扩展到住房、助学、汽车、大额耐用消费品、旅游等。2002 年年末，消费贷款余额达 1.07 万亿元。

四是努力化解金融风险。1998 年，发行了 2700 亿元特别国债，补充国有独资商业银行资本金。1999 年，组建 4 家金融资产管理公司（信达、长城、东方、华融），收购从 4 家国有独资商业银行剥离的 1.31 万亿元不良资产。2002 年开始，实行贷款质量五级分类制度、审慎会计制度和经营信息公开披露制度。与此同时，整顿非银行金融机构，控制其风险。

五是保持货币信贷总量的稳定增长。1998 年以来，在防范和化解金融风险、提高贷款质量的前提下，适当扩大了货币供应量。采取的措施主要有：1998 年 1 月，取消对商业银行的贷款限额控制，商业银行按信贷原则自主增加贷款；1998 年和 1999 年先后两次下调法定存款准备金率共7个百分点,按1999年年末存款余额计算,相应增加金融机构可用资金近8000亿元,为商业银行增加贷款、购买国债和政策性金融债,支持积极的财政政策创造了条件;1998年5月恢复公开市场操作,扩大基础货币投放,增加商业银行资金实力,促进贷款投放,适当扩大货币供应量,起到了重要作用。

六是保持人民币汇率的基本稳定。

(二)大力推进产业结构调整

一是加强基础设施建设。五年全社会固定资产投资累计完成17.2万亿元,特别是发行6600亿元长期建设国债,带动银行贷款和其他社会资金形成3.28万亿元的投资规模,在基础设施方面集中资金办成不少多年想办而没有力量办的大事。如五年全国水利建设投资3562亿元,扣除价格变动因素,相当于1950年到1997年全国水利建设投资的总和。五年全国公路建设投资12343亿元,扣除价格变动因素,是1950年到1997年全国公路建设投资总和的1.7倍等。

二是大力发展高新技术产业特别是信息产业,积极推进国民经济和社会信息化。组织实施了1000多项高新技术产业化示范工程,使一批具有自主知识产权的重大科技成果在短期内实现了产业化。充分发挥高新技术产业开发区和工业园区的作用,积极发展高技术产业化服务体系。通过推进改革开放和加大投入,使我国通信业实现了跨越式发展。

三是积极改造和提升传统工业。采取国债贴息、改进技改项目审批等办法,支持重点行业、重点企业、重点产品进行大规模的技术改造和结构调整。五年全国共完成技术改造投资2.66万亿元,比前五年增长67%。一批大型企业走出了依靠自身力量提升技术水平、增强竞争能力的新路子。同时,综合运用经济、法律和必要的行政手段,以纺织行业为突破口,逐步扩大到煤炭、冶金、建材、石化、制糖等行业,关闭了一大批产品质量低劣、浪费资源、污染严重和不具备安全生产条件的企业，淘汰了一大批落后设备、技术和工艺，压缩了部分过剩生产能力。

四是努力发展服务业。放宽市场准入，改善发展环境，推行现代经营方式和技术，使传统服务业得到进一步发展。同时，采取多种措施，积极支持和鼓励现代服务业加快发展。

（三）坚持把解决"三农"工作放在突出位置，巩固和加强农业基础地位

一是推进农业结构调整。通过政策支持、加强信息服务和技术服务，引导农民按照市场需求调整种植结构、品种结构，发展畜牧业和水产养殖业，推进农业生产区域布局调整。大力推广"公司加农户"、"订单农业"等方式，发展农业产业化经营，带动千家万户农民进入市场。同时，抓住粮食供给充足的有利时机，实施退耕还林。

二是深化粮棉流通体制改革。在1997年实行按保护价敞开收购农民余粮等政策的基础上，1998年进一步提出"三项政策、一项改革"，即按保护价敞开收购农民余粮、国有粮食购销企业顺价销售、粮食收购资金实行封闭运行，加快国有粮食企业改革。2001年，在粮食主产区继续按保护价敞开收购农民余粮的同时，放开主销区粮食收购市场和价格。棉花购销市场化改革也不断深化，取得了突破性进展。

三是进行农村税费改革试点。从2000年起，在安徽等地开展农村税费改革试点，2002年试点扩大到20个省、自治区、直辖市，试点地区农民负担平均减轻30%。近三年中央财政用于支持这项改革的资金达336亿元。同时，进行了乡镇机构、农村义务教育和县乡财政体制等配套改革。

四是增加对农业和农村的投入。五年来，国家财政支持农村生产支出和各项农业事业费达4077亿元，比前五年累计增加1852亿元。

五是加强农村扶贫开发。五年间，国家财政扶贫资金和以工代赈资金达480亿元，通过贴息方式安排扶贫贷款770亿元，都比以前明显增加。

六是引导农村劳动力合理有序流动。支持农民进城务工就业，清理和纠正对农民工的歧视性政策和乱收费，保护他们的合法权益，同时加强引导和管理。

（四）坚持推进国有企业改革，切实加强再就业工作和社会保障体系建设。所有制结构进一步调整和完善

一是加快现代企业制度建设。按照“产权清晰、权责明确、政企分开、管理科学”的要求，积极推行股份制改革，完善法人治理结构，深化企业内部分配、人事、劳动制度改革，建立激励和约束机制。同时，鼓励符合条件的国有大型企业改制上市。

二是建立企业优胜劣汰的机制。从战略上调整国有经济布局和改组国有企业，支持具有优势的大公司大企业集团进一步做强做大。同时，国家制定了妥善安置职工、对企业与职工解除劳动关系给予经济补偿、核销企业银行呆坏账等政策规定，一批长期亏损、资不抵债、扭亏无望的企业和资源枯竭矿山，平稳地实施破产关闭，形成了劣势企业退出市场的机制。

三是减轻企业负担和历史包袱。对符合条件的580户国有大中型企业实施债权转股权，降低了企业资产负债率。

四是积极推进企业管理创新和大力加强企业外部监管。

五是坚持实行鼓励兼并、规范破产、下岗分流、减员增效和再就业工程的方针，切实搞好再就业工作和社会保障体系建设。对下岗分流人员，通过建立再就业服务中心，保证他们的基本生活，并代缴社会保险，促进实现再就业。对关闭破产企业，首先妥善安置职工。逐步完善国有企业职工基本生活保障、失业保险和城市居民最低生活保障“三条保障线”。各级政府逐年增加社会保障和再就业方面

的资金投入。在辽宁全省进行完善城镇社会保障体系的试点，取得明显成效，为在全国逐步推广积累了经验。

（五）坚持全面提高对外开放水平，积极参与国际经济技术合作和竞争

一是在坚持扩大内需方针的同时，丝毫没有放松扩大出口的努力。对外开放向广度和深度扩展。对外贸易连续跨上几个台阶。外贸进出口总额由1997年的3252亿美元增加到2002年的6208亿美元，世界排名由第十位上升到第五位；出口总额由1828亿美元增加到3256亿美元，出口商品结构不断优化。服务贸易稳步发展，入境旅游人数和外汇收入大幅度增加。

二是利用外资水平明显提高。五年累计实际利用外商直接投资2261亿美元，超过1979年到1997年的总和。高新技术产业、基础设施和服务业吸收外资明显增加。

三是实施“走出去”战略，对外投资、工程承包和劳务合作不断扩大。经过15年的艰苦努力，我国于2001年12月正式加入世界贸易组织，标志着对外开放进入新阶段。加入世贸组织后，我们信守承诺，履行义务，行使权利，做了大量卓有成效的工作，实现了良好开端。

（六）坚持实施科教兴国战略，提高科技创新能力和国民素质

较大幅度地增加科技、教育投入。五年来，国家财政用于科技的投入累计2500亿元，比前五年增长一倍多。全国研究与试验开发经费，从1997年的509亿元增加到2002年的1161亿元，占国内生产总值的比重从0.64%提高到1.13%。中央财政还较多地增加了“863”计划、国家自然科学基金、国家创新体系建设等专项投入。科研条件的明显改善，促进了科技创新。2002年，全国财政性教育经费投入3366亿元，是1997年的1.8倍，占国内生产总值的比重从2.5%提高到3.3%。从1998年起，中央财政支出中教育经费所占

比例每年提高一个百分点,仅此一项五年增加489亿元。中央财政还安排了大量资金解决中小学教师工资拖欠、中小学危房改造等问题。同时,建立以"奖、贷、助、补、减、免"为主要内容的助学政策体系,努力使家庭生活困难学生不失学。同时,全面深化科技、教育体制改革,积极推进科技教育与经济社会发展紧密结合。

(七)坚持走可持续发展道路,促进经济发展与人口、资源、环境相协调

一是加大生态环境保护和建设力度。1998年发生特大洪水后,在重点林区和长江、黄河上中游开展了天然林保护工程,在生态脆弱地区有步骤地开展了大规模退耕还林还草。在长江流域实行平垸行洪、退田还湖、移民建镇等政策,实现了千百年来从围湖造田、与水争地到大规模退田还湖的历史性转变。

二是加强资源保护和合理利用。

三是强化环境污染防治。集中力量对重点流域、区域、海域、城市的污染进行治理。

四是加强计划生育工作。坚持控制人口数量,提高人口素质。

三、实施扩大内需方针取得的重要成效

实践证明,扩大内需方针和相关宏观经济政策,是十分正确、及时和有效的。

一是促进了经济持续、快速增长。1998年至2002年我国国内生产总值增长率分别为7.8%、7.1%、8%、7.3%、8%,从1997年的7.4万亿元增加到2002年的10.2万亿元人民币,按可比价格计算,平均每年增长7.7%。据估算,1998年至2002年,因增发长期建设国债拉动GDP增长分别为1.5、2.0、1.7、1.8、2个百分点。这一时期,我国社会生产力跃上新台阶,国家的经济实力、抗风险能力和国

际竞争力明显增强。

同时，经济增长质量和效益不断提高。经济增长的稳定性增强。1998年至2002年我国经济增长速度，大体保持在7%～8%之间，波动很小，呈现稳定增长的态势。国家税收连年大幅度增长。全国财政收入从1997年的8651亿元增加到2002年的18914亿元，平均每年增加2053亿元。实际财政收入增长率明显超过GDP增长率，财政收入占GDP比重提高了6.2个百分点。由于不断完善财税体制，加强税收征管，中央财政实力显著增强。中央财政收入占GDP比重提高了3.5个百分点。国家外汇储备从1399亿美元增加到2864亿美元。

二是产业结构调整成效明显。粮食等主要农产品供给实现了由长期短缺到总量平衡、丰年有余的历史性转变。以信息产业为代表的高新技术产业迅速崛起。传统工业改造升级步伐加快。现代服务业快速发展。

特别是基础设施建设成就显著。集中力量，高质量、高速度地建成了一批关系全局的重大基础设施项目。进行了新中国成立以来规模最大的水利建设。一批重大水利设施项目相继开工和竣工。江河堤防加固工程开工3.5万公里，长达3500多公里的长江干堤和近千公里的黄河堤防防洪能力大大增强。举世瞩目的长江三峡水利枢纽二期工程即将完成，黄河小浪底等水利枢纽工程投入运行，南水北调工程开工建设。交通建设空前发展，现代综合运输体系初步形成。公路通车里程由1997年的123万公里增加到2002年的176万公里，其中高速公路由4771公里增加到2.52万公里，从居世界第三十九位跃升到第二位。铁路营运里程由65969公里增加到71500公里；五年建成新线5944公里，复线4603公里，电气化线路5704公里。新建、改扩建机场50个。港口万吨级码头泊位新增吞吐能力1.44亿吨。邮电通信建设突飞猛进。长途光缆线路长度由1997年的15万公里增加到2002年的47万公里；固定电话和移动电话用户由8354万户增加到4.21亿户，居世界首位。能源建设继续加强。发电装机容量由1997年的2.54亿千瓦增加到2002年的3.53亿千瓦。城市规划和公用设施建设明显加强，许多城市面貌有很大改观。新增城市日供水能力3580万吨，日污水处理能力1800万吨，日垃圾处理5.4万吨，日燃气供应975万立方米，集中供热面积1.45亿平方米等。基础设施的显著改善，大大增强了我国经济发展的后劲。

四是可持续发展能力增强。五年全国环境保护和生态建设投入5800亿元，是1950年到1997年投入总和的1.7倍。退耕还林、天然林保护、京津风沙源治理等六大林业生态工程建设全面实施。五年内，全国造林面积4.18亿亩，封山育林4.73亿亩，退耕还林5737万亩；治理水土流失面积26.6万平方公里，治理沙化土地8550万亩。环境污染加剧的趋势总体上得到控制。主要污染物排放总量持续降低，重点城市和地区的环境质量有所改善。能源消费量首次负增长，单位GDP能源消耗强度明显下降，煤炭生产量减少了3亿吨，煤炭占能源消费总量比重首次下降，减少了7.7个百分点；二氧化碳和二氧化硫首次出现下降，1995年至2000年期间约累计分别减少了14%和15.8%，粉尘减少了33.2%，工业粉尘减少了36.9%，工业废水减少了1/3，木材生产量首次下降，减少了24.6%，累计退耕还林3502万亩，“生态赤字”开始减小。

五是促进了地区经济的协调发展。对地方转移支付的力度不断加大。除税收返还和国债投资外，中央财政转移支付总额由1997年的792亿元增加到2002年的3501亿元，五年合计10745亿元，其中用于地方“两个确保”和“低保”的资金1777亿元，用于地方增加机关事业单位职工工资1755亿元。这对于扩大内需、推动地区协调发展、维护社会稳定，发挥了重要作用。西部大开发开局良好。实施西部大开发战略3年来，国家通过加大建设投入、增加财政转移支付、实施优惠财税政策等措施,有力地促进了西部地区发展。新开工建设36项重点工程,投资总规模6000多亿元。青藏铁路、西气东输、西电东送、水利枢纽干线公路等重大项目建设进展顺利。“油路到县”、“送电到乡”、“广播电视到村”等工程加快实施。生态环境保护和建设力度加大。农村公路、中小型水利、人畜饮水和科技、教育设施建设加快。东部与中西部地区经济技术合作进一步加强。

六是科技创新能力明显增强,教育事业蓬勃发展。基础研究、高技术研究和应用技术研究取得重要进展。国家创新体系建设积极推进。信息技术、生命科学、航空航天技术等领域成就突出。水稻基因组精细图完成、10兆瓦高温气冷核反应堆实验工程建成、超大规模并行处理计算机研制成功、“神舟”系列飞船试验成功等,标志着我国在相关领域跨入世界先进行列。建成一批国家重点实验室,实施一批重大科学工程,开始建设一批国家工程技术研究中心。科技成果市场化、产业化明显加快。五年获得国家登记的科技成果14万多项,授予专利权52万件。哲学社会科学研究取得一批可喜成果。知识产权保护进一步加强。教育事业迅速发展。2002年全国实现基本普及九年义务教育、基本扫除青壮年文盲的人口地区覆盖率由1997年的65%提高到91%。高中阶段教育得到加强。高等学校从1999年起连续扩大招生规模,高考录取率从36%提高到59%;2002年高等学校在校生1600万人,是1997年的2.3倍;五年内全国本专科毕业生1300万人,毕业研究生31万人。高校后勤社会化改革取得重要进展。新建和改建学生公寓4800万平方米,超过1950年到1997年的建设总规模。基本建成结构比较完整、专业门类齐全的职业和成人教育体系。特殊教育、早期教育得到重视。民办教育迅速发展。素质教育不断加强,促进了学生德智体美全面发展。

七是增加就业,改善了人民生活。通过实施积极财政政策拉动经济增长,每年可多解决150万~200万人的就业问题,极大地缓解了社会就业压力。五年来,人民生活显著改善,总体达到小康水平。城镇居民家庭人均可支配收入,由 1997 年的 5160 元增加到 2002 年的 7703 元,平均每年实际增长 8.6%。农村居民家庭人均年纯收入由 2090 元增加到 2476 元,平均每年实际增长 3.8%。城乡居民人民币储蓄存款余额由 4.6 万亿元增加到 8.7 万亿元。居民拥有的股票、债券等其他金融资产也有较多增加。农村贫困人口由 4960 万人减少到 2820 万人。城乡市场繁荣,全社会消费品零售总额从 1997 年的 2.73 万亿元增加到 2002 年的 4.1 万亿元,平均每年实际增长 10.5%。城镇居民人均住房建筑面积由 17.8 平方米增加到近 22 平方米,农村居民人均居住面积由 22.5 平方米增加到 26.5 平方米。电视机、洗衣机、电冰箱等家用电器进一步普及,电脑、轿车越来越多地进入普通居民家庭。公共服务设施、人均绿地面积不断增多。增加法定节日假期,人们有了更多休闲和旅游机会,外出旅游人数大幅度增加。体育健身和文化娱乐消费明显增多。医疗保健条件不断改善,人民群众健康水平进一步提高。在我们这样一个近 13 亿人口的国家,人民生活总体上达到小康水平,这是社会主义制度的伟大胜利,是中华民族发展史上一个新的里程碑。

八是扩大了国际影响,提高了我国的国际地位。实施积极的财政政策,促进经济持续快速增长,有效地维持了人民币汇率的稳定,巩固和提高了我国的国际声誉和地位。我国经济的稳定增长又为顺利实现澳门回归、加入世界贸易组织、举办第八届 APEC 领导人非正式会议、申办奥运成功等创造了有利的条件。

四、几年来实施扩大内需方针保持经济持续快速健康发展的主要经验

概括来看,主要有以下几点:

第一，坚持扩大内需方针，适时合理调整宏观调控方向和力度，保持经济持续快速增长。宏观调控要有预见性、针对性和坚定性，要敏锐把握国内外经济走向，灵活适应形势的变化。

果断适时地把宏观调控的重点从治理通货膨胀转向扩大内需，从适度从紧的财政货币政策转向积极的财政政策和稳健的货币政策，实践证明是十分正确的。在银行存款增加较多、物资供给充裕、物价持续负增长、利率水平较低的条件下，发行国债搞建设既可以利用闲置生产能力，拉动经济增长，又可以减轻银行利息负担，也不会引发通货膨胀，一举多得。要根据经济运行的实际需要，适时扩大长期建设国债规模和调整使用方向，把投资重点先后放在基础设施建设、科技教育、生态环境建设和企业技术改造等方面，对看准了的事情毫不动摇地坚持下去。在实践中不断完善配套投资政策、财税政策、消费政策等，把扩大内需同经济结构调整、推进改革开放、发展科技教育和改善人民生活很好地结合起来。要通过发行长期建设国债，带动投资增长，不断增加居民收入，培育和提高居民的购买力，形成投资和消费对经济增长的双拉动。要在扩大内需的同时，采取措施千方百计扩大出口。坚持财政收支平衡和量入为出，是经济工作应当遵循的重要原则。实施积极的财政政策，发行长期建设国债，是在特定情况下实行的特殊政策。必须始终坚持经常性预算不打赤字，建设性预算赤字不突破年初确定的规模，防范财政风险。

同时，要高度重视做好金融工作，坚持实行稳健的货币政策。既保持金融对经济发展的必要支持，又防止盲目放松银行信贷。银行优先为国债项目提供配套贷款，支持有市场、有效益、有信用企业的流动资金和技术改造贷款需要。在注意防范和化解金融风险的同时，采取适时调整利率、调节货币供应量等多种措施支持经济增长。这几年，正是由于不断扩大内需，加强和改进宏观调控，才保持了经济稳定较快增长，避免了大起大落。

第二，必须紧紧抓住经济结构调整这条主线，着力提高经济增长质量和效益。随着我国经济进入新的成长阶段，加快调整和优化结构势在必行。不对经济结构进行战略性调整，就不能保持经济持续健康发展。

一是要坚持以市场为导向。根据市场需求搞好结构调整，有上有下，有进有退，既着力发展具有比较优势和市场潜力的高新技术产业、优质高效农业和服务业，又坚决淘汰落后和压缩过剩生产能力，制止新的低水平重复建设，国债投资原则上不上一般加工业项目，促进供求关系的改善和经济效益的提高。

二是坚持以科技进步和创新为支撑。加强重点行业、重点企业、重点产品的技术改造，促进产品更新换代，增加科技含量，不断提升传统产业素质和市场竞争力。

三是坚持重点突破，以点带面。先从结构性矛盾最突出的纺织行业入手进行调整与改组，取得初步成效和经验后，又及时推广到煤炭、冶金、石化、建材、机电等重点行业，有力地带动了整体结构的优化和效益的提高。

四是坚持质量第一。提高产品和服务质量是兴国之道，也是提高效益、增强市场竞争力的根本之策。通过采取先进标准，强化全面质量管理，促进产品和服务质量提高。

五是适时实施西部大开发战略及城镇化战略，推进地区布局和城乡经济结构调整。只有坚持不懈地在调整结构、提高质量和效益上下大功夫，才能不断增强国家的经济实力和竞争力，使人民群众从经济发展中得到更大实惠。

第三，必须统筹兼顾当前和长远发展，坚定走可持续发展之路。在经济建设中，既要立足当前，抓紧解决面临的突出问题，又要放眼长远，努力增强经济发展后劲和可持续发展能力，绝不能急功近利，搞短期行为。这几年，我们坚持把国债资金重点用于基础设施建设，不仅直接拉动了经济增长,也为今后经济发展奠定了坚实基础。加大科教兴国战略和人才战略的实施力度,把培养、吸引和用好人才放在重要位置,必将在现代化建设中发挥越来越重要的作用。保护生态环境,事关子孙后代生路和中华民族的发展。我们着力改变以牺牲生态环境、浪费资源为代价的传统发展模式,大力推进生态环境建设,强调合理开发和节约使用资源,促进经济发展同人口、资源、环境相协调。从这几年的实践看,退耕还林对改善生态环境、优化农村产业结构、加快贫困地区农民脱贫致富起着重要的积极作用,要坚持不懈地进行下去切实巩固和发展退耕还林成果。只有切实做好这些关系国家长远和根本利益的大事,才能将现代化建设事业不断向前推进。

第四,必须坚定不移地推进改革开放,不断为经济发展注入新的活力。改革开放是强国富民之路,经济的发展要从改革开放中找出路、找动力。这几年,面对各种困难和复杂的形势,我们坚持改革不停步,敢于触及多年积累的矛盾和深层次问题,革除一切阻碍经济发展的体制性障碍。始终坚持市场取向改革不动摇,牢牢把握改革主动权。紧紧围绕发展中存在的突出问题,有针对性地推出一系列难度很大,涉及深层次权力利益关系调整的改革举措,取得了突破性进展。每项重大改革,都要求明确目标,精心设计方案,确定实施步骤,坚持先行试点,取得经验后再推广。同时,坚持从实际出发,加强分类指导,注重总结经验教训,不断完善政策和措施,努力做到积极而又稳步推进。注意把改革成果规范化、制度化、法制化。针对经济体制转轨过程中出现的种种扭曲混乱现象,大力整顿和规范市场经济秩序,为社会主义市场经济体制的建立与不断完善创造良好环境。

坚持以开放促改革促发展。面对经济全球化加快的趋势,适应加入世贸组织的要求,我们努力把对外开放提高到新水平,使“引进来”与“走出去”两个轮子都转起来,既敢于扩大开放,敢于迎接挑战，充分利用“两个市场、两种资源”，不断拓宽发展空间，又注意趋利避害，维护国家经济安全。实践证明，只有坚定不移地推进改革开放，才能不断提高我国经济的国际竞争力，经济发展才能充满生机。

第五，必须十分注意维护社会稳定，保障改革和建设顺利进行。社会稳定是经济和社会事业发展的前提，没有稳定的环境，什么事情也做不成。我们始终坚持正确处理改革、发展、稳定的关系，注意使改革的力度、发展的速度同人民群众可承受的程度相适应。无论改革还是发展都注意兼顾和协调社会各方面利益，及时解决影响稳定的矛盾和问题。这几年，在加快改革发展中特别注意把握好步骤和进度，把维护广大群众基本利益，改善人民生活作为处理好三者关系的重要结合点，创造性地采取一系列兼顾各方利益，减少社会震荡的政策、措施，十分注意加强社会保障体系建设，积极做好就业和再就业工作。同时，加强思想政治工作，妥善处理人民内部矛盾，加强社会治安综合治理。只有创造稳定的社会环境，我们才能更好的把改革、开放和发展不断推向前进。

四、进一步扩大内需的必要性

1998 年以来，为消除亚洲金融危机带来的不利影响，遏制通货紧缩的趋势，我们坚持扩大内需方针，采取了一系列扩大需求的措施，在严峻的国际环境中，保持了经济较快发展。但有效需求不足的问题并没有得到根本解决，仍然是影响经济和社会发展的突出矛盾。要获得持续的发展动力，必须从我国自身的实际情况出发，立足自我，努力扩大国内需求。实践已经证明，扩大内需虽然是针对亚洲金融危机后我国出口大幅下降提出来的，但却是立足我国国情的长期战略。坚持扩大内需方针符合我国国情。保持宏观经济政策的连续性和稳定性，坚持并不断完善扩大内需的方针，是保持经济发展良好势头的重要保证。

(一)国际形势看,国际经济环境变化的复杂性和不确定性因素增加,我国可能难以像以前那样利用国际市场促进国内经济增长。

原因在于:第一,经济全球化使我国面临的国际竞争压力明显增大,随着国际贸易日趋自由化、信息网络化、金融国际化和跨国公司的迅猛发展,特别是随着我国加入世贸组织和国际经济一体化程度的不断提高,贸易依存度将不断提高,国际竞争将更加激烈。

第二,在20世纪90年代下半期以来,出现了全球性的生产能力过剩和通货紧缩,各类产品价格(除石油产品外)都不同程度下降。农产品价格水平在1995年后大幅度下降,累计下降了23个百分点,原材料、金属、矿产和钢铁等不同程度地大幅度下降。我国不可避免地受到世界范围内的需求紧缩趋势的影响。

第三,国际金融市场持续动荡,对我国未来外贸出口和外资利用仍将产生一定的影响。

第四,当前世界经济虽然出现了复苏迹象,但是不确定因素仍然很多,今后保持外贸出口保持快速增长的难度较大,进口增长将会较快。一是政策刺激作用下降。提高出口退税率的空间不大。目前我国平均出口退税率已经接近15%,出口退税规模过大,已经给财政造成很重的压力。二是国际经济面临不确定因素。由于受美国对伊战争、美日经济增长缓慢等因素的影响,世界经济面临很多不确定因素,增长速度可能会下降。三是人民币面临升值压力。四是按照加入世贸组织的承诺,我国进口关税税率将进一步下降,一些领域也将对外开放,这会造成部分商品进口猛增。

在这种情况下,把经济增长放到主要依靠扩大国内需求上来,我们就比较主动,就能发挥国内市场潜力大的优势,经济发展就有更大的回旋余地。

(二)从国内经济发展的情况看,坚持实行扩大内需方针,不仅是必要的，而且是可能的。

第一，我国是一个发展中的人口大国，要全面建设小康社会，13亿人的衣食住行和公共基础设施建设，具有庞大的直接需求和间接市场需求的现实和潜在优势。这既是我们的基本国情，又是我们发展经济的有利条件，必须充分利用。在我国的经济增长率中，70%以上来自国内投资和消费需求的贡献。净出口在GDP中所占比重很小。1997年我国货物和服务净出口仅占GDP的3.8%，1999年降为2.7%，2001年进一步下降至2.2%。

第二，从消费需求来看，我国拥有13亿人口，消费市场容量巨大，同时，城乡二元结构和区域经济发展水平的差距，使我国的消费需求呈现出明显的多层次性，各种档次的产品在我国都存在相当规模的市场需求。在这种情况下，产品生命周期存在大大延长的可能性。拥有如此庞大和多层次的市场空间，我国即使在出口遇到较大障碍时，也依然可以通过扩大内需保持旺盛的最终消费需求，拉动国民经济较快增长。

第三，从投资需求来看，还有许多重大建设项目要开工建设和续建。如南水北调、西气东输、青藏铁路、三峡水利枢纽工程、奥运会和世博会设施等。随着我国鼓励多种经济发展政策的落实和金融体系市场化水平的不断提高，多渠道融投资体制的建立和完善，以及中小银行的快速发展以及资本市场的规范化和成熟，多元化的投资主体将会形成，原来制约民间投资增长的融资机制问题将会得到缓解，国有投资效率低下问题也将在一定程度上得到解决。这一切，再加上长期保持的较高储蓄率，都将有利于未来我国经济增长中的投资需求会稳定在较高水平上，从而有利于我国经济中长期内的较快增长。

第四，从生产要素供给的支撑能力看，我国国内储蓄率高量大、外汇储备、粮食储备和其他重要物资供应比较充足。随着科教兴国战略的实施，我国本已充裕的劳动力供给，会进一步提高质量和素质,从中长期来看,劳动力要素供给支持国民经济的快速持续增长应该没有问题。我国居民储蓄率1994年为42.7%,之后一直保持在40%左右,2003年城乡居民储蓄存款余额将超过10万亿元,储蓄水平为世界最高之一。我国外汇储备继续增加,截至2002年年底,已经接近3000亿美元。这些因素,再加上科技的发展和管理水平的提高,决定了要素供给对支持经济快速持续增长有基本的保证。另外,国内的库存积压商品总值已经高达4万亿元。与GDP的比例约为41%。而在西方国家,这个比率通常不会超过1%。这意味着我国还有大量的剩余积压物资需要调动利用。

(三)国外正反两方面经验证明,大国经济要保持经济的长期稳定发展,必须坚定不移地实行扩大内需方针。美国在20世纪30年代经济大萧条时期,就曾采取过扩大内需的政策。美国是贸易大国,但目前出口额只占其GDP的11%左右,国内市场仍占主要份额。20世纪80年代中后期,日本曾把扩大内需确定为一项发展战略。日本前首相桥本在亚洲金融危机爆发时明确表示,将通过扩大内需来恢复景气,为解决亚洲经济问题做出贡献。日本的经济学家认为,日本在"内需扩大主导型战略"贯彻过程中,由于政策摇摆不定,总体上是失败多于成功,教训大过经验,迄今结构转换、新增长点的培育等深层次矛盾仍未得到很好解决。日本的教训在于没有把扩大内需作为一项战略贯彻到底,反反复复以致多次坐失主动实现转折的良机。

五、进一步实施扩大内需方针的政策建议

(一)进一步扩大内需的主要方向、途径和政策要点

一)结合国内外经验和今后我国经济发展的环境和条件,我国进一步扩大内需的基本政策目标,是实现四个结合:经济增长的数量目标与质量目标结合;抑制通货紧缩与通货膨胀相结合;调节需求总

量、结构与供给总量、结构相结合;扩大内需与扩大外需相结合。

1. 经济增长的数量目标与质量目标结合。要相机实行适当的需求管理政策,在当前和今后一个时期,要继续实行适度扩张性的宏观经济政策扩大内需,保证国民经济稳定增长,维持一个适度的经济增长速度。既不追求高增长又要避免经济衰退。不盲目追求过高增长速度,没有质量的高增长只会进一步加剧经济生活中的基本矛盾,给未来经济发展带来更大的矛盾。当前要特别注意,在内需不足虽然给国民经济带来一些问题,但也为一些长期积累的问题的解决提供了契机。如在需求过旺的情况下是很难进行结构调整的。因此促进经济增长的扩大内需政策,要十分注意把政策目标的主要着眼点放在经济的长期、稳定、可持续增长方面,注重调整结构,改善经济增长质量,转变经济增长方式。

2. 抑制通货紧缩与防止通货膨胀相结合。扩大内需是我国经济发展中一个长期需要坚持的基本方针,不只是抑制通货紧缩的短期政策。扩大内需方针应该说同时包含了抑制通货紧缩和警惕通货膨胀两方面的政策内涵。在我国的实际经济运行中,由于一些深层次的机制和体制问题的存在,一直蕴涵着通货紧缩和通货膨胀两方面的基因,即消费不足构成通货紧缩的主要压力,盲目投资构成通货膨胀的主要拉力。这两方面的力量在一方大于另一方时,通货膨胀或通货紧缩的一方就会被掩盖起来,而另一方则表现出来。消费不足的压力大,就表现为通货紧缩或紧缩的趋势。盲目投资的拉力大,就表现为通货膨胀。一段时间以来,我国经济运行中的主要问题是需求不足,存在通货紧缩趋势。但我们采取的一系列扩大内需的措施,并没有消除通货膨胀的根源。特别是在居民消费和社会投资长期不能充分有效启动的情况下,长期依赖政府增加投资扩大内需,政府投资刺激经济的效率会越来越低,而政府为扩大投资融资的难度会越来越大。这样为了实现既定的经济增长的目标,政府必然通过增加赤字或债务以扩大投资。而这些投资项目往往由于没有与市场消费需求形成良性循环并缺乏财务回收能力，虽然在短期内可以形成需求刺激经济增长，但在一定时期后却难以形成有效、可持续的供给，为日后的通货膨胀甚至滞胀埋下了伏笔。因此，当前在采取扩张性政策抑制通货紧缩的过程中，必须对通货膨胀保持高度警惕。最重要的还是要从根本上解决造成通货紧缩和通货膨胀的深层次矛盾。

3. 调节需求总量、结构与调节供给总量、结构相结合。扩大内需，并不是只调整需求，而应兼顾供给和需求两个方面。一方面扩大总需求并调整需求的结构。另一方面，是调整和优化总供给的数量和结构。一是优化产业和产品结构，大力增加适合市场需求的产品和服务供应。二是大力压缩和消除过剩的生产能力。坚决把那些长期亏损、效益不佳的企业该破产的破产，该关闭的关闭。

“十五”时期我国国内经济面临着深刻的变化：结构性过剩矛盾将继续存在；经济运行机制进一步市场化；就业形势十分严峻；外贸出口和外资利用面临挑战。从总体上看，缺乏新的经济增长点，产业结构不合理且层次低，结构趋同化、重复生产、重复引进的问题依然存在，难以适应新时期国民经济发展的要求。“十五”时期必须按照国内经济形势的新要求，适应全球经济一体化发展和国际经济结构加速重组的趋势，切实采取有效措施，把扩大内需与结构调整、增强国际竞争力结合起来。

4. 扩大内需与扩大外需相结合。扩大内需绝不是忽视扩大外需。相反要更加重视开拓和扩大国外市场。二者是相辅相成的关系。扩大外需也可以对扩大内需发挥积极作用。扩大内需也要注意通过提高经济竞争力为扩大外需创造条件和基础。

二）在实现扩大内需的具体途径方面，要把扩大消费与投资结合起来，特别是要努力发挥消费的先导和带动作用，实现消费与投资的良性互动。其中,在扩大消费方面,要统筹城乡关系,重点扩大农村消费。在扩大投资方面,要发挥好政府与社会投资的两个积极性,特别是充分启动和调动社会投资的增长。

投资和消费的关系是国民经济中最重要的关系之一。投资和消费双拉动,是指在市场经济条件下,以消费引导投资为前提,以投资和消费的良性循环为基础,通过投资和消费的互动来实现内需扩大的经济增长模式。如果消费的增长不能有效地吸引投资的增加、不能为有效的供给所弥合,或者投资的增加不能顺利地转化为消费的增长,投资和消费对经济增长的拉动作用都是不可持续的。

1. 虽然消费和投资都是内需的重要组成部分,但二者对经济增长的作用不可等量齐观。一般地说,居民消费是矛盾的主要方面,这不仅因为作为最终需求的消费一般在国内生产总值中要占约60%的份额,而且因为作为一种中间需求的投资,本质上不过是消费的一种引致需求,是受消费决定的。在计划经济条件下,由于商品供应普遍短缺,投资对消费起决定性的主导作用,消费对投资的引导和制约作用是潜在的、次要的。在发展市场经济的条件下,消费相对投资在国民经济发展中的地位和作用越来越重要。短缺经济条件下投资(生产)决定消费的生产者主权经济,已逐步让位于消费引导乃至决定投资的消费者主权经济。扩大消费在扩大内需中占有更重要的位置。

扩大消费,从宏观经济的控制变量来看就是要扩大国民最终消费率。据国际货币基金组织和世界银行统计,20 世纪 90 年代以来,世界平均消费率水平为 78% ~79%。80 年代我国最终消费率为 65.1%,而我国目前仅为 60% 左右,比世界平均水平低许多。据测算,我国居民消费增长率每提高 1 个百分点,相当于固定资产投资增长率提高 1.5 个百分点。过低的消费率不仅弱化了消费增长对于经济增长的直接拉动,也导致市场疲软,而且使得投资形成的生产能力不能被迅速有效地消化掉,造成投资回报不佳,挫伤了投资者的积极性,反过来又影响了投资需求的正常增长。这样,持续偏低的最终消费率,通过投资和消费的内在连动机制,从消费和投资两个方面影响国民经济的持续快速健康发展。

扩大消费的最重要的途径,是不断增加居民的可支配收入。近几年,我国城乡居民收入增长总体上出现了放缓趋势,其中尤以农村居民人均纯收入增长降幅明显,这大大制约了城乡居民消费的增长。究其原因,除了经济增长速度减缓外,在城镇主要是企业改革的深化和产业结构的调整,使城镇居民失业率上升,收入增长不快;在农村则主要是税费负担过重、农产品价格持续走低、乡镇企业发展出现徘徊、农民非农就业和收入减少等。要提高居民收入以拉动消费,因此,增加居民收入,保持经济快速增长是基本前提。在城市,关键是努力扩大就业,适当提高职工工资,增加对困难群体的转移支付;在乡村,关键是多采取一些过硬的措施使农民增收减负。

特别要把增加农村和西部地区的消费需求放在突出位置。国家统计局测算表明,目前,我国农村居民人均消费支出,相当于城镇居民的1/3,滞后城镇消费水平整整8年时间。如果农村消费品零售总额的比重从现在的不足40%提高到50%,就意味着国民经济新增8000多亿元的消费需求。如果西部人均国内生产总值达到东部现在的水平,国内生产总值将形成1.7万亿元的增量。潜在的需求一旦化为现实的需求,将为我国经济飞跃提供不竭的动力。

扩大消费的另一方面重要途径,是提高居民的消费倾向。目前我国居民整体消费倾向偏低,消费意愿不强,从而使居民收入的增长很大程度上转化成储蓄的增加。要提高居民消费倾向,第一要采取有力措施防止收入差距过分拉大,重点扩大中等收入者比例,使之成为消费拉动的中坚力量;第二要尽快完善社会保障体系;第三要针对当前的消费热点(如汽车、住房、教育等),制定适当的鼓励消费政策;第四要积极发展消费信贷,减少居民消费的流动性约束。第五要大力整顿市场经济秩序,改善消费环境。

2. 扩大投资,在资金相对充裕的情况下,有两个关键环节:一是政府投资要选择好投入方向和方式,建好和管好项目。二是要调动社会投资的积极性,让社会投资充分发挥作用。

政府投资,应主要集中于社会效益和外部经济较大的基础设施建设、国防安全建设和支持能带动产业升级的项目。近几年来,国债资金重点用于水利、交通、通信、能源、环保等方面的建设,取得了重大成效。在基础设施落后的状况已有较大改变的情况下,产业结构的优化升级应成为政府投资支持的更重要的任务。必须加大对科研开发的投入,继续引进国外的先进技术和装备,加强消化、吸收和创新。要加大国债资金中用于企业技术改造投入的比重。通过贷款贴息等方式,引导更多的银行贷款和企业资金用于设备更新和技术改造。特别是对一些战略性产业,如电子信息、生物工程、汽车、技术装备、石油化工等行业,要继续运用政府的力量重点支持。同时这种支持,必须采取的正确方式和方法,不能是回到计划经济时代政府直接投资的老路上去,而是通过市场机制,采取适当保护、税收优惠、政府采购等方式支持其发展。

启动社会投资是扩大投资的重点和主要出路。一方面要大力开拓其投资新领域。一是基础设施,特别是对城市基础设施的投资,如城市交通、地铁、供水、污水处理、供电、供气等等,这些行业有着长期稳定的收益,又需要大量的资金,其中效益较好的部分完全鼓励社会投资进入;二是金融领域,特别是银行、保险和证券等。在加强监管的前提下,社会资本可以有选择地进入一些金融领域,如发展股份制银行;三是传统的垄断行业,如电信、铁路、民航等。只要允许外资进入的,就应该允许国内的社会资本进入;四是一些公共领域,如教育特别是职业教育与高等教育、医疗卫生等。在鼓励社会投资中,还要特别注意大力扶持小企业的发展。小企业具有投资少、见效快、活力强、就业容量大等特点，无论对发展高新技术产业，还是发展加工、贸易、服务等产业，都具有非常重要的作用。启动和扩大社会投资的另一方面，是积极拓宽融资渠道，为社会投资项目上市融资提供平等机会等。这对于促进小企业的发展更为重要。

三）在政府的政策措施方面，把财政政策与货币政策结合起来，把经济政策与社会、科技、教育、文化等方面政策结合起来，特别要把建立稳定的内需增长机制与政策相机调节结合起来。

1. 要把财政政策与货币政策结合起来。财政政策和货币政策是调节宏观经济运行的两大手段，二者相辅相成。近几年，在扩大内需方面，积极的财政政策和稳健的货币政策发挥了比较好的相互配合作用。

（1）在财政政策上，积极的政策不能过早转向，更不能转为收缩。要继续发挥国债投资的带动作用。由于我国居民储蓄存款持续快速增长，国内可供使用的资金比较充裕；国际收支连年盈余，外汇储备比较雄厚；市场供应丰富，物价处于较低水平；财政赤字和国债余额占国内生产总值的比重都在国际警戒线以内。继续实施积极的财政政策，保持适度的国债发行规模，不仅很有必要，而且不会引发大的风险。

要在保持合理的财政赤字和国债水平的前提下，继续适度扩大财政支出。一定要提高财政资金的使用效益，调整、优化资金的使用方向和结构。除确保重大项目的投入和建设外，要加大对改善农村生产生活条件、扩大城镇就业、促进企业技术进步、加强生态环境建设以及科教文卫和可持续发展等方面的支持力度。国债建设项目必须保证质量，严格资金管理。

从我国的实际情况和发展的需要看，通过减税的办法实现积极的财政政策的目标的作用有限。因为减税刺激内需有两个基本条件:一是税制结构以直接税为主。若以间接税为主,由于可以转嫁税负,减税所产生的刺激效应会大打折扣。二是具体减税方案要有利于改善收入分配格局。即使税制结构以直接税为主,但若不能改善收入分配状况,甚至反而对富人有利,减税刺激内需的作用就会很小,甚至可能产生紧缩效应。这两个条件必须同时具备,减税刺激内需,才可能收到效果。在我国,上述两个条件是不具备的。我国目前的税制结构是以间接税为主体,2001 年,企业所得税和个人所得税相加仅占税收收入的 24.91%。若对个人所得税采取减税措施,对收入分配的改善难以起到促进作用,相反,可能会使收入分配差距进一步拉大,因为低收入阶层无税可减。若是减企业所得税,对增强企业的投资能力有一定的作用。在这方面可以有所考虑。实际上,我国在近年已出台了如加大出口退税力度、固定资产方向调节税暂停征收、企业投资抵免新增所得税 44% 等政策,都是通过减税达到鼓励投资、刺激消费的目的的。

(2)在货币政策方面,需要长期坚持稳健的货币政策,不能搞所谓的积极的货币政策。主要是因为我国的国有银行体系的内部约束和外部监管能力还很差,国有企业负债率过高、风险约束机制还不健全,企业承受贷款的能力和抗御市场风险的能力较弱。如果采取扩张性货币政策,盲目增加贷款,势必增加新的呆坏账,加重金融风险。

但稳健的货币政策不是紧缩政策,而是积极支持经济发展的政策。在宏观层面上,关键是改善货币政策的传导机制,在微观层面上,关键是改进金融服务。在具体的调控把握上,货币政策不能太松,也不能太紧。过于紧缩的货币政策不能满足经济增长需要,会对就业产生更大的压力,不利于人民生活水平的提高,影响社会安定;过于宽松的货币政策将使亏损企业继续得以喘息,不利于企业的优胜劣汰,会使经济体制改革和经济结构调整失去压力,也是不行的。

2. 把经济政策与社会、科技、教育、文化等方面政策结合起来。

不能把扩大内需当成一项单纯的经济目标和经济政策。扩大内需，不仅需要经济政策的促进，还需要社会、科技、教育、文化等方面政策的协调配合。同时，扩大内需，也要与社会、科技、教育、文化等方面的发展要求密切结合，并为之服务。科技、教育、文化发展等方面本身就构成了国内需求的重要组成部分，良好的社会政治秩序和社会稳定也是扩大内需的基本前提条件。

3. 特别要把建立稳定的内需增长机制与政策相机调节结合起来。当前我国存在的内需不足问题，确有着国内经济的运行和周期变化中的原因和国际经济不景气的原因，实施扩张性的宏观政策能起到拉动需求的作用。但是，不能不看到造成有效需求不足的体制上的种种原因，比如货币传导机制不畅，金融体系不适应市场发展的需要，储蓄转化为投资的机制不顺，金融资源配置过度集中于国有银行等等。这是在建立和发展市场经济的过程中出现的或显现出来的，也只能通过进一步的改革来解决。如果不在改革方面下大力气，加快财税、投融资、国有企业、商业银行体制和收入分配体制等方面的改革，只靠继续实施扩张性的财政政策和货币政策来解决有效需求不足的问题，就很可能使实施扩张性的宏观政策长期化，从而会产生一系列负面效应，例如财政赤字越来越大，引发通货膨胀和财政危机，甚至可能发生“滞胀”，即通货膨胀与经济停滞并存。

（二）2003 年实施扩大内需的宏观经济政策的主要取向和措施

2003 年，是全面贯彻落实党的十六大精神的第一年，保持国民经济的持续快速健康发展，意义十分重大。为了积极应对国内外环境变化带来的困难和挑战，必须坚持扩大内需的方针，促进经济稳定较快增长。一方面，努力扩大消费需求。继续增加城乡居民特别是低收入者的收入，努力提高人民群众生活水平。千方百计增加农民收入，减轻农民负担。切实解决好困难群众的生产生活问题。继续改善消费环境，完善消费政策，拓宽消费领域。另一方面，保持必要的投资力度。重点是：

一)统筹城乡经济社会发展,努力增加农民收入。加快农业和农村经济结构调整。加大退耕还林力度。继续推进农业区域布局调整和农业产业化经营,大力发展畜牧业、水产养殖业和农产品加工业。加强农产品质量安全体系和农业社会化服务体系建设。继续深化农村各项改革。农村税费改革试点在总结经验、完善政策的基础上,在全国范围内推开。认真落实减轻农民负担的各项政策措施。进一步深化粮棉流通体制改革,切实保护农民利益。

增加对农业基础设施建设和农业科技的投入。加快节水灌溉、人畜饮水、县乡公路、农村能源、农村教育和医疗卫生设施等建设。加大对粮食主产区的扶持。搞好扶贫开发工作。推动县域经济发展。加快城镇化进程。加强对农村富余劳动力转移的协调和指导,维护农民进城务工就业的合法权益。

二)进一步做好城镇就业和社会保障工作。国有企业改革要坚持减员增效与促进再就业相结合。认真落实促进下岗失业人员再就业的各项政策措施。广辟就业门路。积极提倡和推广灵活多样的就业方式。大力发展职业培训和就业服务。继续加强“两个确保”和城市“低保”工作,搞好“三条保障线”的衔接。完善城镇企业职工基本养老、医疗保险制度,继续扩大各项社会保险覆盖面。稳步推进国有企业下岗职工基本生活保障向失业保险并轨。合理确定“低保”标准和保障对象补助水平,切实做到应保尽保。

三)继续实施积极的财政政策和稳健的货币政策等宏观调控政策。继续发行一定规模的长期建设国债,优化国债资金使用方向。引导社会资金投入国家鼓励的产业和建设项目。坚决防止低水平重复建设和盲目开发房地产的现象。做好财税工作,搞好国债的发行使用,大力增收节支,控制财政风险,保证重点投资和支出。在继续防范和化解金融风险的同时,加大金融对经济发展的支持力度。一方面,保持货币供应量的适度增长;鼓励国有商业银行继续保证国债项目配套贷款的及时发放,鼓励各金融机构以更加灵活多样的方式增强对农业、中小企业和县域经济的信贷支持;稳步拓宽居民投资渠道和企业融资渠道,引导社会资金投入国家鼓励的产业和建设项目。另一方面切实加强金融监管,完善金融机构的内控机制和外部监管,降低银行不良资产比例,规范发展货币、证券、保险市场,有效防范和化解金融风险。

四)按照走新型工业化道路和实施可持续发展战略的要求,积极推进产业结构调整和西部大开发。积极发展对经济增长有重大带动作用的高新技术产业,大力推进信息化,用信息化带动工业化。广泛采用先进适用技术改造传统产业,努力振兴装备制造业。进一步淘汰落后生产能力。积极发展现代服务业和旅游业。高度重视发展社区服务业。

扎扎实实推进西部大开发。继续加强生态环境建设和基础设施建设。切实搞好退耕还林、天然林保护和防沙治沙。实施天然草原退牧还草工程。着力抓好重大项目投资建设,确保建设进度和工程质量。积极发展特色经济和优势产业。支持老工业基地加快调整和改造,支持以资源开采为主的城市和地区发展接续产业。

五)深化经济体制改革和整顿和规范市场经济秩序。按照建立现代企业制度的要求,继续推进国有企业规范的公司制改革和股份制改造,完善监督机制。推进国有资产管理体制改革。鼓励、支持和引导个体、私营等非公有制经济发展,放宽国内民间资本的市场准入领域,创造各类市场主体公平竞争的环境。支持各类所有制中小企业特别是科技型和劳动密集型企业的发展。稳步实施金融体制改革。继续推进财税、投融资体制改革。深化收入分配制度改革,逐步理顺分配关系。加强制度和法制建设,严格执法,逐步把市场管理纳入法制化、规范化轨道。加快建立社会信用体系。通过改革和整顿,加快建立社会主义市场经济新秩序。

六）继续实施科教兴国战略，促进社会全面进步。继续加大对科技、教育的投入。推进国家创新体系建设，加强科技基础条件建设，继续深化科技体制改革，完善科技服务体系，加强知识产权保护，促进专利发明，加快科技成果向现实生产力转化。深化教育体制改革，坚持教育创新，全面推进素质教育。加快发展各级各类教育，提高教育质量。完善农村义务教育以县为主的管理体制。继续做好助学贷款和设立国家奖学金工作。加强职业教育和培训。依法规范和积极支持民办教育发展。

七）全面提高对外开放水平，努力扩大外需。在加入世贸组织和国际经济环境的新形势下，稳定鼓励出口的各项政策措施，进一步推进外经贸体制改革。大力实施市场多元化战略和以质取胜战略。建立健全反倾销法律体系。积极实施"走出去"战略。鼓励和支持有比较优势的各类所有制企业，采取合资、独资、联营等形式开展跨国经营，带动国内商品特别是资本货物出口。

（研究报告，与赵世洪同志合作，2003年2月）

促进城乡协调发展

落实科学发展观,推进城乡协调发展,缩小城乡差距,是实现农村小康目标、全面建设小康社会的要求,也是一项战略任务。

一、城乡发展差距扩大的主要表现及原因

改革开放以来,我国农村经济有了很大发展。但与城市的快速发展相比,农村发展滞后,差距在逐步拉大。

一是城乡居民收入差距扩大。2002 年全国城镇居民人均可支配收入为 7703 元,农村居民人均纯收入为 2476 元,城乡居民收入比例为 3. 11∶ 1,明显超过 1978 年 2. 57∶ 1 的差距。1998 年到 2002 年,农村居民人均纯收入五年共增加 385. 5 元,仅相当于同期城镇居民可支配收入增加 2542. 5 元的 15. 2%,甚至明显低于城镇居民平均一年增加 508. 5 元的水平。目前城乡居民收入仍在进一步扩大,2003 年上半年城镇居民人均可支配收入增长 8. 4%,农村居民人均现金收入仅增长 2. 5%。

二是城乡居民社会福利待遇差别较大。城市人口在教育、医疗、住房、就业和社会保障等方面享受着国家提供的待遇,农村社会福利不仅项目少,而且许多公共事业还必须由农民出资。

三是城乡教育发展差距扩大。1999 年城市小学到初中全部升

学,而农村小学到初中的升学率只有 91%。初中到高中的升学率,城市由 1985 年的 40% 提高到 1999 年的 55.4%,而同期农村则由 22.3% 下降到 18.6%。

四是农村卫生事业发展严重滞后。目前约 80% 的卫生资源集中在城市,占绝大多数人口的农村卫生资源严重不足。在农村贫困户中,有 21.6% 是因病致贫或因病返贫的。

五是农村基础设施建设落后。目前广大农村除少数发达地区变化较大外,大部分地区主要是农民住房条件比改革之前有所改善,公共设施和环境卫生状况并没有发生多大变化,电力、交通、通讯、科技等方面都很落后,还有 3000 万左右农村人口甚至喝不上安全卫生的饮用水。

我国城乡发展差距扩大,原因是多方面的,主要有三个:

——管理体制不合理。长期实行的是一种城乡分隔的管理体制,对农村居民待遇、生产要素投入和子女教育就业等方面的限制尤其严格,当然也有历史条件的因素。封闭的农村管理体制和落后的生产生活方式,导致农村人口生育率和自然增长率大大高于城市,难以承受在教育、医疗、就业和社会保障等方面的巨大压力。过多的农村人口与农村发展要求不协调,造成农业经营规模小,农业劳动生产率低下,农业富余劳动力增加,农村劳动力转移困难,农民收入难以明显增长。

——农村投入不足。国民收入分配上长期向城市倾斜,大量财政资金投向了城市,而对农业和农村的资金投入严重不足。一是用于农业和农村的财政性投入规模小。2000 年国家财政用于农业的各项支出合计 1231.54 亿元,占财政总支出的 7.75%。二是农业投入"非农化"现象严重。最为突出的是水利投资,1996 年~2002 年防洪工程投资将近 1400 亿元,其中除少部分专门用于农业和农村外,大多数都是全社会各方面受益的工程,但全部计算为农业投资。

据估计,农业投资中实际用于农业和农村发展的仅占一半左右。三是农村基础设施建设缺乏稳定的投入渠道和保障机制。县、乡、村多数连“吃饭”资金都难以保证,根本无力拿钱进行基础设施建设。四是农村社会事业投入不足的问题相当突出。近年来,国家每年财政性教育经费近3000亿元,用于农村的仅占20%多。国家每年用于卫生的投入有几百亿元,而用于农村卫生事业建设的只有2亿元左右。社会保障补助支出的几百亿元也全部用于城市。

——对农民长期索取过多。工业化初期主要通过剪刀差等方式向农民大量索取,积累国家工业化建设资金。20世纪80年代中期以来,我国工业化已经进入中期发展阶段,但是向农民索取的资金非但没有减少,反而与日俱增。一是县乡政府为维持机构运转而向农民索取较多。据农业部统计,2002年全国农民直接承担的税费总额为1030.5亿元,人均115.8元。二是农民承担着许多本应由国家承担的义务。在农村教育、卫生、文化、科技、交通等许多方面,主要由农民自已承担费用。三是农村资金通过储蓄大量流失。2001年农业增加值和乡镇企业增加值,分别占全国GDP的15.2%和31.1%,而贷款余额仅分别占5.15%和6.5%。四是低价征用土地导致土地价差收益大量流失。1987年~2002年全国非农建设共占用耕地3689.4万亩,按其中70%为征地、征地中一半为经营性用地匡算,各地政府获得土地净价差收益在14000亿至31000亿元。

总之,在过去相当长时期内,我国经济社会发展方面实行的是一种向城市倾斜的方针政策,导致农村经济发展远远滞后于城市,农村社会发展更是严重滞后于城市。因此,必须根据全面建设小康社会的要求,下大决心调整原有的方针政策,把实现城乡协调发展作为一项重大任务,提到全党全国工作的重要日程。总的方向是:按照统筹城乡经济社会发展的方针,促进城乡协调发展和经济社会协调发展,逐步改变城乡二元结构,实现城乡一体化。

二、调整国民收入分配格局

实现城乡协调发展仅仅依靠农村自身力量是远远不够的，必须调整国民收入分配格局，初次分配和再次分配都要进行调整。今后国民收入分配要尽力向农村倾斜，大幅度增加用于农村发展的财政和信贷资金投入，为加快农村经济社会发展创造有利的政策环境。关键是要建立现代公共财政制度，国家财政支出安排要逐步提高用于农业、农村和农民的比重。

取消农民的一切不合理负担。对农民和农村要少索取、多给予。目前农村税费改革仍然处于试点阶段，没有达到改革的最终目标。深化税费改革的目标，应当是逐步降低农业税率直至全部取消农业税，实行城乡统一的税收制度，真正做到城乡居民税负平等。禁止税收之外的各种乱收费、乱摊派、乱罚款。目前乡镇各项合法支出的不足部分，通过上级财政转移支付解决。

进一步调整各级财政支出结构。在保持国家财政存量支出结构基本不变的前提下，将财政支出新增部分主要用于农村发展，使城乡财政支出比重与城乡人口比重逐渐接近。建议从现在起到2020年，财政新增部分用于农村的比重应达到70%左右，最低也需要超过50%。不仅中央财政要这样做，省级地方财政也要这样做。

农村财政性投入要尽量消除"非农化"现象。建议设立专门的公共设施投资栏目，将大江大河治理、大型水库建设等全社会受益的基建项目列入其中，同时从农村投资栏目中剔除，使各项农村投入能够名副其实地用于农业和农村发展。

大幅度增强对农村经济发展的贷款支持。通过深化改革，建立多元化增加农村贷款的稳定机制。农业银行和信用社要增加对农村生产和农民的贷款，健全农户小额贷款制度和中小企业贷款担保制度,开展农民购房建房和购置耐用消费品等项贷款。农村邮政储蓄应全部返还农村。农业发展银行继续增加粮食产业开发和扶贫开发等项贷款。广泛吸引民间资金和外商资金投入农村发展。

通过立法保证农村投入的增加。实现城乡协调发展需要各级财政长期投入,有必要明确财政支出用于农村的所占比例或者数量界限,列入国民经济和社会发展的中长期规划及各个年度计划予以安排落实,并通过立法予以确认,保证农村投入措施的法律效力和可预见性,从制度上避免因形势发展的变化而变化。

三、全面加强农村社会发展

以城市发展繁荣带动农村发展和劳动力转移,以农村加快发展支持城市发展,提高整个国家的现代化水平。我国已经进入工业化中期阶段,初步具备工业反哺农业、城市支持农村的能力,应通过推进城乡协调发展,加快农村全面发展步伐,特别是加快农村社会事业发展。

农村财政支出主要用于社会发展。在农村新增财政支出中,70%左右应该用于社会发展,以保证农村公共事业和基础设施建设的需要。解决农村经济发展方面的资金不足问题,应主要运用市场机制,通过银行贷款和其他筹资方式解决,财政给予适当支持。

从资金、人才、技术等方面加大对农村卫生事业的投入。加强县医院和乡卫生院建设,提高医疗水平,形成布局合理的农村医疗体系和公共卫生体系。改革农村医疗卫生体制。在普及新型合作医疗制度的基础上,有条件的地区逐步建立农村医疗保障体系。

进一步加强农村教育事业。重点加强农村九年义务教育,切实提高农村初高中教育水平。加强农村中等职业教育,对农民广泛开展科学技术、市场经济和法制等方面知识培训教育。完善农村义务教育经费保障机制。农村九年义务教育经费，主要由财政来承担。统筹配置城乡教育资源，提高教育资源利用效率。

发展农村文化科技事业。继续加强乡文化科技活动场所建设，改进面向农村的广播、影视、图书、演出工作，大力发展农村科普宣传，丰富农村群众文化生活，加强社会主义精神文明建设。

重视农村社会保障体系建设。在沿海发达地区和大中城市郊区等有条件的地区，采用个人、社区和财政相结合的方法，逐步建立和完善农村社会保障体系，主要是建立最低生活保障和医疗保障制度。

四、逐步加快农村工业化进程

以信息化带动农村工业化。通过网络、通讯等信息技术的广泛应用，将农村工业和第三产业发展与国内外市场有效连接起来，根据市场需求变化进行技术改造、生产管理和产品营销。特别是要逐步发展网上交易、电子商务，建立连锁、配送、代理、分销等现代营销体系，增强农村工业和第三产业在国内外市场上的适应能力和竞争能力。

大力发展农产品加工业。重点加强对农业主产区的支持，集中力量及早建成一批在国内外有重要影响的优质农产品生产加工基地，扩大优势农产品及其加工品出口和国内市场占有率，全面增强市场竞争能力。在保持家庭承包制的基础上发展各类专业户，形成地块集中连片的区域规模经营，由龙头企业牵头组织产业化经营，统一提供良种、种养和收购等各种生产服务，推动种植业和养殖业的发展，迅速做强做大农产品加工业。在企业与农户之间建立和完善利益联结机制，使农民能够分享加工、流通领域的增值效益。

积极推进农村中小企业技术进步。农村工业化应以劳动密集型产业为主体、以技术密集性产业为补充，把充分吸纳农村富余劳动力就业放在首位。对农村不同类型的企业确定不同的科技进步要求。对少数经营规模较大、技术层次较高的农村工业企业，要加强技术改造，推动结构调整、技术创新和机制创新。对多数以传统技术为主的中小企业，也要注意适当引用新的技术、设备和管理经验，使之跟上时代前进的步伐。

大力发展多种所有制经济。要消除体制上的各种障碍，对各种所有制企业同等对待，特别要对各类非公有制企业实行国民待遇。凡是允许国有、外资企业进入的领域，都应及早向非公有制企业开放，不断增强各类企业吸纳农村劳动力就业的能力。农村中小型基础设施和小城镇建设，要尽可能多用农村中小企业和农民工。通过股份、租赁等形式搞活集体资产，壮大集体经济，发展农村公共事业。改善农村投资环境，吸引城市资金和外商资金投入农村经济发展。

走可持续发展之路。要不断优化资源配置，广泛推行清洁生产、文明生产方式，发展绿色产业、环保产业，降低能源和原材料消耗，减少环境污染，注重经济效益、社会效益和生态效益的统一。新办工业、商贸企业要集中布局在小城镇，原先分散的乡镇企业也要逐步向小城镇的工业小区和商贸小区集中，以减少土地占用，降低投资成本，形成集聚效益，带动第三产业发展，增强后续发展能力。

五、积极稳步地推进城镇化

数以亿计的农民工及其赡养人口跨区域流动，是我国城乡二元结构条件下的必然产物，关系经济社会发展的长远之计。必须适应工业化、信息化的要求，大力推进城镇化，降低农村劳动力在总劳动力中的所占比重，逐步使农村人口比重与农村产业比重大体接近。通过减少农村人口数量和增加城镇人口数量，对城乡居民收入增长速度进行相应调节，缩小城乡居民收入差距。

注重发展城镇经济和县域经济。通过城镇经济促进农村劳动力转移，通过劳动力就业转移带动全家居住转移。一是大中城市对农民扩大开放，将支持农民进城务工经商作为大中城市经济发展的一个重要途径，允许符合条件的务工经商农民在各类不同城市安家落户。二是大力发展城郊型经济，吸引本地和外地的农村人口举家向郊区小城镇集中居住，降低直接进入大中城市的门槛和成本。三是大力发展县域经济，以县城为基础加强县域经济文化中心建设，将条件较好的县城建成小城市，吸引更多的非农产业就业者及其赡养人口安家落户。四是大力发展小城镇经济，重点是在中心建制镇发展符合当地条件的非农产业，特别是通过乡镇企业集中布局和个体私营企业创业发展，带动职工及其家属迁入小城镇居住。

推进城镇化要与多种移民方式相结合。一是与行洪蓄洪地区灾后重建相结合，将行洪蓄洪地区农村人口迁入地势较高的小城镇居住，努力消除洪水对这些地区农村人口的危害。二是与生态建设和扶贫开发相结合，将部分生存条件太差的生态脆弱地区和贫困地区的农村人口迁入小城镇，从根本上减轻对生态脆弱地区和贫困地区的人口压力，解决困难群众的长远生计问题。三是与大型工程建设相结合，由向农村安置为主转向各类城镇安置为主，改善工程移民的生活生产条件。四是与土地整理相结合，对废弃的自然村和各种纵横交错的沟壑进行平整，将居住过于分散的农村人口迁入附近的小城镇或中心村。

正确处理进城落户农村人口的土地承包关系。对于进入城镇后没有享受城镇社会保障的原农村人口，允许保留土地承包经营权。对于在城镇享受城镇社会保障的原农村人口，必须向原有农村集体经济组织交回土地承包经营权。这样，既保障进入城镇农村人口的基本生活，又有利于农村土地的流转和集中。

依法保障失地农村人口的合法权益。目前征用土地补偿标准普遍过低，必须大幅度提高征用土地的补偿标准，在这个基础上制定最低补偿标准和浮动幅度，以合理保护农民利益，控制占用耕地。占用土地的补偿费原则上要全部用于失地农民的生计安排，首先是加入城镇社会保障，其次是购买或建筑住房，第三是开展就业技能培训。要探索土地入股、租赁等多种形式，更大幅度地增加失地农民的收益。总之，通过多方面努力，保证失地农民基本生活水平不降低并逐步有所改善，成为城镇化的受益者和社会稳定因素。

六、加强农业和农村基础设施建设

继续增加农业和农村投入。近几年国债资金要继续扩大用于农业和农村的比重。在预算内基本建设投资中进一步增加用于农业和农村的比重，新增加的基本建设投资应主要用于农业和农村。今后凡是国家新出台的增加投入措施，都要把增加农业和农村投入放在优先位置。对有经济回报的农业和农村基础设施，要通过改革投融资体制，采用招投标等方式吸引社会资金和外资参与。

加强农业基础设施建设。重点加强土地基础设施建设，包括农田水利、水土保持、土地整理等；加强技术服务基础设施建设，包括农民培训、良种繁育、科技推广、动物防疫、质量检验等；加强流通服务基础设施建设，包括市场、仓储、保鲜、运输等。通过加强农业基础设施建设，降低生产成本，增加农民收入。

加强农村基础设施建设。要充分体现“以人为本”的思想，有利于农村居民的全面发展。特别要加强学校、医院、防疫、道路、通讯、电力、自来水、排水、绿化和垃圾处理等项建设，改善农村生活环境。随着城镇化的推进，将有较多兼业农户迁入附近小城镇居住，需要搞好农田道路建设，便于兼业农户下田作业，并在农田里有规划地建立农业生产用房，用于堆放农具、农产品和农忙季节临时住人。

加强小城镇和中心村基础设施建设。农村基础设施建设要结合村镇建设的长远规划,重点布局在小城镇和中心村,促进农村居民居住相对集中,方便群众生产生活,避免重复建设和损失浪费。对分散的自然村要逐步拆迁,通过土地整理弥补和增加耕地面积。

加强生态环境建设。保护和恢复生态环境是一项长期任务。要继续扩展退耕还林还草,落实配套措施,保证实际效果。在退耕还林还草中采用多种方式直接补贴农民,确保“退得下、稳得住、能增收”。根据当地自然条件,在某些山区和草原实行封山育林和禁牧育草,提高生态建设效益。

七、不断深化农村体制改革

目前城乡协调发展仍然存在着许多体制障碍,必须进一步深化改革。要适应全面社会主义市场经济体制的要求,从土地转让、机构设置、征地、补贴等项制度上理顺关系,增强农村发展的内在活力,促进城乡经济社会协调发展。

逐步推进适度规模经营。在稳定和完善家庭承包制的基础上,在沿海发达地区、大中城市郊区和农民外出务工较多等有条件的地区,建立土地有偿转让机制,引导土地合理流转和集中,逐步扩大农业经营规模,确保土地转出农户的利益,增加种田农民的收入。

推进县乡管理体制改革。加快政府职能转换,严格控制县乡机构设置和人员编制,削减财政供养人员。进一步清理人员超编现象,消除编外人员依靠各种收费维持运转的状况。继续推进撤乡并村,实行交叉任职,减少乡村管理人员。对于乡村机构分流人员,要通过组建经济实体公司、创办科技示范基地和发展农业专业协会等多种途径,予以妥善安置。

改革农村金融体制。首先搞好农村信用社改革,办成专门为

“三农”提供服务的地方金融机构，发挥其联结农户的金融纽带作用。各个涉农商业银行要改进服务，建立适合农村特点的信贷担保机制，扩展对农村中小企业和小城镇建设的贷款业务，增强信贷资金的安全性。国家委托农村信用社或涉农金融机构，通过贴息等方式支持农业基础设施等项建设。

采用多种形式增加对农民的直接补贴。除了将用于粮食流通环节的财政补贴改为直接补贴农民外，还应在生态环境建设、农村基础设施建设、良种推广和技术培训等方面，加大对农民的补贴，使财政补贴成为促进农民增收的一项重要政策。

发展农村合作经济。大力发展农村合作社，特别是各类专业合作社，不断提高农民的组织化程度和生产的规模化程度。建立包括生产、加工、流通等各个相关环节在内的专业协会组织，发挥其服务、自律、协调的作用。

（研究报告，与尹成杰、李炳坤等同志合作，2003 年 9 月）

关于“三农”和城市化问题

全面落实科学发展观，十分重要的方面，是切实解决好农业、农村和农民问题，走中国特色的城市化道路。这里仅就当前人们关注的四个方面问题谈一些看法。

（一）实行工业反哺农业、城市支持农村的方针

去年以来，党中央、国务院审时度势，适时提出实行工业反哺农业、城市支持农村的方针。认真贯彻好这个方针，对于做好新阶段的“三农”工作，具有十分重大的意义。

实行工业反哺农业、城市支持农村的方针，是中央统揽全局、与时俱进作出的重大决策。为解决好农业、农村和农民问题，近年来中央先后作出了多予、少取、放活，统筹城乡发展等决策。工业反哺农业、城市支持农村的方针，是这些重要决策的进一步发展，是解决“三农”问题指导思想的进一步升华。

第一步：提出多予、少取、放活方针。

针对农业和农村经济发展进入新阶段后农产品供过于求、农民就业门路不多、增加农民收入困难的现实，在2002年初召开的中央农村工作会议上，温家宝在讲话中首次指出，增加农民收入总的指导思想是“多予、少取、放活”，并作出具体阐述：多予，就是要增加对农业和农村的投入，加快农村基础设施建设，扩大退耕还林规模，直接增加农民收入；少取，就是要推进农村税费改革，切实减轻农民负担，让农民休养生息;放活,就是要认真落实党在农村的各项政策,把农民群众的主动性、创造性充分发挥出来,进一步活跃农村经济,拓宽农民增收渠道。在2003年初召开的中央农村工作会议上,胡锦涛在讲话中明确提出了“要坚持‘多予、少取、放活’的方针,采取综合措施,努力增加农民收入。”把“多予、少取、放活”作为方针首次写入中央文件,则是2004年的中央一号文件。

第二步:强调统筹城乡经济社会发展。

2002年11月,党的十六大报告指出,“统筹城乡经济社会发展,建设现代农业,发展农村经济,增加农民收入,是全面建设小康社会的重大任务。”后来,这一重要思想又不断丰富和发展。在2003年初召开的中央农村工作会议上,胡锦涛强调,统筹城乡经济社会发展,就是要充分发挥城市对农村的带动作用和农村对城市的促进作用,实现城乡经济社会一体化发展。2003年10月,党的十六届三中全会《关于完善社会主义市场经济体制若干问题的决定》提出了科学发展观和“五个统筹”的要求,即统筹城乡发展、统筹区域发展、统筹经济社会发展、统筹人与自然和谐发展、统筹国内发展与对外开放。2004年9月,党的十六届四中全会的决定进一步提出了要推动建立统筹城乡发展、统筹区域发展、统筹经济社会发展、统筹人与自然和谐发展、统筹国内发展和对外开放的有效体制机制。

第三步:明确提出工业反哺农业、城市支持农村的方针。

2004年9月,在党的十六届四中全会上的讲话中,胡锦涛总书记深刻阐述了“两个趋向”的重要论断:纵观一些工业化国家发展的历程,在工业化初始阶段,农业支持工业、为工业提供积累是带有普遍性的趋向;但在工业化达到相当程度以后,工业反哺农业、城市支持农村,实现工业与农业、城市与农村协调发展,也是带有普遍性的趋向。2004年12月,在中央经济工作会议上,他进一步指出:我国现在总体上已到了以工促农、以城带乡的发展阶段。我们应当顺应这一趋势，更加自觉地调整国民收入分配格局，更加积极地支持“三农”发展。

2005 年 3 月，温家宝总理在十届全国人大三次会议上所作的《政府工作报告》中明确提出：“适应我国经济发展新阶段的要求，实行工业反哺农业、城市支持农村的方针，合理调整国民收入分配格局，更多地支持农业和农村发展。”

实行工业反哺农业、城市支持农村的方针，是完全必要的、及时的。工业反哺农业、城市支持农村，是新阶段正确处理我国工农关系和城乡关系、促进农村经济社会全面发展的重大指导方针，是贯彻科学发展观、促进城乡协调发展的必然要求。

——工业反哺农业、城市支持农村，是工业化发展到一定阶段后的普遍趋向。从工业化国家的发展历程来看，在工业化初始阶段，农业在国民经济中占较大比重，劳动力大部分在农业中就业，农业客观上承担了为工业化提供积累的重任。可以说，农业支持工业、为工业提供积累是工业化初始阶段带有普遍性的趋向。但在工业化达到一定程度以后，由于工业自身积累和发展能力不断增强，具备了反哺农业的能力，又都适时调整发展政策，加大工业对农业、城市对农村的支持力度。同样可以说，工业反哺农业、城市支持农村，实现工业与农业、城市与农村协调发展，是工业化达到一定程度以后带有普遍性的趋向。在工业化进程中，适时推进由农业为工业提供积累向工业反哺农业的转换，是工业化国家顺利推进现代化建设的普遍做法和成功经验。

——工业反哺农业、城市支持农村，是实现全面建设小康社会目标、顺利推进我国现代化进程的迫切需要。实现全面建设小康社会的宏伟目标，重点和难点在农村；把我国建设成为一个现代化国家，最繁重、最艰巨的任务在农村。应该看到，目前农民生活水平普遍不高，2004 年底全国农村还有 2600 多万人连温饱问题都没有解决；农村生产力仍相当落后,不少地方的农业生产仍以手工劳动为主,靠天吃饭的状况没有从根本上得到改变;农村人口受教育程度低、医疗卫生条件差、文化生活落后的问题普遍存在,农民看病难、农民子女上学难、农民整体素质不高等问题仍很突出。我国是一个人口大国,十三亿人口中八亿是农民。没有发达的农业作支撑,就没有全面小康社会稳固的物质基础;没有农村经济的全面繁荣,就没有国民经济的持续快速健康发展;没有农民的普遍小康,就没有全国的全面小康;没有农村的现代化,就没有国家的现代化。必须从国民经济和社会发展全局出发,增强加快农村发展、改变城乡二元结构的紧迫感和使命感,更加主动地加大对"三农"的扶持力度。

——工业反哺农业、城市支持农村,是我国经济发展进入新阶段后有能力实施的政策选择。新中国成立后的三十多年中,我国主要依靠农业提供的积累,初步建立起比较完整的工业体系和国民经济体系。改革开放以来,我国逐步调整工农关系和城乡关系,全面发展城乡经济。经过二十多年的努力,不仅农业和农村发生了很大变化,工业和城市也得到了很大发展,综合国力大大增强。2004 年,我国国内生产总值达到 13 万亿元,财政收入达到 2.6 万亿元,二三产业占国内生产总值的比重达到 85% 以上,二三产业占就业的比重达到 50% 以上,城镇化水平达到 40% 以上。从总体上看,我国已经初步具备了工业反哺农业、城市支持农村的经济实力。适应我国工业化发展阶段的变化,在国家总体实力不断增强的基础上,在深入挖掘农业和农村发展潜力的同时,应不断加大对农业发展的支持力度,发挥城市对农村的辐射和带动作用,发挥工业对农业的反哺作用,走城乡互动、工农互促的协调发展道路。

正确理解和把握工业反哺农业、城市支持农村方针的内涵。中央作出实行工业反哺农业、城市支持农村方针的决策后,社会各方面给予了高度评价,并对实际工作产生积极影响。但是,也有一些人对此有不同看法，担心过早地实行工业反哺农业、城市支持农村的方针，将增加国家的负担，影响工业化、城镇化的速度。持这种观点的人认为，在整个工业化过程中，工农业关系的变化存在从农业中汲取工业化积累、工业与农业平行发展、工业反哺农业等三个不同的阶段，目前我国应处于工农业平行发展的阶段。我们认为，工农业关系的“三阶段”论，只是一种理论上的概括，具体到一个国家的发展进程中，不是农业支持工业，就是工业反哺农业，工农业平行发展的理想化、绝对化状态在现实生活中并不存在。这就像一种产品的供求关系，不是供大于求，就是供不应求，不多不少、供求平衡的状态只是一种抽象。我国长期实行从农业中汲取工业化积累的政策，工农业和城乡之间的差距不断扩大。现在转向工业反哺农业、城市支持农村，不是转得太早，而是恰逢其时。

对工业反哺农业、城市支持农村方针的内涵，特别是现阶段到底应做哪些事情、能够做到什么程度，应有正确的理解和把握。现在提工业反哺农业、城市支持农村，并不是要扭曲工农业之间由市场决定的交换关系，像一些发达国家那样对农业实行高保护，更不是要通过在农村实行高福利政策，把农村人口都留在农村。要在国家总体实力和财力不断增强的基础上，在深入挖掘农业和农村发展潜力的同时，不断加大对农业发展的支持力度，发挥城市对农村的辐射和带动作用，发挥工业对农业的支持和反哺作用，走城乡互动、工农互促的协调发展道路。这就是工业反哺农业、城市支持农村方针的确切含义。有三点需要把握好：

第一，调整国民收入分配结构，特别是调整财政支出结构，增加对农业和农村的投入，是现阶段工业反哺农业、城市支持农村的重要基础。坚持把加强农业作为宏观调控的重要任务，坚持把有利于缩小城乡差距、富裕农民、繁荣农村作为制定各项政策的重要原则，坚持把加大对“三农”的支持力度作为完善公共财政的重要内容。

第二，破除城乡二元体制，促进城乡之间劳动力合理流动、产业合理分工、人才技术信息合理交流，是现阶段工业反哺农业、城市支持农村的重要前提。建立资源在城乡之间合理配置的市场体系，建立城乡社会事业和基础设施共同发展的有效机制，建立城乡经济相互促进、良性互动的保障体制。

第三，充分发挥市场机制的作用，以工业化带动农业发展，以城镇化促进农民转移就业，是现阶段工业反哺农业、城市支持农村的重要途径。用现代工业的产品支撑和装备农业，用农产品加工龙头企业的发展带动农业结构调整和农业转化增值，用工业和城市发展提供的就业机会带动农村富余劳动力转移、促进农业经营规模扩大和农业劳动生产率提高。

现阶段工业反哺农业、城市支持农村需要采取的主要措施。近年来，中央在工业反哺农业、城市支持农村方面已经出台了不少措施，如决定新增教育、卫生、文化事业经费主要用于农村，减免农业税，对种粮农民实行直接补贴等。工业反哺农业、城市支持农村是我国今后将长期遵循的重要指导方针，应当与时俱进地采取新的措施，坚持不懈地解决好“三农”问题。当前应重点抓好以下几项工作：

一是支持农业基础设施建设和农业科技进步。继续推进“六小工程”建设。尽快落实中央和省级财政都要建立小型农田水利补助专项资金的规定。在预算内经常性固定资产投资和国债资金中，安排小型水利基础设施建设项目。继续增加农业综合开发资金。继续增加农业科技投入。加快超级稻等重大科研成果的推广。

二是增加对种粮农民的直接补贴。包括较大幅度增加良种补贴和农机具购置补贴，促进粮食优质化和农业机械化。

三是加大对产粮大县和财政困难县的财政支持力度。中央财政安排专项资金，对产粮大县和财政困难县实行转移支付。调整中央财政对粮食风险基金的补助比例，并通过其他经济手段筹集一定资金，支持粮食主产区加强生产能力建设。省级财政也应加大对县乡财政的转移支付力度。尤其要尽快落实对基层的财政转移支付，不能把缺口留给基层。

四是加快农村金融改革步伐。尽管中央在农村金融改革方面作出了明确部署，但成效不明显，贷款难依然是制约农村发展和农民增收的突出矛盾。现在农民和龙头企业主要靠民间借贷，既增加了借贷成本，又加大了金融风险。应当大力推进农村金融改革，以缓解农村贷款难、农业保险难的问题。

五是推进征地制度改革。全面贯彻《国务院关于深化改革严格土地管理的决定》，对合理提高征地补偿标准、多方式安置被征地农民等规定，要结合各地实际认真加以落实，帮助解决失地农民的长远生计、帮助他们分享城市化和工业化的成果。同时，要积极进行改革试点，为继续推进土地征收制度改革积累经验。

六是加大对扶贫开发和农村社会事业发展的支持。进一步增加扶贫开发资金。切实落实新增教育、卫生、文化、计划生育等事业经费主要用于农村的规定，用于县以下的比例不低于70%。充分发挥城市人才、智力资源对农村发展的支持，增强城市科技、教育、医疗等方面对农民群众的服务。丰富和扩大“三下乡”的内涵，创新“三下乡”的形式。鼓励城市教师到农村支教，城市医生到农村为农民服务。

（二）坚持推进农村税费改革

实行农村税费改革，是党中央、国务院为解决“三农”问题作出的一项重大决策。经过5年的努力，基本理顺了国家、集体和农民之间的分配关系，最明显的成效是农民负担大大减轻。但农村税费改革绝不仅仅是全部免除农民的农业税负担，主要对农村上层建筑与经济基础不相适应部分进行根本性变革，不断解放农村生产力。目前农村税费改革正处于一个重要转折点，即将进入农村综合改革的新阶段，这个阶段更为复杂和艰难，可能还需要用5年到10年时间才能完成。

5年来农村税费改革试点的两个阶段及主要成效。

第一个阶段为2000年至2003年，主要任务是通过正税清费、规范税制，治理“三乱”，取消“三提五统”，将农民应缴纳的税费规范为农业税和农业税附加，把过重的农民负担减下来，概括起来就是“减轻、规范、稳定”。2000年，首先在安徽全省和其他省份的部分县市开展农村税费改革试点。2002年，在总结安徽等地经验的基础上，按照“积极稳妥、量力而行、分步实施”的原则，试点省份扩大到20个，试点地区的乡村人口约6.2亿，占全国乡村人口的3/4以上。2003年，农村税费改革试点在全国范围内全面推开。

第二个阶段从2004年开始，原定用5年时间，总体上实际缩短为2年，主要任务是在全国范围内取消农业税，取消除烟叶以外的农业特产税，同时，推进乡镇机构、农村义务教育体制和县乡财政管理体制改革试点，概括起来就是“两取消、三改革”。2004年，中央确定在黑龙江、吉林两省开展全部免征农业税的试点，河北等11个粮食主产省（区）降低农业税税率3个百分点，其他地区降低1个百分点。同时，取消了除烟叶以外的农业特产税。还有一些省（市）自主进行了免征农业税试点。全年全国取消农业特产税减轻农民负担约68亿元，减免征农业税减轻农民负担约234亿元。

经过5年的努力，农村税费改革试点工作取得重要的阶段性成果。**一是**，大幅度减轻了农民负担。在取消“三提五统”和农村教育集资等专门面向农民的各种收费、清理整顿各种摊派及达标升级活动的基础上，取消除烟叶以外的农业特产税，减免征农业税，调动了广大农民的积极性。**二是**，明显改善了干部关系。正税清费，明确了农民的权利和义务；减免征农业税，使农民得到更大实惠。基层干部从繁重的催征催收中解脱出来，减少了与群众的摩擦和矛盾。近年来特别是去年,涉及农民负担的群体性事件和恶性案件大为减少,切实维护了农村社会稳定。**三是**,加大了对基层的财政转移支付力度。随着税费改革的推进,中央逐步加大对地方的转移支付力度。2004年,中央财政共安排524亿元支持农村税费改革。各地区财政也都增加对基层转移支付。**四是**,推动了农村上层建筑的调整和完善。农村税费改革,带动了乡镇机构和人员精简、基层政府职能转变、农村教育布局调整等多方面改革,促进了财政支出结构调整;带动了村民自治和农村集体事务的规范化管理,促进了农村基层民主政治建设。

深化农村税费改革,最终取消农业税,具有重大而深远的意义。第一,这是加强农业基础地位,增加农民收入和促进粮食生产的有力措施。无论是正税清费还是减免征农业税,集中指向粮食主产区和种粮农民,对促进粮食增产和农民增收发挥了重要作用。第二,这是合理调整国民收入分配结构,统筹城乡经济社会发展的实际步骤。增加财政对农业和农村的转移支付,有利于实现由过去长期以来农业支持工业向工业促进和支持农业转变,发挥城市对农村的带动作用,推动城乡协调发展。第三,这是全面推进农村改革,完善社会主义市场经济体制的重要内容。通过深化农村税费改革,推动乡镇机构、农村义务教育体制和县乡财政管理体制等改革,促进村民自治,必将带动整个农村上层建筑的调整和完善,为农村经济发展和社会进步注入强大动力。第四,这是维护广大农民利益,保持农村社会稳定的重大举措。正税清费、减免农业税,大幅度减轻农民负担,直接维护了农民的利益。

目前农村税费改革的新进展及出现的新问题。去年年底以来,各地加快了取消农业税的步伐。截至目前,已经明确全面免征农业税的省份新增19个,即山西、内蒙古、辽宁、江苏、安徽、江西、河南、湖北、湖南、广东、海南、重庆、四川、贵州、陕西、甘肃、青海、宁夏、新疆,加上去年国务院决定在黑龙江、吉林两省进行免征农业税试点,上海、北京、天津、浙江、福建5个省(市)自主免征或基本免征农业税,西藏自治区一直实行免征农业税政策。这样,今年全国31个省(区、市)中将有27个提前实现取消农业税的目标,涉及农业人口约7亿人。剩下的河北、山东、广西、云南4省(区)今年也将有217个县免征农业税,2005年继续征收的农业税及附加约19亿元。

按照中央的决定和各地区自主确定的减免农业税政策测算,预计今年减免农业税可进一步减轻农民负担210亿元;其中,中央统一部署减免的部分约150亿元,地方自主免征的部分约60亿元。

随着取消农业税步伐的加快,乡村基层运转困难、农村义务教育经费不足、乡村债务难化解、"一事一议"难开展等老问题进一步暴露;同时,还出现了一些新的带有苗头性的问题:**一是**,对农村税费改革的艰巨性、复杂性和长期性认识不足。不少地方干部认为,取消农业税后农村税费改革的任务就算完成了,工作普遍有所松懈。也有些地方对乡镇机构等改革能否持续深入开展下去,存在不少疑虑和担心。**二是**,对新形势下如何开展农村工作感到茫然。取消农业税,一些乡村干部既感到解脱,又感到无所适从,对今后农村工作如何抓、如何管心中没谱。一些干部感到,现在开展工作没有了抓手,说话不灵、办事没招;一些农民则认为,干部不"催粮要款"后,村里有事找不着人。**三是**,一些地方的乡镇出现新的招商引资热。乡镇财政收入以前主要靠农业税,取消农业税后虽然上级财政增加了转移支付补助,但转移支付本身留有缺口,而且转移支付的标准和额度是以前几年的基数确定的,没有考虑近年来乡镇经费刚性支出大幅度增长的因素。一些地方的乡镇为摆脱财政困境,维持自身运转,招商引资、开辟新税源的压力和冲动很强。目前乡镇纷纷上项目、铺摊子,不仅会引发新一轮的"圈地风",而且会产生新的不良债务。这是一个需要引起高度重视和尽快采取措施的新动向。

加快推进以建立新型农村社会管理和公共服务体制为主要内容的农村综合改革。取消农业税目标的提前实现，既是一项具有划时代意义的成就，也使得加快推进因农村税费改革引发的其他各项改革更为紧迫。

贯穿农村税费改革第一、第二两个阶段的"红线"，是调整国家、集体和农民之间的分配关系，规范、减轻和最终取消农民负担。虽然在这两个阶段，无论是乡镇机构、农村义务教育体制和县乡财政管理体制等改革，还是化解乡村债务、完善村级公益事业运行机制，都一直是重要的工作内容，但始终处于试点和探索状态，没有全面推行。从明年起全面取消农业税后，原先作为配套改革的各项改革将成为改革的重心，着力推进新型农村社会管理和公共服务体制建设，解决乡村债务等遗留问题。

必须认识到，只有推进农村综合改革，建立起减负的长效机制，才能从制度上巩固减轻农民负担的成果。否则，农村税费改革难以取得真正成功。这是有前车之鉴的。我国历史上曾多次开展过以减轻农民负担为初衷、以正税清费为主要内容的税赋制度改革，但最终都无一例外地导致农民负担加重。如唐初实行"租庸调"制度，分为土地税（即"租"，征收谷物）、人头税（即"庸"，征收绢）和户税（即"调"，征收麻布），晚唐杨炎将其改为"两税法"，将人头税和户税并入土地税。相沿至宋朝，一直没有从中减去户税和人头税，然而却在此之外重又开征新的人头税目（"丁身钱米"）。后人习以为常，认为"两税"只是土地税，"丁身"才是户税和人头税，其实那是重复征收的。到明代，在两税、丁口税之外，又征劳役（力差）和代役租（银差），本来是十年轮一次的。嘉靖末年改革为一条鞭法，把两税、丁口、差役和各项杂派全都归并到一起征收，原来每十年中轮值一年的差役负担，分摊到十年里征收了。这实际上是把银、力二差又归并到了两税中。但不久每到轮值之年，各种杂役又纷纷派了下来。到明末,又先后加派旧饷(辽饷)500万两,新饷(剿饷)900万两和练饷730万两。户部尚书倪元璐要改革,又把三饷归并为一,实际上是把这些杂派又并入了正税("两税")。清代的摊丁入亩只不过是明代一条鞭法的又一次重复。这样,每改革一次,负担就加重一层。明末清初的黄宗羲将其总结为"积累莫返之害",史学家则将其称作"黄宗羲定律"。这个定律之所以长期成立,根本原因是吃皇粮的人太多。由此可见,巩固正税清费的减负成果,必须真正解决"生之者寡、食之者众"的问题,也就是必须推进农村综合改革。

全面取消农业税,不仅免除了过去意义上的农业税,而且免除了过去政策范围内的乡镇统筹费和村级提留费,还取消了各种搭车收取的乱摊派、乱收费和乱罚款。但靠这些税费维持运转的机构依然存在,农村各方面建设的任务仍然繁重,因此,农民负担随时有反弹的可能。防止这种局面的出现,关键在于建立起新型农村社会管理和公共服务体制,切实改变过去那种靠强迫农民出钱办这办那的做法。建立新型农村社会管理和公共服务体制,核心在于建立健全覆盖城乡的公共财政制度。**一是**要推进乡镇机构改革,重点是转变乡镇政府职能,精简乡镇机构和人员。按照公益性职能和经营性职能分离的原则,推进乡镇事业单位改革。**二是**要推进农村义务教育体制改革,重点是明确各级政府承担义务教育的具体责任,建立各级财政分担投入、经费稳定增长的制度和机制。**三是**要推进县乡财政管理体制改革,重点是建立规范的转移支付制度,切实解决基层的财政困境。此外,要适当扩充政府在农村道路、水利等基础设施建设和卫生、文化等社会事业发展中的责任,弥补"一事一议"机制的不足。

在过去5年的农村税费改革历程中,有些问题已经暴露出来,但为了集中精力解决正税清费、取消农业税这个主要矛盾,问题被暂时搁置了起来。在取消农业税以后的新阶段,这些问题不能再拖延下去了。主要是妥善化解乡村债务。当前首要的是要坚决制止发生新的不良债务。在此基础上对债务进行全面清理,分清形成原因,分类提出化解的具体办法。同时,要妥善处理农业税费尾欠。总的原则是既要维护税制的严肃性,又不能突击清收、激化矛盾。

(三)正确认识和解决涉及农民工的问题

“三农”问题的核心是农民问题,农民问题的核心是就业不充分。如何为庞大的农村富余劳动力提供就业机会,是我国现代化建设面临的重大挑战之一。党中央、国务院高度重视农村富余劳动力转移问题,近年来各地区、各有关部门做了大量工作,农村劳动力外出就业的环境不断改善,人数不断增加。

农村富余劳动力转移中一个带全局性的问题,是如何正确认识和对待农民工问题。农民工是我国工业化进程中和农村小康建设阶段出现的新事物。农民从农业劳动转移出来就业特别是进城就业面临着一些亟待解决的问题。温家宝总理在十届全国人大三次会议《政府工作报告》中明确提出,要“多渠道转移农村富余劳动力”,“进一步研究制定涉及农民工的各项政策”。

为什么要高度重视解决涉及农民工的问题?这是因为:

第一,农民工是我国产业大军中的一支重要力量。农民工是改革开放以来日益壮大的劳动者群体。据国家统计局的抽样调查,2004 年全国农村进城务工劳动力约 1.2 亿,大体上是全国城镇就业人员的二分之一,占全国就业人员的六分之一,其中举家外出务工劳动力约 2470 万。农民工广泛分布在制造业、建筑业、社会服务业、住宿餐饮业、批发零售业等各行各业,第二产业中的农民工占从业人员总数的近 58%,其中在加工制造业中占 68%,在建筑业中接近 80%;第三产业中的批发、零售、餐饮业,农民工占到 52% 以上。从流入地看,约有 70% 农民工在我国经济发达的东部地区城镇就业。由此看来,农民工已成为我国一些产业劳动力的主力军,已成为经济发达地区城镇就业的主体。

第二，农民工在我国现代化建设中发挥着越来越大的作用。工业化、城镇化是我国现代化的必由之路。改革开放以来，随着我国工业化和城镇化进程加快，越来越多的农村富余劳动力到城镇就业。2004年，城镇人口已占到我国总人口的41.8%，城镇新增常住人口的大部分是农民工及其家属。据估计，到2020年，我国城市化水平要达到55%～60%，农村转移就业劳动力总数将达到2亿以上。可以说，过去二十多年，如果没有农民工，我国的工业化、城镇化进程就不会有那么快，沿海地区就很难涌现如此众多的新兴制造业和城市群，外向型经济也不可能有如此迅猛的发展。在我国未来的工业化、现代化进程中，农民工队伍必将进一步扩大，在改革开放和现代化建设中会发挥更大的作用。

第三这是落实科学发展观、统筹城乡发展的必然要求。全面建设小康社会的重要任务，是要逐步改变我国城乡二元经济结构的状况，逐步扭转工农差别、城乡差别和地区差别，切实保障人民的政治、经济和文化权益。研究解决涉及农民工的政策措施，很重要的着眼点就是全面落实科学发展观，统筹城乡发展。改变城乡二元经济结构，必须改革不合理的体制、制度，建立统筹城乡发展的体制、制度；必须改变不合理的政策规定，实行有利于调动农民工积极性和维护农民工权益的政策措施。这既是全面建设小康社会的重要任务，也是完善社会主义市场经济体制的重要方面。鼓励和引导农民到城镇就业，改革涉及农民工的不合理制度，制定和完善涉及农民工的各项政策，有助于统筹城乡共同发展。

第四，解决涉及农民工的问题还是建设和谐社会的重大任务。农民工这一新事物，对促进我国改革开放和经济社会发展发挥了重要的作用，同时也带来了与之相关的就业、居住、计划生育、子女上学、医疗、社会保障、户籍、社会管理、维护社会稳定等方面的新课题。我们党和政府要坚持以人为本、执政为民，促进社会公平和正义，激发社会创造活力，维护社会稳定，构建社会主义和谐社会，就必须保护好农民工的合法权益，解决他们面临的困难和实际问题，创造一个公平、良好的工作和生活环境。

必须继续把促进农村富余劳动力转移、扩大农民就业作为一项重要工作来抓。促进农村富余劳动力转移，必须多形式、多层次、多领域全面展开。这里关键要把握好两个方面：

一是大力发展县域经济和农村非农产业，促进农村富余劳动力就地转移。从中国国情出发，发展乡镇企业和小城镇，繁荣县域经济，这是促进农村富余劳动力转移的十分重要途径。应当适应新的形势，加强政策引导，采取更有针对性的措施，大力促进乡镇企业调整结构、完善机制、增强活力。积极发展农副产品加工业。帮助乡镇企业尤其是中西部地区乡镇企业提高管理水平，提高产品质量，提高市场竞争力。与壮大县域经济、发展乡镇企业、推进农业产业化经营相结合，大力加强小城镇建设。引导更多的农民进入小城镇，逐步形成产业发展、人口聚集、市场扩大的良性机制，增强小城镇吸纳农村人口、带动农村发展的能力。国家固定资产投资应继续支持小城镇建设，引导金融机构按市场经济规律支持小城镇发展。

二是大力改善农民进城就业的环境。加快清理和取消针对农民进城就业等方面的歧视性规定及不合理限制。按照建立城乡劳动者平等就业制度的要求，加快清理对企业使用农民工的行政审批，取消对农民进城就业的职业工种限制。切实维护农民进城就业的合法权益。加大清理拖欠农民工工资力度。落实最低工资制度，逐步建立工资支付监控、欠薪保障、企业劳动保障诚信等制度。严厉查处随意延长工时、使用童工等违法行为。加强和改进对农民进城就业的服务。统筹做好开拓劳务市场、收集发布劳务信息、培训劳务人员、组织劳务输出、协调劳务管理、提供劳务服务和法律咨询、维护农民工合法权益等方面的工作。加强跨省劳务工作和乡镇劳动服务工作。

加强对农民进城就业的培训。引导和鼓励农民工自主参加职业教育和培训，鼓励用人单位、各类教育培训机构和社会力量开展农民工职业技能培训。充分动员和利用社会各方面的职业教育培训资源，积极引导、鼓励和组织准备进城务工的农民参加职业技能和安全生产知识培训。各级财政应安排专项经费支持农民工职业技能培训工作。进一步健全完善城市劳动力市场。加大城市劳动力市场清理整顿工作力度，重点打击职业介绍领域的各种违法犯罪活动，取缔各类非法职业中介机构。

特别需要注意的是，要稳定农村土地承包关系，不要急于收回已经进城就业（包括全家已经外出多年的那部分人）劳动力的承包土地，不能把收回承包地作为外出务工或在城镇落户的先决条件。我国目前正处于社会深刻变革、结构深刻调整的时期，农民进城就业的情况极为复杂，有一部分人将留在城市，也有一部分人将返回农村。在目前城市社会保障体系不健全、社保资金缺口较大的情况下，进城就业农民工短期内难以进入城市社保体系。农民最大的社会保障就是土地。要让农民进退有路。在今后一个较长时期内，承包地仍将是进城农民工最可靠的保障。在老家有一块承包地，进城农民工就多了一条退路，一旦找不到工作，可以回家继续务农，不至于流离失所，减少社会稳定的风险。

当前摆在我们面前的一项重要任务，是要全面、系统、深入地搞好农民工问题的调查研究，包括当前农民工的总量、结构、特点和发展趋势问题，包括农民工流动就业和统一城乡劳动力市场问题，农民工工资、劳动保护、子女上学、医疗卫生、住房、社会保障和权益保护问题，包括涉及农民工进城就业对政府管理和职能转变提出的要求等等。在搞好调研的基础上，提出涉及农民工问题的政策措施。

（四）积极稳步地推进城镇化

提高城镇化水平，是减少农村人口、解决“三农”问题的重要途径。在党的十六大报告、十六届三中全会决定等重要文献中,有关城镇化的内容都是放在农村部分、作为解决“三农”问题的一条重要措施。第一,推进城镇化,有利于促进农村非农产业发展,为农村富余劳动力提供就业机会。第二,推进城镇化,为乡镇企业集中连片发展提供依托和载体,对实现农村经济增长方式的根本转变具有积极作用。第三,推进城镇化,有利于控制农村人口增长,提高农村人口素质。同时,推进城镇化,有利于扩大内需,可以为经济发展提供广阔的市场和持久的动力。

改革开放以来,特别是20世纪90年代中期以来,我国城镇化率有了很大提高。2003年底,全国城市数达到660个,比1985年增加339个;建制镇20226个,比1985年增加12270个。2004年我国城镇化率已达41.8%,比1978年提高23.9个百分点。特别是1996年以来,我国城镇化步伐明显加快,已连续9年每年以超过1个百分点的速度发展。尽管如此,目前我国的城镇化仍然严重滞后于工业化。目前我国的城镇化率,与同等经济发展水平国家相比要低约10个百分点,与同等工业化水平国家相比要低约20个百分点。今后一个时期,我国应当继续大力推进城镇化。

推进我国的城镇化,必须从国情出发,走中国特色的城镇化道路。党的十五届五中全会通过的《中共中央关于制定国民经济和社会发展第十个五年计划的建议》指出:“要从各地的实际情况出发推进城镇化,逐步形成合理的城镇体系。注意发展城市间的经济联系,发挥中小城市对小城镇发展的带动作用。在着重发展小城镇的同时,积极发展中小城市,完善区域性中心城市功能,发挥大城市的辐射带动作用,提高各类城市的规划、建设和综合管理水平,走出一条符合我国国情、大中小城市和小城镇协调发展的城镇化道路。”十六大报告进一步指出:“要逐步提高城镇化水平,坚持大中小城市和小城镇协调发展,走中国特色的城镇化道路。”这是推进我国城镇化的正确指导方针,必须坚定不移地贯彻执行。

对我国到底应该重点发展大中城市,还是重点发展小城镇,理论界有两种不同看法。一种意见认为,现阶段我国城镇化最主要的目标,是尽快将农村人口向城镇转移。2003 年底我国农村人口数量高达 7.7 亿人,比 5.2 亿城镇人口多出近 1.5 亿人。靠大中城市显然难以大规模地快速吸纳农村人口。相对而言,目前大多数小城镇人口规模较小,发展潜力巨大,农村人口进入小城镇的体制性障碍和经济成本也比较低。因此,应把发展小城镇作为我国现阶段推进城镇化的重点。另一种意见认为,提高城镇化水平,不仅要考虑转移农村人口,还应当考虑扩大城市的经济规模、提高城市的经济效益。2003 年,200 万人口以上的城市仅 33 个,100 万至 200 万人口的城市为 141 个,而 5 0 万至 100 万人口的城市达到 274 个,50 万人口以下的城市也有 212 个。这表明目前我国大多数城市的人口规模并不经济。因此,现阶段推进我国城镇化,不应把重点放在增加城镇数量上,而应着力加强对现有城市的建设,使多数城市尽快达到必要的人口规模。

这两种意见各有其合理的一面。但不能截然对立起来。把现有的中小城市做大,可以容纳大量农村人口。发展小城镇也是一条现实途径。从根本上讲,城镇化水平是由经济水平决定的。我国不同地区的经济发展水平和市场发育程度差异很大,推进城镇化一定要从各地实际出发,不能一个模式,不能盲目攀比。

推进我国的城镇化,必须遵循城镇化的一般规律,充分吸取其他国家的经验教训,避免走弯路。尤其要注重城镇化和农业现代化的协调推进。要认真吸取拉美国家城镇化超前、忽视农业和农村发展的深刻教训。20 世纪初,拉美一些国家曾成为世界上最大的农牧产品供应地。但战后至 70 年代中期,大量农村人口涌向大城市。国内外资金主要投向城市地区和工业部门,农村地区和农业部门得不到应有的发展资金。各国农产品出口挣来的外汇也主要用于装备现代工业和充实城市地区的基础设施。其结果是，有些国家在相当长时期农业滞后，农村凋敝，城市贫民窟大量出现，政治动荡不安，经济社会发展停滞。我们必须切实吸取这些教训，在推进工业化城镇化过程中，始终坚持巩固和提高农业基础地位不动摇。

（2005 年 3 月）

全面认识区域协调发展战略

贯彻落实科学发展观,必须推动区域协调发展。根据各地区不同情况和统筹兼顾的原则,中央近年来明确提出了新的发展阶段的区域布局战略。这就是实施西部大开发,振兴东北地区等老工业基地,促进中部地区崛起,鼓励东部地区加快发展。各个区域的发展战略各有侧重、各有特点,又紧密联系、并行不悖。对这个促进区域协调发展的战略,必须有全面、正确的认识。应当看到,这是从加快现代化建设全局出发作出的整体战略部署。实行这个区域布局战略,有三个着眼于:**一是**着眼于发挥各地区比较优势和实现优势互补,**二是**着眼于调动各地区、各方面的积极性和创造活力,**三是**着眼于促进东中西互动、相互促进、共同发展。

实施西部大开发战略,是贯彻邓小平"两个大局"发展战略的重要举措,这不仅可以加快西部地区发展,而且可以为全国经济发展拓宽更大空间。近几年,中央制定了促进西部大开发的一系列政策措施,关键是要保持西部大开发的可持续性。近年来西部地区的经济增长,在相当大程度上是靠国债投资和中央预算内的基本建设投资拉动的。这对全国经济也是很大的拉动。需要研究的是,西部大开发是长期的经济发展战略,而不是短期的任务,应该怎样建立支持西部大开发长期稳定的筹资渠道和机制?如何保持西部开发有关政策的连续性,并根据实际情况适时加以完善?例如,退耕还林政策已实行了六年,只剩下两年,迫切需要制定和完善相关的政策措施。

振兴东北地区等老工业基地,可以充分发挥多年来形成的物质技术基础和巨大潜力,做到投入少、见效快。东北老工业基地经济实力比较雄厚,自然资源丰富,资产存量巨大,优势产业较多。东北地区有 40 多种矿产资源储量居全国前三位。原油产量占全国的 2/5,木材产量占全国的 1/2,汽车产量占全国的 1/4,其中重型卡车产量占全国的 1/2,船舶产量占全国的 1/3,重型装备制造业和重要军品生产地位突出。农业商品粮占全国的 1/3。同时,东北地区职工素质较高,科技人才密集,交通通信等基础设施较为发达,生态环境也比较好,还有对外交往的区位优势。加快东北老工业基地调整和改造,不仅能为国民经济长期持续较快发展注入新的活力、增强更大的后劲,而且可以收到事半功倍的效果。

促进中部地区崛起,可以发挥其明显的区域优势和综合经济优势,意义重大。中部地区地域广,人口多,包括山西等 6 省,土地面积达 102.8 万平方公里,占全国的 10.7%;去年人口达 3.63 亿,占全国的 28.1%;GDP 占全国的 19.5%。中部地区经济社会发展在全国现代化建设中居于重要地位。目前,中部地区经济发展还相对落后。加快中部地区发展,有利于较快提升中部发展水平,促进全国共同繁荣;有利于更好地发挥中部的桥梁和纽带作用,完善全国统一的现代市场体系;有利于发挥中部优势和潜力,为全国经济发展拓宽空间和增强后劲。

鼓励东部地区加快发展,可以明显增强国家实力和竞争力,更好地支持和推动其他地区发展。促进地区协调发展,不是要人为地放慢东部地区发展。东部沿海地区是我国经济最活跃、生产力最发达、科技实力最雄厚的地区。据统计,2002 年,上海、江苏、浙江、福建、山东、广东 6 个东部省市,国内生产总值占全国的 49.4%,进出口总额占 75.4%,实际利用外商直接投资占 71%,上缴中央的财政收入占55.2%。东部地区充分利用有利条件和基础加快发展，可以为全国现代化建设提供更加强大的物质技术基础，更好地壮大国家实力；可以较快地增加国家的财政收入，拿出更多的力量支持中西部地区和老工业基地发展；还可以为推进全国改革开放和发展积累新经验、发挥示范作用。加快东部地区发展，也是提升我国国际竞争力、更好地扩大对外开放的需要。在经济全球化深入发展、世界科技革命突飞猛进的大背景下，特别是我国加入世贸组织之后，我们必须在新的起点上进一步扩大开放。而要更好地开放，在激烈的国际竞争中赢得主动，就必须充分发挥东部地区的现有基础和优势，以尽快提高我国的国际竞争力。

从近年来的实践看，实行这样的区域布局战略是必要的、正确的、有效的。我们要用统一的、辩证的观点，全面认识国家区域布局战略，采取正确的指导方针，加快形成区域间互惠互利的经济循环新格局，不断推进各地区共同发展。

如何促进地区协调发展，有不少问题需要深入研究。例如，今后5年、15年地区差别的发展趋势将如何变化？如何正确发挥政府和市场的各自功能和应有的作用？如何建立有利于扭转地区差别扩大趋势的制度和机制？如何发挥地区比较优势和调整产业空间布局？如何在区域经济发展中促进国内统一市场的形成？如何通过加强区域合作，推动建立区域发展良性循环和互动的新格局？综合考虑多种因素，在制定和实施地区协调发展战略和政策时，需要把握好三个关系：**一是**逐步改变地区差距扩大的趋势与提升国家整体实力和竞争力的关系。**二是**充分发挥市场配置资源的基础性作用与加强国家宏观调控和政府作用的关系。**三是**支持地区之间开展互惠互利合作与各地区参与国际合作和竞争的关系。

（2005年3月）

实施西部大开发中的东、中、西地区协调发展问题

一、正确处理好东、中、西三大地带关系，促进地区协调发展，是实施西部大开发战略的主要出发点

由于自然、历史和政策等多方面因素的影响，现代中国经济社会发展水平客观地存在从东向西逐次降低的格局。综合考虑各地区的经济社会发展的基本条件和潜力，以当地生产力发展水平为主要依据，结合地理位置和区位特点，中国的经济发展可以做出东、中、西三大地带的划分。东部地带包括：辽宁、北京、天津、河北、山东、江苏、上海、浙江、福建、广东、广西、海南12个省区市。中部地带主要包括黑龙江、吉林、内蒙古、山西、河南、湖北、安徽、湖南和江西9个省区。西部地带包括四川、贵州、云南、西藏、陕西、甘肃、青海、宁夏、新疆、重庆10个省区（在西部开发战略中，也把内蒙古、广西两区包括在西部地区，本文中的西部地区未包括这些地区）。这三个地带的划分，体现了西部地区与其他地区经济和社会协调发展的主要地域层次，是最重要的地区之间关系。要顺利地实施西部大开发战略，就必须高度重视这三个地带的协调发展。

如何协调东中西三大地带关系，是中国社会主义现代化建设进

程中的重大课题。西部大开发战略不是单个区域发展战略,而是涉及整个国家的全局性发展战略。推动西部大开发,协调好西部地区和其他地区的关系,促进各个地区的共同繁荣和发展,是这个战略的核心内容之一。早在20世纪50年代,毛泽东就强调要处理好沿海和内地的关系。70年代末实行改革开放以后,邓小平提出了"两个大局"的战略构想。他指出:"沿海地区要加快对外开放,使这个拥有两亿人口的广大地带较快地发展起来,从而带动内地更好地发展,这是一个事关大局的问题。内地要顾全这个大局。反过来,发展到一定的时候,又要求沿海拿出更多力量来帮助内地发展,这也是个大局。那时沿海也要服从这个大局"。

中华人民共和国成立五十多年来,东、中、西地区经济发展和区域布局大体经历了四个发展阶段。第一个阶段,是20世纪50年代初至70年代末,出于当时国际形势和拓展我国工业布局的需要,基本按东、中、西三大地带把全国划分一、二、三线,国家实行计划经济体制调动资源,对中西部地区进行了大规模的开发建设,基本奠定了这些地区的工业基础。第二个阶段,是80年代初到90年代中期,利用沿海地区区位优势和对外开放的有利条件,向东部沿海地区实行投资和政策倾斜,由东部向中西部梯度推进展开经济布局;第三个阶段,是90年代中期起,在第九个五年计划期间,开始重视区域经济协调发展战略,将"坚持区域经济协调发展,逐步缩小地区发展差距"作为国民经济和社会发展的基本指导方针,采取了一系列促进中西部地区开发建设的政策措施,促进了我国区域经济布局的新的展开。第四个阶段,是在20世纪末,经过20年的改革和发展,中国现代化建设的第二步战略目标基本实现,并要向第三步战略目标开始迈进的时候,在加快中西部地区发展的条件已经基本具备、时机已经成熟的情况下,党中央决定实施西部大开发战略,把加快开发西部作为一项重大的战略任务摆到更加突出的位置。

二、西部地带相对于东、中部地带的发展差距和缩小差距的主要潜力

这三大地带之间的经济和社会发展差距的存在，是区域划分的主要依据。因此，必须对差距及产生差距的原因和协调发展的可能性作一些分析。

——西部地区与东、中地区的发展差距。

中国西部地带拥有全国 56.8% 的土地面积和 22.9% 的人口。东部占全国面积 13.5%、人口的 41.3%。中部占全国面积 29.7%、人口的 35.8%。

改革开放以来，中国各地区经济都取得了长足发展，经济实力显著增强，人民生活水平明显提高。但由于各种因素的影响，西部地区经济发展相对缓慢，与中部，特别是东部地区的差距逐步拉大，地区发展不平衡的矛盾明显加剧，集中的体现就是东西部地区之间的人口比例几乎没有变化，但国民生产总值的比例却发生了较大变化。1980 年，东、中、西三大地区国民生产总值的比例为 52.17∶30.30∶17.53，而到“八五”期末的 1995 年，比例为 59.00∶26.50∶14.50。东部地区所占比重提高了 6.83 个百分点，中、西部地区则分别下降了 3.80 和 3.03 个百分点。2001 年，西部地区国内生产总值为 14329 亿元，占全国国民生产总值的 13.5%，仅相当于东部地区的 22.6%，东部是西部的 4.3 倍。

由此，西部与东部、中部地区相比，人均生产总值的差距不断拉大。1980 年，东中西部三大地带人均国民生产总值分别为 488.3 元、336.0 元和 274.3 元。1995 年，全国人均国民生产总值 4757 元，东部地带为 7910 元，中部地带为 3250 元，西部地带为 2696 元。东部是西部的 2.93 倍。2001 年，西部地区人均国内生产总值 4938

元,除新疆外,其余9个省区市均大大低于全国平均水平。其中贵州人均仅2865元,只相当于全国平均水平的38%;而人均GDP前三位的上海、北京和天津,则分别相当于全国平均水平的4.9倍、3.6倍和2.6倍。西部相当一部分地区还没有解决温饱问题,在全国3412万贫困人口中,48.2%分布在西部,贫困人口的绝大部分也都分布在这个地区。

——人均收入差距产生的原因。

较低的人均收入,产生于多种因素。从直接的经济因素分析,西部地区经济发展水平较低,与其产业结构落后、科技教育发展滞后等因素直接相关。

经济水平低,经营粗放。从全部国有及规模以上非国有企业流动资产和固定资产等资产指标、全部国有及规模以上工业企业全员劳动生产率等效率指标来看,西部地区均大大低于全国平均水平。其中固定资产产出率相当于全国平均水平的16%,流动资产产出率相当于13.2%,全员劳动生产率相当于31.6%。

三次产业结构不合理。西部地区三次产业比例为25∶40∶35,这一比例大体相当于全国80年代末的水平。第一产业所占比重较大,分别高出东部和中部10个百分点和1.5个百分点。传统产业比重偏大,附加值率较低。

文化教育滞后,劳动力素质不高。1998年西部地区具有大专以上教育程度的只占总人口的2.3%,比东部地区低2.3个百分点;不识字或识字很少的人口比重为18.6%,比东部、中部高6.6和5.5个百分点。1998年西部地区初中以上毕业生占15岁以上人口比重为9.57%,分别比东部和中部低7.7和3.9个百分点;高中以上毕业生占总人口的比重为43.2%,比东部和中部低20和7.7个百分点;每百万人口毕业大学生1.5万人,相当于全国平均水平的1/3。

科技水平低。2000年西部地区三种专利批准量和技术市场成交额分别为9333项和78亿元,仅相当于全国的9.8%和12%。

交通、邮电等基础设施非常落后。2000年西部地区铁路密度为28公里/万平方公里,分别相当于东部地区的21%和中部地区的30%;公路密度为795公里/万平方公里,分别相当于东部地区的21%和中部地区的48%。邮电业务总量,西部地区只有东部地区的15%和中部地区的40%。

筹资能力弱。从地方自有资金积累能力看,2001年西部地区财政收入总额为1022.5亿元,仅占全国财政总收入的13.1%,分别相当于东部地区和中部地区的19.7%和64.1%。1997年东部地区拥有全国金融机构存款、贷款的65.1%和57.1%;中部地区21.5%、27.3%;西部地区为13.4%、15.6%。明显呈现东部沿海高,而西部低的特征。从上市公司及其筹集资金情况来看,东部地区也占据着绝对优势,1996、1997年分别有348家和473家上市公司,占当年全国上市公司总数的65.7%和63.5%,中、西部地区1996、1997年只有174家和258家上市公司,筹集资金仅占全国上市公司筹集资金量的33.3%和36.5%,与中、西部地区的企业总数和区域面积极不相称。而到1999年底,西部地区只有上市公司168家,占全国上市公司总数的17.4%。

利用国内国外两种资源和市场的能力弱。2001年东部地区对外贸易总额为4653.1亿美元,占全国总量的91.3%,西部地区只有154.4亿美元,占3%;实际利用外商直接投资东部地区407.3亿美元,占全国的86.9%,西部地区只有14.3亿美元,占3.1%。

——西部与东中地区的经济互补性与协调发展的潜力。

西部地区与东部和中部地区经济发展的不平衡和生产要素禀赋的空间差异,也表现出这三个地区之间经济发展的巨大互补性,这也为其加强合作,促进协调发展提供了重要基础。

东部是我国经济发展水平高、发展基础好的地区,在资本、技术、装备、管理、营销、品牌、质量等方面均居全国前列,进一步发展的势头很好;与此同时,东部正处于产业结构变动和调整幅度较大的时期:由于发展地域空间狭小而使地价上涨,由于经济发展较快、居民生活水平迅速提高而使劳动力成本上扬,由于资源短缺而使一些资源密集型产业举步维艰,迫使东部急于把失去优势的劳动密集型和资源密集型产业向内地转移、扩散,为高新技术产业和新型第三产业的发展留出空间和余地。西部是我国开发程度较低的地区,但是在自然资源禀赋特别是水能资源、土地后备资源、生物资源以及部分矿产资源方面有独特的优势,具备接纳东部产业转移的条件;而且还有一些新的领域尚待开发,可望成为新的经济增长点,投资的边际效益较高,是东部相对丰裕的资本寻求较高回报率的理想场所。所有这些都为东西部之间开展分工与合作创造了良好的基础和条件。这种地域分工可以形成紧密的垂直分工的联合协作关系,促进各地的优势得以充分发挥。此外,在东西部发展条件和发展水平相当的城市之间,也存在一些地域水平分工的可能。

三、东、中、西三大地带协调发展的主要目标和政策思路

总的目标是,要在世界新的经济、技术发展趋势和条件下,充分发挥各个地带经济发展的最大潜力,通过市场机制和政府作用,促进优势互补,逐步缩小地区差距,推动整个国民经济的持续、健康、较快发展和国际竞争力的提高,并在此基础上实现各个地区人民共享经济发展与繁荣成果,到本世纪中叶基本实现现代化的第三步战略目标。

具体的设想是:在加快中西部地区发展的同时,继续发挥东部地区在全国经济发展中的带头作用。东部地区增创新优势,更上一层

楼，有条件的地方率先基本实现现代化，同时要积极探索形成与中西部地区互惠互利的合作机制，通过各种方式帮助和支持中西部地区加快发展。中部地区充分发挥承东启西的区位优势以及资源等优势，加快发展。西部各省区市加强交流，搞好经济协作和联合建设，充分发挥西部开发的整体优势。努力形成我国东、中、西部地区相互支持、相互促进、协调发展的良好格局。

在实施西部大开发战略中，有一种不正确的理解，认为西部大开发，就是要西部和中部地区的经济在绝对水平上赶上东部地区，达到齐步发展程度。这不切实际，而且是不必要也不可能的。特别是对于中国这样一个刚刚在总体上达到小康水平的发展中国家，这样的认识和目标可能是十分有害的。因为，对于一个地理、自然条件差别很大的发展中国家来说，一方面国力有限，另一方面各个地区之间经济效率的差异也是巨大的。如果目标是使各地区的经济发展水平和经济实力相等，就必须把大量宝贵的资源投入经济效率低下的地区，反而浪费了经济效率较高地区发展的更大潜力，得不偿失。所能做的，只能是在充分挖掘相对落后地区的经济发展潜力做到地尽其力、人尽其才以后，力争使这些地区的居民的发展机会和实际生活水平与发达地区的差距保持在合理的范围之内。

努力缩小地区居民之间生活水平差距，不能片面追求人均国内生产总值差距的缩小，而是要提供落后地区居民发展机会、提高实际的全面的生活质量。在各方面真正保证落后地区居民的基本受教育权利和到高收入地区就业的权利；在提高落后地区居民生活质量方面，不仅要注意居民的经济收入，更要注意全面提高居民的生活质量。有一个需要十分重视的现象是，改革开放以来，中国各地区人均GDP 相对差距有所扩大，但是大部分社会发展指标相对差距却不同程度地缩小。八大类 31 个主要社会发展指标的相对差距系数，呈现上升趋势的指标有 9 个，只占 29.0%。这强烈暗示了今后中国在缩小地区差距、协调地区发展中,可以而且必须重视缩小社会事业发展差距。重视缩小社会事业发展差距,不仅可以有效协调地区经济发展关系,而且会为从整体上缩小地区差距创造必要的条件。

要实现协调地区经济发展的目标,在政策的制定上,应该注意以下几条基本原则。一是既要提高效率,又要兼顾公平。政策必须从总体上,至少是从长远上看是有利于国民经济发展的总体效率的。但也必须注重各地区的平衡发展,这也是协调地区发展的主要动因。二是既要只争朝夕,又要准备长期奋斗。一方面看到中国的西部地区与其他地区发展的差距较大,问题较多,必须尽快予以适当解决和促进协调发展。但另一方面,也要看到,地区间差距的形成非一日之寒,要缩短这个差距也不是短期内能够解决的。三是既要有政府指导和调控,更要发挥市场和民间力量的作用。还是要正确处理中央和地方的关系,实行恰当的集权与分权并使之有机统一。中央集权过多,不利于充分发挥地方的积极性,因地制宜地制定符合自身实际的发展战略和政策;但如果分权过多,则不利于中央政府集中财力、物力从事关系国民经济全局的重大建设和宏观调控,不利于中央政府协调地区经济的发展。四是既要治标,更要治本。帮助落后地区的经济发展,要着眼于多建"造血"机制,让经济欠发达地区主要依靠自己力量走上良性发展道路。五是既要高起点,又不能揠苗助长。对于西部地区的支持,不能建立在落后的技术、落后的机制之上,使之尽可能站在时代的前沿,迎头赶上,而不是跟在先进地区后面亦步亦趋。但也不能搞不切实际的"跃进"。

具体的区域协调政策,应该从以下几个方面入手。一是正确引导各个地区的产业发展方向与分工。二是在合理的产业分工基础上,组织好各地区之间的经济交流与协作。三是加强落后地区包括基础设施、科技教育和生态环境等方面在内的投资环境建设,为各地区的经济发展创造平等竞争的基础和条件。四是解决好有发展潜力的落后地区的融资问题,加快其发展。五是在落后地区经济尚未达到一定发展水平时,直接提供财政转移支付和社会公共服务。六是在经济上合算、政治上可能的情况下实行必要的人口流动。八是健全相关法规,使区域协调政策长期稳定下来。

四、协调各个地区经济和社会发展的重点和布局

要协调好西部地区与中部、西部地区的发展,首先要引导好这三个地区的产业开发方向和布局,以最大限度地发挥各地的优势,并能相互取长避短、分工合作,不出现不必要的重复建设和过度竞争,达到整个国民经济的最优化。中央政府要在经济全球化的背景下,按照市场经济规律,深刻认识各地区比较优势,制定产业政策,引导各地区发展其具有静态或动态比较优势的产业,形成合理的产业地区分工格局,避免产业结构的雷同。把区域发展政策和产业发展政策更加紧密地结合起来,引导各具特色的区域分工和合作格局的形成。同时,抓紧制定国土开发和整治规划。地区发展战略必须落实在国土开发和整治规划上。通过这一规划,把今后 50 年(甚至更长时间)国土开发和整治的任务分阶段做出比较清晰的安排,有利于国家决策机构统筹全局。国土规划要与基础设施规划、经济结构调整规划、城市化规划、科技规划、教育规划、流域发展规划等进行统筹协调。"十五"时期地区发展的政策和措施要置于国土开发和整治的大框架之下进行设计。

在加强部分有优势的资源开发利用的同时,要加快基础设施建设,抓好一批交通、水利、通信、电网及城市基础设施等重大工程,加快实施"西气东输"、"西电东送"等关系全国发展的骨干项目。加强生态建设和环境保护,有计划分步骤地抓好退耕还林还草等生态建设工程,改善西部地区生产条件和生态环境。依托亚欧大陆桥、长江

水道、西南出海通道等交通干线,发挥中心城市作用,以线串点,以点带面,有重点地推进开发。加快改革和扩大对内对外开放步伐,发挥多种所有制经济活力。

积极调整产业结构,加强农业,发展特色产业,推进优势资源的合理开发和深度加工,加快培育旅游业,努力形成经济优势。发展科技教育,推广高新技术和先进适用技术。大力发展特色农业,如新疆的棉花水果,云南的热带作物等。发展生态农业、效益农业和节水农业。积极发展畜牧业、农副产品的储藏、保鲜和深加工。搞好资源的升值转化,建成五大优势资源基地:一是以开发青海柴达木盐湖和云贵磷矿资源为重点的钾、磷肥基地;二是结合西部能源充足的优势,开发铝、铅、锌、镍等特色资源,加快贵州与广西铝金属、云南铅锌和甘肃金川镍工程项目建设进度,形成重要的有色金属基地;三是合理开发和利用内蒙古、四川的稀土资源,建成稀土研究开发的重要基地;四是积极开发新疆、四川、陕西、青海天然气资源的工业综合利用,建成天然气加工基地;五是积极发展新疆棉花和广西、云南、四川经济林的深加工,建成重要的植物纤维基地。发挥现有产业优势,改造"三线"工业,建设西部地区电力、钢铁、石化等装备制造业基地;依托重庆、西安、成都、兰州等城市的科技研发力量,建成西部航空航天、电子信息、生物工程等高技术产业基地。"十五"时期,围绕沿长江、西北丝绸之路、云贵川三条大的旅游线路开发,加强旅游基础设施建设。重点是连接旅游景区与交通干线之间的道路,搞好自然景观旅游区和历史文化遗产景观旅游区的资源保护和基础设施的完善配套。

西部地区的发展应注意的主要问题是:首先,不能有"等、靠、要"的思想,要放弃急于求成、盲目冒进的心理。第二,要学习借鉴东中部地区的经验,但不是简单"克隆"照搬,更不要重复过去"三线"建设的做法,要有新思路、新做法。第三,坚决走可持续发展的道路,高度重视生态环境的保护和建设。第四,坚持以改革开放为动力。用发展市场经济的办法,营造良好的投融资机制。既向国内各地区开放,也向国外开放。用大开放促进大开发。

东部地区在中国具有极为重要的战略地位和历史使命。要强化东部地区作为迎接经济全球化挑战前沿阵地的地位,成为促进和带动中西部地区发展的基地。为此,要大力促进产业结构升级,依靠深化改革、扩大开放和科技进步,显著提高经济素质和增长质量。在优质高效农业、资金密集型高新技术产业不断形成较大规模;商业、贸易、金融保险、房地产、信息咨询等第三产业比重进一步提高;向中西部地区转移产业、产品、技术和资金的规模逐步加大;进一步发展开放型经济形成与国际市场相连接的经济运行机制。北京、上海等极少数特大城市要加快向现代化的国际化大都市发展,在亚太经济圈中发挥更加重要作用。

中部地区是我国基础产业的主要发展地区,是我国国防实力的重要基础。中部地区要发挥承东启西、纵贯南北的区位优势和综合资源优势,加快发展步伐,努力提高工业化和城镇化水平。以沿重要水陆交通干线地区为重点,积极培育新的经济增长点和经济带。大力发展农业产业化经营,建设区域化、专业化、规模化的农产品商品生产及加工基地。加大用高新技术和先进适用技术改造传统产业的力度,逐步形成各具特色的有竞争力的产业。

加快资源型产业的发展,促进传统产业主要是老工业基地的调整和技术改造。提高重要农业、能源、原材料基地的经济发展水平,并规划建设一批新的能源、原材料基地。发展农业的规模经营和产业化。重点整治大江大河和资源开发区、工业和城市聚集区的环境污染。调整改造“三线”地区的国防工业。积极吸收、消化国外的先进技术和管理经验,大力发展同东部、西部地带的横向经济联系。有计划地接收从东部地带转移过来的消耗能源、原材料多的产业和产品。加强连接西部和东部地区的运输通道建设。

五、促进西部地区和东部、中部地区的横向协作与联合

在合理的产业分工的基础上,西部与东部、中部地区要协调好经济合作与发展,就要找准协作的立足点和结合点,搞好发达地区对欠发达地区的对口支援,实现市场、技术、优势等对接。遏制地方保护主义,打破地区分割与封锁。

西部与东部、中部地区经济合作有广阔的领域:

一是专业化分工协作。在合理的地域分工基础上,进行产业分工与协作。东部拥有先进组装或深加工技术的企业,可以通过并购西部的有关企业等方式把其零部件或初级产品生产基地设在西部。这种合作一方面可以使东部企业能够通过降低原材料和零部件成本来提高制成品的市场竞争能力;另一方面又可凭借投入产出链条将先进技术和工艺传递到与之协作配套的企业,加速技术进步,带动它们共同发展;或通过经济技术联系建立比较固定的产销关系,为西部的企业寻求到可靠的市场和稳定的大户,提高抵御市场风险的能力。

二是市场融合。西部与东部和中部居民收入水平及消费水平的差距较大。三个区域居民的需求结构和水平差异较大。很多产品特别是消费品在东部经济发达区域市场上已趋向饱和,而在西部区域市场上(特别是广阔的农村市场)尚有广大的市场空间。另外,由于西部地区市场需求水平的限制,西部地区产业也需要开拓更为广阔的外部市场,首先是东部和中部市场。不仅西部地区的原材料工业如此,西部地区其他高价值市场如高档烟酒等消费品和旅游市场都要以东部和中部消费者为重要的目标人群。

三是合作开发资源。通过东西合作,联合投资开发西部的优势

资源,既有助于将西部的资源优势转化为现实的经济优势,又可为东部提供廉价的资源型产品,或建立原料基地,保障资源供给。可联合开发西部的资源,西气东输、西电东送,一方面为东部提供充足的能源,另一方面还可以改善能源结构,提高清洁能源的比重。西部生产原料的企业同东部的加工企业通过联合,共同建设原料基地,建立密切的产销关系,降低合作成本,提高合作效益,实现共同发展。这种联合的形式可以是多样的,包括合资、合作、母子公司制、补偿贸易等。东西部的合作中,东部企业要着眼于西部资源的深加工,注重产品附加值的提高,要着眼于提高西部传统企业和乡镇企业的技术档次和技术水平。在西部地区结构调整与选择上,要采取求同存异的方针,东部企业开发西部,不能拘泥于上游产业,与较发达地区一样要走产业升级之路,发展下游产业和高新技术产业;而在促进产业升级的过程中,西部又要从竞争力相对较弱的现实出发,尽可能采取差别化战略,围绕核心竞争力的发掘与培植,构建具有竞争优势的西部区域特色经济。

值得注意的是,在资源开发中,要改变缺少市场评价的资源优势观念,向开发资源的深度和广度进军,注重资源的合理开采和高效利用;另一方面,树立大资源观审视自身资源,不能狭义地把资源理解为矿产资源,而忽略了土地资源、野生资源和旅游资源等物化资源,更要把本区域特有的劳动力资源、知识、技术资源等活化资源列入资源研究视野。这对于西部和东中部地区的资源合作十分重要。

四是技术和管理的合作。在西部大开发浪潮中,对西部而言,提高重点产业素质和实现产业结构升级将成为经济发展的关键所在,而要提高产业的素质与市场竞争力,将更多地依靠技术更新和支持体系的建立与完善,而这正是西部地区经济和企业发展的主要弱点。在新的形势下,东西部地区企业间经济技术合作将成为各区域经济发展的重要支柱。在东西部的合作中,一定要把握住各自的技术定位，顺利实现技术对接。西部地区不一定要一味追求高精尖技术，要根据自身发展情况，应用最适合自身的技术，充分发挥自己的比较优势，在技术合作中，东部地区企业，要抱着高度的责任感，从国家经济发展、民族经济腾飞的大局出发，转移给西部的最适合的技术必须是"真传"。双方一定要认真解决好区域经济发展中的企业的本地化问题。东部企业将其技术和管理优势与西部的厂房、设备和劳动力优势结合起来，通过承包经营、委托经营、租赁等方式，促使西部的困难企业摆脱困境，而东部的优势企业得到进一步加强。搞好东西部地区技术对接示范活动。鼓励西部地区与东部和中部地区科技企业和科研机构签订对口支持合作协议。

五是依托名牌产品进行合作。在市场经济中，区域经济的发展在很大程度上要取决于该区域名牌企业的实力及其龙头作用的发挥。实施品牌战略可以优化产业结构，促进资源的合理高效配置，可以振兴一方经济，形成新的经济增长点。东部优势企业借助其品牌优势，直接到西部建厂，或收购西部的同类企业，就地生产就地销售，由过去的"产地销"变为"销地产"，扩大市场占有率。在日趋激烈的市场竞争中，品牌的重要性是显而易见的。品牌是重要的无形资产，创造一个名牌需要长期的积累和投入巨额的资金。总体而言，东部有较强的品牌优势，东部一些拥有名牌的企业需要在发展条件更好的西部寻求新的拓展空间，实现低成本扩张；而西部则借助东部的品牌优势，缩短企业艰难创业周期的同时，少走弯路，实现后发优势。因此，东西部各方企业都对这种合作方式有浓厚的兴趣和较大的积极性，应当大力提倡和支持。

六是扩大对外开放的合作。我国已经加入世贸组织，世界经济全球化为西部的发展带来了新的机遇。技术的进步，改变了全球经济的联系方式，为一些远离海洋的内陆地区参与国际贸易和国际分工创造了条件。就交通通道而言，20 世纪主要是海上通道，21 世纪主要是包括海陆空多个通道在内的立体交通通道。东部地区要继续发挥毗邻太平洋的优势，积极参与经济全球化；中西部地区则可利用陆上（如亚欧大陆桥）和空中通道以及东部的海上通道参与经济全球化。利用沿海地区出海条件好、接近国际市场以及西部沿边地区的区位优势，组织西部企业到沿海地区联办工贸企业和出口基地，或吸引东部企业到西部的沿边地区联办出口加工企业，加快外引内联步伐，进入国际市场和邻国市场；通过东部地区中外合资企业与中西部地区的企业开展合作，组成“中中外”式的企业，扩大产品出口创汇，联合吸引外资、消化吸收国外先进技术，进一步扩大对外开放。

此外，还可拓展新的合作领域，如东部可到西部投资开发农业、林业、旅游、交通等，联合举办批销中心或专业批发市场、连锁店、配送中心等，还可尝试多种方式的科技、教育合作和人才交流。

对于西部与东部、中部地区的横向联合，中央政府要积极采取措施给予鼓励和支持。同时，西部地区也要加紧行动，充分意识到对东部和中部开放与对外开放有同等重要的意义，为加强东中西合作创造更加有利的条件。

一是建立合理、完善的合作机制。西部地区打开大门，欢迎东部的投资者。制定稳定性和权威性的政策和法规，对外地投资企业与本地企业一视同仁，为外来投资者提供必要的便利，并切实维护和保障它们的合法权益。东部地区支持中西部地区开发要找准利益共同点，实现双赢，不能搞掠夺式开发。要高起点参与中西部开发，不能转移落后和污染。要多在机制上对中西部地区进行帮扶，使东西部的经济发展在市场经济条件下均迈入良性循环的轨道。中部地区要充分发挥居中优势，“东张西望”，承东启西，双向发展。

二是建立有效的推动机制。对东西合作活动给予更多的扶持和鼓励，通过财政、税收、金融等手段，帮助合作企业解决实际困难，推动东西合作深入持久地开展下去。有的省规定：外省企业投资额占项目资本金比例在51%以上的,可享受省级权限内外商投资企业的优惠待遇;外省科技人员以专利、技术等无形资产入股兴办的企业,可以不受国家无形资产股份比例的限制,该比例由合作双方共同商定,等等。

三是建立合理的利益分配机制。一些地方尝试采取的分产值、分利润、分税收的办法,解决利益分配问题,真正做到互惠互利,提高合作各方的积极性。

四是建立良好的服务机制。努力增强服务意识,改进工作方式和工作方法,加强对东西合作活动的宏观指导和规范管理,做好市场分析、项目储备、政策引导以及合作项目的跟踪检查等工作。

特别要努力打破对东中西地区经济联系中的各种人为因素的阻断,促进人流、物流、资金流、信息流等跨地区交流。中国改革开放伊始,随着中央向地方政府的行政性分权,特别是从1980年实行“划分收支、分级包干”、“分灶吃饭”的财政管理体制开始,区域封锁、块块限制、地方市场分割的现象开始出现并逐步加剧,严重阻碍了西部和东部、中部地区产品、资本、劳动力等资源的横向流动和产业分工协作,全国统一的市场体系难以建立。特别是在买方市场条件下,各地区为了保护本地产品的销售或限制本地资源的流出,纷纷采取各种手段和措施,形成了更为严重的市场封锁,影响了地区之间的分工协作和国民经济总体素质的提高,延缓了全国统一市场的形成。

例如,要整顿市场秩序,规范价格行为,打破生产要素的合理流动的阻碍。清理国家机关及其所属事业单位的收费,取消不合理的收费项目,降低过高的收费标准,取缔非法收费,降低进入西部市场成本,提高西部地区的竞争力。清理涉及高新技术成果产业化的各种收费,制定促进高新技术发展的价格政策,吸引高技术产业向西部发展。取消各种限制人才流动的收费政策,查处一些地方政府和高等学校违反规定对毕业生收取的出省费、出系统费等乱收费问题。

东中部地区价格主管部门也要努力为西部开发提供支持和服务,对进入西部地区的人才、技术要简化审批手续,减免手续费等各种收费等。

六、加强中西部地区基础设施建设和改善生态环境

增加对中西部地区基础设施建设和生态环境改善的投入,逐步改善中西部地区的生产和生活条件,是实现西部经济腾飞,承接东部和中部地区的产业转移、联合与协作的前提和基础。鉴于西部地区自身投资能力弱、基础设施的眼前回报率不高难以大量吸引外部资金,中央政府应承担主要的建设任务。

一是加快基础设施建设。美国20世纪30年代以来促进地区经济协调发展主要抓了两件事:一是建设了全国的公路网;二是建设了全国的信息网。意大利20世纪50年代初曾拨专款用于南方落后地区的交通、港口、水电建设以及农村改造和土地改革,不但为南方的工业化奠定了基础,也为其他地区向南方投资提供了原料、市场、便利的交通运输条件和生产设施。中国西部开发应优先安排水利、电力、交通、通信、环境保护和其他资源开发项目。近期的首要任务是要加强西部地区的交通建设。受西部地区特殊的地理条件影响,交通建设应以公路建设为重点,全面加强铁路、机场、天然气管道干线建设,拓宽西部与东部、西南与西北的运输大通道,形成现代化立体综合运输体系,并促进西部地区与周边国家的联系和交流。

"十五"期间,在交通通信方面。沟通东西部运输通道,打通国际运输通道。公路加快建设"五纵七横",建成贯通"三纵两横"国道主干线。在"八纵八横"光纤主干网的基础上,继续加快西部地区通信干线和支线建设。在能源建设方面,重点抓好两大项目。一是"西气东输"。逐步建设陕甘宁、塔里木、柴达木、川渝地区石油、天

然气生产外输基地。二是“西电东送”。包括南、中、北三大通道。南线通道是将澜沧江、红水河和乌江的水电资源送往广东；中线通道是以三峡电站为中心，陆续开发长江中上游干支流上的大型水电站，向华东地区输电，实现川渝电网与华中电网相互联通；北线通道是逐步建设内蒙电厂，黄河上游大型水电站，实现西北电网与华北电网联网。要因地制宜地开发推广太阳能、风能和地热能等新能源。在水利方面，加强调水工程的前期工作。在积极研究木地水资源开发的同时，开展跨流域调水研究。

二是加强生态环境建设和保护。西部生态环境的影响超越区界，西部天然林保护工程和绿色化行动是全国范围的战略行动，可参考《蒙特利尔议定书》，规范全国各省市在西部绿化过程中的责任、义务及权利，迅速动员全国各地区参与西部绿化行动。加快长江、黄河上中游风沙区、草原区等重点地区生态环境建设综合治理工程、防沙治沙工程、三北防护林工程、水土流失治理等工程和自然保护区的建设。

七、促进教育事业，培养和用好人才

支持中西部地区科技与教育的发展。东中西部之间发展差距形成的原因是多方面的，教育和劳动力素质与人才差距是最重要的方面之一。仅靠增加有形资本投入或开发自然资源，不可能提高中西部地区的自我发展能力。因此，发展科技与教育事业，对于中西部地区来说，具有更为重要的意义。世界各国在协调地区经济发展中也特别重视改善欠发达地区的教育条件，提供再就业培训、信息和技术服务。如美国各级政府援助资金首先投向教育和培训事业。联邦政府的教育支出主要拨给欠发达地区。

为克服中国西部开发中的教育和人才方面的制约，一要采取积极措施,用走出去、请进来的办法,提高西部地区现有政府管理人员和企业领导人的水平,每年选派一定数量的西部地区和其他少数民族地区干部到中央、国家机关和经济相对发达地区进行为期半年的挂职锻炼;二要加强中西部基础教育及各类职业教育,并要求全国各重点大学承担一定的专为西部培训人才的任务;三要努力塑造吸引人才的机制和环境;四要把东部对中、西部的人才培养和科技支援制度化、法律化。建议教育部和人事部联合制定支持中、西部人才开发行动计划并尽快启动。设立国家教育西部专项基金,用于支持西部地区发展基础教育,普遍提高西部人民科学文化素质;倡导和鼓励各种形式的教育扶贫活动,提高西部人民接受和增加知识的机会;利用中央与地方联合办校的有利时机,大力发展专业教育,提高在校大学生比重。此外,还应制定优惠政策,稳定人才,吸引人才回流。

八、为西部地区提供充分的投资和融资条件

协调地区经济发展,最根本的还是加快落后地区的投资和建设。而且在具备了明确的发展方向和区域分工,投资环境也大为改善的情况下,最重要的是落实资金的投入。从中央政府来说,不外有三条渠道。一是增加直接投资;二是创造优惠环境,吸引国内其他方面投资;三是鼓励国外资金投入。

中央政府直接投资。这已是世界很多国家的实践。如意大利的"南方发展基金",巴西的"亚马逊投资基金",法国的"农村改革基金",日本政府金融体系内面向落后地区的开发公库,以及欧盟针对各成员国萧条地区的"欧洲区域发展基金"。这些做法,可以研究借鉴。"十五"计划期间,中国的固定资产投资中,国债资金、财政拨款和外国政府、国际金融组织提供的优惠贷款,用于中西部地区的比例应保持在70%左右。今后在西部将建设一批大项目,同时加快"西

气东输”、“西电东送”、青藏铁路等一批重大项目的前期和开工建设工作。这些工程的主要投资由中央政府负责。

充分发挥国家开发银行的政策性功能。从中国的实际国情来看,这大体相当于国家的直接投资。从国际经验看,解决区域不平衡发展问题也常常需要政策性金融机构扶持。要实现这一任务,国家开发银行首先要形成相对稳定的资金来源,改变目前只通过发行金融债券从各商业银行和非银行金融机构借入资金,使用借用期限短、利率高的资金与国家开发银行贷款期限长、利率低的特点不相称的状况。可借鉴日本政策性金融机构的资金 80% 以上来源于邮政储蓄以及养老基金、医疗基金等具有一定强制性和稳定性的资金作为其来源的好办法。其次是提高贷款使用效率、加强资金使用的监督和信贷风险的控制。

更为重要的,是实行鼓励、吸引国内企业和社会投资的政策。这一方面要拓展西部地区的融资渠道,另一方面是采取各种措施提高企业和社会的投资积极性。

在拓展融资渠道方面。由于西部地区经济的货币和信用化水平远远低于东部地区,因而其现金漏损率较高,加上西部地区向东部地区的资金回流(资金漏出),使其货币乘数低于东部和中部地区。可以考虑按大区实行差别准备金的政策。东部地区的存款准备金率可以高一些,而中、西部可以低一些。因为现行的存款准备金主要并不作为安全性的保证之一,而是作为资金调节的工具,可以通过这种方法,使发达地区的资金通过中央银行的调节流入中、西部地区。大力促进西部地区各类金融机构的发展,提高金融效率。同时积极引导外资金融机构的“西进”。

发展区域投资基金。目前,中国现有的基金大部分集中在东部和中部,而西部区域投资基金处于起步阶段。在中国发展西部区域投资基金有着特殊的意义。西部区域投资基金这一长期投资工具为引导居民储蓄转化为对经济的直接投入提供了新的机制。

在鼓励企业和社会投资方面。可以考虑投资补贴和税收优惠。英国政府对于在特别发展区、发展区和中间区投资的资本设备分别按 44%、40% 和 20% 三个比例给予补贴。法国对在受援区内投资的企业,按投资的 25% 补贴,创造一个就业机会还可得到 25000 法郎的补贴或奖励。对欠发达地区实行税收优惠,是市场经济国家普遍采取的刺激工具。美国为激励资本向欠发达地区流动,联邦政府扩大州和地方政府的税收豁免权。克林顿政府 1993 年颁布的"联邦受援区和受援社区法案"中规定,政府拨款 25 亿美元无偿用于税收优惠。巴西为鼓励社会各方投资开发落后地区,在亚马逊地区的玛瑞斯建立自由贸易区,区内设厂的私人企业 10 年内免交所得税,扩大再生产的进口商品免交进口税,从国外其他地区购入的消费品和材料免交商品流通税。

鼓励外资投向西部地区。入世使我国对外开放面临新的形势。积极引进国际资本,利用外资对中、西部开发具有重要意义。吸引外商到中、西部投资,有利于弥补中、西部地区建设发展资金的不足,有利于充分合理地利用优势资源,促进地区经济协调发展,有利于尽快提高西部地区应对入世带来的挑战的能力。外商带来的人才、适用技术、生产工艺、竞争机制和先进的管理经验,有助于推动中、西部地区经济结构和产业结构优化,及其企业管理水平的提高。

中国将向外商开放更多的投资领域,如允许外资进入零售商业的城市将扩大到所有中西部省会城市,中西部地区电信、保险市场将逐步有序地向外资开放,同时对外资在企业中股权份额的限制也将进一步放宽。中西部地区在多种形式利用外资方面将迈出新的步伐,除了传统的外商合资、合作等外资利用方式,还将引进 BOT、项目融资、转让项目经营权和证券融资等新的外资利用方式。此外,对于中西部地区国家鼓励类外商投资产业,生产产品技术含量高、国内需求大的项目，将进一步放宽对其产品外销和出口的要求。

九、建立中央政府规范公平的财政转移支付体系

转移支付作为主要在消费领域中实施的地区协调政策，可以用于在生产和投资型地区协调政策无法实施或尚不能产生足够的协调效果的情况下。世界各国都把建立规范的转移支付制度作为实施区域协调政策的重要手段，增加对欠发达地区的政府间转移支付补助。据统计，转移支付占中央财政收入的比重：澳大利亚、日本、印度、韩国、加拿大、丹麦、芬兰等超过20%；德国、奥地利、西班牙、美国、挪威、瑞典、英国、印度尼西亚等在10%～20%之间。中国应进一步提高中央政府对西部地区和中部部分地区的转移支付力度，并使其规范下来。转移支付的主要使用方向，应集中于社会保障和旨在缩小地区社会发展差距的公共政策。

十、促进劳动力与人口合理的流动

一个国家内部地区之间的关系与国际上国与国之间的关系的差别，就在于一国内人口是容易自由流动、迁移的。正因如此，国际上的贫富差别是很难克服的。而一国内之所以可以容易一些缩小地区差距，一个十分重要的有利的条件就是一国内的公民可以自由流动和迁移。在人口流动的问题上，目前仍存在着许多的障碍，包括观念和制度上的障碍等。要促进人口的流动，必须更新观念，改革有关的体制。要根据不断发展的形势的需要和可能，逐步改革诸如户籍制度、教育体制、社会保障体制之类的具体制度，以适应人口流动的现实。同时要稳定农村土地制度并稳步地推进改革以适应新形势，防止大批农民流向城市后失去基本生活保障，出现社会不安定。

十一、加快促进区域协调发展的法制化建设

自然、社会、民族等多方面的因素决定了经济落后地区的发展不可能一蹴而就，区域协调需要有一个相对稳定和连续的政策，这就必须使有关的基本政策法律化。德国在宪法中明确规定了人们生活价值和生活条件的同一性，并要消除地区发展的不平衡；《联邦空间布局法》规定，联邦领土在空间上应该得到普遍发展；联邦和州对落后地区的援助责任和补贴比例，由《联邦改善区域结构共同任务法》确定下来；《联邦财政平衡法》通过州际及州与地方的税收再分配，保证各州人均税收的均等。日本开发北海道，专门颁布了《北海道开发法》，并规定国家设立北海道开发事业费预算。实践证明，这些法律使对落后地区的援助和开发有了稳定可靠的保障。中国也要走通过立法协调地区经济和社会发展之路。例如，应抓紧研究制定《西部大开发法》等。

（研究报告，与赵世洪同志合作，2002 年 6 月）

大力推进经济增长方式转变

全面落实科学发展观的一个根本要求,是转变经济增长方式。这方面意义重大,它直接关系到我国经济的可持续发展,关系到我国经济竞争力的不断增强,关系到我国经济的安全保障。简而言之,直接关系到全面建设小康社会目标以至于更长远目标的实现。

长期以来,我国经济发展走着高投入、高消耗、低产出的路子。虽然经济建设取得了巨大成就,但能源资源和环境付出的代价太大。制定“九五”计划时,中央就把推进经济增长方式转变作为一条重大方针。这些年来,各方面也做了大量工作,但总的看,进展成效不大。目前经济增长方式落后的问题仍相当突出,主要表现在:**一是**高投入。经济快速增长主要是通过大量投入资本、劳动和土地等自然资源实现的。2003 年和 2004 年,我国 GDP 增长 9.3% 和 9.5%,而全社会固定资产投资分别增长 27.7% 和 25.8%;这两年的投资率高达 42.3% 和 43.9%。**二是**高消耗。我国单位 GDP 产出的能耗和物耗大大高于世界平均水平。2003 年,我国实现的 GDP 约占世界 GDP 的 4%,而原油、原煤、铁矿石、钢材、氧化铝、水泥等重要资源的消费量约为世界消费量的 7.4%、31%、30%、27%、25%、40%。与国际先进水平相比,我国火电供电煤耗高出 22.5%,大中型钢铁企业吨钢可比能耗高出 21%,水泥综合能耗高出 45%,乙烯综合能耗高出 31%。**三是**高污染。与发达国家相比,我国每增加单位 GDP 的废水排放量高出 4 倍,单位工业产值产生的固体废弃物高出 10 多倍。

我们在能源资源严重约束和环境压力大的情况下推进工业化、现代化建设,转变经济增长方式是惟一出路。近些年经济快速增长中煤电油运紧张的状况,更使人们强烈地认识到传统的经济增长方式已经行不通。

经济增长方式转变收效不明显,与认识存在偏差有关。直到现在,许多地方把产业结构优化升级简单地理解为增加投资规模,发展产值大、收入多的重化工业,而在知识积累、技术进步、提高效率和附加值上都缺乏动力,并放松努力。这种传统观念和做法不改变,转变增长方式就是一句空话。同时,许多与传统工业化道路相配套的体制、制度和政策还起着阻碍作用,是影响经济增长方式转变的根本原因。

加快转变经济增长方式,中央已有明确的要求和部署,需要认真贯彻执行。至关重要的,是要切实抓好以下几个方面:

第一,真正树立和落实科学发展观。科学发展观是我们党对社会主义现代化建设指导思想的新发展。发展是硬道理,发展必须注重提高经济质量和效益,把经济增长速度与结构、质量、效益统一起来,必须把节约资源、提高资源使用效率、保护环境放到突出位置,必须以人为本、实现全面协调可持续发展。

第二,坚持走新型工业化道路。就是"坚持以信息化带动工业化,以工业化促进信息化,走出一条科技含量高、经济效益好、资源消耗低、环境污染少、人力资源优势得到充分发挥的新型工业化路子。"要按照这条新路子的要求,调整优化产业结构。也就是形成以高新技术为先导、基础产业和制造业为支撑、服务业全面发展的产业格局。我国工业发展还有很繁重的任务,既要做大工业,更要做强工业,用高新技术和先进技术武装工业。同时,要大力发展服务业,这对提高整个经济的社会化水平,增强社会经济效率,转变增长方式,都是极为重要的。

第三，大力推进科技进步和自主创新。这是转变增长方式的关键所在，也是中国跻身于现代化之林的真正希望。目前，发达国家经济增长75%靠技术进步，25%靠能源、原材料和劳动力的投入，我们的情况恰好倒过来。特别是缺乏核心技术，缺少自主知识产权。我国主要行业的关键设备与核心技术基本依靠进口，全部光纤制造设备、85%的集成电路芯片制造装备、80%的石油化工设备、70%的轿车生产设备都是如此。我国90%以上的药品专利、70%以上的数控机床专利都是外国的。我国出口的DVD在国外每台卖30多到40美元，但每台要交21美元的专利费。2004年我国27.8万件专利申请中，发明专利有6.6万件，仅占23.6%。据有关部门统计，目前国内约70%的高新技术专利是国外企业申请的，其中信息技术产业达90%以上，生物工程达95%以上。同时，知识产权成果转化存在着环节多、链条长、效率低的问题，目前中央企业的专利成果转化率还不足10%。在核心技术和关键设备上缺乏自主知识产权，缺乏能够支撑经济结构调整和产业技术升级的技术体系，存在着产业技术空心化的危险。我们必须把自主创新作为国家发展战略，大力推进科学繁荣和技术进步，推进激励科学发现和技术创新。

第四，全面推进改革。我国经济增长方式粗放和转变进展缓慢，有深刻的体制上的原因。除投资体制所导致的低效甚至无效的投资外，价格扭曲是个重要方面。低水价政策导致水资源的过度消耗和浪费，低价征用土地造成土地的大量浪费，能源资源价格不合理使各方面不能节约和合理利用。同时，物耗、技术、质量、环境等方面管理制度不严，政绩考核制度、标准和方法的缺点，也是粗放式增长得以延续的原因。消除粗放型增长的体制机制根源是一个迫切的任务。

第五，切实搞好能源资源节约和合理利用。缓解我国能源资源与经济社会发展的矛盾，必须立足国内，显著提高能源资源利用效率。坚持开发与节约并重，把节约放在首位。要鼓励开发和应用节能降耗新技术，推动资源节约技术进步。实行高能耗、高物耗设备和产品强制淘汰制度。抓紧制定节能降耗的标准、目标和政策措施。加快建立能源资源节约政策支持体系、技术服务体系和监督管理体系。大力发展循环经济。加强矿产资源开发管理。建设节约型经济和节约型社会。大力倡导节约能源资源的生产方式和消费方式，在全社会形成节约意识和风气。

（2005 年 3 月）

（三）

经济体制改革和对外开放

深化国有企业改革必须全面贯彻“三改一加强”的方针

党的十五届四中全会通过的《中共中央关于国有企业改革和发展若干重大问题的决定》提出，推进国有企业改革和发展，必须坚持改革、改组、改造和加强管理相结合的指导方针。理论和实践都充分表明，这个“三改一加强”的指导方针是科学的和完全正确的。只有坚决贯彻执行这一重要方针，国有企业才能适应建立社会主义市场经济体制的要求，真正实现同市场经济结合，建立现代企业制度，转换经营机制，提高整体素质，增强活力、实力和竞争力，在新的历史条件下重振雄风、再铸辉煌，充分发挥其在国民经济中的支柱和骨干作用。本文拟就学习和贯彻“三改一加强”的方针，谈一些认识和体会。

一、“三改一加强”是一条完全正确的指导方针

实行改革、改组、改造和加强管理相结合的方针，是在社会主义市场经济条件下搞好国有企业的必然要求。所谓改革，概括地说，就是要按照市场经济规律，改变计划经济模式下政企不分和吃“大锅饭”的国有企业管理体制和制度，转换经营机制，使企业真正成为市场竞争主体。所谓改组，就是着眼于从整体上搞好国有经济和整个

国民经济，调整和优化国有企业组织结构，探索公有制多种有效实现形式，推动国有资产合理流动和重组。所谓改造，就是加强企业技术改造、技术开发和技术进步，提高企业的生产技术和装备水平。所谓加强管理，就是从严治理企业，实现管理创新，提高企业科学管理水平。坚持把改革、改组、改造和加强管理有机结合起来，是对多年来国有企业改革和发展实践经验的深刻总结，是建立在科学理论基础上的。因而，这一重要指导方针是完全正确的。

实行“三改一加强”的方针，就是坚持生产关系与生产力的辩证统一。马克思主义认为，生产关系与生产力之间的矛盾，仍然是社会主义社会的基本矛盾；在这一基本矛盾中，生产力决定生产关系，生产关系反作用于生产力，二者是辩证统一的。当生产关系束缚生产力发展时，必须通过改革实现生产力的解放与发展；同时，调整和变革生产关系的目的，在于更好地解放和发展生产力。在建设和发展中国特色社会主义伟大事业的过程中，国有企业始终是国民经济的支柱。发展社会主义社会的生产力，推进我国的工业化和现代化，必须依靠和发挥国有企业的重要作用。而搞好国有企业是艰巨复杂的任务，也是庞大的社会系统工程，不仅涉及生产关系的调整和完善，而且涉及生产力自身的进步和发展。改革，是要调整和完善不适应生产力发展的生产关系，是为了进一步解放和发展生产力，但生产力有其自身发展规律和要求，不能单纯用生产关系的变革代替生产力自身的发展规律。因此，要搞好国有企业，必须坚持生产关系与生产力辩证统一的观点，既要高度重视国有企业生产关系的调整和变革，又要十分注意解决影响企业生产力自身发展的各种要素的素质问题，这是把国有企业改革、改组、改造和加强管理相结合的重要的理论依据。

从根本上说，我们改革计划经济体制，实行社会主义市场经济体制，就是要从体制上、机制上解决束缚国有企业发展的各种矛盾和问题,使生产关系进一步适应和促进生产力的发展。国有企业必须坚持社会主义市场经济的改革方向,适应市场经济发展的规律和要求,充分调动广大职工的积极性和创造精神。而企业改组、改造和加强管理,则直接触及企业生产力的各个方面,如国有经济布局、企业结构、技术进步和生产力组织等。改组、改造和管理工作搞得好,就能充分和有效地发挥企业生产力各个要素的作用,而且能够大大提高企业的整体素质。实行“三改一加强”相结合,就是着眼于调整生产关系和调动生产力各个要素的作用,多管齐下,整体推进,使国有企业生产关系得到完善,激发和增强活力,并且使国有企业生产力实现质的飞跃,从而在整个国民经济中更好地发挥支柱和骨干作用。

实行“三改一加强”的方针,就是坚持改革与发展的有机统一。邓小平理论的核心内容,就是坚持把发展生产力放在首要位置,强调科学技术是第一生产力,要加速科技进步。发展才是硬道理。国民经济要得到更好地发展,必须实现经济体制和经济增长方式两个根本性转变,二者缺一不可。改革是动力,发展是目的。从根本上说,改革、改组、改造和加强管理,都是为了促进国有企业的发展和壮大,并以其带动整个国民经济的振兴和繁荣。全面贯彻“三改一加强”的方针,就可以把改革与发展很好地结合起来,避免那种把改革与发展割裂开来甚至对立起来的倾向。这样,一方面可以深入改革国有企业管理体制和经营机制,使之适应社会主义市场经济发展的要求,增强企业的活力与效率;另一方面,可以使国有企业组织结构得到调整和优化,资产能够合理流动和重组,技术和管理素质不断提高。由此可见,只有坚持把改革和发展统一起来,才能在市场经济的条件下形成国有企业的新优势,也才能充分发挥国有经济在国民经济中的主导作用。

国有企业的改革与发展是有机联系和相互促进的。必须坚持以改革促发展,积极推进企业改革;同时,也必须在发展中解决企业改革进程中遇到的问题，包括通过发展为改革提供必要的物质条件和环境。企业改革的各项措施，必须落实到发展上。检验国有企业各项改革措施正确与否，主要是看它是否促进了国有经济发展和整个社会生产力的发展。

实行“三改一加强”的方针，就是坚持宏观与微观的协调统一。坚持宏观与微观的统一，是把国有企业改革、改组、改造和加强管理结合起来的重要出发点和落脚点。理论和实践都告诉我们，要搞好国有企业的改革和发展，必须从整体上和战略上调整国有经济布局与改组国有企业，必须适应全球产业结构调整大趋势和国内外市场需求的变化，加快国有企业技术进步和产业升级。为此，需要着眼于搞好整个国有经济，从宏观经济发展考虑，综合采取措施，而不能单纯着眼于搞好每一个国有企业，因为这样做既不现实也无必要。以公有制为主体的多种所有制经济蓬勃发展和对外开放的扩大，使国有企业面临国内不同所有制企业和国外强手越来越激烈的竞争；市场供求关系的变化特别是买方市场的出现，使国有企业长期存在而前些年又有所发展的结构不合理的矛盾更加充分地暴露出来。因此，必须从整体上搞好国有经济出发，对国有企业实施战略性改组。这样，国民经济结构中的突出矛盾才能很好地解决，企业技术进步和企业管理才能真正收到成效。同样，只有搞活国有企业，抓好技术改造和科学管理，国民经济发展的任务和目标才能顺利实现，否则，良好的愿望就会成为空中楼阁。从实际情况看，企业不通过改革建立符合市场经济要求的经营机制，企业缺乏技术进步和创新的能力以及扎实的科学管理，就不可能构造产业结构优化和经济高效运行的微观基础。因此，“三改一加强”的指导方针，既要求从宏观着眼，又要求从微观入手；既是国有企业的振兴之道，也是整个经济健康发展的必由之路。

必须指出，“三改一加强”是相互促进、相辅相成的关系，并且要使它们有机地结合起来。深化改革既为国有企业发展开辟道路，也为国有企业改组、技术改造和加强管理指出方向。从这个意义上说，深化企业改革是前提，但如果企业改革不与企业改组、改造和加强管理相结合，就会减弱国有企业改革所带来的体制和机制效益。国有企业改革与改组、改造和加强管理相结合，既可以使改革的效果放大，也可以保证改革成果的巩固和发展。同时，企业改组、改造和管理必须以改革为动力，否则，改组、改造和管理就有可能走弯路，产生不良效果。理论和实践也告诉我们，企业改革、改组、改造和加强管理之间既有内在联系，又有区别，不能简单地互相替代，任何想用其中一种方式代替另一种方式的做法都是不对的、有害的。不改革，企业发展就会失去方向，也会缺乏动力；不改组，就难以解决经济结构性的矛盾和问题；不改造，就没有建立在先进科技与装备基础上的强大的物质生产力和市场竞争力；不加强管理，就不可能提高产品质量和企业经济效益，改革、改组和改造的成果也难以得到巩固。因此，必须正确认识和把握改革、改组、改造和加强企业管理之间的相互关系，使它们有机结合起来，而不要把它们割裂开来甚至对立起来，切实做到统筹兼顾，千万不要偏废。

二、搞好“三改一加强”是解决当前国有企业突出问题的迫切要求

改革、改组、改造和加强管理相结合的方针，是一条实事求是的方针，这是根据国有企业存在的突出问题提出来的，有着很强的现实针对性。近年来，各地区、各部门和许多企业按照中央的部署，解放思想，大胆探索，开拓进取，围绕“三改一加强”，在建立现代企业制度，转换企业经营机制，推动国有资产重组，优化国有企业结构，推进技术进步，加强企业管理等方面，做了大量的工作，在解决一些重点、

难点问题上取得了重要突破,不少企业已经和正在走出困境。但目前仍有相当一部分国有企业缺乏活力、效益低下、经营困难。这里原因固然是多方面的,其中一个重要的方面,就是没有高度重视和全面贯彻落实“三改一加强”的方针。目前一些国有企业存在的突出问题,主要表现在以下几个方面。

一是政企不分,企业经营机制僵化。由于传统计划经济体制根深蒂固的影响,政企职责不分、政企错位的现象目前仍比较突出。有些地方政府直接干预企业的日常生产经营活动,管了不少应由企业自己管理的事务,既管不了、管不好,又束缚了企业的手脚,使企业缺乏应有的自主权和活力。比如,国务院早已明确,国有企业应当成为投资的主体,企业使用自有资金的投资可以由自己做出决策,但有的地方仍然要求层层审批。又如,企业办社会的问题依然相当严重,企业承担了本来应由政府承担的学校教育甚至社会治安等职能,既加重了企业的负担,又影响了企业的效率和竞争力。就企业方面来看,不少企业在内部改革中作表面文章,企业吃国家“大锅饭”、职工端企业铁饭碗的弊端没有根本解决。1998 年中央政府机构改革对于理顺政府与企业的关系起到了积极的作用,政企分开迈出了重大步伐。但目前各级政府部门与企业关系中仍然比较普遍地存在着妨碍国有企业成为市场竞争主体的问题。企业走向市场和按市场经济法则运行的改革道路还很长。

二是企业组织结构不合理,缺乏市场应变能力。改革开放以来,国有企业组织结构发生了积极的变化,但目前仍很不合理。主要问题是:低水平重复建设严重,企业大而全、小而全,没有形成专业化生产、社会化协作体系和规模经济,市场应变能力不强。国有经济的行业分布太广、战线太长,力量太分散,这不仅使相当部分国有企业效益难以提高,而且严重影响了国有企业职能的有效发挥。前两年,中央提出“抓大放小”的方针后,各地方培育大企业和企业集团的工作有了一些进展，但这方面工作的广度和深度都不够，甚至有些地方违背市场经济规律，盲目贪大求全，以至于我国至今还没有形成多少实力雄厚、竞争力强的大型企业和企业集团。不少企业产品没有市场、技术落后、长期亏损；浪费资源、质量低劣、污染严重的“五小”企业大量存在。许多中小企业还没有放开搞活。所有这些，都严重影响经济效益的提高和国民经济的发展。因此，非下大决心、用大气力进行行业调整和企业改组不可。

三是企业技术改造和技术创新步履艰难。当前，国有企业技术进步动力不足，资金短缺，人才缺乏，技术进步创新体系还未形成。企业技术装备落后、工艺陈旧，技术开发能力远不适应日益激烈的市场竞争的要求。目前我国技术进步对经济增长的贡献率不到30%，不仅低于发达国家50%～70%的水平，也低于发展中国家40%左右的水平。工业企业设备近五分之一已经老化，超期服役率近40%。我国工业企业中关键设备达到或接近国际先进水平的仅占15%左右，机械工业技术装备大体上只相当于国外六七十年代的水平，只有少数达到国外八十年代的水平。许多传统产业生产能力相对过剩，但技术水平低，产品结构不合理，产品质量差。这是我国国有企业经济效益差和产品缺乏市场竞争力的重要原因。当今世界，科技进步日新月异，企业技术进步和技术创新能力决定着一个国家经济实力和竞争力的大小。在这种情况下，我们如果不在企业技术改造和技术进步上下功夫，就会延缓现代化建设的进程，同国外先进水平相比，差距就会越来越大。

四是企业管理松懈，管理水平低下。目前，有相当一部分国有企业，内部管理薄弱，制度不健全，有了制度也执行不严格，形同虚设，决策随意，财务混乱，纪律松弛。由于企业经营管理不善，造成生产成本高，资源损失浪费很大，跑、冒、滴、漏严重，亏损居高不下。目前我国能源利用率只有30%左右，比国际先进水平低10～20个百分点,产品单位能耗比发达国家高出30%～80%。这其中一个重要原因是管理落后。可以说,不少企业陷入困境,主要是管理水平低造成的。现实生活中,一些长期亏损的企业在调整领导班子后,仅从抓管理入手,旋即收到扭亏为盈之效。这就充分说明了企业管理是当前突出的薄弱环节。

国有企业存在的上述矛盾和问题,是过去长期积累下来的,是各种矛盾交织在一起的结果,要解决这些问题只依靠一种办法难以奏效,必须把企业改革、改组、改造和加强管理这四个方面有机地结合起来。从实践经验看,凡是“三改一加强”配套抓得好的,企业改革和发展成效就大,就能够走上良性循环的轨道。邯钢、吉化、长虹、宝钢等在国内外市场上有竞争能力的国有大中型企业,都是这样做的。例如,邯钢就是坚持以市场为导向,实行改革、改组、改造和强化企业管理相结合,多管齐下,综合治理的典型。几年来,邯钢按照市场经济要求,对企业进行了股份制改造,大力改革企业人事用工制度、劳动制度和分配制度,实现了减员增效。在改组方面,实行低成本扩张,先后兼并了舞阳钢铁公司和衡水钢管厂,在很短时间内使这两个企业扭亏为盈。几年来,邯钢以市场为导向,以调整结构、提高质量、降低成本为重点,先后进行二十多次大中型技术改造。坚持从严管理,并建立起“模拟市场核算,实行成本否决”的经营管理机制。邯钢近几年走出困境、实现振兴,成为国有企业一面红旗的过程,就是将“三改一加强”紧密结合并成功运用的过程。邯钢的经验,体现了社会主义市场经济发展的要求,符合建立现代企业制度的方向,应当深入学习和推广。又如,吉林化纤集团也成功地走出了一条“三改一加强”的路子。几年来,吉化公司完成了股份制改造,进行了建立现代企业制度试点,他们以资本为纽带,把改革同改组结合起来,通过资本运营,实现投资主体多元化,成功地进行了大规模的联合和兼并,形成具有较强竞争力的跨地区、跨行业、跨所有制和跨国经营的大企业集团,资产总量迅速扩大。吉化公司还抢抓机遇,科学决定,不断加快技术改造步伐,坚定不移地实施创新发展战略,把追求最佳经济效益作为技术改造的出发点和落脚点,在现有基础上创新,在创新中发展。同时,吉化公司坚持不懈地抓管理,努力构建严格的内部管理机制,坚持以人为本,大力提高企业整体素质。向管理要质量,向管理要效益,靠严格管理造就一支训练有素,特别能战斗的职工队伍,适应了市场激烈竞争的需要。通过“三改一加强”,吉化公司经济实力不断增强,经济效益显著提高。

大量事实充分说明,“三改一加强”是行之有效的方针。国有企业要在发展社会主义市场经济新形势下再创新优势,就必须通过改革建立新的机制,通过改组优化组织结构,通过改造推进企业技术进步,通过加强管理充分发挥各种生产要素的作用,全面提高国有企业的整体素质,使企业有一个好机制、好产品、好装备、好队伍、好班子。这些才是国有企业的根本出路和希望之所在。

三、贯彻“三改一加强”方针需要着力抓好的工作

当前,国有企业改革已进入攻坚阶段,发展处于关键时期。我们必须认真学习、全面贯彻党的十五届四中全会精神,充分认识坚持“三改一加强”的方针的重要性和紧迫性,以高度的责任感和使命感,锲而不舍地努力,切实做好企业改革、改组、改造和加强企业管理的各项工作,并把它们有机结合起来,务求国有企业改革和发展取得新的突破。

第一,进一步深化企业改革,建立和完善现代企业制度。建立现代企业制度,是发展社会化大生产和市场经济的必然要求,是国有企业改革的方向。这方面在党的十四届三中全会《中共中央关于建立社会主义市场经济体制若干问题的决定》和十五大报告中已经有过

明确论述，有关部门和地方也进行了不同类型企业的改革试点。要坚持从我国国情出发，总结实践经验，全面理解和把握产权清晰、权责明确、政企分开、管理科学的要求。在实际工作上，要突出抓好以下几个环节。一是继续推进政企分开。政府对国家出资兴办和拥有股份的企业，通过出资人代表行使所有者职能，按出资额享有资产受益、重大决策和选择经营管理者等权利，对企业的债务承担有限责任，不干预企业日常经营活动，使企业真正成为适应市场的法人实体和竞争主体。企业依法经营，照章纳税，对所有者的净资产承担保值增值责任。二是积极探索国有资产管理的有效形式。要按照国家所有、分级管理、授权经营、分工监督的原则，逐步建立国有资产的管理、监督、营运体系和机制，建立与健全严格的责任制度。对国有大中型企业实行规范的公司制改革。进一步明确股东会、董事会、监事会和经理层的职责，形成各负其责、协调运转、有效制衡的公司法人治理结构。四是面向市场着力转换企业经营机制。要逐步形成企业优胜劣汰、经营者能上能下、人员能进能出、收入能增能减、技术不断创新、国有资产保值增值等机制。这些工作做好了，国有企业同市场经济结合才会取得实质性进展。

第二，推进战略性改组，调整和优化国有企业组织结构。要区别不同情况，继续对国有企业实施战略性改组。对极少数必须由国家垄断经营的企业，在加快适应市场经济要求的同时，国家给予必要支持，使其更好地发挥应有的功能；竞争性领域中具有一定实力的企业，要吸引多方投资促进其发展；对产品有市场但负担过重、经营困难的企业，通过兼并联合等形式进行资产重组和结构调整，盘活存量资产；产品没有市场、长期亏损、扭亏无望和资源枯竭的企业，以及浪费资源、技术落后、质量低劣、污染严重的小煤矿、小炼油、小水泥、小火电等企业，要实行破产、关闭，以确保优势企业生产能力的发挥。对严重超过市场容量的生产能力，要坚决进行调整和压缩。这方面决心要大，同时也要研究制定行之有效的政策措施，以加快调整步伐。同时，要坚持“抓大放小”，积极发展大型企业和企业集团，放开搞活中小企业。要着力培育实力雄厚、竞争力强的大型企业和企业集团，有的可以跨地区、跨行业、跨所有制、跨国经营。要发挥这些企业在资本运营、技术创新、市场开拓等方面的优势，使之成为国民经济的支柱和参与国际竞争的主力军。在放开搞活中小企业方面，思路可以更宽一些，步子可以更大一些，同时切实加强引导和规范操作。对于量大面广的国有小企业，要从实际出发，继续采取改组、联合、兼并、租赁、承包经营、股份合作制和出售等多种形式放开放活，不要搞一个模式。要防止“刮风”，不能“一卖了之”，防止国有资产流失。要积极扶持中小企业特别是科技型企业，使它们向“专、精、特”的方向发展，有关方面要在信息咨询、市场开拓、筹资融资、贷款担保、技术、人才培训等多方面给予支持和服务。

第三，加快国有企业技术创新，推动技术进步和产业升级。这是国有企业在新形势下再创新优势、增强实力和竞争力的根本措施。当今世界有实力、有竞争力的大公司、大企业集团，都是靠自己的先进技术和独特的产品来建立市场竞争优势的。企业间的竞争，尤其是国际市场上的竞争，说到底是技术创新和产品开发能力的竞争，谁掌握了技术创新和产品开发的主动权，谁就能在市场竞争中占据制高点、掌握主动权。我们必须把加强国有企业技术创新和进步放在十分突出的地位。国有企业技术进步和产业升级的方向与重点是：以市场为导向，用先进技术改造传统产业，围绕增加品种、改进质量、提高效益和进口替代，加强现有企业技术改造；在信息、生物工程、新材料、环境保护等新兴产业和高技术产业占据重要地位，掌握核心技术，占领技术制高点，发挥先导作用。

当前，中央在决定进一步扩大内需、加大实施积极的财政政策力度的同时，明确地把加强国有企业技术改造作为重要任务，从今年增发的600亿元长期国债中，拿出相当部分作为技术改造贷款的贴息资金。这样，可以带动2000亿元左右贷款资金投入企业技术改造，为国有企业技术进步提供了难得的机遇。在实际操作中，要集中必要力量，加大对重点行业、重点企业、重点产品和重大技术装备制造的技术改造投入，并向老工业基地倾斜。抓好这项工作关键，是要选准企业、项目和产品，坚决不搞低水平重复生产和单纯数量扩张。对有市场、有效益、符合国家产业政策的技术改造项目，给予贷款贴息支持；对这类技术改造项目的国产设备投资，实行税收鼓励政策。加快企业技术改造不是短期的任务，而是加快我国现代化建设的战略举措。这里最重要的，是要真正使企业成为技术进步和产业升级的主体，形成以企业为中心的技术创新体系，大力促进科技成果向现实生产力的转化。

第四，加强和改善企业管理，提高科学管理水平。科学管理是企业的振兴之道，所有国有企业必须高度重视和切实加强科学管理。要坚持从严治理企业，苦练内功，向管理要市场，向管理要质量，向管理要效益。要适应发展市场经济的新形势，加强管理创新。在加强和改善企业管理中，特别要加强企业发展战略的研究。企业要适应市场，制订明确的发展战略、技术创新战略和市场营销战略，并根据市场变化适时进行调整。要健全和完善各项规章制度，强化管理基础工作，彻底改变无章可循、有章不循、违章不纠的现象。要建立各级、各个环节的严格责任制度，加强考核和督促检查，确保各项工作有人负责。要完善劳动合同制，推进职工全员竞争上岗，严格劳动纪律，严明奖惩，充分发挥职工和积极性的创造性。狠抓管理薄弱环节，重点搞好成本管理、资金管理、质量管理。要建立健全全国统一的会计制度，真实反映企业经营状况。要加强对企业经营活动的审计和监督，坚决纠正做假账、违反财经纪律、营私舞弊、挥霍浪费等现象。要广泛采用现代管理技术、方法和手段。认真总结过去行之有效的管理经验,根据新情况不断赋予新的内涵。积极推广先进企业的管理经验,进一步引进国外智力和借鉴国外企业现代管理方法。

继续认真做好国有企业职工下岗分流、减员增效和再就业工作。当前,企业管理搞不好的一个重要原因是人员过多,管理费用高,不把富余人员减下来,成本很难降下来,企业效益也难以提高。要认真贯彻落实党中央、国务院关于做好国有企业下岗分流、减员增效和实施再就业工程的各项政策。特别是要抓紧建立和完善社会保障体系,充分发挥社会中介组织的作用,为企业减员增效创造必要的条件。

总结前阶段实践经验,全面贯彻“三改一加强”的方针,必须切实加强领导。在目前经济体制转轨和经济结构大调整时期,企业的情况千差万别,遇到的矛盾和问题各不相同,必须针对不同企业存在的具体问题和薄弱环节,因企制宜,因势利导。要区别不同情况,分类指导,对症下药,各有侧重,重点突破。切实防止“一刀切”和形式主义,务必扎实工作,注重实效。

总之,坚持“三改一加强”相结合,是搞好国有企业改革和发展的重要指导方针。我们要认真学习和贯彻落实党的十五大和十五届四中全会的《中共中央关于国有企业改革和发展若干重大问题的决定》精神,大胆探索,锐意进取,不断总结经验。这样,就一定会成功地走出中国特色国有企业改革和发展的新路子,夺取国有企业改革和发展的新胜利。

(原载《求是》1999 年第 23 期)

积极推行公有制的多种有效实现形式

党的十六届三中全会《中共中央关于完善社会主义市场经济体制若干问题的决定》(以下简称《决定》)提出,要“坚持公有制的主体地位,发挥国有经济的主导作用。积极推行公有制的多种有效实现形式”。并且强调,要“使股份制成为公有制的主要实现形式。”这是我们党总结25年特别是近10年来经济体制改革实践经验做出的重大决策,是对公有制实现形式认识的又一重要发展。认真学习和贯彻这一决策,对于全面推进改革,完善社会主义市场经济体制,不断巩固和发展公有制经济,具有十分重要的意义。

一、公有制的实现形式可以而且应当多样化

公有制是社会主义经济制度的基础,是国家引导、推动经济和社会发展的基本力量,是实现最广大人民根本利益和共同富裕的根本保证。发展壮大国有经济,国有经济控制国民经济命脉,对于发挥社会主义制度优越性,增强我国的经济实力、国防实力和民族凝聚力,具有关键性作用。在发展社会主义市场经济的新形势下,必须毫不动摇地巩固和发展公有制经济,充分发挥国有经济的主导作用。而理论和实践都表明,推行公有制的多种有效实现形式,是坚持公有制

主体地位和发挥国有经济主导作用的必然选择。

第一,从所有制与所有制实现形式的关系看,一种所有制可以有多种实现形式。所有制与所有制的实现形式是两个既相互联系、又不相同的概念。所有制是指对生产资料占有、使用、处置并获得收益等一系列经济权利和经济利益关系的总和,而所有制的实现形式则是指在一定的所有制前提下财产的组织形式和经营方式。所谓财产的组织形式,包括独资、合资和各类资本相互融合等形式,在企业形态上体现为业主制企业、合伙制企业和股份制企业等。所谓经营方式,包括经营资产的直接经营方式和经营资本的间接经营方式。对于经济利益主体而言,拥有经济权利重要,使经济权利得到实现更重要。在市场经济条件下,所有者既可以通过控制一定所有制赋予的全部权利来实现自己的利益,也可以通过权利的分割和部分权利的有偿转让来实现自己的利益。体现在所有制实现形式上,所有者控制全部权利,就形成了独资企业的资本组织形式和经营资产的直接经营方式;所有者有偿让渡了部分权利,比如经营权,就形成了股份制等资本组织形式和经营资本的间接经营方式。可见,相对于所有制,所有制实现形式具有相对独立性。同一种所有制可以有多种实现形式,不同所有制也可以采取同一种实现形式。比如在资本主义国家,有业主制、合伙制、有限责任公司、股份有限公司等多种资本组织形式和经营方式,但并没有改变资本主义私有制的实质。这一切都说明,公有制可以而且应该适应时代发展、经济环境变化和科学技术进步的新情况,采取多种有效实现形式,以促进自身发展和壮大。

第二,推行公有制多种有效实现形式,才能消除传统经济体制下公有制的弊端,促进生产力发展。在传统经济体制下,我国公有制实现形式单一。在资本组织形式上,追求"一大二公"、纯而又纯,国有制企业占绝大多数;在经营方式上,国有国营、政企不分,政府直接干预企业具体的生产经营活动。这样做的结果,造成了企业吃国家的

“大锅饭”，职工吃企业的“大锅饭”，对投资经营成果和公有资产保值增值缺乏严格、有效的责任制，经营者和劳动者动力不足，企业效益低下，严重阻碍了公有制经济发展。历史的经验告诉我们，在我国社会主义初级阶段，社会生产力水平低而且发展不平衡，同时，由于社会生产力水平的多层次性和所有制结构的多样性，公有制实现形式单一化的路子走不通，公有制实现形式可以而且应当多样化，一切反映社会化大生产规律的组织形式和经营方式都可以大胆利用。通过推行公有制的多种实现形式，才能实现责权利相结合，形成有效的激励机制，调动企业经营管理者和职工的积极性、创造性，使公有资本发挥更大的作用，引导和促进社会生产力发展。

第三，实行社会主义市场经济，要求推行公有制多种有效实现形式。企业作为独立的市场主体参与竞争，是社会主义市场经济运行的必要前提。我国是社会主义国家，不能通过搞私有化培育市场主体，发展市场经济。广泛推行公有制的多种有效实现形式，大力发展混合所有制经济，实现投资主体多元化和利益多元化，使国有企业成为自主经营、自负盈亏、自我约束、自我发展的市场主体，才能顺应市场经济规律，形成企业优胜劣汰、管理者能上能下、人员能进能出、收入能增能减、技术不断创新、国有资产保值增值等机制，使公有制企业充满活力，在竞争中不断发展壮大。提出通过推行公有制的多种有效实现形式，实现公有制经济与市场经济的有效结合，是我们党在理论上和实践上的一个伟大创举。这不仅对公有制经济改革和发展具有重要的指导意义，也是对社会主义市场经济理论的重大贡献。

第四，实践证明，推行公有制多种有效实现形式是公有制经济发展壮大的必由之路。党的十五大以来，我们按照建立现代企业制度的改革方向，逐步对国有企业进行了股份制改造。据统计，截至2002年底，已有3468家重点企业完成了公司制改造，改制面接近80%。近五年来，国有及国有控股企业在境内外新增上市公司442

家,累计筹资7436亿元。改制企业积极吸纳非国有资本参股,投资主体呈现多元化,包括集体资本、中外私人资本等在内的非国有资本,占全部注册资本的比例已达42%。企业法人治理结构逐步完善,大部分企业成立了股东会、董事会和监事会,有的企业还建立了独立董事制度,国有大中型企业经营机制发生了明显转变。国家在抓好国有重点企业改革的同时,继续采取改组、联合、兼并、租赁、承包经营、股份合作、出售等形式,放开搞活国有中小企业。改革促进企业生产经营状况明显改善,市场竞争力不断增强,大大推动了国有经济发展。2002年底,国有及国有控股工业企业实现利润达到2636亿元,比1997年增长了2.3倍。国有企业资产由1997年的12.5万亿元增加到2002年的15.46万亿元,增长23.7%。在美国《财富》杂志年度世界500强企业评选中,1997年中国内地只有3家入选,并且没有一家工业企业,2002年则有11家企业入选。改革的实践说明,股份制等多种形式对公有制经济发展具有明显推动作用和广阔前景。

二、努力使股份制成为公有制的主要实现形式

实行经济体制改革以来,我们对公有制多种实现形式进行了不懈的探索。早在改革开放初期,邓小平在谈到国有企业改革时,就提出了探索公有制新的实现形式的要求。他强调:"用多种形式把所有权和经营权分开,以调动企业积极性,这是改革的一个很重要的方面。这个问题在我们一些同志的思想上还没有解决,主要是受老框框的束缚。其实,许多经营形式,都属于发展社会生产力的手段、方法,既可为资本主义所用,也可为社会主义所用,谁用得好,就为谁服务。"(《邓小平文选》第3卷第192、193页)随着改革实践的发展,我们党对公有制多种有效实现形式特别是股份制的认识不断深化。党

的十四届三中全会提出，随着产权的流动和重组，财产混合所有的经济单位越来越多，将会形成新的财产所有结构。党的十五大报告提出，公有制实现形式可以而且应当多样化，一切反映社会化生产规律的经营方式和组织形式都可以大胆利用；股份制是现代企业的一种资本组织形式，资本主义可以用，社会主义也可以用。党的十五届四中全会指出，国有大中型企业尤其是优势企业，宜于实行股份制的，要通过规范上市、中外合资和企业相互参股等，改为股份制企业，发展混合所有制经济。党的十六大报告提出，除极少数必须由国家独资经营的企业外，积极推行股份制，发展混合所有制经济。十六届三中全会讨论通过的《决定》进一步提出，“要适应经济市场化不断发展的趋势，进一步增强公有制经济的活力，大力发展国有资本、集体资本和非公有资本等参股的混合所有制经济，实现投资主体多元化，使股份制成为公有制的主要实现形式”。这是对我们党以往有关论断的继承和发展，是探索公有制和市场经济相结合有效形式的重要成果，反映了我们对这个问题认识的进一步深化。

股份制是社会化大生产和市场经济发展到一定阶段的必然产物，是企业赢得市场竞争优势的一种有效组织形式和运营方式。马克思说过，股份企业“是发展现代社会生产力的强大杠杆”，“它们对国民经济的迅速增长的影响恐怕估价再高也不为过”。（《马克思恩格斯全集》第 12 卷第 609、610 页）实行股份制有利于所有权和经营权分离，提高企业和资本的运作效率；有利于把分散的社会资本集中起来，迅速扩大企业的生产和经营规模。股份制企业的治理结构比较合理，既有利于保证经营者拥有充分的经营自主权，又有利于保证所有者对经营者实行有效监督，保证所有者的利益不受侵害。由于股份制具有多方面的优越性，现代大中型企业一般都采取了有限责任公司和股份有限公司的形式。如目前美国《幸福》杂志所列世界 500 家最大工业企业中，绝大多数是职业经理管理控制的上市公司。

股份制是现代企业的一种资本组织形式,在不同社会制度的国家都可以用。在资本主义国家,股份制企业主要是私人资本联合形成的。我国是社会主义国家,始终坚持公有制主体地位和发挥国有经济的主导作用,要适应经济社会化、市场化不断发展的趋势,积极推行股份制,鼓励各类资本交叉持股、相互融合,大力发展国有资本、集体资本和非公有资本等参股的混合所有制经济。

关于使股份制成为公有制的主要实现形式,可以作以下几点分析。

第一,推行股份制能够放大国有资本功能,增强国有经济的控制力、影响力和带动力。充分发挥国有经济的主导作用,是我国的社会主义性质决定的。国有经济在国民经济中的主导作用主要体现在控制力上。通过发展股份制,国有资本可以吸引和组织更多的社会资本,扩大国有资本的支配范围,放大国有资本的功能。据统计,到2002年底,3468家由重点企业改制形成的股份制企业,国家投入资本7710亿元,但全部注册资本却达到了13304亿元,国有资本支配范围扩大了将近一倍。在股份制企业中,国有资本控股可以采取两种形式:一种是绝对控股,即国有股占绝对多数,比如占50%以上;另一种是相对控股,国有股所占比重虽然低于50%,但却取得了对该公司的有效控制权。在股权高度分散的情况下,有时国有股占20%～30%甚至再低一些,就可以取得控制权。无论是绝对控股还是相对控股,国家实际上都掌握着公司的主要人事、收益分配和重大决策的控制权,用部分国有资本控制着企业全部资本的运用,起到了"四两拨千斤"的作用,从而可以有效地体现国家宏观政策导向,引导国民经济沿着良性轨道运行。

第二,推行股份制有利于国有资本流动重组,实现国有资产保值增值。股份制企业提供了一种明晰的财产组织形式,便于国有资本通过资本市场在不同行业和企业间流动。国有资本既可以通过股权转让,退出市场前景暗淡、资本回报率低的行业和经营管理不善的企业,避免国有资产闲置甚至像冰棍融化那样越化越小;也可以通过在资本市场上购买股票,或通过兼并、联合、资产重组等方式进入那些市场前景看好、利润丰厚的行业和经营管理较好的企业,"借鸡生蛋"、"搭车快行"。这样,就可以克服原来国有独资公司那种凝固的、僵化的资产结构,由经营资产过渡到经营资本,优化国有资本配置,提高国有资本运营效率,实现国有资产保值增值,并带动整个国民经济的发展。

第三,推行股份制有利于国有企业转换经营机制,成为独立的法人实体和真正的市场主体。社会主义市场经济体制的基本特点,是在国家宏观调控下发挥市场在资源配置中的基础性作用,要求国有企业成为适应市场经济发展要求的、自主经营的市场主体和法人实体,参与市场竞争,优胜劣汰。由单一国有资本组成的企业,经营责任不明确,权责利脱节,经营管理机制不活,缺乏有效监督和制约,效率和活力不足,难以成为真正的市场主体。通过对国有企业实行股份制改造,实现投资主体多元化,国有资产监督管理机构或授权投资机构代表国家拥有股权,依法派股东代表和董事进入企业,行使所有者职责。企业拥有包括股东投入资本和借贷形成的企业财产,实行所有权与经营权分离,自主经营,自负盈亏,对出资者承担资产保值增值责任,国家不再直接干预企业的生产经营。同时,在公司内部建立规范的法人治理结构,形成股东会、董事会、监事会和经营管理者之间各负其责、协调运转、有效制衡的关系。这样,既保证了国有资本所有者权益,又实现了政企分开,使企业真正实现经营机制转变,以市场主体身份参与竞争,实现国有资产保值增值,谋求企业不断发展。这些年的实践表明,股份制在经济生活中发挥越来越突出的作用,成为搞活搞好国有企业的重要途径。实行了规范化股份制改造的国有企业,经营机制都发生了脱胎换骨的变化,获得了良好的经济效益和快速发展。普遍推行股份制，大力发展混合所有制经济的地方，经济都快速发展，实力显著增强。这也充分说明，使股份制成为公有制的主要实现形式是一种正确的选择。

三、大力发展公有资本控股或参股的股份制经济

总的来看，经过不断深化改革，我国国有企业经营机制已经发生了重要转变，国有经济发展壮大。但是，目前还有一部分国有企业不适应发展市场经济的要求，经营机制不活，技术创新能力不强，债务和社会负担沉重，富余人员过多，经济效益不理想，生产经营困难。我们要按照十六届三中全会《决定》的要求，继续积极推进国有企业改革和发展。在改革过程中，要注意抓住以下几点。

第一，积极推行股份制，发展混合所有制经济。除极少数必须由国家独资经营的企业外，其他国有企业都应按照《决定》的要求，推进国有资本和其他各类所有制资本交叉持股、相互融合，实现投资主体多元化，推行股份制。一是进一步对现有国有企业进行规范的股份制改造。目前，国有大中型企业改革存在两种情况。一种情况是，应该进行股份制改造而未改。对这类企业，要按照建立现代企业制度的要求，加快改革步伐，鼓励国有资本、集体资本和中外私人资本等参股，把它们改造成规范的现代股份制企业。第二种情况是，已经进行股份制改造但很不规范，特别是相当多的企业仍存在国有股过大的问题。据统计，2001 年全国上市公司中第一大股东持股额占公司总股本超过 50% 的近 900 家，占全部上市公司总数的近 80%。大股东中国有股东和法人股东占压倒多数，相当一部分法人股东也是国有资本控股的。这就说明我国上市公司的股权集中度很高，并且主要集中在国家和国有法人手中，因此难以真正形成规范的法人治理结构，难以实现企业经营机制的根本转变。对这类企业，要通过吸

引社会资本、境外资本参股等途径，改变国有股权过于集中的状况，真正实现投资主体多元化，促进经营机制转换。进一步发展具有国际竞争力的、国有资本控股或参股的大公司大企业集团。

二是国家今后新建企业，要注重采用股份制的资本组织形式和经营方式。国家投资新建企业，原则上都应采取股份制形式，除了国家出资外，要多方吸引社会投资，组成国有资本控股或和其他所有制资本共同参股的股份制企业。这方面，一些地方已经进行了探索。如上海、浙江近年来在基础设施和社会发展项目建设中吸引非公有资本参股，收到了明显的社会经济效果。最近，浙江为建设总投资118亿元的杭州湾大桥，组建了由国有资本、私人资本共同参股的股份公司，其中私人资本股份占50%以上，社会上反应也是积极的。要大力鼓励和支持这样的探索。

三是结合调整国有经济布局和结构，发展国有资本控股或参股的股份制企业。我国国有企业数量多、大小不一、类型各异，重要程度不同。要根据企业所处行业、在经济发展中的地位和经营状况，分别采取控股、参股形式进行重组改造。对关系国家安全和国民经济命脉的重要行业和关键领域，国有资本一般要保持控股；需要由国有资本控股的企业，可以区别不同情况，实行绝对控股或相对控股；进一步推动国有资本更多地投向关系国家安全和国民经济命脉的重要行业和关键领域。对其他行业和领域的企业，通过资产重组和结构调整，在市场公平竞争中优胜劣汰，要鼓励和引导非国有资本投资经营，形成国有资本、集体资本和非公有资本等多元投资的公司制企业，国家可以控股，也可以不控股。同时，要借鉴国际经验，探索国有资本对企业的多种控制方式。对国家投资的企业，根据不同情况可以实行绝对控股，也可以实行相对控股，国家按公司法原则行使股权管理；还可以通过“黄金股”等特别股权制度安排，对企业做出的损害公众利益的决策具有一票否决权，但不直接参与和干预企业一般决策;此外,可以通过特许经营制度等委托经营方式进行控制,国家投资并控制主要的经营资产,特许和委托经营者按合同经营,提供服务。

第二,完善公司法人治理结构,转换企业经营机制。当前由于一些国有企业国有股过大现象比较普遍,虽已改为股份制的企业实际上国家仍然负有无限责任,企业治理结构不规范,经营机制没有发生实质性变化。此外,一些存续公司控制上市公司的模式,也存在着不少弊病。在实行股份制改革过程中,要按照"产权清晰、权责明确、政企分开、管理科学"的要求,在实现投资主体多元化的基础上,进一步明确出资人和经营者的权利、责任、义务,实行政企分开,使企业成为适应市场的法人实体和市场主体。规范公司股东会、董事会、监事会和经营管理者的权责,完善企业领导人员的聘任制度。股东会决定董事会和监事会成员,董事会选择经营管理者,经营管理者行使用人权,并形成权力机构、决策机构、监督机构和经营管理者之间各负其责、协调运转、有效制衡的机制。企业要面向市场,真正形成企业优胜劣汰、经营者能上能下、人员能进能出、收入能增能减、技术不断创新、国有资产保值增值等机制。

第三,建立健全现代产权制度,深化国有资产管理体制等方面改革。广泛推行股份制,发展混合所有制经济,要求加快推进经济体制其他方面的改革,与之相互促进、相互配合。一是建立健全现代产权制度。要依法保护各类产权,健全产权交易规则和监管制度,推动产权有序流转,保障所有市场主体的平等法律地位和发展权利。通过建立归属清楚、权责明确、保护严格、流转顺畅的现代产权制度,维护公有财产权,巩固公有制经济的主体地位,促进各类资本的流动和重组,推动股份制经济发展,加快国有经济布局和结构的调整优化。二是加快推进国有资产管理体制改革。坚持政企分开、政府公共管理职能和国有资产出资人职能分开。国有资产管理机构要依法履行好出资人职能，维护所有者权益，维护企业作为市场主体依法享有的各项权利，督促企业实现国有资产保值增值，防止国有资产流失。要探索国有资产监管和经营的有效形式，促进国有资本的优化配置。三是尽快培育形成现代市场体系。特别是要加快建立规范的资本市场和产权交易市场，以更好发挥市场在资源配置中的基础性作用，促进资本在不同所有制和不同地区、行业、企业之间的流动重组，提高资源的配置和利用效率。

除了对国有大中型企业实行规范的股份制改造外，还要用多种形式放开搞活国有中小企业。要以明晰产权为重点深化集体企业改革，发展多种形式的集体经济。

我们相信，积极推行公有制的多种有效实现形式，特别是大力发展公有资本控股或参股的股份制，公有制经济必将在改革中进一步发展壮大，国有经济的主导作用必将得到更好发挥，从而促进全面建设小康社会目标的实现。

（原载《求是》2003 年第 21 期）

中国跨世纪金融改革发展研究

一、1997年以来中国金融改革和发展

1997年11月中共中央、国务院召开全国金融工作会议，标志着中国金融改革与发展进入了一个新的历史阶段。四年多来，中国实行了一系列正确的金融方针政策和措施，深化金融改革，整顿金融秩序，加强金融监管，防范和化解金融风险，成功地抵御了亚洲金融危机的冲击，在复杂的国际经济金融形势下，始终保持了金融的安全运行和健康发展，为国民经济持续发展和维护社会安定，做出了积极贡献，也为新世纪初中国金融的进一步改革与发展，奠定了重要基础。

面临亚洲金融危机爆发的严峻形势，针对国内存在的金融秩序混乱、行政干预金融和金融风险因素加大等突出问题，党中央、国务院高瞻远瞩，未雨绸缪，及时做出重大决策。1997年11月召开全国金融工作会议，江泽民、朱镕基等中央领导同志发表重要讲话，会后下发了《中共中央、国务院关于深化金融改革、整顿金融秩序、防范金融风险的通知》，对金融工作做出了全面部署。在中国现代金融发展史上，这次重要会议和这个纲领性文件具有划时代的意义。一是认真总结了改革开放以来，特别是20世纪90年代以来中国金融改革发展成绩及其经验，深刻分析了金融领域存在的问题。二是按照建设中国特色社会主义市场经济的要求，明确提出加快建立现代

金融制度,为中国金融深化改革和长远发展指出了正确方向。三是提出了当前金融工作的目标、任务和指导原则,确定了需要重点解决的问题,对中国跨世纪的金融改革与发展做出了全面部署。

按照这次会议的部署和要求,1997年底成立了由国家有关部委和部分地方政府组成的深化金融改革、整顿金融秩序若干工作小组,此后陆续制定和下发了一系列整顿与改革方案,全国范围内的金融改革、整顿工作从此全面展开,金融业发展进入了一个新的阶段。

二、四年来金融改革、整顿和发展取得积极成效

(一)金融改革顺利推进,为金融发展注入新的动力

1997年底以来的金融改革分为三个层次。一是金融系统管理主要是金融监管体制的改革;二是金融机构特别是国有商业银行自身的改革;三是加强金融制度基础性建设方面的改革。

建立健全银行、证券、保险分业监管体系,逐步加强金融监管。1998年以前,中国基本上还没有解决分业监管的问题。当时,银行、证券机构和保险公司等金融机构实行分业经营,但金融监管仍是混业体制,除证券机构的日常监管由中国证券监督管理委员会(证监会)负责外,对各类金融机构的所有监管职责统归中国人民银行(人民银行),由此带来许多问题。因此,必须按照分业监管的要求,改革现行金融监管体制。1998年改革的主要内容包括:一是调整监管职能,分设监管机构。将人民银行对证券机构市场准入监管等职能统一划归证监会,证监会统一负责对全国证券、期货业的监管。1998年11月成立中国保险监督管理委员会(保监会),统一负责对全国保险业的监管;人民银行统一负责对全国银行业(包括其他存款类金融机构及信托投资公司等其他非银行金融机构)的监管。二是加强人民银行、证监会、保监会的系统建设,分别建立统一的银行、证

券、保险监管系统,系统内在全国实行独立垂直管理。相应改革了人民银行管理体制。三是采取多方面措施,逐步加强和改进金融监管。人民银行、证监会和保监会在明确监管分工职责的基础上,加强协调合作,进一步健全监管规章制度,制定并实施了高级管理人员任职资格认定制度,从多方面逐步加强了对银行、证券和保险业的监管。总的来看,通过这一轮的金融监管体制改革,在中国金融发展史上首次构架起分业监管的基本体制,明确了各监管部门的主要职能,改变了中国金融监管格局。

改革人民银行管理体制。1998 年以前的人民银行管理体制一个主要特征是,按行政区划层层设置省、市、县各级分支机构。这种状况是中国实际情况和金融发展历史等因素形成的。随着改革深入与经济社会发展,这种状况的弊端日益显现。最主要的是不利于人民银行依法独立、公正地履行中央银行职责,不利于中央银行实施和加强统一的金融监管,不利于中央银行精简机构,提高效率,降低运行成本。

针对这种情况,1993 年起就开始酝酿改革人民银行管理体制,重点是要改变人民银行按行政区划设立分支机构的状况。1997 年之前,由于条件尚不具备,这项改革一直未能推出。到 1997 年底,改革的条件已经基本成熟,全国金融工作会议确定尽快改变人民银行分支机构按行政区划设置的状况,有计划、有步骤地撤销中国人民银行省级分行,在全国设立若干跨省、自治区、直辖市的一级分行,重点加强对辖区内金融业监督管理。1998 年,这项改革全面展开,新的体制迅速正常运行。

人民银行管理体制改革的效果是显著的。最重要的是实现了政银分开,明显增强了银行监管独立性和权威性,初步打破了多年来的层层监管模式,提升了监管层次。从四年多的实践来看,由于多种原因,人民银行跨省监管体制也还不够完善,存在着与地方政府协调不够、分支机构之间特别是省监管办与省会中心支行之间关系不顺和职能交叉、分行管理的辖区过大、省会中心支行行政级别过低等问题，需要根据新的情况进一步调整和完善。

加强党对金融工作的集中统一领导。1998 年以前金融系统党的领导和建设方面存在的主要问题是，党的领导工作比较薄弱和分散，党管干部的原则和有关职责不明确，金融机构内部不同程度地存在党的领导和党建工作薄弱的现象。1998 年成立了中共中央金融工作委员会（金融工委），主要负责贯彻落实党的路线、方针、政策，领导金融系统党的建设工作，不领导金融业务。相应成立了中央金融纪律检查工作委员会（金融纪工委）。同时，人民银行、证监会、保监会、政策性银行和国有商业银行等金融机构成立系统党委。地方性金融机构党的组织实行属地原则，具体方式由各省根据情况自行决定（目前一些省成立了省金融工委）。改革后，党对金融工作的领导和金融系统党的建设工作都明显加强。

深化国有独资商业银行等国有重点金融企业改革。1997 年底以前，中国工商银行、中国农业银行、中国银行、中国建设银行四家国有独资商业银行的主要问题是，不良资产比例持续上升，经营效益下滑。机构庞大臃肿，冗员过多，特别是一些县支行及以下基层机构，业务量小，管理落后；内部控制薄弱，制度不健全，违规混业经营和挪用信贷资金自办经济实体，少数分支机构各行其是，管理混乱，缺乏起码的经营管理约束。为此，全国金融工作会议要求，必须加快商业化改革步伐，完善管理体制和经营机制，强化统一法人制度，把国有商业银行办成真正的商业银行。1998 年以来，四家银行改革和发展取得成效。一是撤并和精简部分规模小、效益差的县支行和基层营业网点，业务适当向大中城市集中，同时裁减冗员，改革内部劳动从事制度。二是加强内控制度建设，完善银行自我约束机制。四家银行不同程度地建立了垂直负责的内部稽核监督体制，实行了稽核监督责任制度。成立了银行同业公会,增强行业自律。三是整顿和规范经营行为,改善内部管理和外部条件,化解和防范风险的能力有所增强。四家银行限期彻底与所办非银行金融机构和各类经济实体脱钩。实行了资产负债比例管理,增强了经营自主权。1998 年进行了贷款质量管理和考核的“五级分类”试点,目前已全部实行“一逾两呆”和“五级分类”两种方法同时运行。贷款结构发生积极变化,新增贷款质量明显好转。2000 年,实现了不良贷款增幅下降,扭转了前两年连续账面总体亏损的局面。发行 2700 亿元特别国债补充四家银行资本金,成立四家金融资产管理公司剥离四家银行不良资产。四是金融业务持续快速发展,服务水平提高,努力促进国民经济发展。截至 2000 年末,四家银行资产总额比 1997 年底增长 38%,其中,各项贷款比 1997 年增长 21%,年均增长约 7%。除传统业务外,中间业务有了较快发展。银行电子化水平明显提高,基本实现了城市分行电子化综合目标,初步建成城乡电子化网络体系,银行卡联合工程已取得重大进展。三家政策性银行的改革与发展也取得积极成效。国有保险公司进行了机构体制改革。为进一步发展对外经济往来、支持出口贸易,成立了中国出口信用保险公司。

加快其他方面改革,逐步完善金融制度。参照国际标准,逐步实施审慎会计制度,进一步缩短了银行表内应收未收利息核算年限,改进了呆账准备金计提和核销办法。成立四家金融资产管理公司,剥离银行不良资产 1.4 万亿元,有选择地对部分企业实行债转股,在一定程度上化解了银行风险,降低了企业负债率,加快了不良资产处置力度。加强和改进了对四家银行的金融监管和经营考核。2000 年国务院向 15 家国有重点金融企业派出了监事会。监事会以财务监督为核心,对国有金融机构的财务状况及主要负责人的经营管理行为进行监督,发挥了重要作用。

(二)大力整顿金融秩序,实现全国金融秩序明显好转

整顿金融秩序是1997年底以来金融工作的重头戏和精彩之笔。整顿工作主要包括三个方面，一是清理和规范各类金融机构，重点是对中小金融机构和非银行金融机构（包括证券机构和保险公司）进行全面清理整顿。二是集中整顿金融机构主要是国有商业银行账外账及违规经营行为；三是清理整顿社会上的金融“三乱”（即非法设立金融机构、非法或变相从事金融业务、非法集资）。整个整顿工作取得显著成效，从全国范围看，基本刹住了金融秩序混乱的歪风，金融秩序明显好转。

全面清理和整顿信托投资公司、城市商业银行和城乡信用社等非银行金融机构和地方中小金融机构。

信托投资公司是非银行金融机构中问题相对突出的一类机构。主要问题是，机构过多，混业经营，恶性竞争，内部管理混乱，有些机构已资不抵债，风险隐患很大。

1997年底以来，按照“信托为本，分业经营，适度规模，分类处置”的原则，在保证稳定的前提下，加快了信托投资公司的整顿规范，一方面通过保留、重组合并、解散、关闭或破产等方式，精简机构，另一方面，在整顿的基础上，重新界定和规范信托投资公司经营范围。一是基本确定了全部信托投资公司的分类处置方案。二是推进信托与证券的分业。239家公司原有证券营业部960家，截至2001年年中，中国人民银行已批复转让、剥离的证券营业部约占总数的44%。三是解决好被撤销或停业整顿机构的债务清偿工作。由于坚持依法进行和积极稳妥的原则，保证了清偿工作的平稳进行。四是整顿工作与惩处违法违规人员相结合，严厉打击金融犯罪。中国人民银行2001年初颁布了《信托投资公司管理办法》，为进一步规范保留下来的信托投资公司及其经营活动提出了原则和有关规定。

城市商业银行是20世纪90年代才出现的新一类金融机构，由于多种原因，到1997年底，各地城市商业银行不同程度地存在问题。

一是“先天不足”。由于对原有城市信用社清产核资不实,合并中把关不严,给城市商业银行留下很大的风险隐患。二是内部经营管理不善,不良资产比例高,支付风险较大。三是有些地方政府违背金融规律,把城市商业银行视为当地的“第二财政”,严重干预银行正常的经营活动,人为造成不少贷款收不回来,风险隐患加大。经过几年来整顿和改革,从总体上保证了城市商业银行健康发展。至 2000 年末,城市商业银行达到 99 家,资产总额约 7100 亿元,负债总额约 6800 亿元,净资产 300 亿元左右。与 1997 年底相比,银行数量增加 28 家,资产总额增长 91%。

1998 年底开始有计划有步骤地全面清理整顿城市信用社,逐步处置乃至彻底化解城市信用社的风险。一是根据不同情况,分别采取多种方式,大大缩减城市信用社机构数量。二是加快处置城市信用社风险,特别是高风险信用社撤销的处置。三是全面完成现有城市信用社的清产核资工作,基本确定了各省(市、区)城市信用社的风险处置方案,为下一步彻底解决城市信用社的风险问题打下了基础。目前整顿工作正按有关方案在继续进行。

1997 年底以来,农村信用社工作重点是整顿和规范。一是普遍开展了清产核资,对信贷资产质量和盈亏状况进行了真实性检查,基本摸清了家底和风险情况。在对信用社进行五类划分基础上制定不同的整改措施。二是精简机构和人员,经营状况有所改善。对部分业务规模小、长期亏损农村信用社进行合并,1998 年至 2000 年共减少信用社法人机构 9000 家,实现了人员总数和营业费用的负增长。三是调整贷款结构,支农职能有所增强。全国农村信用社农业贷款占其贷款总额的比重,2000 年为 34%,比 1996 年提高 11 个百分点。农户贷款面扩大,农户贷款已占农业贷款的 60%。目前我国 73% 的农业贷款和绝大部分农户贷款由农村信用社发放。四是初步建立起中央银行对农村信用社的监管体系,增加了基层监管力量。在江苏省开展了以健全县（市）为单位的农村信用社统一法人为主要内容的改革试点。

坚决处置极少数有严重问题的金融机构，稳妥化解支付风险。1997年以来，为保证金融体系的安全，保护存款人合法权益，中国先后关闭、重组了极少数有严重问题、金融风险隐患大的金融机构和涉及融资活动的企业。果断处置有严重问题的金融机构，有效地防止了金融风险的蔓延，避免了系统性风险的发生，保证了金融的安全运行，保护了人民群众的合法权益，维护了社会稳定和国家信誉。

严肃查处金融机构账外账及违规经营行为。1997年底以前，对银行账外账问题多次清理整顿，取得一定成效，但总的趋势并没有得到有效遏制，一些地方甚至愈演愈烈，成为金融机构内部腐败的温床。从1998年下半年起，按照"条块结合，条条为主"的指导思想和"谁经办、谁批准、谁指使、处理谁"的原则，全面整顿银行账外账及违规经营问题。整顿工作于1999年底基本结束，取得明显成效。一是遏制了大面积的账外经营活动势头。到1998年年中，全部商业银行账外资金运用总额已绝对下降。二是清理查处了各种主要的违规经营行为。高息揽储和放贷、违规拆借资金、以证券回购形式违规融资等原有的违规经营活动明显下降，银行间利率大战造成的金融秩序混乱得到整治。同时，有效遏制了在银行承兑票、对外担保、信用证等新兴业务上的违规经营的上升势头。三是严肃查处了违规行为及其责任人。同时，为防止账外账及违规经营，有针对性地加强了有关金融监管、内部控制和财务会计制度建设。

清理整顿证券期货市场、保险市场。清理整顿证券期货市场的主要对象是场外非法股票交易、期货市场、证券交易中心、证券经营机构和原有的投资公司。清理整顿工作取得明显成效，稳妥地化解了证券市场部分风险，维护了证券市场秩序，推动了证券业规范健康发展。一是基本完成清理场外非法股票交易的工作，消除了证券市场一大隐患。到1999年底,在没有出现大的问题的情况下,关闭了全部非法股票交易场所。二是整顿规范期货市场。经过近几年的整顿规范,期货交易所由14家撤并为3家,期货交易品种由35个压缩为12个,期货经纪公司由1997年的300家左右减少到目前的175家。建立了全国统一的期货从业人员资格考试制度,出台了《期货交易管理暂行条例》,统一了期货市场交易、结算、交割制度。三是清理、改组证券交易中心。经过清理整顿,对这些交易中心,全部关闭其联网业务;全部停止其代理的资金清算业务;其交易的股权证和投资基金全部被摘牌。四是针对普遍存在的挪用客户交易结算资金、擅自吸收存款、从事非证券类投资、账外账及违规经营问题,对原有的90家证券公司进行了清理整顿。对各种证券公司进行了综合类和经纪类的分类管理。五是分别采取清盘关闭、合并重组为证券投资基金等方式,基本清理规范了全国原有的投资基金。

1998年底中国保险监督管理委员会成立以来,着力整顿了保险市场秩序。一是以规范车险市场秩序为重点,严肃查处财产保险中的高手续、高返还、低费率等不正当竞争和"撕单"、"埋单"、"鸳鸯保单"等严重违规行为。二是以清理地方性险种和规范团体业务为主要内容,整顿人身保险秩序,针对违规支付高额手续费、诱导和欺骗保户等问题,严格寿险精算,规范展业行业,查处了一些在境内非法开展业务的境外保险机构。三是以规范兼业代理和清理外资非法保险中介活动为突破口,清理规范中介市场,集中查处地下中介活动,全面清查了各类保险代理机构并进行重新审核登记。四是化解保险机构潜在风险初见成效。采取降低寿险预定利率、调整和创新保险产品、拓宽保险资金运用渠道等多种方式,减少并逐步化解寿险利差损风险。

全面清理农村合作基金会,彻底消除了一大金融风险隐患。从1998年起,停止新设农村合作基金会,对现有的农村合作基金会进行全面清理整顿，按照“统一部署、分别处理、风险自担、稳步推进”的原则，清理整顿工作逐步展开。到2000年底，清理整顿工作目标已基本实现。一是在全国范围内取消了农村合作基金会这类非法金融机构。截至2001年1月底，全国共清理整顿农村合作基金会2万多个，条件较好的农村合作基金会并入当地农村信用社，其他的农村合作基金会已由地方政府负责清盘关闭。二是比较稳妥地化解了农村合作基金会的挤兑风险。各级政府积极多方筹集资金，基本保证了农户存款的兑付，在清理整顿中保持了农村稳定。三是努力清收农村合作基金会资产，减少了部分损失。在将农村合作基金会并入农村信用社中基本把住了关，从总体上避免了基金会风险向信用社的转移。总之，农村合作基金会的清理整顿，从体制上彻底清除了一大金融隐患，为整顿农村金融秩序和下一步农村金融改革与发展，创造了好的条件。

清理整顿金融“三乱”，严厉打击各种金融犯罪活动。1997年底以来，按照“分类指导、区别对待、先易后难、逐步推进”的原则，各地积极稳妥地对当地的金融“三乱”活动进行了清理整顿，取得了明显成效，金融“三乱”的势头得到了有效遏制，对金融“三乱”活动的防范和治理已纳入日常金融监管范围。1998年~2000年，各地共查处各类乱集资案件4270起，依法查处了一批社会影响很大的案件。在清理整顿金融“三乱”中，既最大限度地保护了人民群众的合法权益，又严厉打击了各种金融犯罪活动，保持了社会稳定。除依法严厉打击社会上金融“三乱”中的违法犯罪行为外，1997年底以来，金融系统深入开展反腐败斗争，加大查处违法违纪案件的力度，有效遏制了金融系统内部的违法违规行为。

（三）正确实施金融宏观调控，促进经济发展和改革

及时改革金融宏观调控方式，取消贷款规模限制。长期以来，中国人民银行对国有商业银行实行贷款规模限额控制。随着社会主义市场经济的发展，贷款规模这种信贷“粮票”的缺陷和问题日益突出。从1998年初，彻底取消了长期以来对国有商业银行的贷款限额控制，货币信贷指令性计划改为指导性计划，由国有商业银行根据国民经济发展需要和自身经营情况，自行决定贷款数量和投向。这项改革增加了国有商业银行经营自主权，促进了全国资金的合理配置和流动，实现了金融宏观调控从直接调控为主向间接调控为主的重大转变。

实行稳健的货币政策，适当增加货币供应量和银行贷款。继成功治理通货膨胀之后，四年来，为全面落实扩大内需的方针，配合积极的财政政策，中央银行实行稳健的货币政策，采取多种手段合理调节货币供应量。一是多次下调利率，逐步推进利率市场化改革。1996年6月以来，连续7次降息，大大减轻了企业负担。同时，根据经济发展需要逐步推进利率市场化改革，提高利率调控水平。主要是扩大人民币贷款利率浮动幅度和范围，增加对中小企业的贷款；放开外币贷款利率；根据国际利率水平适时调节外币存款利率，使之逐步与国际接轨。二是改革银行存款准备金制度。1998年3月，存款准备金率由13%下降到8%，改革了准备金账户管理，恢复了存款准备金的支付清算功能，提高了银行资金运用效益。1999年11月，再次将存款准备金率下调至6%，大大增强了信贷资金总供给能力。三是加大中央银行公开市场操作力度，增加交易品种、频度和数量。公开市场操作逐步成为吞吐基础货币的主渠道，提高了中央银行宏观调控的及时性与灵活性。四是及时制定信贷政策，促进经济结构调整。四年来，配合财政发行特别建设国债，国有商业银行积极发放与国债使用项目配套的贷款。1998年以来，中国人民银行先后发布有关消费信贷、助学贷款、中小企业和高新科技企业贷款、农业贷款以及股票质押贷款等方面的一系列指导意见和管理办法，各商业银行和其他金融机构积极拓展贷款业务，增加有市场、有效益的贷款，优化贷款结构。2000 年底,全部金融机构个人住房和消费贷款余额增加 3100 多亿元,同比多增 1800 多亿元。总的来看,近几年来,适应经济发展形势的变化,及时调整货币政策,平稳地实现了从适度从紧货币政策到稳健的货币政策的过渡,货币信贷总量得到合理控制。2000 年底,广义货币(M2)、狭义货币(M1)和流通中现金(M0)分别为 13.5 亿、5.3 亿和 1.5 亿元,分别比 1997 年底增长 48%、51% 和 44%;全部金融机构人民币存款、贷款分别为 12.4 亿、9.9 亿元,分别比 1997 年底增长 51% 和 34%。

国家外汇储备稳步增加,人民币币值保持稳定。近年来,亚洲金融危机对我国经济金融的不利影响逐步显现出来,特别是外贸出口增长压力增大,外贸出口和直接投资增速明显下降,直接影响到国家国际收支及国家外汇储备状况。由于及时采取提高出口退税率等多方面政策措施,加上继续整顿外汇交易秩序,加强和改进外汇管理,进一步完善银行结售汇制度,国家外汇储备继续增加,人民币汇率稳中略升,中国综合国力和抗风险能力进一步增强。到 2001 年 6 月底,国家外汇储备达到 1808 亿美元,仍比 1997 年底增加 409 亿美元;人民币对美元基准汇率价为 8.2770 人民币/美元,比 1997 年底上升 28 点。

(四)金融业全面发展,金融服务和开放水平不断提高

证券市场快速发展,直接融资比例明显提高。一是市场规模迅速扩大。截至 2000 年底,境内股票市价总值达 4.8 万亿元,其中流通中股票市值 1.6 亿元,分别比 1997 年底增加 3.0 万亿、1.1 万亿元,股票市价总值已相当于当年 GDP 的 57%;境内上市公司 1088 家,境外上市公司 52 家;投资者开户数达 5800 万户,比 1997 年底增加约 2500 万户,增长 74%,其中机构投资者开户数增加较快,已达 28 万户。2000 年全年累计股票成交金额 6.1 万亿元,日均 255 亿元,比 1997 年增加 1 倍左右。二是市场筹资和优化配置资源作用增强。截至2000年底，上市公司在境内外发行股票累计筹资总额约6460亿元（不计入红筹股筹资），比1997年底增加约3900亿元，年均增加1300亿元，其中2000年当年筹资2100多亿元。三是市场体系建设逐步加强。初步建立起证券法律法规体系，1999年初正式实施《证券法》，证券规章制度不断健全。通过清理整顿、分类管理和增资扩股等方式，证券经营机构实力得到增强。截至2000年底，全国有证券公司101家，资产总额达到5800亿元。证券交易品种增加，基金、债券等其他证券业务快速发展。到2000年底，已设立10家基金管理公司，发行证券投资基金34只，总规模达562亿元。2000年基金交易金额2800亿元，比1997年增加2.5倍。2000年沪、深交易所债券交易金额达1.9万亿元。除证券市场外，货币市场、外汇市场等其他金融市场也发展迅速，交易活跃。各类金融市场的快速发展，为经济发展和改革筹集了大量急需资金，促进了社会资源优化配置，提高了资金使用效率，推动了金融创新与发展。

银行业实力稳步增长，保险业持续快速发展，金融服务水平逐步提高。银行业在相当长时间内仍是中国金融业的主体。近几年来，在积极发展资本市场的同时，中国银行业继续保持平稳发展。2000年底，中国银行业存款、贷款余额分别比1997年底约增加3万亿元和2万亿元。2000年全国保费收入1596亿元，比1997年增加516亿元。2000年底，全部保险公司总资产达3300多亿元。在规模增长的同时，金融机构经营业务品种不断增加，服务水平逐步提高，金融电子化、信息化步伐加快，银行电子通兑范围迅速扩大，网上银行、网上证券交易等网上金融新兴业务快速发展，银行业务范围拓宽，金融咨询、代理业务等中间业务规模和效益明显增加。

金融对外开放稳步推进，开放水平逐步提高。中国坚持对外开放的基本国策，1997年亚洲金融危机并没有影响中国金融业对外开放的步伐，而且，随着中国加入世界贸易组织进程的加快，金融对外开放进一步扩大，在华外资金融机构数量继续增加。截至2000年底，境内各类外资金融机构已达206家，比1997年底增加33家。其中，外资银行177家，外资财务公司7家，外资保险公司分公司9家，中外合资保险公司10家，外资保险中介机构2家，中外合资投资银行1家。同时，已有33家外资银行获准开办人民币业务，贷款余额261亿元。在对外开放金融市场的同时，中国金融业也积极走向国际市场。通过积极稳步扩大金融开放，进一步引进了国际先进的金融管理方式、技术、经验和人才，推进了中国金融业的竞争和发展。

（五）健全金融法制，全社会金融法治观念和风险意识增强

1997年底以来，及时出台了一批重要的金融法律法规。例如，颁布实施了《证券法》；修改后的新《刑法》中大大增加了严惩各种金融违法犯罪的内容；国务院颁布了《非法金融机构和金融业务活动取缔办法》等，适应社会主义市场经济和金融发展的要求，使中国的金融法律法规体系进一步完善。几年来，中央十分重视在全社会特别是各级领导干部中普及金融基本知识，开展金融法律法规和政策的宣传教育，江泽民同志亲自为《领导干部金融知识读本》等金融普及读物题写书名并作序，中央举办了省部级领导干部金融研讨班。从全国范围看，与过去相比，对金融的行政干预已大大减少，金融运行的社会环境明显改善。这在中国国情下，是一个伟大的进步。

总的来看，这一轮金融改革、整顿和发展克服了一系列困难。一是面临亚洲金融危机的冲击，保证改革、整顿和化解金融风险各项工作同步协调推进。这次改革本身有一定难度，改革涉及多方面利益，在整顿与改革中也暴露出一些新问题。这次改革、整顿已把损失和不稳定因素减小到最低限度，始终保持了金融和社会的稳定。二是做到金融改革与经济体制其他方面改革的协调配套，主要是国有企业改革、投融资体制改革和财政改革等，如金融系统支持了大中型国有企业三年改革和脱困目标的实现，促进了国有企业深化改革。三是正确处理了防范金融风险和支持经济发展的关系。总的来看,在实现治理通货膨胀目标后,在防范金融风险的同时,金融系统积极支持经济发展和结构调整,促进有效抑制通货紧缩趋势。

在复杂的国内外形势下,中国的金融改革、整顿和发展之所以能够取得成功,主要是三条,一是党中央、国务院及时制定了一系列正确的金融方针政策;二是各地方、各部门特别是金融系统广大干部认真贯彻中央的决策,协调配合,努力工作;三是中国经济保持了持续增长,粮食、外汇等重要战略储备充足,经济体制改革不断深化,为金融改革、整顿和发展提供了重要条件和较大的回旋余地。

二、"十五"时期金融改革发展的对策研究

当前,经济全球化步伐加快,国际金融市场的不确定性增加。中国已加入世界贸易组织,未来五年,中国金融业竞争将更加激烈,发展机遇和挑战并存。实施"十五"计划,推进经济结构战略性调整,对中国金融业提出了更高的要求,也为金融发展提供了更广阔的空间。新世纪初的几年中,中国金融改革和发展将更为重要和迫切,其地位和作用更为重要。从新形势的要求出发,就"十五"时期中国金融改革发展,提出如下基本对策。

(一)加快推进国有商业银行综合改革

国有商业银行是指中国工商银行、中国农业银行、中国银行和中国建设银行。这四家银行是中国银行业的主体,其存款、贷款均占全部金融机构总量的三分之二左右。按照建立现代金融企业制度的要求,加快这四家银行的改革,把它们办成真正的银行,增强在开放条件下的竞争力和抗风险能力,对于中国银行业乃至整个金融业的改革发展,都具有重要意义。

1. 当前国有商业银行存在的主要问题

由于多种历史和现实的原因，尽管近年改革取得了一些成果，但从总体上看，当前，国有商业银行的运行机制尚未根本转变，经营管理水平和竞争力较低。集中表现在以下几方面。一是非企业化经营，银行缺乏严格的经营目标约束。银行的企业属性实际上没有真正明确和落实，企业治理结构不适应市场经济要求。非企业化问题，既反映在银行内部体制和管理上，也反映在国家对银行的管理、监督和控制方式上。二是内部管理薄弱，“大锅饭”机制尚未根本打破。法人统一管理问题突出，银行整体控制力和竞争力不高。在干部管理上，基本上是行政管理方式。与形势发展的要求相比，银行内部管理体制改革自身改革缓慢，内部人事、劳动工资等方面的激励机制不健全。机构庞大，层次繁多，内部垂直监控能力特别是总行的整体控制力比较薄弱。冗员过多，但优秀专业人才严重匮乏，队伍整体素质亟待提高。三是历史遗留问题较多，经营状况亟待改善。集中表现在不良资产比例过高、应收未收利息高和资本金严重不足三方面。四是经营服务方式和管理技术水平不高，竞争力还不强。四家银行组织模式、经营方式、业务范围和市场定位等明显雷同，缺乏经营特色和优势，经营服务水平低，在产品开发、营销方式、信息技术和客户管理等方面不适应现代银行和市场经济发展要求。

国有商业银行存在上述问题的原因是复杂的。其主要是，转轨时期特别是国有企业没有根本转制的情况下，国有银行还承担很大的社会改革责任及其成本；国家信用支持下的高储蓄率掩盖了矛盾与困难；长期的行政管理形成了银行内部惰性和对国家的依赖性；社会信用秩序混乱，特别是一些地方的企业严重逃废银行债务，国有商业银行受到的影响和损失相对更大。

2. 国有商业银行改革发展基本对策

对策一，确立国有商业银行改革的根本方向。当前，要按照建立现代银行制度的要求，贯彻党的十五届四中全会精神，加快国有商业银行的综合改革。把国有银行办成真正的银行,首先是办成真正的企业。要在全社会树立“银行就是企业”的观念,明确银行的企业属性,按照现代银行的企业属性和机制来改革国有商业银行。股份制是现代企业的一种重要形式,对国有商业银行进行股份制改造,是公有制多种实现形式的重要探索,有利于加快健全银行的法人治理结构,有利于从根本上转换经营机制,有利于加强国家、其他投资者和社会公众对银行经营的监督。股份制改造后,符合条件的银行,还可以上市,以广泛吸收社会投资,增强银行资本实力和管理水平。由于金融行业特别是银行业是关系国计民生的重要行业,因此,国有商业银行的股份制改革应当坚持两条基本原则,一是实行国家控股;二是增强银行竞争力。当前,要通过其他多方面的改革,积极为股份制改造创造必要的条件。

对策二,积极推进银行内部机制改革。切实转变经营机制,加强银行内部管理,强化银行经营目标约束。加强一级法人管理,提高总行对整个银行的监测能力和控制能力。整章建制,建立健全银行各项规章制度和业务操作规程,特别是信贷制度、财务制度和稽核制度。取消原有的贷款分类办法,实行符合国际通行做法的贷款质量“五级分类法”,完善信贷授权授信、审贷分离制度,提高新增贷款质量,继续降低不良资产比例。加强内部成本约束机制,实行谨慎会计制度,改进和完善财务管理,继续精简机构的人员,降低经营费用,提高盈利水平。国家有关部门应对银行制定可行的年度经营目标和政策,相应给予银行一定的内部改革自主权限。强化稽核部门的独立性和权威性。运用现代科技手段特别是信息技术,增强银行内部决策和内部控制能力,加强对分支行重大经营行为的监督。加强对各级高级管理人员特别是分支行一把手的监督,普遍实行任期交流制度、强制休假制度和直系亲属回避制度。

对策三,为银行改革提供必要的条件。在大力推进银行自身改革的同时，国家也要根据各方面的能力，采取一些有效措施，如补充资本金，实行国际标准的会计制度，逐步实现自主核销等，减轻银行的历史包袱，为改革创造必要的外部条件。

进一步深化国有商业银行改革，必然涉及到以下一些比较重要的政策性问题。

（1）由银行自主核销呆坏账。呆账核销是指商业银行在认定一笔贷款肯定难以收回时，用其先前按贷款额一定比例提取所积累的准备金来冲减这部分贷款损失。自主呆账核销制度是商业银行自身防范风险的稳健经营行为，也是国际通行做法。在中国目前情况下，逐步实行这一制度，也是十分必要的。但同时涉及到呆账的认定标准及其提取比例由谁来确定、如何确定，以及呆账准备金的提取比例需要逐步调整。从长远看，实现银行自主核呆是改革的根本方向。但目前有几个主要问题需要通过逐步过渡来解决好。一是支持国有企业改革与深化国有银行改革的矛盾。二是足额提呆核呆与银行承受能力的矛盾。三是核销呆账后银行依法保留对债务人的追索权问题。

（2）由银行自主酌情减免企业积欠的表外应收利息。鉴于表外应收利息绝大部分难以收回，是否可以允许银行以减免部分或全部表外应收利息为条件，催促企业归还部分或全部贷款本金，以实现清收和盘活银行部分不良资产、扶持企业走出困境的“双赢”目的。如果不赋予银行一定的自主权，使银行从盘活债务的目标出发，在严格防范道德风险的前提下，酌情减免原有贷款人部分表外应收未收利息，以加快清收不良贷款，则银行难以利用市场经济原则来盘活债务，同时也难以帮助一些暂时有困难的企业渡过难关，降低银行不良资产会变得更为困难。

（3）多渠道补充银行资本金。目前，国有商业银行资本充足率普遍不足。银行主要通过财政注资、投资者增资扩股、银行发行债券、自我盈利积累等多种方式补充资本金,但目前可采用的方式还十分有限,直接采用前两种方式的可能性还不大。由银行发行一定数量的长期债券筹集资金补充附属资本金,是国际通行做法。中国的国有银行也应当逐步引入这一机制。目前国内资金比较宽裕,利率水平较低,发债成本也比较小,发债时机和条件比较适宜。在通过改革具备了基本条件后,应尽早允许国有商业银行发行债券补充附属资本金,并加强必要的监督。同时,银行还应努力提高经营效益和盈利水平,增加自我补充资本金的能力。

(4)适当改革和调整银行的税收政策。与国外一般情况相比,中国银行业的税赋比较重,而且税收政策待遇也有所不同。目前财税部门已决定逐年降低银行营业税税率,这是一个进步。统筹考虑,还应尽快对境内所有银行实行统一的所得税税率。

(二)进一步加强和改进金融监管

当前,金融监管仍然比较薄弱,很不适应金融改革、发展和开放的需要。要加强和改进金融监管,必须依靠多方面的综合治理。

1. 健全金融监管的法律法规和规章制度

应当根据现实中反映出的突出问题和中国加入世贸组织后的新特点,对现有的金融法律法规进行修改和补充,主要包括《公司法》、《破产法》、《证券法》、《中国人民银行法》和《商业银行法》等。同时,针对一些集中性的问题,如有关投资基金、外汇管理、中小金融机构特别是农村信用社、金融市场秩序等方面,急需制定专门系统的法律法规。特别是要注重增强法律法规的可操作性,使加强和改进金融监管在现实中有法可依、有章可循。同时,要参照国际通行做法,按照法律法规的要求和规定,进一步完善有关监管的各项制度,特别是金融企业会计制度、金融业信息披露制度、金融企业高级管理人员资格认定制度和金融企业信用评级制度等。

2. 转变监管理念,加大监管力度,提高监管水平明确监管目标和责任，确定银行、证券、保险监管部门的职责、权利和义务，加强国家对监管部门监管业绩的考核。转变监管重点和监管理念。监管部门要将监管工作重心，从对机构与业务的审批转到制定和实施规则上来，从层层分散监管转到对法人的集中统一监管上来。同时，适应金融的发展，转变监管理念。在加强合规监管的同时，强化对法人的风险监管；在加强对传统业务监管的同时，强化对创新业务的监管；在加强对风险监管的同时，强化对内部控制制度和风险管理制度的监管；在加强现场监管的同时，强化非现场监管。运用现代科技更新监管方式。根据现代金融业务运作的特点，充分运用现代科技手段特别是网络信息技术，规范监管信息的采集、处理和应用，提高监管的灵敏度、预测性。建立健全被监管金融企业的监管信息档案，增强监管的连续性。建立金融企业高级管理人员资料信息库，对不良经营行为进行记录。健全监管责任制度和回避制度，对各级监管人员实行严格的监管责任制度，如实考核监管实绩，奖勤罚懒。实行严格的金融市场准入和退出机制。建立健全金融企业市场退出预警指标和机制。对长期违法违规经营、严重资不抵债和可能引发系统性风险的金融企业，必须及时、规范、稳妥地实施市场退出。加强对金融企业的综合监督。注重加强和完善金融行业自律组织在规范行业行为、维护金融市场公平竞争等方面约束作用。探索完善国有重点金融企业外部监管的有效形式，从审计、财政和银行监事会等方面加强外部监管。加强公众和社会舆论的监督。

3. 进一步完善金融监管体制

中国正处在经济转轨时期，相对于经济金融发展变化的要求，从总体上看，金融监管还比较薄弱。这一问题一直没有得到很好地解决，固然有许多原因，但其中也与金融监管体制特别是银行监管体制有关。在以下两点上，多数观点是一致的，即应当根据形势发展的需要，不断完善金融监管体制；目前阶段中国仍宜实行分业监管体制。

但对是否应当改革现行银行监管体制，即将银行监管职能从人民银行分离出来、设立专门的银行监管机构，则有不同看法，基本上是主张分离和不主张分离的两种不同意见。两种不同意见主要涉及到对以下问题的看法有所不同。一是对前几年撤销人民银行省分行、建立跨省监管体制这一改革的看法，是否应当继续完善这一体制。二是监管薄弱的根本原因是监管体制方面问题，还是被监管对象，主要是国有商业银行自身机制和监管部门工作方面的问题。三是目前我国货币政策与银行监管相分离的条件是否成熟。成熟的话，则可以马上分离，否则应当待时机和条件成熟后再分离。四是对中央银行再贷款道德风险的看法。中央银行负有防范系统性金融风险的责任，但是中央银行最后贷款人的职能是否应当与银行监管职能分开。五是对国外银行监管模式的看法。国外银行监管体制有多种模式，是否存在适合中国的基本模式和发展趋势可供借鉴。六是对银行、证券和保险不同行业监管模式的看法。目前对证券业、保险业已成立专门的监管机构，对银行业是否也应成立相应的专门监管机构。对这些问题，还需要根据中国实际情况进一步地探索和研究。

4. 注重防范涉外金融风险

中国已经加入世贸组织，经济金融进一步对外开放，加上近年来国际经济比较低迷，国际金融市场动荡不稳，在这种情况下，有效防范涉外金融风险，尤其重要。应提高新形势下的金融对外开放水平，进一步完善外汇管理制度，改进外汇管理办法，加强外汇管理。进一步完善以市场供求为基础、有管理的浮动汇率制度，改进人民币汇率形成机制，保持人民币汇率的基本稳定，促进国际收支平衡。继续依法打击逃汇、套汇和骗汇的各种非法行为。加强和完善外债管理，提高外债资金使用效益。加大对非法外汇交易、金融机构外汇违规行为的打击和查处力度。密切关注国际金融市场变化，提高世界经济和国际金融的分析和预测能力，制定有关预案和措施，有效防范国际短期资本无序流动对国内金融市场的冲击,保证金融体系的安全运行。

(三)促进和规范中小金融机构健康发展

目前,一些中小金融机构经营不善,亏损严重,风险隐患仍然很大。这些中小金融机构主要是信托投资公司、企业财务公司、城市商业银行、城市和农村信用社。总体上看,这些金融机构问题有以下共同特点。一是规模小,数量多,实力弱,分布分散;二是从业人员素质、经营水平和社会信誉较低,历史遗留问题多,潜在的风险隐患尚未根本化解,一些机构的支付困难和挤兑风波随时可能发生;三是各种机构与地方各方面有着千丝万缕的紧密联系,利益格局更为复杂,行政干预更为严重;四是各地发展很不平衡,情况千差万别,难以套用一种解决办法或一套改革模式;五是监管部门基层监管力量严重不足,监管"鞭长莫及"。以上问题再加上中国还未实行存款保险制度等因素,使得中小金融机构的问题更为突出,解决起来难度更大。必须针对不同类别中小金融机构的具体情况,区别对待,分类处置,采取多方面措施,才能从根本上办好中小金融机构,促进其稳步改革和健康发展。

1. 关于信托投资公司

经过前几年的清理整顿和研究探索,目前,对信托投资公司问题基本明了,其改革方向也已确定。下一阶段信托投资公司整顿、改革和发展还将面临三个主要问题。一是继续撤销部分信托投资公司的过程中,还会暴露出风险隐患,妥善解决其历史遗留问题,还需要付出成本,化解风险问题和保持稳定的任务还比较艰巨。二是信托投资公司的分业经营问题。原来许多信托投资公司都开办了证券业务,经过整顿后,面临如何真正落实分业经营原则。是将证券部门完全从信托公司分离出来,作为法人独立经营,还是继续含在信托投资内,但调整和规范相关证券业务,即给予多宽的投资银行业务范围,目前还没有十分明确的规定。三是信托投资公司的市场定位和发展方向问题。已颁布的《中华人民共和国信托法》对信托关系做出了全面规定,但没有专门涉及信托投资公司及其性质、市场定位和业务范围等。目前已有一些信托投资公司获准重新登记,但由于《信托法》和《信托投资公司管理办法》的操作性还不够,有关资金信托管理的具体办法又还未出台,使这些公司在经营方向定位上仍不明确,需要继续探索。

2. 关于农村信用合作社

截至2000年底,全国农村信用社法人机构约4万个,从业人员约47万人;各项存款余额15100亿元,贷款余额10500亿元。农村信用社的改革发展是农村金融体系建设的重要组成部分,也是现阶段整个金融改革的一个重点。1997年以来对农村信用社发展,进行了多方面的改革探索。经国务院批准,中国人民银行和江苏省人民政府于2000年8月在江苏省首先开展农村信用社改革的试点工作,主要内容是将目前的乡镇信用社、县联社各为法人合并为一个法人,并组建了省联社。农村信用社下一步改革和发展中,首先应明确几条重要原则。一是信用社不能脱离"三农",必须坚持为农民、农业和农村经济发展服务的根本方向。二是信用社改革不宜采取一种模式,不能搞"一刀切"。三是信用社改革只能循序渐进。必须根据各方面的条件,分步推进改革。当前,农村信用社改革发展中需要解决以下三个重点问题。

第一,信用社性质、产权关系和组织形式。现在看来,把农村信用社办成互助合作制、股份制或股份合作制等多种形式的农村金融机构,在中国都有经济社会需求和生存发展的土壤,各地情况不同,不能是一种模式。从目前中国农村情况看,除沿海发达地区外,大部分农村地区还是需要合作制或股份合作制形式的信用社。问题是不论向哪一种形式改革和规范,都要明确产权关系,建立健全法人治理结构。

第二，解决信用社的历史包袱问题。信用社的历史包袱是长期以来多种因素形成的，除信用社自身经营不善和管理混乱外，也还包括其他客观原因。为促进这个问题的逐步解决，应抓紧研究一些政策措施，包括保值利息的贴补问题，对信用社实行更为灵活的税收政策和利率政策，对信用社给予阶段性的再贷款支持，加快建立金融机构特别是中小金融机构存款保险制度。

第三，信用社的行业管理问题。如果建立市、省及全国性行业管理组织，只能造成新的机构膨胀，增加信用社的负担。那么，不能也没有必要往上拉长行业管理职能，不应新设省级或全国性的行业管理机构。人民银行实施对信用社的金融监管，不再承担的行业管理职能。有必要探索逐步将信用社管理移交给地方政府的路子。

在推进农村信用社改革发展的同时，还应考虑改革现行邮政储蓄体制。（由于邮政储蓄在农村发展很快，直接涉及到农村信用社的改革发展，因此，在此一并涉及。）近几年邮政储蓄发展很快，在筹集资金、支持邮政方面发挥了较大作用，但目前存在一些亟待解决的问题。一是农村地区的资金被大量抽走。邮政储蓄机构网点在农村基层吸收大量居民储蓄，又将邮储资金全部转存人民银行，农村资金被大量抽走，严重影响农业和农村经济发展。二是有些邮储机构盲目扩张存款规模，大搞高息揽储等违规经营活动，甚至将汇兑资金、公款私存资金和自有资金，混同邮储资金转存人民银行套利，严重搞乱了金融秩序。三是邮储资金转存人民银行的利息太高，使利率体系结构不合理，也加大了央行投放基础货币的难度和成本。四是对邮政储蓄采取中央银行给利息这种暗补方式，其弊端很多，容易分散办好邮政主业的精力，削弱自我发展动力。

产生上述问题的主要原因是，邮政储蓄体制不顺，究竟是为补贴邮政、筹集资金，还是为发展邮政金融业务，长期不明确。只有尽快改革现行体制,才能根本解决问题。借鉴国外做法,原来曾提出过邮政、邮储分家,成立邮政储蓄银行的办法,但一直没有实行。总的来看,尽管国外有成功经验,但我国目前还不具备设立邮政储蓄银行的条件。邮政储蓄管理体制应当改革,但从我国现实出发,邮储体制改革应达到三个目的,即基本解决农村资金被邮储抽走的问题;利用邮政网点规范发展邮政金融;继续支持邮政事业发展。因此,可以考虑两种改革思路。一是将邮政部门直接办理储蓄业务,改为由基层邮政部门为金融机构有偿代办储蓄存款。二是仍由邮政部门继续办理邮政储蓄业务,但改革邮储资金转存中央银行的一些具体做法。不论采取什么样的改革方式,都应当达到上述的三个改革目的,并将国家对邮政事业的暗补改为明补,进一步理顺邮政、央行和财政的关系。

3. 关于城市商业银行及城市信用社

城市信用社的清理整顿工作还在继续。从中国目前情况看,在城区内还不具备办合作金融组织的条件,因此,下一步城市信用社清理整顿的基本方向应当是逐步撤销或兼并,在清理整顿中应注重以下几点。一是根据不同地区不同信用社的情况,区别对待,制定具体清理整顿方案;二是在明确清理整顿方案后,采取停止营业、保全资产等措施,尽可能减少撤销关闭中间不应有损失;三是尽快制定有关法规规章,使中小金融机构的退出法制化、程序化;四是信用社出资人、经营管理者、债权人和地方政府等多方面相互协商,共同努力,提供必要的条件,加清理整顿进程;五是采取一些必要的措施和政策,鼓励其他金融企业和社会资金参与城市信用社的兼并重组,尽量减少因撤销关闭金融企业所带来的社会震动和直接损失,平稳化解风险。

4. 关于企业财务公司

目前企业财务公司的问题主要是两大类。一类是短期性的问题。即在现行体制和市场定位下的问题，主要是财务公司违规经营、企业集团对财务公司行政干预和集团经营风险向财务公司转移两个方面的问题。对这类问题，可以通过健全制度规定、加强金融监管和完善现行体制等办法来解决。另一类是长期性的问题。即企业财务公司的体制和市场定位问题。这集中体现在企业财务公司资产负债缺乏平衡机制、中长期资产比例过低的问题一直得不到有效解决。在目前体制下，只能设想一些补救性的措施。一是允许财务公司向银行批发性贷款，或由财务公司代企业集团向银行统借统还。二是批准财务公司发行债券。根本解决办法是重新审视财务公司的市场定位和体制。对我国企业财务公司是否有必要作为一类金融机构长期存在和发展，就需要进一步探讨。

（四）促进证券业、保险业规范健康发展

1. 进一步规范和发展证券市场

证券市场在中国经济发展中的地位日益重要，规范和发展证券市场的基本方针政策不会改变。由于多种原因，加上证券市场建立的时间不长，市场发展还不成熟，因此，目前证券市场还存在一些问题，主要是，上市公司法人治理结构不完善，自我约束和发展机制不足；一些公司质量不高，上市行为不规范，股市基础不实；证券公司、基金管理公司经营机制和内控制度不健全，少数机构严重违法违规经营，搞违规融资、挪用客户保证金等；证券市场秩序混乱的现象仍然存在，蓄意作假、内幕交易和操纵市场等问题突出，信息不披露或不透明，严重损害中小投资者利益；市场主体结构不合理，机构投资者少，市场理性较低，炒作风气较浓，市场动荡频繁；证券法制不健全，证券监管还比较薄弱，对市场违规行为查处不严。规范发展证券市场必须继续贯彻“法治、监管、自律、规范”的方针，通过强化证券监管、正确引导和给予必要的扶持等方式，在加快市场规范化的基础上，促进证券市场循序渐进地稳步健康发展。当前，应当着力在以下方面有所推进和突破。

第一,以规范秩序、健全机制和强化信息披露为重点,加强和改进证券监管。改进证券发行制度,进一步完善核准制,健全上市公司市场退出机制,实现市场的优胜劣汰。健全各项交易制度和规程,推行国际通行的会计标准和强制性信息披露准则,提高市场信息的真实性和透明度,依法严厉打击造假账、发布虚假信息、操纵市场和内幕交易等违法违规行为。强化证券交易所、期货交易所的一线监管责任,建立健全实时的市场动态监管测与反应系统。配合司法部门,通过建立必要的机构、规范执法程序和运用现代科技手段等方式,提高证券执法的权威性、公正性和有效性。提高证券法规政策的科学性和可操作性,把握好出台的时机,尽可能减小因突发因素引发的系统性风险。建立和健全中小投资者诉讼机制,有效保护投资者特别是中小投资者合法权益。充分发挥证券、期货业协会等组织的作用,加强证券业职业道德教育和行业自律约束,进一步普及证券法律法规和风险意识教育,加强社会公众和新闻机构的舆论监督作用,建立良好的市场氛围。

第二,加快培育合格的各类市场主体,为市场发展奠定良好基础。首先是要切实提高上市公司质量。要继续深化改革,在上市公司真正建立现代企业制度,完善公司法人治理结构,平稳解决"一股独大"的问题,逐步实现股权结构多元化和合理化,建立健全独立董事制度、监事会制度,增强上市公司内部自我约束和发展能力。制定上市公司管理办法,强化对上市公司的监督制约机制,规范上市公司行为特别是筹资使用、利润分配和资产重组等行为。其次要按照建立现代金融企业的要求,完善证券公司、基金管理公司法人治理结构,建立健全内控制度,严格依法经营,规范融资、代客理财和收购兼并等业务,经营状况好的机构可增资扩股,引进外资和社会资金参股,建立中方控股的中外合资证券公司和基金管理公司,优化股权结构,增强竞争实力和经营水平。同时,引进国外信誉好、质量高的评级机构,带动和培育国内会计服务机构,强化诚信责任,提高服务水平,增强中介机构的约束和监督作用。按照市场需求,在坚持标准和控制风险的前提下,继续大力发展以证券投资基金为主体的合格机构投资者,扩大开放式基金和封闭式基金的规模,优化投资者队伍结构。

第三,进一步拓展融资渠道,稳步推进市场体系建设,增强市场功能。适应国民经济和证券市场发展的要求,在完善管理办法、加强规范和监督的前提下,积极推动证券市场制度创新和金融产品创新,创造条件开发新的证券投资品种,开发金融衍生产品市场,努力推出新的证券交易业务,增加市场避险工具,提高证券业技术手段和服务水平,进一步满足不同投资者的需求。在实现主板规范发展和其他条件成熟的时候,可根据实际需要,探索建立多元化的市场体系,包括规范化的创业板市场,以满足不同融资者的市场需要。稳步发展企业债券市场,促进全国统一债券市场的形成。规范发展期货市场,在有效防范期货市场交易风险特别是系统性风险的前提下,逐步增加期货交易品种。健全集中统一的证券登记托管系统,为证券市场发展提供有力的技术保障。

2. 推进保险业加快改革和发展

近年来,中国保险业一直保持快速发展势头,保险业发展潜力巨大,加入世贸组织后,保险业受到较大冲击,面临严峻挑战。当前,保险业还存在不少亟待解决的问题。主要是,国有保险公司法人治理结构不完善,经营机制和内控制度不健全,寿险利差损风险未有效化解,经营效益和竞争力不强,保险中介机构及其行为急需继续规范;保险资产有效运用的体制和机制尚未建立,运用渠道比较单一,运用效益不高,保险品种和运作方式还不适应市场发展要求;保险市场秩序在一些方面仍比较混乱,一些保险机构严惩违法违规经营,不计成本和风险,搞恶性竞争;保险监管还比较薄弱,监管力量不足,监管水平不高。应对保险业对外更加开放的形势,必须抓紧时间推进保险业改革和发展。

一是深化保险企业改革,在保险企业特别是国有独资保险公司,加快建立现代金融企业制度,在坚持国家控股的原则下,加快股份制改造步伐。国有独资保险公司的股份制改革,可以也应当吸收外资和社会资金参股,以引进国外先进技术和管理经验,实现股权结构多元化,完善法人治理结构,切实转换经营机制,增强经营活力和竞争能力。其他中资股份制保险公司要通过多种方式优化股权结构,进一步转换经营机制和强化内部控制。要让符合条件的保险公司规范上市,以筹资和扩大资本,增强实力和竞争力。

二是培育和增加保险市场主体,优化结构,实现市场主体多元化。在坚持市场效益和适度竞争的原则下,适当增设中资保险公司及其分支机构。积极培育再保险市场,增强保险业整体赔付能力和抗风险实力。规范发展保险中介市场,通过公平竞争机制促进中介机构健康发展,引进外资保险经纪公司和精算师事务所,提高中资保险中介机构的技术水平和服务质量。借鉴国际通行做法,结合中国实际,探索不同的有效方式,将保险业务和资金运用严格分开,强化保险资金的集中统一管理,进一步拓宽资金运用渠道,研究制定更有利于保险业发展的税收政策。

三是以规范秩序、防范风险为重点,加强和改善保险监管。适当增加保险监管力量,提高监管的专业化素质和水平,改进监管手段,转变监管方式,逐步向以偿付能力为核心的监管过渡。通过提高经营效益并采取必要政策措施,抓紧化解寿险利差损,同时针对新的保险业务和品种,制定措施防范新的经营风险。继续整顿和规范保险市场秩序,加大对欺诈误导、恶意竞争等违法违规行为的查处力度。针对不同规模和类型保险企业的特点,制定不同的风险防范和处置办法。探索建立规范化的保险市场退出机制。

(五)整顿金融秩序,加快社会信用制度建设,改进金融服务

1. 继续整顿和规范金融秩序

目前,金融秩序在一些方面仍然比较混乱,如非法设立金融机构、非法或变相从事金融业务的现象仍时有发生,一些地方非法集资活动死灰复燃,其手段不断翻新,形式更加隐蔽(主要有七种形式,包括违法违规通过发行有价证券、会员卡或债务凭证等形式非法吸收资金;对物业、地产等资产进行股份化,通过出售其份额的处置权进行高息集资;利用民间"会"、"社"进行非法集资;以签订商业经销等经济合同的形式进行非法集资;以发行或变相发行彩票的形式集资;利用传销或秘密串联的形式非法集资;利用果园或庄园开发的形式进行非法集资等)。金融机构违法违规经营的现象仍然存在,账外经营,高息揽储,利用"三票二收一卡一证"(银行支票、汇票和本票;委托收款和汇兑收款;信用卡;信用证)的犯罪活动增多。各类金融违法犯罪活动猖獗,大案要案时有发生。金融市场秩序是整个社会信用秩序的综合反映,继续整顿金融市场秩序是规范社会主义市场经济秩序的重要内容。根本的是要依法整治社会乱办金融,强化金融法治。目前,有关打击非法金融的法律法规更加完善,应根据新《刑法》和国务院发布的《非法金融机构和非法金融业务活动取缔办法》,进一步加大执法力度,综合治理。人民银行应做好认定和取缔各类非法金融业务活动的工作,各金融机构一律不得对非法金融业务活动和非法金融机构提供开户、办理结算和提供贷款等服务,各级工商行政管理机关不得为非法金融机构办理登记注册。同时,加强金融风险和金融法治教育,增强人们的金融法治观念和分辨能力,自觉抵制和揭露非法集资等破坏金融秩序的行为。

2. 大力加强社会信用制度建设

当前,一些地方社会信用观念淡薄,信用秩序混乱,这个问题也在金融领域集中地反映出来,如一些地方行政干预金融企业经营活动,企业逃废银行债务愈演愈烈,上市公司蓄意披露虚假信息,骗取保险公司保险金的现象也屡屡发生。这个问题已影响和阻碍金融正常运行和发展。强化社会信用观念,建立良好的社会信用,特别是规范银行与企业的关系,才能有效防范金融风险,保证金融改革和发展的顺利进行。影响社会信用的因素是多方面的,因此,建立和维护良好的社会信用必从多方面入手。第一,加强法治,规范各类经济与金融行为。健全有关信用的法律法规和规章制度。依法加大对不讲信用、破坏信用行为的惩治力度,特别是对逃废金融企业债务的企业、单位和个人,要依法追究其刑事责任。明确银行、企业双方的权利和义务,增强金融诉讼案件审判的公正性,依法维护银行债权人的合法权益。规范有关财产抵押登记和社会中介机构的职责和行为。第二,借鉴国外先进经验和技术,加快社会信用制度建设。在现有的试点基础上,进一步扩大和完善企业贷款登记系统,并加快建立全国统一的企业和个人征信系统。第三,加强社会监督。充分发挥新闻媒体和社会公众对信用行为的监督作用,定期向社会公布逃废金融企业债务的企业和重点地区。加强社会主义市场经济的信用观念和意识的宣传教育,在全社会树立诚信守约的道德规范和良好风气。

3. 改进金融宏观调控,增强金融服务意识,提高服务水平

一是根据经济社会发展的要求,制定和实行正确的货币政策,进一步加大金融对经济结构调整和经济发展的支持力度。近期要继续实行稳健的货币政策,运用多种货币政策工具,适当增加货币供应量,保持人民币币值稳定,积极促进投资和消费增长。稳步推进利率市场化的改革进程,逐步建立以中央银行利率为基础、由市场供求决定利率水平的利率体系。

二是加强和改进银行信贷管理和信贷服务,继续加大对国债项目配套贷款和重点行业、骨干企业技术改造的信贷投入,促进产业结

构优化升级，改进农村金融服务，调整和优化信贷结构，增加农业信贷投入。积极支持中小企业特别是科技型中小企业发展，推进中小企业信用担保体系建设。积极发展个人消费信贷，在继续扩大个人住房抵押贷款的同时，大力发展助学贷款业务，稳步开发新的消费信贷品种。

三是鼓励金融产品和服务方式创新。实行有利于金融创新的市场准入制度。转变金融企业经营作风，增强服务意识，增加业务品种，改进对企业和居民的综合配套金融服务，不断完善服务方式。发展网上金融业务，全面提高金融业信息化服务水平。在防范金融风险的前提下，推进金融产品创新，积极发展各种中间业务和相互代理业务，充分利用银行、证券公司等机构的网点优势，为社会提供全方位、多层次的金融服务。继续培育和发展各类金融市场，为金融资源合理流动和有效配置提供良好的基础条件。

（研究报告，与胡哲一同志合作，2002 年 1 月）

建立社会主义市场经济新秩序

整顿和规范市场经济秩序，是建立和完善社会主义市场经济体制的一项重要任务，是实现国民经济持续快速健康发展的重要条件，也是国家进行社会经济管理的重要职责。

党中央、国务院在不断推进经济体制改革、扩大对外开放的同时，高度重视建立社会主义市场经济新秩序，做了大量富有成效的工作。2000年底，党中央、国务院审时度势，果断做出全面整顿和规范市场经济秩序的重大决策，并于2001年4月召开了全国整顿和规范市场经济秩序工作会议。两年多来，在党中央、国务院的统一部署下，各地方、各部门齐心协力，密切配合，在全国范围连续开展了一系列专项斗争，整顿和规范市场经济秩序工作取得了重大成果。严重破坏市场经济秩序违法犯罪活动蔓延的势头得到明显遏制；彻底捣毁了一批违法犯罪的黑窝点，坚决查处了一批大案要案，依法严惩了一批违法犯罪分子；出台和修订了一批法律法规、行政规章和政策文件；初步建立起权责统一的市场监管体系和执法体系，形成各部门密切配合的工作机制；执法队伍得到加强，执法水平有所提高。但是，必须清醒地看到，我们目前取得的成绩还只是初步的、阶段性的，必须毫不动摇地、坚持不懈地进行下去。

为了把整顿和规范市场经济秩序工作引向深入，应当认真总结国内实践经验，深刻分析影响市场经济秩序的各种深层次因素，学习和借鉴国外的成功做法，坚持标本兼治，重在治本，一方面继续搞好专项整治，一方面强化制度建设，特别要在加强法制建设、诚信建设和转变政府职能上下大工夫，加快建立社会主义市场经济的新秩序。

一、切实加强法制建设

市场经济是一种法制经济，国家法律法规是行政执法的依据，也是整顿和规范市场经济秩序的基础。经过多年建设，我国社会主义市场经济的法律法规体系基本形成，但在整顿和规范市场经济秩序的过程中也暴露出仍不完备，特别是有些法律法规适用性和可操作性不强，有些不同法律法规对同一类问题的具体规定不一致，甚至相互矛盾。针对这些问题，要进一步完善法律法规体系，以切实做到有法可依。对《反垄断法》、《行政许可法》等与市场经济秩序关系密切的重要法律，要加快立法进程，尽早出台；对已经实施的有关法律法规，要根据实际情况的变化，适时修订，主要是增强适用性和可操作性。针对当前市场经济秩序混乱的状况，要做好行政法律法规与刑法、民法的衔接，以加大对违法犯罪分子的处罚力度，坚决不让犯罪分子在经济上得好处。要提高法律法规的权威性，对拒不执行法院判决和行政执法部门执法决定的，要坚决采取强制性措施。要研究建立责任追究制度，除依法严惩破坏市场经济秩序的违法犯罪分子外，对其他相关人员也要追究责任，对实行地方保护、充当违法犯罪分子“保护伞”的政府官员，更要从严查处。

行政执法部门是市场经济秩序的直接监管者，在这些部门形成职责分明、协调配合、高效运转的执法机制，建立分工明确、各负其责的行政执法体系，可以直接提高整顿和规范市场经济秩序的效率，加大执法力度。要协调各行政执法部门职能，避免出现各部门之间“越位”、“错位”和“不到位”的现象。要改变目前各行政执法部门集立法、执法和执法监督于一身的状况,逐步把立法、执法和执法监督职能分开,形成相互制衡的机制。要总结推广一些地方综合执法的成功经验,切实解决目前存在的多头执法、多层执法问题,降低执法成本,提高执法效率。所有执法部门要认真执行行政性收费和罚没收入"收支两条线"的制度,坚决纠正各种形式的收支挂钩和坐收坐支行为,财政部门要保证执法部门履行其职责所必需的经费,从源头和制度上确保公正执法和严肃执法。行政执法部门要大力推进信息化建设,提高交通、通信、检测等方面的装备水平,完善执法技术手段,增强市场监管的有效性。要把整顿和规范市场经济秩序工作与加强社会治安统筹考虑,严厉打击团伙作案、与黑社会相互勾结的经济犯罪活动。所有行政执法部门,都要忠于职守,勇于负责,严格把关,造福人民。

二、加快建立社会信用体系

市场经济既是法制经济,也是一种信用经济。市场主体的信用关系紊乱,失信行为泛滥,必然造成市场经济秩序混乱,严重影响经济发展和社会稳定。因此,社会信用体系是现代市场经济的基石。建立以法律和道德为基础的、完善有效的社会信用体系,是形成和维护规范的市场经济秩序的根本之举,必须积极推进。当然,各类市场主体,包括政府、企业和个人信用信息的公开、收集、使用和传播,可能涉及国家机密、商业秘密和个人隐私,需要加以区别,有序进行。要使信用资料的披露和使用,做到有法可依、有章可循。各有关部门在整顿和规范市场经济秩序的过程中,要加快建立覆盖全国各类市场主体的征信体系,广泛收集和加工处理有关企业和个人信用的信息。各级政府是我国信息的主要拥有者,要按照政务信息公开和保守国家秘密的要求,研究各类政务公开的内容、范围、方式和途径,向社会有关信用机构开放必要的信息。积极支持各种信用中介机构，包括信用评级机构、企业征信机构和个人征信机构发展，鼓励他们以市场化、商业化的方式参与信用体系建设。在社会信用体系建设过程中，各有关部门和征信机构要加强沟通和协调，充分利用现代化的信息技术和传输系统，实现网络互联、信息共享，提高信息的利用率，减少重复建设，降低成本。要加强信用文化建设，增强市场经济活动参与者的现代商业道德意识和法制观念，努力形成诚实守信、公平竞争的社会氛围与环境。

三、进一步转变政府职能

在社会主义市场经济条件下，政府是市场经济规则的主要制定者和市场经济秩序的主要维护者。各级政府必须按照发展社会主义市场经济的要求，切实转变职能，依法充分履行职责，这是经济良性运行的关键。彻底实行政企职责分开，政府该管的事一定要管好，不该管的事坚决不管，也不能既当“裁判员”，又当“运动员”，真正把政府职能转到经济调节、市场监管、社会管理和公共服务上来。要深化行政审批制度改革，减少审批事项，纠正重审批、轻管理，甚至以审批代管理的倾向，将必要的前置审批同经济运行过程中的严密监管结合起来。需要保留的行政审批事项，也要规范操作，增强透明度，以利于社会监督。严把市场准入关，对各类经济主体的资格要进行认真审查，健全严格的市场准入和退出机制。充分发挥商会、行业协会和其他中介组织的作用，同时要完善中介组织的自律机制。各级地方政府也要深化改革，转变职能，不介入企业具体的经营活动，把主要精力放在为企业创造良好的环境上，而不能实行各种形式的地方保护。搞地方保护，是保护落后，不利于自己的发展，更不利于建立全国统一、公平竞争、规范有序的市场体系。

建立规范的现代企业制度，是建立社会主义市场经济新秩序的重要方面。国有企业要坚持深化改革，按照"产权清晰、权责明确、政企分开、管理科学"的要求，完善法人治理结构，转换经营机制，健全信用管理体系，自觉遵守市场经济秩序的规范。各种所有制企业，都必须执行国家市场经济秩序的法律法规，加强诚信、自律建设。

整顿和规范市场经济秩序，关系我国改革、发展、稳定的大局，关系现代化事业成败、民族兴衰、国家安全。做好这项工作，是全面实践"三个代表"重要思想的具体体现，不仅有着重要的经济意义，而且有着重大的政治意义。这既是当前的一项十分重要的任务，也是一项长期艰巨的任务。我们必须用更大的决心，更大的气力，持之以恒和扎扎实实地深入开展下去，逐步从根本上把市场经济秩序纳入规范化、法治化的轨道，建立和完善社会主义市场经济体制，开创中国特色社会主义事业的新局面。

（原载《整顿和规范市场经济秩序研究》一书，中国言实出版社 2003 年 2 月版）

中国加入 WTO：对外开放进入新阶段

伴随新世纪帷幕的拉开，我国社会主义现代化建设进入了新的发展阶段，振兴中华的伟业掀开新的壮丽画卷。在全国人民高举邓小平理论伟大旗帜，按照“三个代表”要求昂首阔步的胜利进军中，新世纪开端之年，我国正式加入了 WTO。这是我国现代化进程中具有历史意义的一件大事，标志着我国对外开放进入新的阶段。加入 WTO 后，既有机遇，也有挑战。正确认识加入 WTO 问题，切实抓住和用好新机遇，积极迎接和应对新挑战，对于在新世纪里顺利实现国家现代化和民族振兴的宏伟目标，有着极为重要的意义。

一、全面认识和因应加入 WTO

中国加入 WTO，是适应当今世界经济发展潮流的必然选择，也是加快改革开放和现代化建设的重大战略决策，完全符合实践“三个代表”的要求和我国人民的根本利益。我们始终认为，加入 WTO 有利有弊，总起来看利大于弊，同时只有做好工作，才能真正实现利大于弊。面对加入 WTO 的新形势，我们的基本方略应当是：既要紧紧抓住新机遇，又要积极迎接新挑战；既要充分享受入世的权利，又要认真履行入世的义务；既要敢于开放国内市场，又要善于保护自己;既要更加向世界开放,又要更加向世界走去。

适应加入 WTO 以后的新形势、新任务,最为重要的是,必须提高认识,统一思想,正确因应。从当前一些人们的精神状态看,迫切需要端正以下几种思想认识。

一种是,只看到加入 WTO 是大好事,盲目乐观。确实,加入 WTO,有利于我们按照国际通行规则办事,改善我国经济发展的外部环境。我们可以和 WTO 成员平起平坐,按照 WTO"游戏规则"和成员做出的承诺,给予我国永久性最惠国待遇等。这有利于我们扩大出口,有利于实施"走出去"战略,也有利于利用国外市场、资源、资金、先进技术和管理经验,加快我国经济结构调整和提高经济效益。简而言之,有利于我国更好地发展社会生产力特别是先进生产力,更好地发展社会主义先进文化,更好地提高全体人民的生活水平。但世界上从来就没有免费的午餐,加入 WTO 也是一把"双刃剑"。权利和义务是对等的,市场开放是双向的。我们享有权利得到好处,就必须付出一定代价。加入 WTO 后的短时期内,我们有些竞争力不强的行业和企业难免会受到一定冲击,有些企业可能还会倒闭,下岗和失业人员有可能增多,农民增收难度也可能加大,人才竞争会更加激烈。还可能会出现其他一些意想不到的困难。因此,对于加入 WTO 可能带来的矛盾和问题,应当有足够的估计,任何盲目乐观、麻木不仁的情绪,都是要不得的。

另一种是,认为加入 WTO 对我们的冲击太大,消极悲观。这也是不对的。应当指出,加入 WTO 对我国的冲击并不是那么不得了。我们不仅具备各种条件,而且做了充分准备,完全有信心、有能力加以应对。我们加入 WTO 的谈判之所以进行了 15 年,就是始终确保我国权利和义务的平衡,坚持以发展中国家的身份加入 WTO。我们在很多方面争取到了优惠和差别待遇。例如,对农业方面支持和其他一些领域市场开放的过渡期等。无论从关税减让,还是从非关税措施，以及在敏感的服务贸易领域市场准入等方面，我们都没有做出超出发展中国家水平的承诺。我国实行改革开放政策二十多年了，开放的领域逐步扩大，许多行业的竞争力明显提高，我们已经积累了比较丰富的参与国际经济合作与竞争的经验。我国经济实力显著增强，外汇储备充足，完全能够应对进一步扩大开放带来的矛盾和问题。同时，加入 WTO 后，有的地区、有的行业、有的企业、有的产品，受到的冲击会大一些，而有的则是直接受益。我们要做具体分析，也就是说，影响不都是负面的。对于已经出现和可以预见的问题，我们也有办法加以解决。更为重要的是，加入 WTO 后，主动权仍然掌握在我们手里。对外开放的广度、深度是有步骤进行的，而不会由别人牵着鼻子走。加入 WTO 后，某些方面会产生短期的、局部的阵痛，但这可以换来长远的、全局的发展。从已经加入 WTO 的一百多个发展中国家来看，还没有一个国家因加入 WTO 而导致经济崩溃的，相反，不少国家由此逐步发展和壮大起来。

还有一种是，认为中央会拿出所有的应对办法，等待观望。这种态度也是要不得的。我国加入 WTO 后享有的权利，履行的义务和承诺，中央确定的方针政策，都是明确的，关键是要结合本地区、本单位的实际，加以贯彻落实，有的需要进一步具体化。加入 WTO 后面临许多新情况、新问题，无论是用好机遇，还是迎接挑战，都需要靠全国上下同心协力，充分发挥各个方面的智慧和积极性。任何消极等待的态度和做法，都是不对的，有害的。

现在，摆在各地区、各方面的任务，就是一心一意地用好新机遇，一心一意地迎接新挑战，使我国国民经济的整体素质、国际竞争力和综合国力都迈上一个新台阶。这是最基本的工作，也是最重要的工作。

一是务必打好时间差。加入 WTO，是我国对外开放的新起点。2002 年是我国加入 WTO 后的第一年，各行业扩大开放的时间表已经启动。我们在谈判中花了很大气力赢得了过渡期,还必须花更大气力用好过渡期。“机不可失,时不我待”。各地区、各部门、各企业都应以只争朝夕、奋发有为的精神状态,紧张地行动起来,扎扎实实地抓紧做好工作,一天都不能耽误。否则,就要陷入被动。

二是着力提高国际竞争力。这是一项艰巨而紧迫的任务。最重要的是,要大力提高产品质量和服务质量。产品质量和服务质量问题,是关乎企业生死存亡的大问题。过去如此,现在更是如此。商品和服务质量差,是我国目前普遍存在的突出问题。这个问题不下大力气解决,不仅实施扩大内需的方针会受到严重影响,而且参与国际竞争更是无从谈起。要大力调整产业结构,千万不能再搞重复建设。要坚持依靠科技进步,推进产业优化升级,发展规模经营,实现集约型增长。尤其重要的是,必须坚持走可持续发展之路。我们要提高综合竞争力,需要经济社会协调发展,发展经济绝不能浪费资源、破坏环境。这方面我们付出过代价,务必牢牢记取。最根本的,还是要靠深化经济体制改革。通过改革,使经济体制、机制、管理等各个方面,适应日趋激烈竞争形势的要求。在改革方面,我们还有许多深层次问题没有解决,还要打若干个攻坚战。只有坚持改革,并不断取得新的突破,才能显著提高各方面适应市场经济发展和参与国际竞争的能力。特别是国有企业要加快建立现代企业制度,转换经营机制,决不能还躺在国家身上“等、靠、要”。

三是深入研究重点领域和敏感行业的应对之策。加入 WTO 后,受到冲击和影响较大的是农业。我国人口 80% 是农民,主要是从事粮食生产,目前粮食的生产成本高于国际市场价格。而调整农业结构是一个较长时期的过程,不是一朝一夕就能见效的。我们面对的是国外劳动生产率很高的现代化大农业,国外粮食等一些农产品具有明显的竞争优势。2002 年我国农产品平均关税降到 18.5%,小麦、玉米、大米和棉花四种产品的进口关税配额 1700 多万吨,植物油和食糖的配额也不小,矛盾相当突出,应当加紧研究采取相应措施。当然,加入 WTO 对各地区农业和不同类型的农产品的影响也是不一样的。由于受到农业自然禀赋和生产规模等条件的限制,我国一些农产品如粮食等,在国际竞争中处于弱势地位,而一些劳动密集型的农产品如水果、蔬菜、花卉、畜产品等,则具有明显的价格优势。我们需要从实际出发,因地制宜,发挥优势,扬长避短,采取有力措施,妥善应对加入 WTO 给我国农业带来的挑战;同时,千方百计抓住机遇,为我国有优势的农产品进入国际市场创造条件。银行、保险、证券、电信、分销等服务贸易领域,都是国外企业家觊觎已久的。我们已承诺了开放时间表。总体上看,这些领域扩大开放对我们是有利的,这样可以加快引进管理经验和人才。但这些都是重要的敏感领域,必须审慎对待,加紧研究制定有效的应对措施。工业领域特别是汽车、石化、钢铁、电子等行业也会受到较大冲击,同样要深入研究因应之策。有些企业必须以加入 WTO 为契机,进行脱胎换骨的改造和重组。当然,在具体工作中,要做好充分准备,特别要做好职工安置工作,十分注意维护社会稳定,尽量减少负面影响。

总之,对加入 WTO 带来的利和弊、机遇和挑战,一定要有全面的、正确的认识,既不要缩小,也不能夸大;既不要盲目乐观,也不要消极悲观;既要看到严峻的挑战,更要看到历史性机遇。关键是要振奋精神,自强不息,应对得当,扎实工作。工作做得好,应对得好,就完全可以趋利避害,化挑战为机遇,变压力为动力,把改革开放和现代化事业顺利推向前进。

二、更加勇敢地扩大对外开放

加入 WTO,是我国对外开放的一个里程碑。我们在这个新的起点上,既要更加积极的姿态进一步打开国门,向世界开放,也要更加勇敢地走向世界,继续推进全方位、多层次、宽领域的对外开放,更好地实施“引进来”战略和“走出去”战略。

根据 WTO 规则要求和我国现实的情况,在“引进来”和“走出去”方面,应着力抓好以下四个方面:

一是遵守规则,履行承诺。WTO 要求所有成员共同遵守基本规则和履行义务,主要包括实行非歧视原则,统一实施贸易制度、确保贸易政策透明度、逐步取消非关税措施、实施与贸易有关的投资协议等。这些是 WTO 的基本游戏规则。加入 WTO,信守这些规则就是履行基本义务。同时,我们要恪守开放国内市场的承诺,做到“言必信,行必果”。包括:逐步降低关税,到 2005 年我国进口关税总水平降低到 10% 左右;减少非关税措施,到 2005 年取消现行的一些对进口配额许可证措施;逐步放开允许外资进入的领域,特别是涉及电信、银行、保险、证券、音像、分销等部门的服务贸易。这些方面,我们既然允诺扩大开放,就要义无反顾,直面挑战。

二是着力提高利用外资质量和水平。我国是在世界经济不景气、国际资本急于寻找出路的时候加入 WTO 的。这是争取更多利用外资的良好机遇。目前,属于全球 500 强的企业已有 400 多家进入我国,其中 250 家在我国有直接投资,很多企业把研发中心和地区总部移到我国,还有更多的企业准备进入。我们要紧紧抓住这一历史机遇,使利用外资再上一个新台阶。要着重优化利用外资结构,吸引外资要着眼于改造和提升传统产业,引进先进技术、现代化管理经验和各类人才。但是,对于那些危害国家安全、破坏生态环境的外资项目,必须坚决加以拒绝。现在,一些地方利用外资搞重复建设的不少,要坚决加以制止。有人说,外资是境外人的钱,搞重复建设不要紧;有人说,利用外资项目比已有的企业技术水平高,不算重复建设。这些看法是不全面的,失之偏颇,如果付诸实践,将会为害不浅,必须坚决加以纠正。同时,一定要规范招商引资行为。招商引资不能搞

“大跃进”、“大呼隆”;政府不能为企业越俎代庖,不能层层加码下硬指标,更不能越权减免税收。这些错误做法,表面上看热热闹闹,实际上吸引不了好的境外投资者,还会损害自己和国家的利益与形象。吸引外资的关键,是要在改善投资环境,特别是软环境上下大功夫。要坚决清理和取缔对外商企业的各种乱收费行为。要大力改善服务,提高办事效率。对外商逐步实行国民待遇。

三是千方百计扩大外贸出口。我国加入 WTO 带来最直接的好处之一,就是可以享受所有世贸成员无条件的、永久性的最惠国待遇和国民待遇,一些国家对我国向其出口的歧视性限制被取消。要不失时机,努力扩大出口。要积极实施市场多元化战略,绝不能“把鸡蛋放在一个篮子里。”确保现有市场,开拓新兴市场,特别要向俄罗斯、印度等国家的市场进军。大力调整和优化出口产品结构,注重提高产品质量和服务水平。

加入 WTO,并不意味着我们取得了直入国际市场的“通行证”。开拓世界市场,必须坚持以质取胜。一定要使我们的产品质量有明显的提高。产品质量是企业的生命,只有产品质量好,才能长期稳固地占领和扩大国际市场。我们既要充分发挥劳动力便宜等比较优势,也要十分注意讲究质量,重视信誉,改善售后服务,努力增加产品的附加值。

必须尽快学会利用 WTO 打官司,保护我国的正当利益。我们要利用 WTO 的争端解决机制,应对好外国对我国出口的不合理制裁行为。只要有 WTO 成员违反非歧视性、国民待遇、最惠国待遇等原则,不利于我国出口和企业走出去的,就要及时起诉。对我国的各种反倾销和反补贴起诉,一定要迅速应诉,有力回应。要高度注意外国对我国采取贸易保护的新动向。近来一些国家针对我国加入 WTO,已经开始设置一些新的贸易壁垒,通过提高技术标准等办法,抵消我国加入 WTO 后得到的权益,限制我国产品进口。对于这些,都要采取有针对性的应对措施。

四是大力实施“走出去”战略。要鼓励有条件的各类企业到境外,特别是周边国家和地区投资兴业,带动国内技术、设备、材料和劳务出口,就地开发利用资源。对外投资要采取灵活多样的方式,可以是境外加工贸易、承包工程、劳务合作;可以独资或合资合作;可以建新厂,也可以收购当地企业;可以办生产型企业,也可以办营销型企业。各部门、各方面都要为各类企业“走出去”提供必要的支持,包括抓紧解决对境外项目行政审批手续繁琐、用外汇难问题,加快与一些国家签订双边投资保护协定和避免双重征税协定等。

三、善于在扩大开放中维护国家权益

加入 WTO 后,我们无疑要进一步扩大开放,但绝不是不要保护自己。世界各国实践表明,越是开放,越是要注意保护自己。我们主张实行“开放式保护”,就是要在进一步发展开放型经济的同时,从我国实际情况出发,借鉴国际经验,在 WTO 规则允许的框架内,以各种合法的、符合国际惯例的手段,保护国内产业特别是幼稚行业,正确把握市场开放的程度、步骤,以维护国家利益和安全。显然,这里讲的“开放式保护”,绝不是保护落后,也不是排斥开放和竞争,更不是要回到过去的封闭状态。

必须正确认识和处理对外开放与维护国家利益的关系。既要扩大开放,又要加强保护。加入 WTO 确实意味着我国将更加向世界和各国开放,更加向外国企业家和投资者开放,但并不是要“全面地融入世界经济”,也绝不是允许外商无条件地长驱直入。加入 WTO 绝不是要放弃国家利益和安全,WTO 也没有这样的要求。进一步扩大开放必须充分考虑我们的国情和利益。我们在强大的国际经济竞争对手面前,必须善于实行自我保护。在这个问题上,决不能太天真了。过分天真，就会吃大亏。

实行“开放式保护”，是国际上通行的做法。可以说，所有 WTO 成员都不例外。有些国家高喊反对保护，实际上是为了打入别国的市场，而对自己则是保护得紧紧的。最近，美国总统布什宣布对进口钢材提高关税水平，就是明显地保护美国钢铁工业的措施。这一举动尽管受到欧盟、日本、韩国和我国的强烈反对，但美国仍然一意孤行。欧盟近日也随之制定钢铁进口限额，保护自己的利益。日本早就加入 WTO，但长期以来对农业、林业、渔业实行保护措施，至今对大米市场仍施加保护，就是为了维护日本农民利益。印度采取了多种措施保护国内市场和产业，至今只允许政府官员坐国产车。韩国也明确提出实行开放式保护，并对国民进行“身土不二”的教育，即韩国人的吃、穿、用、行等都应该用韩国的产品；2001 年韩国国内销售汽车 100 多万辆，进口车仅有几千辆。正因为各国都在开放市场的同时，也在千方百计地保护自己，所以即使在 WTO 成员之间，贸易摩擦和贸易战也接连不断。我们一定要借鉴别国的经验和做法，善于进一步在扩大开放中，积极采取合理措施维护国家利益和安全。

我们要学会在 WTO 规则的框架内保护自己。有人认为，加入 WTO 后，我国就完全丧失了自我保护的能力。这是一个认识上的误区。应当指出，WTO 规则中规定了在很多情况下允许自我保护，遵守规则有很大的弹性。各方面要认真研究 WTO 的规则，充分行使我们作为发展中国家的各项权利。我们已争取到的保护权利还有很多没有用起来，有一些权利还不会用。比如对农业的补贴，在“黄箱”政策中，允许我国补贴额可以达到农产品总价值的 8.5%，而我们现在还不到 2%，仍有很大的空间可以利用。还要看到，WTO 有些规则和协议存在着各种例外，有些甚至还是新一轮谈判的内容，有很大的余地。

要运用多种方式保护自己。无论是 WTO 规则允许的情况，还是国际的通行做法，实行自我保护的方式和手段是很多的。包括：运用反倾销、补贴、保障措施；建立市场和产业安全保护体系，以及进口敏感商品的预警机制；运用技术手段，主要是加强进口商品检验检疫和疫情监控；建立产品认证认可制度，采取质量、安全卫生和环保标准等非关税措施；在政府不便干预的情况下，还可以发挥行业协会的作用等。就拿对农业的保护来说，WTO 规则允许的手段就起码有四种：一是关税配额；二是进口专营；三是运用技术手段；四是对转基因产品实行标识制度。把这些条款和手段用好了，就可以把对我国农业冲击减小到最低限度。实行“开放式保护”，对各方面工作提出了更高要求。每一项工作都必须做深做细，落到实处。

四、关键在于进一步转变政府职能

我国加入 WTO，对政府的经济管理提出了新的要求。尽快实现管理经济工作方式的转变，是应对加入 WTO 后新形势的迫切需要，也是完善社会主义市场经济体制的重要内容。我国加入 WTO 签订的 25 个主要协议中，有 23 个是对政府行为的约束和规范。我们能不能抓住新机遇，迎接新挑战，实现新发展，关键在于提高管理经济工作的水平，切实转变政府职能，转变工作方式。

一是进一步转变思想观念。目前，一些领导干部的思想观念还没有完全摆脱传统计划经济模式的羁绊，往往还习惯于用行政手段和指标管理经济；有些思想观念和做法与 WTO 规则的要求不相适应。加入 WTO 以后，面对新形势、新要求、新任务，一定要进一步解放思想，坚持与时俱进，自觉地跳出陈旧、落后的思维模式，增强按市场经济规律和 WTO 规则要求管理经济的观念意识。要转变思想观念就必须加强学习，全面了解 WTO 规则、知识和我们的入世承诺。领导干部一定要带头学习，带头转变观念。“以其昏昏，使人昭昭”，是不行的。

二是改进政府管理经济的方式和行为。按照发展社会主义市场经济和WTO规则的要求，转变政府职能和工作方式，规范政府行为，是我们面临的一项重要任务。WTO规则要求，所有成员的法律、政策必须遵守非歧视性原则、市场开放原则、公平竞争原则和透明度原则。目前，我们的一些政府职能和行为，不符合这些原则的要求。比如，一些地方仍然存在政企不分、政事不分的问题。一方面，有些政府部门和领导干部直接干预企业生产经营活动，热衷于行政审批事项，忙于直接进行招商引资等，管了许多不该管也管不好的事；另一方面，政府该管的事情，如市场监管、严格执法、社会保障体系建设和公共服务等，却没有管或者没有管好。地方保护、行业垄断问题仍然较为严重，对各类市场主体没有做到一视同仁。政策法规不透明、行政审批多、办事效率低、服务质量差现象较为普遍。一些地方和部门滥用权力，随意发号施令。所有这些，都妨碍着公平竞争和市场开放，也容易滋生腐败，必须切实加以改变。

三是加强市场监管，建立和维护市场经济新秩序。这是社会主义市场经济条件下政府的重要职能，也是我国加入WTO承诺的重要内容。经过近两年的努力，整顿和规范市场经济秩序工作取得了初步成效。但是，经济秩序混乱问题仍然相当严重，这是当前政府管理经济工作中的一个薄弱环节。加入WTO以后，在这方面的要求更高了。要继续大力整顿和规范市场经济秩序，狠狠打击制售假冒伪劣商品的违法犯罪行为；切实依法加强对知识产权的保护；加紧建立和完善信用体系，在全社会形成诚信为本、操守为重的良好风气；坚决打破地方保护和行业垄断，建立统一、开放、公平竞争的国内市场。

四是善于运用法律手段管理经济。目前，有一些法律、法规和部门规章尚待修订，必须继续加紧做好这方面工作。经过修订，有关法律、法规和部门规章要尽早颁布实施;有些涉及 WTO 规则和我国对外承诺的法律、法规,国内还存在空白,要加紧研究制订;对不符合 WTO 运行规则的,要抓紧清理、废止。各地区、各部门制定的有关涉外经济法规、规章,必须与国家的法律法规要求保持一致,自觉维护国家法律、政策的权威性、统一性。同时,有些现行的法律法规,还存在操作性差的问题,缺乏实施细则,没有办法跟别人打官司。这方面的工作也要跟上,避免以后吃大亏。

五是大力提高领导干部和公务员队伍素质。这是应对入世挑战最紧迫的任务。从中央到地方,都应高度重视学习,分期分批对各级领导干部和全体公务员进行培训,使所有政府工作人员都做明白人,熟悉和掌握 WTO 规则。要大力培养各类专业人才,特别是大力培养熟悉 WTO 规则和精通国际经贸的人才,包括国际贸易专家、法律专家、谈判专家、反倾销调查专家。同时,要加紧进一步研究制定政策措施,留住和用好各类人才。要坚持不拘一格用人才,包括吸引海外留学人员回国,从境外招聘高水平的专业人才等。

总之,只要全国上下共同努力,我们就一定能够运用好加入 WTO 带来的各种机遇,应对好面临的各种挑战,开创我国改革开放和现代化建设的新局面。尽管在近期内可能遇到的困难会多一些,甚至可能遇到尚难预料的问题,但是我们坚信,加入 WTO 以后,我们将会更好地实践"三个代表"的要求,我国在新世纪里必将战胜前进道路上的一切艰难险阻,向着既定的宏伟目标前进,成为一个更加向世界开放、更加走向世界的国家。我们的国家一定会成为一个经济繁荣、社会进步、生活富裕、文明昌盛的伟大社会主义国家。

(原载《国务院部委领导论中国加入 WTO:机遇·挑战·对策》,中国言实出版社 2002 年 5 月版)

（四）

以人为本和社会全面发展

大力推动我国社会全面发展和进步

1995年9月，党的十四届五中全会通过了《中共中央关于制定国民经济和社会发展“九五”计划和2010年远景目标的建议》。1996年3月，八届全国人大四次会议审议通过了《中华人民共和国经济和社会发展“九五”计划和2010年远景目标纲要》。这两个具有重要历史意义的会议所完成的共同使命，是按照邓小平建设中国特色社会主义理论和党的基本路线，明确提出了今后15年我国经济与社会发展的奋斗目标、主要任务和一系列重要方针、政策、措施，为我国改革开放和现代化建设绘制了宏伟蓝图，从跨世纪的中国如何行动的高度，动员全党全国人民齐心协力，再接再厉，开拓前进，把一个经济持续发展、社会全面进步、充满生机和希望的中国带入21世纪。

我国跨世纪的发展战略和宏伟纲领中明确提出：“必须把社会全面发展放在重要战略地位，实现经济与社会相互协调和可持续发展。”这是我们党和政府对经济社会发展规律认识的一个飞跃，也是社会上各个方面理论研究和实践经验的光辉结晶。

一、把推动社会全面发展放在重要战略地位是历史进步的必然抉择。在我国跨世纪的现代化建设战略部署和宏伟纲领中，明确地把社会全面发展放在重要战略地位，这是一个具有全局意义的重大决策，它是建立在世界发展大趋势和科学理论的基础上的，是完全正确和及时的历史性抉择。

在人类社会经济发展的历史长河中，人们对经济和社会发展关系的认识是不断深化的。根据人类社会发展的历史和社会经济发展规律，马克思主义经典作家曾对经济和社会发展关系作过许多精辟的论述，明确指出经济与社会必须协调发展，物质文明和精神文明必须共同进步。这是大家都知道的。这种科学的理论和深刻的思想，已经为当今世界所共识。

我们不必追溯过长的社会发展历史，仅从20世纪50年代以来世界范围的对发展观的演进来看，随着社会实践的发展和时代的进步，国际上对发展观也在不断地充实和完善，甚至可以说发生了思想飞跃。在五六十年代里，国际上通常把经济发展作为发展的全部追求，把经济发展问题等同于全部发展问题。以联合国于1951年发表的“欠发达国家经济开发方略”为代表，这一时期的关于发展问题的研究和论述，主要集中于探讨不发达国家之所以不发达的原因以及摆脱不发达的途径。其基本结论是把追求国民生产总值和人均国民收入的增长速度，作为全部发展政策的主要目标。这一时期的发展观基本上是单纯的经济发展观。进入70年代以后，发展观朝着被称之为“发展目标的社会化”的方向前进一大步。这是由于许多发展中国家的实践表明，单纯的经济增长并不能自然而然地使贫困、失业、分配不公等社会问题得到解决，有些情况下甚至出现恶化趋势。70年代初期，国际劳工组织在对一些发展中国家实际调查考证的基础上，提出了以增加就业、匡济贫困阶层为主体的发展思路建议；1975年进一步向国际社会推荐“满足人们基本需求为主”的发展战略。这种发展战略，致力于优先满足公众的基本需求，注重提高贫困阶层的最低收入、增加就业、兴办与人民基本生活需要的社会福利事业，并强调要给予公众以更多的参与社会活动的机会。这一发展观的演进，为不少国家所重视和运用，取得了推动经济与社会全面发展的积极效果。

在这时期之后，历史车轮进入80年代。基于对人类社会发展面临问题的认识和估量，国际社会又逐步提出和普及“可持续发展”的概念。1987年世界环境与发展委员会在一篇题为“我们的共同未来”的报告中，首次比较全面地阐述了“可持续发展的战略”。当时将“可持续发展”定义为，“既满足当代人的需要，又不致于对后代人满足需要的能力构成危害的发展”。为了实现可持续发展，人类社会必须致力于：消除贫困和经济的适度增长；控制人口和开发人力资源；合理开发和利用自然资源，尽量延长资源的可供给年限，不断开辟新的能源和其他资源；保护环境和维持生态平衡；满足就业和生活的基本需求，建立公平的分配原则；推动技术进步和对造成社会危害的有效控制。可持续发展战略，体现了人口、资源、环境、经济、社会必须协调发展的思想，反映了经济和社会全面发展的规律，是人类对于人与自然界关系以及人类自身社会经济活动的认识深化。近几年来，可持续发展战略已成为一系列全球性大会的中心议题。1992年联合国里约热内卢环境与发展大会通过了《里约环境与发展宣言》和作为具体行动计划的《21世纪议程》。1995年3月在哥本哈根召开的社会发展世界首脑会议宣言中，再次把促进各国社会全面发展的任务，变成国际社会的共识和协调行动的纲领。最近，联合国开发计划署官员在1996年进行的研究报告中指出，发展经济和人类的公正发展应当同时进行，实行不平衡发展政策的国家最后都出现了危机。大量事实证明，经济发展与社会发展之间并不存在自动的联系，现在提出的可持续发展是人类跨入21世纪的最佳选择。在我国，注重经济发展，并大力促进社会全面发展与进步，是建设中国特色社会主义的重要内容和基本要求。邓小平建设中国特色社会主义的理论，是我们建设社会主义现代化国家的强大理论武器和伟大旗帜。

这一理论，是马克思列宁主义基本原理与当今时代特征和中国实际相结合的最新成果，是毛泽东思想的继承和发展，是当代中国的马克思主义。这一理论内容丰富，博大精深，涵盖着现阶段党和国家工作的各个方面，涉及经济和社会发展各个领域，它的一个显著特点，就是强调经济与社会协调发展和全面进步。这方面，邓小平同志做出了一系列精辟的论述。例如，他揭示"社会主义的本质，是解放生产力，发展生产力，消灭剥削，消除两极分化，最终达到共同富裕"。他提出，把"三个有利于"作为衡量一切工作最根本的是非标准，这就是"判断改革和各方面工作的是非得失，归根到底，要以是否有利于发展社会主义社会的生产力，是否有利于增强社会主义国家的综合国力，是否有利于提高人民的生活水平为标准"。他指出，经济建设必须依靠科技和教育，做出了"科学技术是第一生产力"这一马克思主义的崭新论断，认为振兴经济关键在于振兴科技，必须把教育放在优先的战略地位，要求全党全社会都要尊重知识、尊重人才。他依据经济平衡和不平衡发展规律，提出允许和鼓励一部分人、一部分地区先富起来，先富带动和帮助后富，逐步达到共同富裕的战略思想。他反复强调，我们要建设的社会主义国家，不但要有高度的物质文明，而且要有高度的精神文明，两个文明都搞好，才是中国特色的社会主义，必须坚持两手抓、两手都要硬。在邓小平同志倡议和党中央确定的我国现代化建设三步走的战略部署中，每一步的战略目标都包括经济与社会共同发展的明确要求。

以江泽民同志为核心的党中央，高举邓小平建设中国特色社会主义理论的旗帜，以马克思主义的远见卓识，大力倡导和推动经济与社会协调发展和全面进步。江泽民同志在党的十四届五中全会上所作的《正确处理社会主义现代化建设中的若干重大关系》的著名讲话中，深刻地论述了我国现代化建设中经济和社会全面发展的战略思想。特别是精辟地阐明经济建设和人口、资源、环境的关系，明确提出:“在现代化建设中,必须把实现可持续发展作为一个重大战略。要把控制人口、节约资源、保护环境放到重要位置,使人口增长与社会生产力的发展相适应,使经济建设与资源、环境相协调,实现良性循环”。同时,江泽民同志还全面论述了“东部地区和中西部地区的关系”,提出解决地区发展差距,坚持区域经济协调发展,是今后改革和发展的一项战略任务;论述了“收入分配中国家、企业和个人的关系”,提出“必须坚持按劳分配为主体、多种分配方式并存的原则,体现效率优先、兼顾公平,把国家、企业、个人三者的利益结合起来”;论述了物质文明建设和精神文明建设的关系,提出“要把物质文明建设和精神文明建设作为统一的奋斗目标,始终不移地坚持两手抓,两手都要硬。”根据邓小平建设中国特色社会主义的理论和我国社会经济发展的客观趋势,在我们党和国家确定的今后 15 年跨世纪的宏伟纲领中,不仅把加强社会事业的全面发展放到了重要的战略地位,而且明确制定了社会发展的主要任务和基本政策。包括:控制人口增长,提高生活质量,扩大劳动就业,完善社会保障,加强环境保护。同时提出,根据社会事业的不同类型,建立与社会主义市场经济相适应的、各具特色的运行机制和体制;鼓励和吸引社会各界广泛参与社会事业发展,多渠道筹措发展资金;搞好经济发展政策与社会发展政策的协调。这个跨世纪的宏伟纲领在我国社会经济发展的历史上,树立了重视社会全面进步,推动经济与社会协调发展的重要里程碑。

我国以制定和实施今后 15 年跨世纪宏伟纲领为标志,社会主义现代化建设进入了新的重要时期。在这个时期,我们要全面实现现代化建设第二步战略目标,并向第三步战略目标迈出重大步伐;我们要加速推进传统产业革命进程,基本实现工业化的历史使命,并要迎头赶上世界新的技术革命和产业革命的进程;我们要在世界范围各种思想文化相互激荡中,迎接综合国力剧烈竞争的挑战。这一切,不仅要求经济建设有一个大的发展，而且要求社会事业有一个大的发展。摆在我们社会发展和社会保障研究工作者面前的任务是光荣而艰巨的。我们应当不负历史的重托和人民的期盼，积极研究新问题，不断提供研究新成果，为我国在新的历史时期取得社会全面发展和进步做出应有的贡献。

二、当前社会发展中需要深入研究和解决的一些主要问题

改革开放以来，我国社会主义现代化建设取得了历史性的伟大成就。国民经济迅速发展，综合国力显著增强，整个国家焕发出勃勃生机。与此同时，各项社会事业也获得了空前的大发展。随着改革开放的不断推进，经济建设规模的不断扩大，经济体制和经济增长方式的不断转变，许多社会发展方面的问题日益突出起来，已经并将进一步成为社会关注的热点和难点。从当前情况和今后时期趋势看，社会发展领域需要认真研究和解决的问题很多。这里，仅就以下几个主要方面谈一些情况和看法。

（一）关于劳动就业和劳动力流动的问题。我国人口多，劳动力资源增长快，就业压力一直很大。虽然改革开放以来由于经济快速发展城乡净增了近1.8亿个就业岗位，但过去累积的和新出现的就业问题还很多。一是城镇失业人员逐年增多。1995年末在劳动部门就业服务机构登记的失业人数达520万人，城镇登记失业率为2.9%。加上未登记的失业人员，数量还要大。据国家统计局1995年底对全国1%人口抽样调查，城镇失业率为4.03%，如包括停产、半停产企业下岗职工和休长假人员，则为5.02%。若按这两个比例推算，城镇失业人员数则分别为728万人和917万人。二是隐性失业和就业不充分问题严重。国有和集体企事业单位富余人员约2200万人，占其职工总数14031万人的15%左右；在乡村，农业剩余劳动力约13000万人，超过农林牧渔业劳动者总数的三分之一。三是农村劳动力流动规模巨大，流向集中，带有一定的盲目性，引发许

多矛盾。近年来,春节期间的"民工潮"就是这一问题的突出反映。据测算,目前流动就业的农民工有6000万人左右,其中进入城镇的约4500万人。大多数流向珠江三角洲、长江三角洲、京津地区和一些大中城市。一些人找不到工作,形成新的就业压力。四是行业性、地区性就业困难。煤炭、森工、军工、纺织等行业,由于资源枯萎、转产改造困难,经济效益不高,亏损严重,积压了一批富余人员,分流难找门路。例如,1995年末,全国国有重点煤矿共有职工331万人,其中富余人员约100万人。今后五至十五年,城乡新增劳动力仍以较大规模持续增加。据预测,"九五"期间为200万人,平均每年1440万人;21世纪前十年为1.6亿人,平均每年1600万人。同时,随着国有企业改革不断深入,分流安置富余人员的力度不断加快。城乡就业将面临严峻的形势。可以说,深化和推进改革、转变经济增长方式,我们遇到的一个最大难题是合理解决劳动力就业问题。失业人员过多和劳动力流动无序,会给改革和发展带来多方面的重大影响。目前一些地方社会治安状况不好、犯罪问题严重,与就业不充分和盲目流动人口过多有很大关系。我们必须高度重视和妥善解决这个问题。解决这一问题的指导思想应当是:充分发挥现阶段劳动力资源丰足的优势,搞好劳动力资源的开发利用,将就业压力转化为经济发展的推动力;把促进就业作为关系全局的一件大事,摆在重要地位,兼顾经济增长和就业增加,坚持标本兼治和城乡统筹;实行国家政策引导扶持,社会提供帮助服务,鼓励和推动劳动者靠自己努力实现就业,发挥全社会的积极性,把就业渠道和形式进一步放开搞活;集中力量化解企业富余人员和农村剩余劳动力这两个突出的矛盾。在实际工作中,要把促进就业作为宏观调控的重要任务和目标,千方百计增加就业岗位,包括重视发展吸纳就业较多的劳动密集型产业、行业、企业,继续大力发展城乡集体经济、乡镇企业、个体经济等非国有经济。加大实施"再就业工程"的力度,认真解决好困难企业富余职工和长期失业者的再就业问题。积极引导农村剩余劳动力就地就近转移以及多渠道和有序流动。采取有利于扩大就业的对外经济技术交流与劳务政策。大力培育和规范劳动力市场。可以考虑实行阶段性就业、非全日制工作等多种灵活的就业形式。大力发展职业教育，强化就业前培训和转业、转岗培训。还可以考虑把城镇就业年龄提高到18岁，初中毕业不能升学者都要进入不同形式的职业培训，以缓解求职人数增加的矛盾，提高劳动者的技能素质。

（二）关于收入分配领域的问题。经济利益的分配，是一个带有全局性意义的重大问题。由于我国处于经济体制转轨时期，收入分配机制还不规范、不完善，致使分配领域中存在不少突出问题。主要是：国民收入的分配过分向个人倾斜；部分社会成员间收入差距拉得过大，出现了分配不公现象；分配秩序混乱，一些地方、部门和单位甚至出现了收入分配失控的严重情况。这里有一些统计数字，很能说明问题。

一是国民收入分配过分向个人倾斜，国家所得的比重过低。据财政部匡算，1978年以来，无论是GDP初次分配还是再次分配，都明显向个人倾斜。从最终分配格局看，1978年国家、集体、个人分配比例为33∶16∶51，1995年演变为14∶17∶69。财政收入占国内生产总值的比重，由1978年的31.2%下降到1995年的10.8%（如果加上各种政府性基金收入，占13.6%）。国家所得比重过低，入不敷出，不仅许多该由国家重点支持的事业无法给予强有力的财政支持，而且政府机构正常运转的必要开支也难以保证。债务规模越来越重。内债发行规模由1982年的44亿元，上升到1995年的1510亿元，中央财政的债务依存度已达53.8%。1995年底，国家内债余额已达3300亿元；政府外债余额约400亿美元（折合人民币约3350亿元）。这种状况，今后一个时期还难以从根本上改变。

二是部分社会成员之间收入差距悬殊。据国家统计局对住户抽样调查,1995 年占总户数 10% 的最高收入户,人均可支配收入相当于占总户数 10% 的最低收入户的 3.8 倍。年收入在 5000 元以下的贫困家庭占家庭总数的 3.8%;年收入在 5000～10000 元的温饱型和年收入在 1 万～3 万元的小康型家庭,分别占家庭总数的 36.1% 和 50.1%;富裕型家庭年收入 3 万～10 万元,占家庭总数的 8%;年收入在 10 万元以上的富有型家庭占总数的 1%。金融资产收益已经成为拉大居民收入差距的一个重要因素。据有关部门分析,1995 年居民银行存款利息收入约 3000 亿元,有关债券利息、红利和股息约为 1000 亿元,这 4000 亿元收入占同期个人收入的 10.5%。由于居民个人金融资产占有差距大于居民个人收入差距,金融资产收益对居民收入差距带来不可忽视的“马太效应”。衡量居民收入差异程度,国际上通常用“基尼系数”为尺度。基尼系数在 0.3 以下的为平均状态,在 0.3～0.4 之间为合理状态,而 0.4 以上则属于收入差距过大,如果达到 0.6,暴发户和赤贫阶层同时出现,则社会动乱随时可能发生,所以 0.6 被定为警戒线。西方发达国家的基尼系数一般在 0.3～0.4 之间。据世界银行测算,1994 年我国城镇居民个人收入基尼系数达到 0.37;农村居民个人收入基尼系数达到 0.41。需要指出,以上两个测算是分别在城市和乡村进行的,因而它还不能反映城乡之间的收入差距,如果把城乡统一计算,我国基尼系数会相对高一些。目前我国居民收入的差距不仅已高于若干发展中国家(如印度、印尼、韩国、保加利亚、匈牙利等),而且超过了若干发达资本主义国家(如日本、德国、瑞典等)。

三是行业收入分配差距扩大。(1)国有企业的行业间工资分配差距明显拉大。按国民经济 16 个大行业比较,职工工资水平最高的行业与最低之比。由 1978 年的 1.52 倍扩大到 1995 年的 2.19 倍。17 年增加了 0.67 倍,年工资绝对差额由 256 元增加到 4207 元。按细划一级后的 52 个国民经济行业小类比较,工资分配的差距更大,最高与最低之比由1990年的2.67倍扩大到1995年的3.86倍。五年增加了1.19倍，年工资绝对差额由2511元增加至9012元。（2）基本产业职工队伍工资水平偏低，在各行业中的位次相对下降。按国民经济16个大行业排序，1995年职工工资水平最高的四个行业依次是：电力、煤气业，金融、保险业，交通、仓储及邮电业，房地产业。采掘业人均工资5944元，排在第十四位；制造业人均工资5352元，排在第十四位。当前拖欠职工工资的企业，多数集中在军工、煤炭、森工、纺织、机械等行业。（3）行业之间的工资外收入差距大于工资差距。经济效益好、工资水平高的行业，企业一般提供给职工住房、食品、各种实物、现金等工资外收入多。如，据审计部门审计，某进出口单位的一个公司，1994年的年度工资报表为6302元，而实际人均收入2.8万元，未统计进工资的收入达21698元，相当于工资的3.44倍。与此相反，经济效益不好、工资水平低的行业，特别是处于停产半停产状态的困难企业，往往发放职工工资和报销药费都有困难，大多没有能力给职工增加工资外收入。据国家统计局抽样调查，城镇职工工资外收入占总收入的比重，已由1985年的8.9%上升到1995年的31%，而且由于漏报情况比较普遍，实际上这个比重可能更高。如果说，在工资收入分配中存在失控现象，那么最大的失控在于对工资外收入缺乏管理和调控。

实行改革开放政策以前，国民收入的分配格局中，国家集中财力过多，积累挤占消费，个人收入增长缓慢。改革开放以后，调整过去不合理的国民收入分配格局是必要的。但又出现了较长时期个人收入增长过快，造成国家所得比重持续下降的局面。进入20世纪90年代后，国家就着手解决这个问题，但由于体制和机制上的原因，尚没有明显见效，出现了某些社会成员收入分配和行业之间收入差距拉大的现象。其中有合理的成分，但也存在明显的不合理问题，在一定程度上挫伤了一部分群众的积极性。

解决收入分配领域问题的基本思路，应该是坚持按劳分配为主、多种分配方式并存的原则，体现效率优先、兼顾公平，把国家、企业、个人三者利益结合起来。要逐步提高财政收入比重，增加企业积累。关于个人收入分配，一方面，要承认在社会主义初级阶段社会成员之间收入存在一定程度的差距的必然性和合理性，继续坚持允许和鼓励一部分人先富起来、最终实现共同富裕的政策，保护合法收入；另一方面，要把调节个人收入分配、防止两极分化作为全局性的大事来抓，取缔非法收入，调节过高收入，保障低收入者的基本生活。要从初次分配和再次分配两个环节双管齐下，规范收入分配方式。深化分配体制改革，整顿收入分配秩序，强化财政职能。积极推进企业改革，以资产保值增值为中心，建立国有资本经营、管理、监督制度，强化收入分配约束机制，使企业工资增长切实做到"两个低于"。改革垄断行业工效挂钩办法，确定行业工资水平控制线，严格控制高收入行业工资水平的过快增长。加快推行收入工资化、工资货币化的进程，减少实物和福利性收入，增加收入的透明度、规范性。进一步深化税制特别是个人所得税制的改革，尽快建立个人收入申报制和储蓄存款实名制，完善个人所得税制度。逐步开征遗产税、赠与税、利息税、股息税和不动产税。有选择地征收特别消费税。完善和强化税收征管。加快社会保障制度建设，保障低收入居民的基本生活。

我们国家大，人口众多，发展又很不平衡，分配问题十分复杂。近几年，党和国家都在一直关注和研究解决这个问题。但至今尚未完全理顺分配关系，尚未形成一个明确的合理的总体方案和相关的一套规定。不管情况如何复杂，解决的难度有多大，必须下定决心，深入研究，积极解决分配领域中出现的突出问题。这是保持社会稳定，实现国家长治久安的重要之举。

（三）关于地区经济发展差距问题。这既是经济发展的问题，也是社会发展的问题。改革开放以来，我国各个地区经济都有了很大发展，但由于多种原因，发展很不平衡，地区之间发展差距扩大。地区经济发展差距表现在东部、中部和西部三大经济地带间差距、省区间差距和省区内部不同地区间差距等多方面，从总体上看，东部与中西部地区的发展差距最具有代表性，其差距扩大主要表现在：

——人均国内生产总值，东、中、西部地区之比，由 1978 年的 1∶0.67∶0.54（以东部地区为 1）扩大到 1993 年的 1∶0.33∶0.28，1994 年的 1∶0.35∶0.28。1990 年东部地区 GDP 总额占全国的 54%，中部为 30%，西部为 16%；到 1995 年，东部地区 GDP 总额占全国的 58%，5 年内上升了 4 个百分点；中部地区为 28%，西部为 14%，中部和西部地区都下降 2 个百分点，东部与中西部地区的差距进一步拉大。人均国民收入水平，西部地区与东部地区在 1978 年相差为 106 元，1985 年为 477 元，1992 年为 1164 元，1995 年达到 3876 元。东部地区的基础设施条件有了较大的改观，中西部地区基础设施发展也明显滞后。

省内地区发展差距拉大也是很明显的。例如，江苏省也大体分为苏南、苏中、苏北三个经济地带。1984 年～1994 年，三个地带国民生产总值占全省的份额分别由 31.5%、29.4% 和 39.2% 变为 41.9%、36.7% 和 21.4%，苏南、苏北上升 10.4 个百分点和 7.3 个百分点，苏北则反向移动 17.7 个百分点。1994 年人均国民生产总值差距也是明显的。以苏北为 1，苏南、苏中、苏北三大地带之比为 4.12∶2.06∶1。

如何看待地区经济发展差距扩大的现象呢？这要用邓小平同志的战略思想来认识问题。为了更好地实现“三步走”战略，邓小平同志提出了要正确认识和处理地区之间不平衡发展的战略思想。他说：“像中国这样的大国，也要考虑到国内各个不同地区的特点才行。”我国地域广阔，各地条件差异很大，经济发展不平衡。邓小平同志强调沿海地区要充分利用有利条件较快地先发展起来，千万不要贻误时机。沿海一些地区要走在全国的前面，率先实现现代化，以更好地带动全国的现代化。内地要根据自己的条件加快发展。邓小平同志认为，沿海先发展起来，这是一个事关大局的问题，内地要顾全这个大局；反过来，发展到一定的程度，又要求沿海拿出更多的力量来帮助内地发展，这也是个大局。那时沿海也要服从这个大局。

地区经济差距扩大，有着历史的、地理的和政策的等多方面因素。东部地区由于有较好的经济基础和有利的地理环境，加上国家政策上的一些支持，发展比中西部地区更快一些。对于地区经济发展中出现的差距扩大问题，必须认真对待，正确处理，这个问题已经引起党中央的高度重视。江泽民同志在党的十四届五中全会的讲话中指出："要用历史的、辩证的观点，认识和处理地区差距问题。一是要看到各个地区发展不平衡是一个长期的历史的现象。二是要高度重视和采取有效措施正确解决地区差距问题。三是解决地区差距问题需要一个过程。应当把缩小地区差距作为一条长期坚持的重要方针"。在十四届五中全会《建议》和八届全国人大四次会议通过的《纲要》中都把协调地区经济发展作为重要内容。明确提出：从"九五"开始，要更加重视支持中西部地区经济的发展，逐步加大解决地区差距继续扩大趋势的力度，积极朝着缩小差距的方向努力。东部地区要继续充分利用有利条件，进一步增强经济活力，在深化改革、转变经济增长方式、提高经济素质和经济效益方面迈出更大的步伐。中西部地区，要适应发展市场经济的要求，加快改革开放步伐，充分发挥资源优势，积极发展优势产业和产品，使资源优势逐步转变为经济优势。国家要采取有力措施，支持中西部不发达地区的开发，支持民族地区、贫困地区脱贫致富和经济发展。东部地区也要通过多种形式帮助中西部欠发达地区和民族地区发展经济，促进地区经济协调发展。各省区内部地区经济发展不平衡的问题，也应当采取有效措施,加大扶持欠发达地区发展的工作力度。

(四)关于环境保护和生态平衡问题。这是社会全面发展的重要内容。我国人均耕地、水、矿产等重要资源都相对不足。几十年来,我们经济发展很快,但由于走粗放经营的路子,造成了对资源的大量消耗,自然环境和生态平衡受到严重破坏。改革开放以来,我们党和国家非常重视环境保护和维护生态平衡,把它作为一项基本国策,并且制定了经济建设、城乡建设、环境建设同步规划、同步实施、同步发展,实现经济效益、社会效益、环境效益相统一的指导方针,颁布《环境保护法》等一批关于环境保护和资源管理的法律法规,制定并实施了《中国环境与发展十大对策》以及《21世纪议程》。近十多年来,在经济快速增长的情况下,环境质量和生态平衡基本避免了急剧恶化的局面,在我们这样一个发展中的大国,环境和生态保护方面取得的成绩,应该说是非常不容易的。

同时,我们必须清醒地看到,我国环境保护和生态平衡的形势还相当严峻。由于我国现在正处于迅速推进工业化和城市化的发展阶段,对自然资源的开发强度不断扩大,加之粗放型的经济增长方式,技术水平和管理水平比较落后,污染排放量不断增加,各种资源消耗量也相当巨大。从全国总的情况来看,以城市为中心的环境污染仍在加剧,并且正在向农村蔓延,生态破坏的范围仍在扩大。一些地区环境污染和生态破坏已经阻碍了经济的健康发展,甚至对人民群众的健康构成直接威胁。例如,水是生命之源。人可五日不食,但不可一日无水。据统计,目前全国300多个城市不同程度缺水。水污染每年以10%的数量增加,全国每年排放的污水350多亿吨,流行病中有80%左右是由污水传播的。现在全国78%的淡水污染超标,50%的地下水被污染,40%的水源已不能饮用,中国已成为世界上少数几个最缺水的国家之一。淮河流域目前的水污染已危及1.2亿居住人口的身体健康和经济发展。北方的海河、辽河、汾河也已污染得非常严重。大江大河城市段水质继续恶化。大气污染也相当惊人。全国500多个城市中,大气环境质量全面符合一级标准的不到1%。因此,在环境保护问题上,我们应当高度重视。未来15年,一方面我国经济仍将以较快的速度增长,加之人口继续增加,对资源的需求总量越来越大;另一方面,在温饱问题解决以后,人民群众对环境质量的要求越来越高。因此,资源、环境和生态面临着更大的压力。我们要实现国民经济持续、快速、健康发展,既要解决历史遗留下来的环境污染和生态破坏问题,又要控制发展过程中出现新的环境和生态问题,环境和生态保护工作的任务是非常艰巨的。

我们在发展经济,推进工业化和现代化的过程中,必须认真实施可持续发展战略。为此,第一,应当解决思想认识问题,正确处理近期发展与长期发展、局部利益与全局利益的关系,绝不能近期的、局部的发展损害长远的、全局的发展。建设中国特色的社会主义,实现现代化,包括保护和创造良好的生活环境与生态环境。不论从我国现代化建设所面临的客观条件来说,还是从我国现代化建设所追求的最终目的来说,加强环境和生态保护都是当前和今后我国经济、社会发展的客观需要和必然选择。第二,要根据我国国情,选择有利于节约资源和保护环境的生产结构和消费方式。决不走那种资源消耗大甚至浪费资源和破坏环境的经济发展路子,也决不走先污染、后治理的现代化建设路子。第三,必须积极推进经济增长方式由粗放型向集约型转变。发展社会生产,要从主要依靠经济规模扩张、铺新摊子,转变到主要依靠结构优化升级,实行规模经营,提高结构优化效益、规模经济效益和区域分工效益;从主要依靠增加能源、原材料消耗,转变到主要依靠科技进步,加强科学管理,提高劳动者素质,降低消耗,使同样的物质消耗创造出更多的社会财富。第四,要努力增加投入。随着经济的发展,应逐步提高环境和生态保护投入占国民生产总值的比重。完善自然资源有偿使用制度和价格体系,逐步建立资源更新的经济补偿机制。第五，加强环境保护立法和执法。依法保护并合理开发利用土地、水、森林、草原、矿产和其他自然资源。城乡建设和工业建设都要合理规划，严格控制用地。

（五）关于社会主义精神文明建设的问题。社会主义精神文明是社会主义的重要特征，也是社会主义现代化的重要目标和重要保证。建设社会主义精神文明，关系到跨世纪宏伟蓝图的全面实现，关系到我国社会主义事业的兴旺发达。在把物质文明建设搞得更好的同时，切实把精神文明建设提到更加突出的地位，认真解决当前一系列紧迫问题，进一步打开新形势下精神文明建设的新局面，已经成为全社会关注的大事。

改革开放一开始，党中央就提出了两个文明一起抓的战略方针。在党的历次重要会议上做出一系列重大决定，明确了社会主义精神文明的指导方针和主要任务，开展了精神文明建设的一系列工作，推动了经济和社会的发展。1992 年邓小平同志南方谈话和党的十四大以后，明确要求在建立社会主义市场经济体制和扩大对外开放的同时，把社会主义精神文明建设提高到新水平。这几年，精神文明建设取得了积极进展。同时必须看到，在社会精神生活方面仍然存在不少问题，有的还相当严重。一些领域道德失去规范，拜金主义、享乐主义、个人主义滋长；不少地方黄赌毒和封建迷信等丑恶现象沉渣泛起；文化事业受到消极因素的冲击；腐败现象在一些地方蔓延。还应当看到，建设社会主义精神文明是长期的、复杂的任务。这是因为，向社会主义市场经济体制转变势必会引起经济和社会生活的许多重大变动，而体制、政策、法规、管理的完善需要一个过程；社会主义世界范围内出现的严重曲折，在一些人中造成思想混乱；发达资本主义国家经济、科技占有优势的压力和西方意识形态的不断渗透；封建主义、资本主义腐朽思想和小生产习惯势力仍有相当影响。对于精神文明建设这种长期性、复杂性，要有充分的认识和足够的思想准备。

在新的形势下，精神文明建设面临着一系列新的需要认真研究的问题。例如，如何在以经济建设为中心的前提下，使物质文明建设和精神文明建设相互促进、协调发展，防止和克服一手硬、一手软；如何在深化改革、建立社会主义市场经济体制的条件下，形成有利于社会主义现代化建设的共同理想、价值观念和道德规范，防止和遏制腐朽思想和丑恶现象的滋长蔓延；如何在扩大对外开放的情况下，吸收外国优秀文明成果，弘扬祖国传统文化精华，防止和消除文化垃圾的传播，抵御国际敌对势力对我国“西化”、“分化”的图谋。所有这些，我们在推进改革开放和社会主义现代化进程中，都必须深入研究，很好解决。

根据党在社会主义初级阶段的历史任务，根据建国以来特别是改革开放以来的历史经验，我国社会主义精神文明建设，必须以马克思列宁主义、毛泽东思想和邓小平建设中国特色社会主义理论为指导，坚持贯彻党的基本路线和基本方针，大力发展教育科学文化，以科学的理论武装人，以正确的舆论引导人，以高尚的精神塑造人，以优秀的作品鼓舞人，培育有理想、有道德、有文化、有纪律的社会主义公民，提高全民族的思想道德素质和科学文化素质，团结和动员各族人民把我国建设成为富强、民主、文明的社会主义现代化国家。这是社会主义精神文明建设总的指导思想，也是精神文明建设总的要求。我们要切实按照精神文明建设的这个指导思想和总的要求，深入开展精神文明建设的理论研究和实践问题，把建设社会主义精神文明的伟大事业不断推向前进。

除以上几个重点方面之外，社会发展领域需要深入研究的问题还有不少。诸如，控制人口增长和提高人口质量问题，提高人民生活水平和建设小康社会问题，社会保障制度建设和改革问题，人口老龄化和关心特殊群体问题，以及城市和乡村建设与管理问题，等等。我们应当搞好规划，突出重点，合理组织力量，发挥各方面优势，把社会发展研究不断引向深入。

三、社会发展研究中应当注意处理好的若干重要关系

第一，正确处理经济发展与社会发展的关系。经济发展和社会发展是相互依存、相互促进的。经济发展是社会发展的前提和基础，社会发展是经济发展的目的和保障。因此，在我国现阶段，必须把经济发展放在第一位，各项工作都应当紧紧围绕经济建设这个中心。离开经济建设这个中心，就有丧失物质基础的危险。只有经济不断发展，才能为社会全面发展提供必要的物质基础，才有条件逐步提高人民的生活水平和生活质量，消除贫困现象，才能扩大劳动就业。缓解巨大的就业压力，也才能为科学、文化、教育等精神文明建设创造条件。同时，世界各国和我国的实践都证明，经济发展不会自动地带来社会的全面发展和进步，有时经济发展了，社会在某些方面出现退步的现象也屡有发生，甚至有时经济发展的同时直接对社会发展产生负面作用（例如环境污染等）。因此，我们在坚持以经济建设为中心的同时，必须自觉地高度重视社会发展。要在不以牺牲社会发展为代价的基础上，实现经济持续、快速、健康的发展。这是经济与社会协调发展的重要原则和基本要求。当然，这在实践中是不容易处理好的，特别是经济发展的成果往往比较明显，看得见、摸得着，容易显示出政绩，而社会发展往往是隐性的，有的一时看不清直接效果，有的则无法直接计量成绩。所以，有些人往往更重视经济的发展，对社会的发展则口惠而实不至，讲的不少，落实得不够。这是一个应该切实解决的问题。

第二，正确处理物质文明建设与精神文明建设的关系，真正做到两手抓、两手都要硬。自从党的十一届三中全会决定全党全国工作重心转移到经济建设上来之后，总的看来，我国物质文明建设抓得是相当有成绩的，为举世瞩目。这毫无疑问是正确的、必要的。问题是

对于精神文明建设，有些时候有些地方抓得不够有力，甚至出现过一手硬、一手软的现象，造成不良后果。我们应当如实地把精神文明建设看作为物质文明建设提供强大动力、智力支持和思想保证。要把精神文明建设渗透到经济、政治、文化以及理想、道德、纪律、秩序等社会各个领域。要把人们对精神文明建设的认识提高到与物质文明建设同等重要的地位。例如，在经济活动中，如果缺乏职业道德、敬业精神，必将导致生产、生活秩序混乱，产品质量和服务质量低下，假冒伪劣产品泛滥，坑蒙拐骗行为猖獗，最终损害经济的健康发展。如果缺乏理想、道德、纪律的建设，就会导致极端个人主义膨胀，出现惟利是图、见利忘义、以权谋私、腐化堕落、精神空虚、追求封建落后和腐朽生活方式等问题，甚至诱发大量的犯罪，造成社会的不稳定。从当前我国的实际情况看，大力加强精神文明建设，使这一“手”真正硬起来，使物质文明建设与精神文明建设协调发展，是一个重要的、紧迫的任务。

第三，正确处理劳动就业与经济增长的关系。随着改革开放的深入和经济上两个根本性转变的推进，就业问题在我国势必愈加突出起来。随着市场在资源配置方面的基础性作用日益增强，劳动就业对经济的影响力也越来越大，就业与经济增长之间将产生更为紧密的相关关系。为增加劳动岗位，保证必要的就业，防止失业率过高，必须保持一定的经济增长率。而经济增长率过高，又可能引发严重的通货膨胀，造成经济波动和社会不稳定。比较妥当的做法是，在社会可能承受的失业率和通货膨胀率的基础上，求得经济的合理增长。但要做到这一点不是很容易的，需要进行大量的调查研究和认真总结经验，选择最佳的结合点。这里，还有一个正确认识集约经营与扩大就业的关系问题。走集约经营之路，提高劳动生产率与扩大劳动就业，从根本上说是不矛盾的。这是因为，提高经济效益，提高劳动生产率，可以为扩大社会再生产提供更多的积累，从而能够创造更多的就业机会。加快技术进步和优化结构，可以开辟更多的生产领域和就业岗位。也可以说，劳动就业的扩大，最终要靠经济发展、社会进步去实现。因此，不能把实行集约经营同扩大劳动就业对立起来。当然，鉴于我国劳动就业压力很大，在深化改革和实行两个根本性转变过程中，必须统筹考虑和妥善处理劳动就业问题。这方面关系处理得好，经济发展、两个转变和扩大劳动就业就可以相得益彰，协调前进；如果处理得不当，就会使各方面受到不良影响。

第四，正确处理效率与公平的关系。在个人收入分配方面，我们必须坚持按劳分配为主体、多种分配方式并存，体现效率优先、兼顾公平的原则，这是社会主义市场经济条件下的基本分配制度和分配原则。实行效率优先，就是要按劳分配，利用收入分配的经济杠杆作用，激发和调动劳动者的生产积极性、创造性，提高劳动生产率，提高产品和服务质量，增进企业经济效益。兼顾公平，就是要使收入分配比较合理，防止差距过大。在处理效率与公平关系中，应注意两点：一是要使收入差距保持在合理范围之内。所谓合理，就是差距既不能过小，搞平均主义，又不能过大，以致出现高低悬殊。要参照国际经验并结合我国的实际情况，来制定相应的评价标准，例如基尼系数多少为合适，行业之间的收入差距多大为合理，企业内部经营者与职工收入差距多少为适当，以及收入分配方式如何确定，等等。二是要坚决取缔非法收入，控制非劳动收入，使劳动者主要依靠诚实劳动和合法经营致富。目前在如何看待公平分配问题上，各方面的研究不少，涉及的问题也很多。例如，是以起点公平为标准，还是以过程或结果的公平为着眼点，或者三方面兼顾？这里也包括许多复杂的因素，有分配问题本身的，也有诸如道德、权利等其他方面的，需要进行多方面研究。总的来说，收入差距过小会影响效率，过大则会影响社会稳定。解决这个矛盾，必须发挥政府的调控和管理作用。目前在这方面我们的研究工作仍是比较薄弱的。在收入分配中，现在既有不少方面平均主义未有根本解决的问题，也有一系列新出现的差距过分悬殊的问题。我们在继续执行允许和鼓励一部分人、一部分地区先富起来这个大政策的同时，要防止某些社会成员之间收入差距的过分悬殊，否则，就会引发多方面的严重后果。邓小平同志指出："社会主义最大的优越性就是共同富裕，这是体现社会主义本质的一个东西。如果搞两极分化，情况就不同了，民族矛盾、区域矛盾、阶级矛盾都会发展，相应地中央和地方的矛盾也会发展，就可能出乱子。"我们在处理效率与公平，先富、后富、共富的关系时，要从大局看问题，防止引起社会动荡。我们要把调节个人收入分配、防止两极分化，作为一个重要问题来研究。

第五，正确处理社会事业发展中国家、企业、个人三者的投入关系。要适应发展社会主义市场经济的要求，建立有效的筹资机制，逐步形成多渠道的投入体制。从各国的实践看，社会事业的相当大部分不具备营利能力，不能主要依靠市场机制，而要依靠政府的必要投入。例如义务教育，许多文化设施、公共设施，重要的环境和生态保护工程，都应当由各级政府承担起重要的责任。但历史经验也表明，社会事业完全由国家包下来也是不行的。特别是在我国经济条件尚不宽裕，经济建设本身任务很重的情况下，国家也包不了多少，硬要包下来，其结果就会阻碍社会事业的更快发展。因此，在社会事业建设方面，有必要适当引入市场机制，有些能够进行经营性建设与发展的，可以向企业化的方向转变，不能完全企业化的，也可在内部管理上引进市场机制，以激励提高工作效率和质量。同时，应提倡社会事业社会办，鼓励广大群众及社会各方面力量积极参与和支持社会事业的发展。有许多社会事业实际上不需要太多的资金投入，只要把群众动员起来了，也是能办好的。例如，社区环境卫生和绿化、美化，一些群众性的文化、卫生、体育活动等。即使需要一些资金，也可采取国家、企业、个人都投入一点儿的方式来筹措。一般来说，只要是群众喜爱的社会活动，个人往往会自愿出一些钱的，政府只要进行必要的组织和引导就可以办成。动员群众广泛参与社会事业的建设，不仅能有效地解决资金投入问题，而且可以把社会全面发展变成群众的自觉行动。总之，要深入研究政府、企业、个人在社会事业发展中投入的范围、界限、程度和渠道，建立合理的、规范化的机制和体制。

第六，正确处理社会效益与经济效益之间的关系。就总体而言，社会事业发展主要应是公益性的，因此应坚持以社会效益为主，不可过分强调经济效益。特别是在精神文明建设的领域，包括思想教育、舆论宣传、大众传媒、民主法制建设，义务教育与基础性科学研究，卫生医疗，疾病防疫和社会保障等方面，更是如此。但随着社会主义市场经济的发展，社会事业的一些领域也要注意经济效益。否则，全部由国家包下来也是不现实的。因此，在社会发展方面，我们在总体上讲求社会效益，在不损害社会效益的前提下，适当讲求经济效益，以支持社会事业更快更好地发展。这里面要解决不少实际问题，包括政策性问题。如哪些事业是主要由政府办的，哪些可以完全放开或放开一部分。对政府不能包下来的一些社会事业，资金不足的部分应通过何种合理的、规范化的方式去筹集，现行的“创收”办法有些什么问题，对社会事业发展中追求的经济效益怎样进行监督、调控等，这些也需要开展广泛的调查研究，拿出具体的办法来。

社会发展领域十分广泛，涉及的矛盾和各种关系也是错综复杂的。以上仅把几个比较重要的关系问题提出来，目的是引起大家的重视和深入讨论，以推动社会发展理论的深入展开和提出更多更好的政策建议，促进我国社会全面健康的发展。

（原载《中国社会保障全书》，中国计划出版社 1998 年 8 月第 1 版）

中国就业现状分析与对策思路

对当前就业现状的分析和未来趋势的预测研究表明,我国已进入新一轮失业高峰。城镇下岗失业和农村不充分就业等问题,直接影响经济体制改革和国民经济发展,已到了非解决不可的地步。党和政府高度重视就业问题,党的十五届四中全会明确提出要大力做好再就业工作,采取有效的政策,广开就业门路,增加就业岗位。积极发展和规范劳动力市场,形成市场导向的就业机制。为做好下一阶段的就业工作,必须认真分析当前就业形势与失业问题,剖析政策效果,有针对性地采取措施。

一、当前我国城乡就业现状

20世纪70年代末,中国开始改革计划经济体制及其管理模式,致力于发展经济,改善人民生活,20年来在经济取得近两位数高速增长的同时,城乡从业人员数量大幅增长,就业结构经过不断调整已有所改善,职工素质有较大提高,已初步形成中国特色的就业管理服务体系,政府所采取的一系列扩大就业的政策取得明显成就。但是,随着改革的深化和结构调整力度的加大,过去长期积累的国有企业富余人员问题逐步显现出来,城镇下岗失业人员增多,失业时间延长,再就业难度加大。与此同时,农村劳动力不充分就业严重,转移渠道不畅。

（一）改革开放以来城乡就业的历史成就

1978 年～1998 年的 20 年间，我国国内生产总值平均每年增长 9.7%。与之相对应，城乡就业格局也发生了显著变化，主要体现在以下几个方面：

——就业总量逐年增长。1998 年底，我国城乡从业人员 6.99 亿人，较 1978 年增长近 3 亿人，年均增加就业 1500 万人，基本上吸纳了新增劳动力就业，并解决了 1979 年由于知识青年大返城形成的就业问题（当年城镇待业人员达 1700 万人）。1998 年农村就业首次出现负增长，比上年减少就业 114 万人，这是继 1992 年农业从业人员净减少后农村就业发生的又一质的变化。

——就业结构明显改善。从产业结构看，1978 年从事农业和非农业劳动力比重为 70.5∶29.5，1998 年为 49.8∶50.2，就业结构发生了质的变化。第一产业就业于 1992 年起绝对量逐年减少，成为劳动力净输出部门，第三产业就业持续上升，20 年共增加就业 1.4 亿个，年均 700 万，吸纳了 46.3% 的新增就业量。从所有制结构看，非国有企业迅速发展，其中个体、私营经济自 1994 年以来已连续几年新增就业 300 多万。从企业规模看，中小企业吸纳就业能力大，目前中小企业数量占全国企业总数的 99%，吸纳了城镇新增就业的 80%。

——就业人员文化素质和职业技能提高。20 年来，城镇新增就业人员中，来自大专院校和中等专业技术学校的毕业生所占比例，1978 年为 6.9%，1997 年 31.7%，提高 25.8 个百分点。

——劳动生产率有较大提高。1978 年～1998 年，社会劳动生产率平均每年增长 6.7%，国有工业劳动生产率年递增 6.3%。

——国有企业富余人员逐渐分离出来，国有企业效益有所提高，下岗人员基本生活有了保障，近 50% 实现了再就业。1999 年 1 月～

9月国有及国有控股工业企业实现利润比上年同期增长1.5倍，大多数工业行业和省、自治区、直辖市的国有企业效益好于去年。

(二)当前城乡就业面临的主要矛盾与问题

——就业增长弹性下降，就业需求相对减少。在20世纪80年代，中国经济处于“高增长、高就业增长弹性”状态，经济增长强有力地带动了就业增长。1980年~1989年，GDP年均增长9.3%，就业增长弹性系数为0.323，平均每年增加就业1400万个。但在“八五”期间，GDP年均增长11.9%，由于就业增长弹性降为0.109，每年增加就业降至800万个。1993年以来，增加就业岗位一直处于700万~720万之间。1998年，GDP增长率降至7.8%，就业弹性仅0.064，当年增加就业357万个。

——国有企业下岗职工人数增加，再就业难度大。自1998年以来，随着国有企业下岗分流、减员增效力度的加大，下岗职工人数持续增加，在整个就业环境不宽松的条件下，下岗职工再就业难度很大。

——失业率上升，失业周期延长。1993年以来，我国登记失业人员迅速上升。1993年全国城镇登记失业人员为420万人，登记失业率2.6%，1998年登记失业人数上升到571万，失业率3.1%。失业周期也呈上升趋势。1995年全国平均失业周期为4个月，1996年上升为7个月，1997年达到10个月。

——农村就业问题趋于突出。据测算，1998年，我国农业剩余劳动力1.5亿，占农村从业人员总数的30.4%。目前农村就业出现两个下降和一个反弹：一是由于城市再就业压力加大，进城务工农村劳动力增长速度下降。1999年预计外出农村劳动力4700万人，其中3500万人进入城市，年增长3%，低于1998年的增长速度。二是乡镇企业就业量相对下降。1997年和1998年，乡镇企业分别减少就业458万和513万，两年减少近千万人。三是农业就业人数反弹上升。1998 年，第一产业就业人数增加 108 万人，这一情况是在第一产业就业自 1992 年以来连续下降的基础上出现的，也是在我国农产品供求平衡，丰年有余的背景下出现的，加剧了农业不充分就业状态。

二、我国城乡就业的政策与效果

就业问题是一个十分重要的经济社会问题，直接关系到经济发展、人民生活和社会稳定，社会各界十分关注，党和政府对此一直十分重视并采取了一系列的方针政策。党的十五届四中全会明确提出，要积极发展和规范劳动力市场，形成市场导向的就业机制。围绕建立市场就业机制，我国制定了针对多种群体、多个层面的就业政策，主要包括国有企业下岗职工基本生活保障和再就业、劳动力市场、农村劳动力就业、职业技能培训等几个方面。

（一）国有企业下岗职工基本生活保障和再就业政策

再就业工作是当前及今后一个时期各级党委和政府的一项十分重要的工作。再就业工作的主要对象是国有企业下岗职工，主要任务是解决其基本生活保障和再就业问题，包括三项基本内容：一是普遍建立再就业服务中心，保障国有企业下岗职工基本生活，并组织下岗职工参加职业指导和再就业培训，引导和帮助他们实现再就业。二是按企业、社会和政府各方负担的“三三制”原则筹集基本生活保障资金。三是发展经济，尤其是发展就业弹性大的产业和经济形式，加强对下岗职工的再就业培训和就业服务，促进再就业。1998 年初，劳动保障部实施“三年千万”再就业培训计划，以创业培训和第三产业的“短”“平”“快”专业为重点，以需求和市场为导向，增强了培训的针对性和有效性。到 1998 年底，全国已有 26 个省市区和石油等 6 个行业出台了再就业培训实施方案，全年培训下岗职工 390

万人次。开展“一三一”的就业服务,即在每个下岗职工进入再就业服务中心后的半年内,至少免费对其进行一次职业指导,提供三次就业信息或职业介绍;对每个需要并自愿参加职业技能培训的下岗职工提供一次免费(或部分免费)的培训机会。工作开展以来,各地都建立了免费为下岗职工服务的窗口,一些地方还提出了“即时服务”等具体服务承诺,取得了较好的效果,树立了政府公共就业服务的良好形象。

虽然存在一些问题,国有企业下岗职工基本生活保障和再就业工作仍然进展顺利。绝大多数国有企业下岗职工进入再就业服务中心,基本生活得到了有效保障。再就业工作取得较大进展,1998 年全年共有 609 万国有企业下岗职工实现再就业,再就业率 50%。

(二)劳动力市场政策

1. 以建立市场导向的就业机制为目标,积极开展劳动力市场科学化、规范化和现代化的“三化”建设。1993 年党的十四届三中全会明确提出“改革劳动制度,逐步形成劳动力市场”。6 年来,劳动力市场迅速发展,市场体系已初步形成。1998 年底,全国职业介绍机构发展到 3.5 万个,接受求职登记 1184.3 万人(包括上年结转共 1863.4 万人),接受用人登记 934.2 万人,介绍成功 798.8 万人,成功率为 42.9%。与此同时,在农村地区积极发展乡镇劳动服务机构,为农村劳动者就地就近转移就业和外出务工提供就业登记、职业介绍和培训服务。截至 1999 年 6 月底,全国已有乡镇劳动服务机构 3.1 万个,工作人员 7 万多人。但从整体上判断,我国的劳动力市场仍处在发育过程之中,市场机制在劳动力资源配置中的基础性作用未得到充分发挥;管理手段相对落后,信息网络建设进展缓慢;当前市场秩序还比较混乱,农村劳动力流动中的盲目、无序问题仍比较突出等。为加快劳动力市场建设,1999 年下半年,劳动保障部确定 100 个大中城市开展劳动力市场“三化”建设试点,试点范围覆盖了绝大多数人口在100万以上的大城市。

2. 发展劳动就业服务企业。20世纪70年代末，为解决严重的城镇就业问题，中央决定拨出资金，在大中城市建立劳动服务公司，担负介绍就业、输送临时工，组织生产、服务，进行职业教育等任务。随后，劳动服务公司在一些国有企业成立起来，成为附属企业的集体企业，独立核算、自负盈亏，安排富余职工和待业青年就业。经过近二十年的发展，劳动就业服务企业从无到有，已成为安置企业富余人员、解决失业问题的一条重要渠道。1998年，全国已有劳服企业11.3万个，其中股份制企业7757个，年末从业人员649.2万人，全年纯利润54.1亿元。但目前也存在吸纳就业下降的问题。1998年新增就业70.5万人（其中失业人员13.4万人，富余人员25万人），同期减少就业154.4万人，净减少83.9万人。

3. 建立失业保险制度。失业保险是就业服务的重要内容之一。1986年，中国开始建立失业保险制度。去年12月底，国务院发布《失业保险条例》，覆盖面扩大到所有的城镇企事业单位，失业保险金缴费比率由职工工资总额的1%提高到3%，并规定基金的支出范围包括"领取失业保险金期间接受职业培训、职业介绍的补贴"。《条例》发布以来，失业保险工作成效显著，参保人数逐月增长。截至9月末，全国共有失业保险经办机构2300多家，参加失业保险的人数已达9481万人，比上年增长19.6%。1月~9月全国失业保险基金比去年同期增加45.6亿元，增加1.5倍。领取失业保险金的人数已近100万人。存在的主要问题是地区和企业发展不平衡及欠费问题严重，联营、股份、港澳台、外商投资企业和私营企业职工参保率还比较低，缴费不规范、企业困难缴不起等。

（三）农村劳动力就业政策

针对20世纪80年代前期开始显现、中后期不断突出的农村劳动力剩余问题，中国政府开始农村就业的战略研究和部署，提出了城乡就业统筹的工作方针。顺次组织开展了“中国农村劳动力开发就业试点项目”和“农村劳动力跨地区流动有序化工程”,并在一些重点地区开展农村劳动力流动就业重点监控工作。

1.“中国农村劳动力开发就业试点项目”。该项目由原劳动部、农业部和国务院发展研究中心等部门于1991年发起,起初在50个县(市)进行,1993年起试点范围扩大到省一级,覆盖了广东、四川等8个省市,试点工作的目的是探索方式方法,研究制定政策,促进农村就业。通过试点产生了一些好的案例。如河南扶沟县发展集约农业,不仅消化了本地十多万富余劳动力,还吸引大量外地劳动力从事季节性劳动;浙江苍南县龙港镇依靠农民集资建城,发展劳动密集型加工产业,几年内把偏僻落后的渔村建设成一座7万人的小城市,为数万进城的农村劳动力提供了非农就业岗位。试点探索出来的一些成功经验和政策思路,目前正体现在国家的国民经济发展计划和农村经济政策中。存在的主要问题是项目缺乏经费支持,以及户籍制度、土地制度等对农村劳动力流动和土地资源优化配置的限制。为进一步探索农村就业促进的有效途径,1996年起,劳动部在国际劳工组织的支持下实施“中国农村就业促进试点项目”,通过对低收入农户提供小额贷款等支持,促进农民实现就业,增加收入。促进农村就业各方面的试点工作,我们还将会同有关部门进一步深入开展。

2.“农村劳动力跨地区流动就业有序化工程”。为规范和引导大量的农村劳动力外出务工和缓解一年一度的“民工潮”,1993年国家实施有序化工程。主要内容是加强流动就业管理和服务,建立信息导向机制,开展劳务协作,实行流动就业凭证管理制度,建立多部门协调配合齐抓共管的工作机制等。通过多年探索已形成了一系列管理和服务政策措施,减少了农村劳动力外出的盲目性,提高了民工外出务工的成功率,也相应减少大规模民工盲目外出对交通运输、输入地劳动力市场、城市社会生活的压力。目前,“民工潮”现象基本缓解。1998年春夏之交,中国发生了历史上罕见的特大洪涝灾害,大片村庄、农田被淹,农民纷纷外出打工,湖南华容县一些乡村外出人数比正常情况增加10倍以上。有些农民因灾借钱外出,找不到工作、盘缠用尽后不得不返回。针对这一苗头,政府利用多年来组织民工有序流动的工作经验和组织管理体系,及时采取了引导调控措施,大灾之年没有出现大规模民工盲目外出的情况,保证了灾区的重建和恢复生产,也保护了灾区农民的切身利益。目前的主要问题是制度要进一步规范,信息导向机制要进一步建立,劳动管理要进一步加强,如加强民工权益保障、劳动合同管理等。

3. 重点监控。1998年起,劳动保障部在全国农村劳动力流动量大的省(自治区、直辖市)中确定100个农村劳动力输入城市、输出县(市)和中转城市,作为农村劳动力流动就业重点监控地区。并在监控点中选取174个乡镇,318个村,480个企业,136个职业介绍机构及28个主要车站作为固定监测点,开展流动信息监测和规模、速度调控引导,并制定扩大农村就业的政策措施,积极拓宽就业门路,输出地为就地安置农村剩余劳动力创造条件。

(四)职业培训政策

职业培训是就业促进的必要措施,政府坚持培训和就业结合,培训为就业服务的工作方针,按照社会化、市场化的方向,在发展和完善学校培训、在职培训的基础上,针对一些特殊群体,实施了相应的培训政策措施。

1. 普遍实行劳动预备制度。这是提高新成长劳动力职业技能,缓解劳动力供给压力的一条重要措施。1999年6月,国务院办公厅转发劳动保障部等部门《关于积极推进劳动预备制度加快提高劳动者素质的意见》,正式推行这一制度。制度的基本内容是:青年劳动者在就业前须接受1年~3年的职业培训和职业教育,取得相应的职业培训合格证书,方可就业。目前,一些地方已进行了初步探索,如湖北省在全国率先推行这一制度。鞍山市建立从中学到培训单位、再到用人单位的直接联系，通过资源、培训和就业体系的整体联动，提高了劳动预备制度的吸引力；湘潭市劳动部门会同教育部门，对中、高考落榜生及时进行宣传，使绝大部分符合劳动预备制培训的人员都能到职业培训机构参加培训。这一制度目前也存在培训经费不足，培训质量有待提高，职业培训和素质教育及就业的衔接有待加强等问题。

2. 再就业培训。为实现“三年千万”（即从 1998 年至 2000 年 3 年共培训 1000 万下岗职工）的再就业培训计划，政府正在推广几种有效的培训模式。第一，伙伴计划模式。这一模式由北京、陕西等地创造并得到劳动保障部的支持，基本思路是选定一批培训机构作为再就业培训定点单位，并指导这些培训机构与企业再就业服务中心建立伙伴关系，签订培训协议，为下岗职工提供培训。第二，政府购买培训成果模式。这一模式由上海市首创，基本思路是按市场化机制方式运作，通过政府设立培训项目并招标，各培训机构投标，进行公平竞争，最后由政府根据培训成果和就业率补贴培训经费。上海按这一机制运行了两年，参与培训的机构已达 300 多家，初步实现了培训的社会化。第三，创业培训模式。这一模式由劳动保障部发起，借鉴了国际上的一些经验，1997 年始在苏州、北京、上海等几个城市同时进行试验，目前已扩大到 30 多个城市。主要机制是对具有创业意愿的下岗职工和失业人员进行创业能力培训，帮助他们成功地创办企业。如苏州市劳动局在市政府支持下，成立了创业培训咨询委员会，由工商、经贸、税务、公安、卫生、物价等部门有关人员参加，咨询委员会的主要作用是定期接受学员咨询，帮助学员修订企业创办计划，协助学员解决开业登记、贷款及业务经营等方面的具体问题。

3. 职业资格证书和就业准入制度。1995 年、1996 年和 1999 年，政府三次公布了劳动者就业上岗前必须接受培训的技术工种目录。

1999年公布的全国性实行就业准入的工种有66个。这一制度的实施，对于提高广大劳动者的素质和职业技能起到了重要作用，职业技能鉴定的规模扩大，质量提高，每年通过考核鉴定取得职业资格证书的人数近300万人。存在的问题是，高技能人才成长通道不畅，技师、高级技师占技术工人总数的比例较低的问题仍比较突出，职业资格证书在社会上的影响力和权威性还没有真正树立起来。

三、未来3年至5年我国就业形势预测及对策

今后几年，我国劳动力供大于求的矛盾进一步加剧，就业压力日趋加大，必须采取切实可行的措施，在作好就业长远规划的基础上，综合运用积极的宏观经济政策、劳动力市场政策等措施，缓解失业压力，促进失业人员再就业。

（一）形势分析

影响劳动力市场供求矛盾加剧的主要原因包括：

1. 城市劳动力供给量大。预计十五期间，城镇每年新增劳动力大约在800万左右。下岗、失业人员还会继续增加。新增劳动力加上下岗失业人员，每年需解决的就业量达2000万左右。

2. 就业需求短期内难以有较大增加。由于前几年经济发展速度和就业增长弹性双下降的惯性，今后几年就业需求量将与近几年基本持平。按今后5年年均GDP增长7%，每个百分点增加就业100万计算，年增加就业量在700万左右，不足以抵消新生劳动力的增加，每年将净增加失业人员100万左右。

3. 农村向城镇净排出劳动力的压力进一步加大。一是乡镇企业由于资本有机构成提高和结构调整，吸纳就业能力将继续下降；二是农业由于技术的进步和劳动生产率的提高，就业逐年减少是必然趋势。目前我国农业生产已实现供求基本平衡，丰年有余，对农产品增

量需求的减少必将直接导致农业就业的减少。因此农村就业减少的趋势将进一步加大，更多的农村劳动力将不得不转向城镇（1998 年农业就业量反弹意味着今后更大的农村劳动力转移压力）。

4. 加入世贸组织之后，我国经济将进一步融入世界经济，就业形势将进一步复杂化。预计纺织等劳动密集型产业就业将增加，一些领域将减少就业，如农业等部门。据专家分析，加入世贸组织对我国就业净增加的影响要 3 年至 5 年后才能显现出来，刚加入的几年由于结构调整的制约，增加的就业和减少的就业大体持平。

缓解就业问题也有一些有利条件：其一是新的消费热点经过近几年的酝酿已趋于形成。一旦以住房、电子信息产品及家庭用小轿车成为消费热点后，国内需求就会大幅度提高。其二是国有企业经过多年改革，效益已开始回升。其三，农村就业量的绝对下降标志着城市化加快发展的时代到来，城市化的发展可能成为我国解决第三次失业高峰的关键点。从世界范围看，1992 年世界上已有 70 多个国家和地区城市人口占总人口的一半以上，高收入国家的城市化水平已达到 78%，中等收入的国家为 62%，低收入国家也达到 27%。而 1998 年底，我国城市化水平仅为 30.4%。目前中国已经步入城市化的加速发展阶段，根据国际经验和规律，预计到 2010 年，中国城市化水平将达到 45% 左右。

（二）对策

解决目前的就业问题，必须从国情出发，充分利用有利条件，采取多渠道、全方位的就业促进措施。概括说来，面临如此严峻的就业形势，政府应继续采取积极的宏观经济政策，加大基础设施的投资，加快结构调整和产业升级，继续实行扩大内需的政策，发展经济，形成就业增长的良好经济环境。发展第三产业等劳动密集型产业和部门，发展个体、私营经济和中小企业，发展社区服务业，创造就业机会，提高经济发展的就业弹性。此外，还应采取如下促进就业的政策

措施:

1. 做好下岗职工基本生活保障和再就业工作。首先是要保证下岗职工的基本生活,加大政策的执行力度,切实保证"三三制"资金到位。其次是规范再就业服务中心运作。三是加大促进再就业的工作力度,促进下岗职工再就业。认真落实促进再就业的各项政策措施,加大再就业培训的工作力度,保证资金投入。四是对于年龄较大、工龄较长的下岗职工,制定合理可行的过渡性措施和适当照顾的办法。完善破产企业职工安置办法,出台一次性安置的政策。五是加快建立和完善市场导向的就业机制。为此,要加快完善失业保障制度,增强基金支撑能力。

2. 加快劳动力市场科学化、规范化和现代化建设。建设现代化的劳动力市场信息网络,强化信息收集工作,提高利用效率;加强积极主动的就业服务,完善就业服务体系,特别是要加强职业指导,对于下岗职工等困难群体,有针对性地开展免费和专门服务;健全劳动力市场管理制度,规范市场运行,严格打击非法职业中介行为;加强劳动力市场和失业保险、职业培训及再就业服务中心的衔接。

3. 加强职业培训,使之与促进下岗职工再就业和促进经济结构调整结合起来。大力开展再就业培训,增强培训的针对性、实用性和有效性,提高再就业培训的效果。加大力度,全面推行劳动预备制度,调节劳动力供给,提高新增劳动力素质。政策上应保证实施劳动预备制所需经费,完善运行机制,提高预备制培训的质量和社会认可度。发展和完善职业技能体系,提高职工中技术工人的比重及提高技师、高级技师在技术工人队伍中的比重。面向信息时代,加大对职业技能培训的投入,逐步实现全民、终身的职业培训体系。

4. 正确处理城乡就业关系,促进农村就业。发展农业生产产业化经营,制定农业深度和广度开发的政策措施,扩大农业领域的就业空间。发展乡镇企业,促进农业劳动力向非农产业转移。加快小城镇建设,尽快解决小城镇建设中涉及到的户籍制度等问题,制定小城镇就业促进办法。加强农村职业技能培训,尽快研究出台在农村实行劳动预备制度的方法和模式。根据农村就业出现的一些新特点,做好农村劳动力流动就业的监测和引导,进一步处理好农民进城务工和城市再就业的关系,加强对流动就业农村劳动力的权益保障和登记管理。在有条件的地方,逐步实现城乡劳动力市场一体化,实行城乡一体的就业管理和服务体制。

(2000 年 1 月)

积极促进就业和再就业

在以江泽民同志为核心的党中央坚强领导下，我国改革开放和现代化建设大势磅礴地胜利前进，取得了举世瞩目的伟大成就。当前，国民经济保持良好发展势头，经济增长质量不断提高，经济结构调整步伐加快，各项改革深入推进，社会政治保持稳定，总体形势很好。前进中的一个突出问题，是下岗失业人员增加，就业和再就业压力大。这个问题解决得好坏，直接关系到改革发展稳定的大局，关系到人民群众的根本利益，关系到国家的长治久安，关系到社会主义现代化事业的进程。积极促进就业和再就业，势在必行。

一、必须把促进就业和再就业作为一项重大而紧迫的任务

党中央、国务院高度重视就业和再就业问题，近几年来做出了一系列重大决策。1997 年，针对深化国有企业改革中遇到的新问题，及时提出了实行鼓励兼并、规范破产、下岗分流、减员增效和实施再就业工程的方针。1998 年，党中央、国务院召开了国有企业下岗职工基本生活保障和再就业工作会议，提出建立国有企业下岗职工基本生活保障制度，积极促进下岗职工再就业。同时，加快改革和完善城镇职工养老、失业、医疗保险制度，实行“两个确保”和“三条保

障线”，建立城市居民最低生活保障制度。实践证明，中央制定的一系列方针政策是完全正确的。就业和社会保障工作取得了显著成效。主要表现在：一是创造了大量就业岗位。1998 年到 2001 年底，全国净增加就业岗位 3400 多万个，从总体上稳定了就业大局。这几年，国有企业下岗职工累计 2550 万人，已实现再就业 1700 万人。二是建立起“三条保障线”，即国有企业下岗职工基本生活保障、失业保险和城市居民最低生活保障制度，从而保证了下岗职工、失业人员和低保对象的基本生活。这几件事情意义十分重大。在推进改革和发展的同时，维护了社会稳定。可以说，没有这些决策和工作，我国就没有今天这样好的政治、经济形势。对于已取得的显著成绩，必须予以充分肯定。

同时，我们也要清醒地看到，我国仍然面临着严峻的就业形势。一是我国人口多，正处在劳动力增长高峰时期，劳动力总量供过于求的矛盾将长期存在。“十五”期间，新增加劳动力和结存的下岗失业人员，每年城镇需要就业的人数将达到 2200 多万人；同时，农村还有 1.5 亿剩余劳动力需要转移，就业压力巨大。二是产业结构调整要继续推进，企业改革仍要深化，加入世贸组织后，国内外市场竞争更加激烈，企业减人增效成为必然选择，有些职工下岗失业难以避免。三是就业弹性下降，就业难度加大。20 世纪 80 年代，我国国内生产总值每增长 1 个百分点，可吸纳劳动力 120 多万人。近十年来，国内生产总值每增长 1 个百分点，仅能增加 80 万个就业岗位。下岗职工再就业率逐年降低，1998 年再就业率还在 50% 以上，2001 年已经下降到 30% 以下。现存的下岗失业人员中，年龄大、文化水平低、技能差、失业时间长、生活困难的，占了相当比例，这些也增加了再就业的难度。

因此，就业和再就业问题已成为全社会关注的热点问题，必须给予高度重视。采取更有力的措施，积极促进就业和再就业，这是当前和今后时期一项重大而紧迫的任务。

二、研究借鉴国外市场经济国家解决就业问题的做法

我们是在实行社会主义市场经济改革和对外开放的情况下，研究解决艰巨的就业问题的。市场经济有自己的运行特点和规律性，要正确解决就业问题，固然必须要充分考虑我国的国情，同时也需要借鉴国外市场经济国家的做法。“他山之石，可以攻玉”。研究和学习国外的有益经验，无疑有助于更好寻找扩大就业的有效之策。从目前掌握的材料看，国外解决就业和再就业的做法，大体有以下几个主要方面：

（一）实行积极的就业政策，扩大就业需求

许多国家都把失业率作为反映经济形势好坏和宏观经济调控的重要指标，实施有利于增加就业岗位的经济社会政策。美国、日本、韩国等在经济发展低迷时期，都采取国家干预的办法，增加公共投资，促进经济增长，以带动就业。一些发展中国家还积极开展劳务输出，鼓励到国外就业。意大利、希腊等国积极投资开发落后地区，增加新的就业岗位。不少国家还采取缩短劳动时间、降低退休年龄等办法，尽可能多地创造就业机会。

（二）大力调整就业结构，积极开拓就业岗位

首先是发展第三产业，扩大服务业就业。目前发达国家第三产业就业比重普遍达到了60%以上，一些国家甚至达到了70%以上。第三产业涵盖面广，不但包括运输、商业、餐饮、修理、家政等传统服务业，而且包括金融、保险、信息、咨询等新兴服务业，能够创造大量就业机会。其次是扶持中小企业发展，以增加更多的就业岗位。许多国家大量的就业岗位是由中小企业提供的。美国、欧盟、日本等都

制定了许多优惠政策，包括提供信贷、鼓励出口、改进管理等方面的服务，为中小企业发展创造条件。有的国家还积极推行灵活多样的弹性就业方式。最近十多年来，不少国家发展非全日制就业、派遣就业、自营就业、临时性就业等形式，都取得了明显效果。欧盟国家还完善和制定法律法规，依法承认和保护灵活就业方式，并通过补助措施鼓励灵活就业。

（三）实行就业优惠政策，促进失业人员再就业

许多国家加大政府对就业经费的投入，提供就业资金保障。英国、美国、韩国等还针对失业高峰期，采取专项筹款用于促进就业。一些国家实行就业补贴政策，鼓励企业雇佣失业人员。例如，美国对雇佣失业人员的企业，在一定时间内给予不同程度的减税；英国对雇佣失业人员的企业在一定时间内给予一定的工资补贴，对自谋职业人员，减免各种费用。欧盟一些国家对失业人员从事自营就业，给予一定的就业津贴，并提供小额贷款、经营场地、信息技术等方面的服务。自营就业在发达国家已占有较高比重，一般占到就业人口的1/4左右。

（四）加强就业培训，完善就业服务

许多发达国家非常重视职业技术培训。德国建立了系统的培训制度，全方位提高劳动者的职业技能，“终身学习”、“继续培训”已成为一种社会风尚。德国、美国、加拿大、法国等都建立起合作培训机制，采取市场化和社会化的培训管理方式，政府委托或通过招标由培训公司负责培训，政府购买培训成果。许多国家的劳动行政部门都设立了就业服务机构，建立起比较完善的就业服务体系。美国还实行“一站式”、“个性化”的就业服务方式，有针对性地解决失业者的就业问题。

（五）加强劳动就业立法管理，完善失业保险制度

许多国家都建立起完备的劳动就业法律法规体系，实行依法管理。有些发达国家近年来针对失业保险待遇过高、许多人自愿失业、政府财政负担加重的问题，大力改革失业保险制度。强化失业保险登记，严格享受失业津贴条件，同时加强失业保险的促进就业功能，从保障基本生活转向促进失业者就业。例如，英国将失业保险制度改为“求职津贴”制度；日本、加拿大改为“就业保险”制度；德国将失业保险与职业培训结合起来，促使失业人员尽快实现再就业。

总之，世界上许多国家都根据自己的实际情况，实行有利于促进就业的政策措施，取得了很好效果，我们应当认真研究和借鉴。

三、认真总结和推广国内各地促进就业的经验

近几年来，我国各地在促进下岗职工和失业人员再就业方面进行了积极探索，成效明显，也积累了许多经验。

首先，强化政府职责，建立就业目标责任体系。一些地方党委和政府高度重视，普遍建立再就业工作领导小组，实行工作目标责任制。不少地方都把促进就业作为“一把手工程”和为民办实事的重要内容，纳入当地经济和社会发展计划，加大了再就业工作的力度，明确规定了下岗失业人员再就业率、城镇登记失业率，并把其作为考核工作业绩的重要指标。同时，制定了促进再就业政策，把扩大就业与经济发展和结构调整结合起来，积极探索扩大就业的新路。

其次，大力开拓就业领域，努力创造就业岗位。主要是积极扩大第三产业就业，拓宽就业空间。一方面，发展传统商业服务业，如商品批发零售、衣食住行服务，也包括新兴的商场超市、连锁店、配送中心、快餐业等；另一方面，发展现代服务业，如房地产、物业管理、家庭装修、旅游、保险、通信、电脑网络、会议展览、现代物流等。大力发展社区服务业，特别是环保、家政服务业。进一步发展有市场、有效益的劳动密集型加工工业，如纺织、服装、食品、轻工等，尽可能多地吸

纳就业人员。大力发展个体私营、城乡集体等多种所有制经济，重视发展各种类型的中小企业。充分利用国有企业现有条件，通过主辅分离，改制兴办或转产创办独立核算、自负盈亏的法人经济实体，尽力在企业内部安置富余人员。有的地方还实行"退二进一"，即从第二产业转向第一产业，扶持下岗失业人员到农村承包"三荒一塘"，从事种植业和养殖业。

第三，发展灵活多样的弹性就业方式，积极开发公益性就业岗位。各地结合发展社区服务业，创造了许多适合下岗失业人员特点的灵活就业方式，包括钟点工、非全日制工，以及临时性就业、阶段性就业等，这些就业方式已成为促进下岗职工再就业的重要途径。与此同时，针对下岗失业人员中的就业特困群体，开展就业援助活动。通过政府出资、社会扶持，建立社区公益性就业组织，就近安置下岗职工，主要从事卫生清洁、环保绿化、交通管理、治安联防等工作，对就业困难的下岗失业人员起到了"雪中送炭"的作用。一些地方还重视发展"打工经济"，开展劳务输出，有组织地到省外或境外就业，拓展了就业空间。

第四，实行就业优惠政策，加大扶持力度。一些地方对吸收特困群体就业或提供公益性就业岗位的，给予财政补贴。对下岗失业人员自谋职业从事个体经营或到社区就业的，实行一些环节的免费措施；对于从事公益性岗位就业的下岗失业人员，给予一定的工资补贴和社会保险补贴。许多地方都以不同形式开辟了"再就业一条街"、"再就业市场"，为下岗失业人员提供经营场地，简化登记注册手续。有些地方还建立信贷基金，对录用下岗失业人员达到一定比例的企业，以及下岗失业人员组织起来就业或自谋职业的，给予贴息贷款。与此同时，为解除大龄下岗失业人员再就业的后顾之忧，通过"内退"、"协保"、"续保"等办法，及时接续他们的社会保险关系。

第五，加强职业培训和就业服务，加快劳动力市场建设。各地积极开展职业技能培训，有针对性地把职业培训与职业介绍结合起来。劳动部门建立起面向下岗失业人员的劳务市场，定期举办各种招聘会，开展再就业“一条龙”服务，免费提供职业信息和就业指导。加快就业信息网络建设，实现计算机联网发布职业供求信息。同时，强化劳动力市场监管，整顿劳动力市场秩序，为下岗失业人员再就业创造良好的环境。

事实和经验都证明，我国现阶段扩大就业的潜力是很大的。只要采取有力的政策措施，加大工作力度，就会取得明显的成效。

四、注意研究解决我国就业和再就业面临的难点问题

我国目前就业问题是多方面的，需要全面加以研究解决。从各地反映的情况看，当前促进就业工作的着力点，应该放在妥善解决以下一些难点问题。

一是国有企业下岗失业人员和老工业基地再就业面临着越来越大的困难。在我国就业和失业问题上，现在最突出的是两个方面：一个是国有企业下岗失业再就业困难的人员；另一个是下岗失业比较集中的资源枯竭矿区。这应该成为就业政策倾斜和扶持的重点。目前留在“再就业中心”和失业的，大都是就业困难人员，基本上是年龄大、文化水平低、职业技能差的一些人。这些人家庭生活困难，亟待再就业。问题比较大的就业困难地区，主要是老工业基地和资源枯竭城市，以及煤炭、军工、森工等行业。这些地区和行业破产关闭的企业多，下岗职工集中，就业空间狭窄，问题更加突出。

二是下岗职工出中心、解除与企业的劳动关系，向失业保险并轨比较困难。应该说，建立国有企业下岗职工基本生活保障制度，是根据我国国有企业改革的特殊情况所采取的一种过渡办法，是通向市

场经济就业体制的桥梁。不少企业已到了下岗职工大批出中心，向失业保险并轨的阶段。目前遇到的问题主要是：(1)再就业和建立新的劳动关系困难。现在还没有就业的下岗失业人员，很难找到长期固定的岗位就业，只能采取灵活就业的方式，甚至其中一部分人可能无法就业，只能采取失业保险和"低保"的办法解决基本生活问题。(2)经济补偿金问题。下岗职工解除劳动关系，按规定企业应付给一次性经济补偿。有些困难企业无力支付这笔资金。(3)企业所欠职工的各种债务。包括所欠工资、医药费、集资款、欠缴的社会保险费等，而大多数下岗职工的原企业处在停产、半停产状态，也没有能力偿还这些债务。

三是集体企业下岗职工再就业的问题也很突出。近年来，城镇集体企业职工大量下岗，减员总数达1500多万人。集体企业下岗职工没有享受国有企业下岗职工基本生活保障的政策，而是靠困难补助和直接进入城市"低保"的办法加以解决。集体企业下岗职工文化水平、劳动技能普遍较低，再就业更加困难。现在反映较大的是厂办集体，特别是国有大中型企业的厂办集体，下岗职工往往与国有企业职工攀比。近来，集体企业下岗职工群体性上访有增加的趋势，影响到社会稳定。

四是下岗失业人员中存在的隐性就业问题需要解决。下岗失业人员中隐性就业大量存在，其中一些人已经有经常稳定的收入，不同于就业困难人员。现在的问题是，许多下岗失业人员就业观念没有转变，不认为隐性就业就是就业，他们还抱着希望安排固定单位就业的观念，一些人一边从事隐性就业，一边领取基本生活费或失业救济金，同时还要求解决他们的再就业问题。隐性就业中劳动合同管理比较混乱，社会保险关系接续困难。

以上这些问题，是在深化改革和调整结构的特殊时期产生的，应当采取特殊的有效政策和措施。这些问题解决好了，不仅有利于维护企业和社会稳定，而且有利于推动整个再就业工作。

五、务必妥善解决我国就业和再就业问题

为了妥善解决我国就业和再就业问题，必须借鉴国外市场经济国家的做法，总结国内各地的经验，结合我国现阶段的实际情况，形成促进就业和再就业的正确思路。

中国的就业和再就业问题具有其特殊的复杂性和艰巨性，主要表现为“三个并存”：劳动力总量长期供过于求与结构性下岗失业并存；传统的计划经济体制就业机制与新的市场化就业机制并存；农村大量剩余劳动力问题与城镇就业压力大问题并存。我们是在继续推进改革开放和加快工业化、发展信息化的特殊背景下来研究解决中国的就业问题的。在这样的新形势下，解决我国的就业问题，必须既遵循市场经济规律，又充分考虑我国国情特点，尤其要注意把握好以下几个方面：

第一，正确认识和处理效率与就业的关系，既要着力增强经济竞争力，又要积极缓解就业压力过大的矛盾。要适应国内外市场竞争更加激烈的新情况，继续深化企业改革，广泛应用先进技术，这就要求进一步解决国有企业人浮于事的问题，以提高劳动生产率，增强市场竞争力；同时，面对我国严重的就业问题，尽量增加就业岗位，把失业率控制在社会可承受的限度。为此，必须兼顾效率和就业。企业不提高效率、增强竞争力，企业就没有前途，国家也没有希望，就业问题就会更加严重。而如果不考虑就业问题，就会造成下岗失业人员过多，社会难以稳定，也就会妨碍改革开放和现代化建设的顺利进行。所以，要在着力增强经济竞争力的同时，充分考虑扩大就业的需要。这就要求正确处理改革与稳定的关系、发展高新技术产业与发展劳动密集型产业的关系，以及发展大型企业集团与发展中小型企

业的关系,把增进经济效率同扩大就业恰当地统一起来。

第二,正确认识和处理市场和政府的关系,既坚持市场化就业取向,又高度重视政府的宏观调控和管理。在我国实行社会主义市场经济条件下,促进就业和再就业,必须充分发挥市场机制的基础性作用,坚持市场化就业的方向,政府不能包,也包不下来。同时,我国是社会主义国家,政府更有责任帮助有劳动能力者就业。因此,必须高度重视政府的调控和促进作用,努力创造劳动力市场需求,实行积极促进再就业的政策,千方百计扩大就业和再就业。要继续坚持扩大内需的方针,增加投资和消费需求,拉动经济持续较快增长,尽量多创造就业岗位。积极扩大对外开放,通过利用外资和扩大出口,增加就业岗位。积极实施西部大开发战略,扩大经济发展和就业空间。要大力调整就业结构,广辟就业领域,把解决就业问题的重点,转变到服务行业就业、非公有制经济就业和灵活多样的就业形式上来。要在工商登记、税费减免、场地安排、财政信贷等方面加大扶持力度,并加强督促检查,真正把各项优惠政策落到实处。对于就业特困人员,实行就业援助政策和措施,提供公益性就业岗位。要切实抓好劳动力市场建设,整顿和规范劳动力市场秩序,健全再就业服务体系,促进市场化就业健康发展。

第三,正确认识和处理就业与社会保障的关系,在加快完善社会保障体系的同时,下大力气做好就业和再就业工作。扩大就业和加强社会保障工作二者必须并进,不可偏废。有就业就必然会有失业,有失业就必须有社会保障。对于有就业能力的下岗失业人员,积极帮助他们实现再就业;而对于那些由于各种原因无法实现再就业的困难人员,还是要立足于保障基本生活,确保“人人无饥寒”。当前社会保障工作的重点,仍然是搞好“两个确保”,加强“低保”,做好“三条保障线”的接续工作。要在进一步完善社会保障体系的基础上,积极促进和扩大再就业,从根本上缓解就业和社会保障的压力。

要认真研究和解决下岗职工出中心、解除劳动关系过程中遇到的问题，善始善终地做好下岗职工基本生活保障工作，积极稳妥地实现向失业保险并轨，进一步加强城市"低保"制度建设，切实做到应保尽保。

第四，正确认识和处理解决当前就业问题与长远就业的关系，既高度重视解决当前就业面临的紧迫问题，又把促进就业作为我国经济社会发展一项长期的战略任务。要立足于当前，通过采取特殊性的扶持政策和措施，抓紧解决当前国有企业下岗失业人员再就业的突出矛盾，妥善解决老工业基地和资源枯竭矿山城市的再就业问题；也要重视解决其他方面的就业问题，包括集体企业下岗失业人员问题。同时，又要着眼于长远，通过深化改革和体制创新，加快建立与社会主义市场经济相适应的就业机制和社会保障体系，统筹考虑和解决城乡劳动力的就业问题，促进农村劳动力的合理流动，逐步建立起全国统一、竞争、有序的劳动力市场体系，使我国解决就业问题走上制度化、规范化的轨道。

解决好我国的就业和再就业问题，确实难度很大。我们必须充分认识这项工作的艰巨性和长期性。同时也必须充分看到有利条件，增强信心。我国经济将保持快速增长，会创造大量的就业机会；经济结构调整和升级将开辟新的就业空间；党中央、国务院高度重视就业和再就业问题，已经制定了一系列有力的政策措施；各地也探索和积累了丰富的经验。只要各方面齐心协力，扎实工作，开拓进取，我们就一定能够取得就业和再就业工作的更大成绩，把改革开放和现代化建设更好地推向前进。

（原载《开拓再就业之路——国内外促进就业的做法》，中国言实出版社2002年9月版）

中国的就业问题

一、必须高度重视解决就业问题

就业问题是人类面临的共同课题和最大难题,越来越引起各国政府和国际社会的重视。2001 年全球就业论坛提出:"工作是人们生活的核心,是人们生存、融入社会、实现自我和为后代带来希望的手段。因此,工作是社会和政治稳定的关键"。我们国家是社会主义国家,我们的政府是人民政府,更应该高度重视解决就业问题,把做好就业工作摆到各项工作的优先位置。

第一,就业是民生之本。就业是人们获得收入的主要来源,是满足劳动者及其家庭基本生活需求的根本保障,同时也是他们改善生活的基本前提和途径。只有实现比较充分的就业,人民群众才能安居乐业,不断提高物质和文化生活水平。

第二,解决好就业问题是实现我们党根本宗旨和实践"三个代表"重要思想的必然要求。全心全意为人民服务,代表最广大人民群众的根本利益,是我党的根本宗旨,是"三个代表"重要思想的核心。解决好就业问题,使广大人民群众的生活得到切实保障和不断改善,才能把人民群众的根本利益保护好、发展好、维护好。

第三,解决好就业问题是坚持科学发展观的根本要求。以人为本,保护和增进人民利益,促进人的全面发展,是科学发展观的灵魂。

有工作、有收入，是人民群众最基本的利益，是实现人的全面发展的根本前提和保证。

第四，解决好就业问题是维护社会稳定的重要保证。劳动力资源丰富具有两重性。一方面，我国现代化建设所需要的劳动力资源比较充足，经济社会发展不会受到劳动力资源供给的瓶颈制约，这是我国的特殊优势；另一方面，劳动人口数量巨大，增加了解决就业问题的难度，而如果就业问题解决不好，大量劳动人口失业，基本生活没有保障，就会导致社会不稳定，甚至引发社会动乱。

总之，就业问题关系到人民群众的切身利益，关系到改革发展稳定的大局，关系到全面实现建设小康社会的宏伟目标，关系到实现全体人民的共同富裕，必须引起高度重视，依靠国家和全社会的共同努力，千方百计解决好。

二、充分认识中国就业问题的长期性、艰巨性、复杂性

党中央、国务院一贯高度重视就业问题。近年来，中央陆续制定和采取了一系列促进和支持就业、再就业的政策措施，形成了具有中国特色的积极就业政策体系，并将城镇新增就业人员和控制失业率纳入国民经济宏观调控的重要目标。经过各方面的共同努力，我国就业工作取得了巨大成绩。近年来我国经济的持续快速发展，提供了越来越多的就业岗位。据统计，近十年来，中国共创造了8000万个就业岗位。2003年，在防治非典、抗击自然灾害的困难情况下，我国全年新增就业岗位859万个，下岗失业人员再就业440万人，城镇登记失业率4.3%。这些成绩的取得是很不容易的。

但是，我们也要看到，中国是一个发展中的人口大国和劳动力大国，劳动力供求总量矛盾和结构性矛盾并存，城镇就业压力加大与农

村富余劳动力转移速度加快同时出现，新成长劳动力与下岗失业人员再就业问题相互交织，解决中国就业问题，是一项长期、艰巨和复杂的任务。

第一，从总量上看，我国人口占世界人口总量的21.3%，劳动力占世界劳动力总量的25.9%。从目前到2030年，是我国人口和劳动力增长的高峰期，这决定了劳动力供大于求矛盾将长期存在，短期内难以缓解。

第二，从劳动力素质和结构看，2002年我国劳动年龄人口中，初中以下教育水平的占79%，在农村这一比重高达91%，技术工人特别是高级技工严重短缺。这种状况与我国工业化、现代化建设进程加快，特别是与承接国际产业转移、建设世界制造业基地的要求很不适应，不仅会影响今后的经济发展，也会产生结构性失业问题。

第三，从改革开放和经济发展的趋势看，随着我国加入世贸组织、对外开放不断扩大，国际、国内市场竞争更加激烈，要求降低劳动力成本，减少企业用工数量，以提高企业和国家整体竞争力；随着改革不断深化，国有企业作为市场主体参与市场竞争，要求改革企业用工制度，按企业生产经营需要配置劳动力资源，一个时期内下岗失业人员还会继续增加；转变经济增长方式，实行集约化经营，推进工业化、现代化，工业生产自动化、机械化水平将持续提高，高新技术产业比重将不断提高，同样生产规模用人将越来越少，这些因素都必然导致就业弹性降低。据统计，20世纪80年代，我国国内生产总值每增长1个百分点，可增加240万个就业岗位，到了90年代，国内生产总值每增长1个百分点，只能增加70万个就业岗位。

中国的国情决定了解决就业问题的长期性、艰巨性和复杂性，对此我们必须有清醒的认识，要有做长期艰苦努力的思想准备。

三、解决就业问题的基本方针和主要途径

中央确定的“劳动者自主择业、市场调节就业、政府促进就业”的就业方针,反映了社会主义市场经济条件下就业工作的客观规律,为新形势下解决就业问题指明了方向,是完全正确的,必须毫不动摇地坚持。要逐步加快和发展劳动力市场,完善就业服务体系,建立以劳动者自主择业为主导、以市场调节就业为基础、以政府促进就业为动力的就业机制。

在坚持正确就业方针的前提下,应根据我国国情,主要采取以下措施,积极促进就业问题的解决。

第一,加快经济发展,增加就业岗位。解决中国一切问题的关键在发展,解决就业问题的根本出路也在于发展经济。要抓住新世纪头二十年的重要战略机遇期,以改革开放和科技进步为动力,在保证质量、效益的前提下,加快经济发展,扩大经济总量,创造更多就业岗位。同时,制定和实施正确的经济发展战略,在经济发展中关注就业容量的扩大,使经济总量增长与就业岗位增加同步推进。

第二,实行积极就业政策,鼓励扩大就业。要继续贯彻落实中央制定的促进就业、再就业的政策措施;协调好政府部门的管理和服务职能,形成共同支持就业的工作机制和良好氛围;完善有关政策措施,鼓励和引导企业多吸纳就业,动员社会各方面为解决就业问题贡献力量。

第三,创新就业方式,拓宽就业渠道。通过灵活就业方式或“非正规就业”实现就业,已成为当今世界的发展趋势。灵活就业包括非全日制、非固定单位、临时性、季节性就业、钟点工、社区管理服务等多种形式,要通过制定和完善鼓励发展的政策,大力提倡。当前的重点是要对灵活就业人员实行相应的社会保障制度,保护他们的合

法权益，使灵活就业在健康、宽松的环境中发展。

第四，完善就业服务，改善就业环境。在改变政府直接配置劳动力资源、市场调节就业发挥主导作用的条件下，就业服务必须跟上。因此，要努力建立健全劳动力市场，建设必要的设施和信息网络，发展非营利性的职业介绍机构，为劳动者提供就业培训和就业指导，对困难群体实行就业援助。同时，要整顿劳动力市场秩序，切实保护劳动者的合法权益。

第五，加强职业培训，提高就业能力。通过培训，提高劳动者就业技能，是促进就业的重要基础和有效手段。要充分利用各种政府和民间教育培训资源，根据劳动力市场需求开展多层次、多形式的就业培训，实行“订单式”培训，增强培训的有效性和实用性。要积极搞好创业培训，开展创业咨询，提供开业指导，提高劳动者自主创业能力。

四、解决中国就业问题的战略思考

我国就业问题是一个全局性的问题，必须从整个国民经济发展的视角，从改革开放的大背景出发，进行全面的、战略性思考，确立正确的战略思路，正确处理各种重大关系，有力促进就业问题的解决。

第一，正确处理市场与政府的关系。在社会主义市场经济条件下，必须既坚持市场化就业方向，又发挥政府促进就业的积极作用。要充分发挥市场机制在配置劳动力资源中的基础性作用，就业问题政府不能包，也包不下来。同时，就业与广大群众生活、生计密切相连，帮助一切有劳动能力的劳动者实现就业，是政府的重要职责和使命，必须有所作为。一方面，政府要通过制定和实施积极的就业政策，采取各种有效措施，弥补市场缺陷；另一方面，政府要在建立和完善劳动力市场方面发挥主导作用。

第二,正确处理工业化、信息化、城镇化与扩大就业的关系。从根本上说,工业化、信息化、城镇化将大大促进产业结构调整与经济跨越式发展,导致经济规模总量扩大,迅速增加就业岗位,从而有利于就业问题的解决。同时,社会生产过程中越来越多地采用先进技术特别是信息技术,必将导致劳动生产率的提高,使就业弹性降低,用人减少。因此,我们要积极探索既有利于推进工业化、信息化、城镇化,又有利于扩大就业的发展模式,走出一条既有利于提高效率,又能够充分利用我国劳动力资源丰富优势、具有中国特色的新型工业化道路、信息化道路和城镇化道路。

第三,正确处理体制改革、结构调整与扩大就业的关系。目前,我国体制改革进入攻坚阶段,结构调整处于关键时期。我们必须处理好体制改革和结构调整与扩大就业的关系,既要不断深化改革,调整优化结构,又要通过改革、调整促进就业问题的解决。在国有企业改革过程中,企业职工下岗分流要充分考虑财政、企业、职工和社会保障的承受能力,量力而行。国有企业要积极挖掘内部潜力,发展多种经营,改制分流,多渠道安置富余人员,尽量不推向社会。实行企业破产关闭,要切实做好职工的安置工作。在结构调整过程中,在提高产业科技含量的同时要重视发展劳动密集型产业,特别是大力发展第三产业和服务业;在增强国有经济竞争力的同时要加快发展多种所有制经济;在培育一批大型企业集团的同时要大力发展中小企业,充分发挥各种产业和企业在吸纳就业方面的作用。

第四,正确处理城乡就业、新增劳动力就业与再就业的关系。我国就业问题是多方面的,需要立足当前,着眼长远,突出重点,统筹兼顾。在重点做好国有企业下岗失业人员再就业工作的同时,要通过多方面努力解决城镇其他人员的就业问题,特别是加强就业指导和培训,搞好高校毕业生的就业工作。要统筹考虑和解决城乡劳动力就业问题,通过发展农村经济,积极推进小城镇建设,发展乡镇企业和服务业，为农村劳动力开辟更多的就业门路。对农民工进城务工要公平对待、合理引导、完善管理、搞好服务，组织和引导农村富余劳动力有序流动，加强信息服务和职业培训，维护农民工合法权益，促进农村富余劳动力向非农产业转移。

我国的就业问题是前进中的问题，发展中的问题，这与一些国家经济衰退中出现的严重失业问题有本质的不同。在看到我国就业形势严峻的同时，我们要充分认识到解决就业问题的各种有利条件。党中央、国务院对就业问题高度重视，是解决就业问题的强有力政治保证，我国经济持续快速增长，为解决就业问题提供了巨大空间。只要我们坚持正确的就业方针和积极的就业政策，各级政府和全社会共同努力，一定能够走出一条解决中国就业问题的新路子，实现比较充分就业，保证人民安居乐业和社会团结稳定。

（2004 年 6 月）

加快完善社会保障制度

加快完善社会保障制度,是我国“十五”期间经济和社会发展的一项重要工程,也是新世纪完善社会主义市场经济体制所要完成的重大任务。

一、加快完善社会保障制度的必要性和紧迫性

我国在20世纪50年代建立了适应计划经济体制要求的社会保障制度,对保障职工生活和社会稳定曾起过积极作用,但随着向社会主义市场经济的转轨,原有社会保障制度的弊端日益暴露。随着改革开放和经济发展,我国初步建立了城镇企业职工基本养老保险制度、基本医疗保险制度、失业保险制度和城市居民最低生活保障制度,形成了社会保障体系的基本框架。进入新世纪,加快完善社会保障制度的作用越来越重要,已成为历史发展的必然趋势。第一,加快完善社会保障制度,是在新世纪全面建设小康社会的必然要求。朱镕基在报告中指出:逐步向更加宽裕的小康生活迈进,是今后五年的重要任务。这体现了发展社会主义经济的根本目的,体现了江泽民关于“三个代表”重要思想。建立和完善社会保障制度,关系亿万人民群众的基本权益和基本生活,关系千家万户以及整个社会的稳定。

第二,我国现行的社会保障制度尚不健全,必须进一步加快建设,这些年来我国社会保障制度建设取得了重要进展,特别是1998年以来建立“三条社会保障线”,实行“两个确保”,全国国有企业累计有2100万下岗职工进入再就业服务中心,1300万人实现了再就业。对于稳定社会发挥了重要作用。但是,我们也应该看到,现行的社会保障体系还不能适应经济发展和建立社会主义市场经济体制的要求,存在许多矛盾和问题。主要是:社会保障的管理和服务还没有实现真正的社会化。不少企业和事业单位仍然是社会保障的主要承担者,即使是实现社会化管理的地方,管理服务社会化的程度还比较低,技术手段还比较落后。中央提出的“三三制”筹资办法,实际上企业和社会落实不了,财政兜底资金占到70%。在社会保险基金收缴上,一些企业该收的收不上来。养老保险基金当期收支缺口逐年扩大,资金入不敷出。拖欠下岗职工基本生活费和离退休职工养老金的问题仍然存在。这些问题在一些地方已经成为影响社会稳定的因素。因此,加快完善社会保障体系建设,已刻不容缓。

第三,加快完善社会保障制度,是我国经济结构战略性调整的重要条件。今后五到十年,是我国经济结构调整的重要时期。这种调整不是一般意义上的适应性调整,而是包括所有产业、所有地区的全面性、战略性调整。在这个过程中,必须淘汰落后、压缩部分行业的过剩生产能力,依法关闭一些长期亏损、严重污染环境和资源枯竭的企业。这就必然会引起较大规模的职工岗位转换,在一定时期内失业人员的增加是难以避免的。只有加快建立完善的社会保障制度,妥善解决职工离开企业以后的基本生活问题,才能避免对社会稳定造成冲击。否则,产业结构的调整和升级就难以顺利进行。随着我国加入世界贸易组织,企业将会面临更加激烈的国际竞争,优胜劣汰将成为一种必然趋势,劳动力的岗位变换和流动也会更加频繁,失业和再就业将成为经常发生的社会现象。在这种情况下,只有建立一个完善的社会保障制度，才能在进一步扩大开放的同时，提高我国企业和职工的抗风险能力，维护社会稳定。

第四，加快完善社会保障制度，是应对新世纪人口老龄化挑战的迫切需要。目前，我国 60 岁以上的人口已达到 1.26 亿人，65 岁以上的人口达到 8600 万人，分别占总人口的 10% 和 7%，按照国际通行标准，我国已进入老龄化社会。到本世纪 30 年代前后，我国将达到老龄化高峰时期，届时，每 4 个人中就有一位老年人。能否在保持国民经济持续、快速、健康发展的前提下，平稳渡过人口老龄化高峰，对我国社会保障制度建设是一个严峻的挑战。近几年我国参加养老保险社会统筹的企业离退休人员每年增加 200 万人，养老金支出越来越大。今后离退休职工费用还将激增，社会保障任务越来越重。无论就眼前还是从长远看，我们都要未雨绸缪，抓紧完善养老、医疗等社会保障制度，千方百计积累资金，以应对老龄化高峰的到来。

总之，加快完善社会保障制度是当务之急，关系到我国改革、发展、稳定的大局，关系到国家的长治久安。要把改革不断推向前进，实现第三步现代化建设宏伟目标，必须加快社会保障制度改革，探索建立一整套适应我国基本国情的、符合社会主义市场经济要求的社会保障制度。

二、完善社会保障制度的基本目标和要把握好的几个问题

关于完善社会保障制度的基本目标，朱镕基在报告中明确指出：加快形成独立于企业事业单位之外、资金来源多元化、保障制度规范化、管理服务社会化的社会保障体系。这是从我国改革实践中得出的结论，是对社会主义市场经济体制下社会保障制度特征的高度概括。

社会保障体系独立于企业事业单位之外,一直是我国社会保障制度改革的重点和难点。确立这个改革目标,就是要将计划经济体制下"企业保障"、"单位保障",改为适应市场经济要求的真正意义上的"社会保障"。今后企业事业单位只履行依法交纳社会保险费的义务,不再承担发放基本社会保险金和管理社会保障对象的工作。完善社会保障制度,要注意把握好以下几个问题。第一,社会基本保障的标准要与我国经济发展水平以及各方面的承受能力相适应。我国现在处于社会主义初级阶段,生产力发展水平还比较低,这就决定我们在完善社会保障体系时,不能追求过高的保障水平。水平定得太高,企业负担过重,财政承受不了,必然影响国家的经济发展和企业竞争力。当然也不能过低,必须能够满足人民群众的基本需要,保证保障对象的基本生活。要吸取国外社会保障的经验教训,避免重蹈西方"福利国家"的覆辙。具体来说,基本养老保险的标准,要使职工在退休以后能够维持中等生活水平;失业保险的标准,要使失业人员能够维持基本生活;基本医疗保险的标准,要能够满足职工一般的基本医疗需求;城市居民最低生活保障的标准,要能够保证贫困居民的基本生存条件。高层次的社会保障需求,应通过企业等单位的补充保险和商业保险来解决。要制定全国大体统一又有地区差别的社会基本保障支付标准、项目和范围,以利于促进劳动力的合理流动。

第二,建立稳定、可靠的社会保障资金筹措机制。社会保障资金的主要来源,一是用人单位和职工个人交纳的社会保险费,二是各级政府的社会保障财政预算。这两条资金来源渠道稳定了,社会保障的资金就有了保证。同时,还要开辟新的资金筹集渠道,弥补社会保障资金的不足。为了加强对全国性社会保障资金的管理,国家已成立"全国社会保障基金",并设立"全国社会保障基金理事会",负责管理中央财政拨入的资金、通过变现部分国有资产所获得的资金以及其他形式筹集的资金，并挑选、委托专业性的资产管理公司对基金资产进行运作，保证基金安全，并实现增值。

第三，加强社会保障制度的法制建设。要依法规范和管理社会保障工作。这几年，国务院已经出台了一些有关社会保障行政法规和规章，比如《失业保险条例》、《城市居民最低生活保障条例》、《社会保险费征缴暂行条例》等。但还很不够，今后要进一步加快社会保障立法进程，同时要加大执法力度，将社会保障体系建设纳入规范化、制度化、法制化的轨道。第四，建立社会化的科学管理体制。这是形成独立于企业事业单位之外的社会保障制度的核心。要抓紧建立管理统一、行为规范、运转协调的社会保障资金发放系统和社会保障对象的管理服务体系。当前主要任务是实行养老金的社会化发放，探索将退休、失业、生活困难人员纳入社区管理的有效方式。今后，要大力加强社区的组织建设和基础设施建设，强化社区服务功能，提高社区管理和服务水平。同时，要广泛运用现代信息技术手段，建立统一的覆盖全国的社会保障服务信息网络，应用高新技术，实现社会保障管理的现代化。

三、当前需要做好的主要工作

第一，继续把“两个确保”作为首要任务抓紧抓好。当前，社会保障工作第一位的任务仍然是“两个确保”。今年一定要确保按时足额发放国有企业下岗职工的基本生活费，并代他们交纳养老、医疗和失业保险费。一定要确保按时足额发放离退休人员的养老金。决不能再发生新的当期拖欠。各级政府在工作中要坚持“三个不变”：一是“两个确保”的工作目标不变。二是“两个确保”工作的现行政策不变。三是“两个确保”的工作要求不变，继续实行“两个确保”党政主要领导负责制。今年两个确保的任务很重，必须加大工作力度，采取切实办法落实好资金。要继续坚持“三三制”的筹资原则,落实国有企业下岗职工生活保障资金,对企业和社会筹集不足部分,实行财政兜底。要坚决改变社会保险费差额缴拨的做法,今年各地都要按规定改为全额收缴。要继续提高基金收缴率,堵塞各种漏洞,做到应收尽收。各级财政要切实调整支出结构,预算要足额安排社会保障支出,不能留有缺口。同时,要加强群众和舆论的监督,定期向社会公布各省市区“两个确保”的落实情况。

第二,精心做好完善城镇社会保障制度的试点工作。国务院近日下发了《关于完善城镇社会保障体系的试点方案》。按照试点方案,今年在辽宁全省和其他省、自治区、直辖市选定的具备条件的一个城市进行试点。试点的主要内容,一是在坚持社会统筹与个人账户相结合的基础上,调整和完善城镇企业职工基本养老保险制度,实行个人账户完全由个人缴费形成,实账运营,与社会统筹基金分开管理,以实现养老基金从实际上的现收现付制向部分积累制转变。二是逐步实现国有企业下岗;职工基本生活保障向失业保险并轨。从今年起,试点地方的国有企业原则上不建新的再就业服务中心,企业新的下岗职工原则上不再进入再就业服务中心,由企业依法与其解除劳动关系,按规定享受失业保险待遇。各地区、各有关部门要充分认识试点工作的重大意义,切实加强组织领导,严格选定试点城市,精心组织实施,及时总结经验,并切实解决工作中遇到的问题,确保试点工作顺利进行。

第三,进一步健全失业保险制度。从今年起进入再就业服务中心的下岗职工三年期满,将要大量出中心,失业保险的任务越来越重。各地区要认真贯彻执行《失业保险条例》。凡是符合条件的,都要纳入失业保险范围,按规定享受失业保险待遇。同时,要认真做好失业保险的管理和服务工作。

第四,加强城市居民最低生活保障制度。1999 年,国务院颁布实施了《城市居民最低生活保障条例》，全国所有县级以上城市和县政府所在镇都已基本建立了这项制度。这是覆盖全体城镇居民的最大“安全网”，要切实发挥兜底作用。今后凡是符合条件的所有城镇贫困居民，都将纳入最低生活保障范围，并注意做好与其他社会保障线的衔接。同时，要健全各项规章制度，建立规范化、现代化的管理服务体系，严格进行家庭收入调查，核实保障对象的家庭经济状况和实际生活水平，规范申请、评审和资金发放的程序，努力做到公开、公平、公正。

第五，积极稳妥地推进城镇职工基本医疗保险制度改革。为推进医疗保险制度改革，国务院做出了医疗保险制度、医药卫生体制和药品流通体制“三改并举、同步推进”的决策。当前工作的重点是，努力扩大新制度的覆盖范围，督促尚未开始实施的地区尽快启动。同时，还要研究解决改革过程中遇到的新情况、新问题，充分发挥统账结合机制的作用。要区别情况，分类指导，妥善处理好特殊人群的医疗保障，逐步探索出一个能满足不同群体需要的多层次的医疗保险制度。

第六，建立可靠、稳定的社会保障资金筹措、有效运营和严格管理机制。加快完善社会保障制度，必须多渠道筹集资金，并建立资金的保值增值机制，严格规范资金的管理和使用。一是依法扩大社会保险覆盖面，加大征缴力度。二是进一步调整财政支出结构，逐步提高社会保障支出比例。今后当年新增的财政收入，应主要用于社会保障方面。三是对工作到位而资金确有困难的地区，中央财政通过转移支付予以补助，但也要防止和克服依赖中央财政的倾向。四是必须按照国家政策和有关规定，严格社会保障基金的筹集和管理。中央建立社会保障基金，主要用于弥补困难地区社会保障资金缺口。地方主要通过核实缴费基数、加大征缴力度、调整财政支出结构、加强基金调剂等办法筹集资金。五是要清理规范社会保障统筹支出项目，各地不能自行提高社会保障待遇水平，不能把统筹外的项目纳入社会基本保险的支付范围。

第七,切实加强领导,做好各项政策的宣传解释工作。各级政府一定要以对国家、对人民、对历史高度负责的精神,把加快完善社会保障制度作为一件大事,放在突出重要的位置。要把更多的精力放在完善社会保障制度建设上。大力宣传党和政府关于“两个确保”的方针政策和工作要求,宣传完善社会保障制度试点方案。切实加强思想教育,积极化解可能出现的各种思想问题和障碍,争取广大干部群众的理解和支持。特别要注意做好完善社会保障制度各项工作的衔接,确保社会稳定。

(原载《〈中共中央关于制定国民经济和社会发展第十个五年计划的建议〉辅导读本》,人民出版社 2000 年 10 月版)

大力发展文化产业

——文化体制改革中的一个重大课题

一、大力发展文化产业势在必行

党的十六大确定了我国在新世纪头二十年全面建设小康社会的奋斗目标,并对中国特色社会主义的经济、政治、文化建设和体制改革作了全面部署。全面建设小康社会的一个重要任务,就是通过建设和改革,加快发展社会主义先进文化。而大力发展文化产业,则是今后时期文化建设和文化体制改革的一个重大课题。

当今世界,文化与经济和政治相互交融,在综合国力竞争中的地位和作用越来越突出。全面加强文化建设和推进文化体制改革,积极发展各类文化事业和文化产业,把文化产业做强做大,推动社会主义文化的大发展、大繁荣,是增强综合国力和提高国际竞争力十分重要的方面。

当今世界,各种思想文化相互激荡。我国加入世贸组织后,全方位、宽领域、多层次对外开放的新格局,必将对文化建设和文化产业带来巨大的影响、冲击和挑战。建设面向现代化、面向世界、面向未来的中国特色社会主义先进文化,需要大力推进文化体制改革,建设强大的文化产业。

我们面临着发展文化产业的一个重要战略机遇期。人民群众对精神文化的需求快速增长,文化消费在人们日常消费中所占的比重不断上升,广大群众对文化产品和服务的质量要求越来越高,文化消费更趋多样化、市场化。这既使文化产品的生产与人民群众日益增长的精神文化需求不相适应的矛盾更加突出,也为文化建设和文化产业的发展提出了新的更高要求。同时,我国经济体制改革继续深化和对外开放不断扩大,也为加快文化体制改革和发展文化产业带来契机和强大动力。

根据社会主义精神文明建设的特点和规律,适应社会主义市场经济发展和推进文化体制改革的要求,发展文化产业的总体思路应是:(一)坚持解放思想,实事求是,与时俱进。积极推进理论创新、体制创新、机制创新、文化创新。(二)加快文化产业的战略性调整。从战略布局、文化企事业规模和结构等方面,优化资源配置。(三)改革文化产业的投融资体制。拓宽融资渠道,实现文化产业投融资主体多元化,国家要加大投入力度,并运用财税、金融等手段支持文化产业的发展。(四)以资产和业务为纽带,遵循市场经济规律,按照专业分工和规模经营的要求,着力培育大型文化企业集团,形成我国文化产业走向世界和参与国际竞争的主体力量。(五)运用高新技术推动文化产业升级。提高技术创新能力,提高文化产品的生产、传播、服务的科技含量。(六)促进文化行业之间相互渗透,以及文化产业与其他产业之间的联系。包括推动新闻、出版、影视、文艺、演出等行业相互渗透与交融,推动文化产业与教育、科技、体育、旅游、信息等相关产业的联动发展。(七)深化文化产业和企事业单位内部改革,积极探索与社会主义市场经济相适应的文化产业发展模式和文化企事业运行机制,形成优秀人才脱颖而出和优秀成果不断涌现的竞争机制和管理机制,激发活力,提高竞争力。

二、发展文化产业必须与发展经济和政治相结合

“产业”原本是关于工业生产的名词。从手工业生产过渡到机器生产。传统产业升级到现代产业。家电产业、IT 产业、农业的产业化，等等。文化生产在几千年的历史中，主要是个体和手工生产，文化生产者是自由职业者，形不成一种产业。像原始社会的岩画，唐诗宋词，在文人之间酬唱传阅，后来才流传到民间。戏曲、民间艺术也是如此。

在迅猛发展的高新技术的支持下，科技向文化的生产传播消费等领域广泛渗透，文化产业群作为国民经济新的增长点，正显示出广阔的发展前景。既然称为产业，毫无疑问具有工业生产的一些特征。文化产品生产、传播方式和手段更加科技化、现代化。这方面，新闻、出版、印刷、广告、影视业，甚至文化市场营销网络，由于其与信息产业等相关，出现了飞速的发展。文化产业在一些国家特别是发达国家已经成为重要的支柱产业，在国民经济中占有相当大的比重，其中有的文化企业已经跻身于全球 500 强企业。文化产业的高速增长，是在当代科技进步和经济全球化条件下文化发展的一个世界性重要趋势，也是当今世界日趋激烈的综合国力竞争的一个重要方面和新特点。

我国的文化产业起步较晚。我国实行改革开放政策以来，一方面建立和发展社会主义市场经济体制，文化市场逐渐兴起；另一方面不断扩大对外开放，积极学习、引进和借鉴外国先进的文明成果。在文化建设中引入产业机制和市场机制，推动高新技术与文化紧密结合，特别是进入 20 世纪 90 年代后，我国的文化产业逐渐加速发展。2000 年 10 月党的十五届五中全会通过的《中共中央关于国民经济和社会发展第十个五年计划的建议》，第一次在中央全会文件中使

用了文化产业的概念，提出了完善文化产业政策，加强文化市场建设和管理，推动有关文化产业发展的任务和要求。这对于我国文化产业的进一步发展起了有力的推动作用。

在社会主义市场经济条件下，文化产品和服务不仅具有商品属性，也具有社会意识形态性。发展各类文化事业和文化产业，必须始终把社会效益放在首位，努力实现社会效益和经济效益的统一。文化产业生产精神产品，与单纯的物质生产不同，其产品的价值实现更重要的表现在社会效益上，这就是说要注重社会效果。比如，新闻出版业既有一般行业属性，又有意识形态特殊性，既是大众传媒，又是党的宣传思想阵地，事关国家安全和政治稳定，负有重要社会责任。总之，我国文化产业要发展壮大，既必须遵循社会主义条件下文化发展规律的要求，又必须遵循市场规律和经济规律。产品有市场，受到人民群众欢迎，不但宣传效果好，而且经济效益也好，这有助于壮大自身的力量，加速文化的建设和发展。

政府增加投入支持以非营利性为主要特征的文化公益事业。扶持党和国家重要的新闻媒体、社科研究机构、重大文化项目和某些艺术院团、重要文化遗产和优秀民间艺术的发掘抢救保护，加强对基层文化建设的投入力度，加强对西部地区、老少边穷地区文化的扶持力度等。要完善支持公益性文化事业发展的政策措施，增强发展实力。同时，通过改革和调整，打造一批高素质的充满活力的文化骨干企（事）业，促进文化公益事业发展。

三、加快文化产业发展必须高度重视市场的作用

我们是在建立和完善社会主义市场经济体制过程中发展先进文化的。文化市场是我国社会主义市场体系的一个重要组成部分。市场经济的主要特征，就是以市场为基础性手段调节资源配置和利益

分配。只有适应市场经济的要求，根据市场需求合理配置资源和确立市场定位，并建立与市场经济相适应的高效、灵活的管理体制和运行机制，文化产业化才能不断发展。

“市”在古汉语中就有“买卖”的意思，并不专指买卖货物的固定场所，《晋书·祖逖传》中有“听互市，收利十倍”。市场既有有形的，也有无形的、潜在的。文化市场更是呈现出千姿百态，有不同的传播、流通、消费特点与规律，以及不同的“产品积压”方式。如广播电视方面，近几年实施“村村通广播电视工程”，提高广播电视人口综合覆盖率，同时也有一个节目收视率、收听率的问题。“覆盖率”与“收视率”就是两个不同指标。后者与文化产品的质量有关，是不是为人民群众所喜闻乐见。图书报刊也是如此，发行渠道和销售网点的建立，还有一个就是发行量，群众买不买。

发展文化产业，需要有一个好的市场环境。这样，才能有利于公平竞争，有利于多出精品力作，才能增强我国文化产业的整体实力和竞争力。加强执法力度，继续整顿文化市场秩序，加强市场监管和社会监管。深入持久地开展“扫黄”“打非”斗争，加强知识产权保护。建立全国统一、开放、竞争、有序的文化市场体系，为改革开放和文化建设提供良好的舆论和社会环境，促进我国文化产业健康发展。

进一步培育和开拓文化市场。经济学家保罗·索尔曼说：“炼钢与炼出钞票是两回事。如果市场起飞，那些恰好在起飞点之前或起飞点上进入市场的人，将享受超过一般数字期望值的投资报酬率。”我国不论是城镇还是农村市场，都有一个深入拓展的过程。在美国、日本等发达国家，人均年购书约11册，而我国人均年购书不到6册，数量上有很大的差距。从图书市场的构成来说，也不尽合理，对课本的依赖度大，占了全国总销售册数的一半以上。由于中国人口众多，地区发展不平衡，市场细分情况千差万别，而文化消费又有很强的个性化特点，要把潜在的需求变成现实的消费，把文化市场的培育与不同地区、不同时期的教育、科技、文化的发展结合起来。

加入世贸组织后，将逐步放开书报刊的国内批发和零售权，将取消所有数量和地域的限制，取消所有股权或企业设立形式的限制，允许外资在全国设立独资公司。这意味着我们将在国内市场与外国出版公司开展竞争与较量。这就需要坚决打破地方保护，加快出版物批销中心、新华书店连锁经营以及物流配送系统建设，确保我们在图书市场中发挥主导作用。

我国潜力巨大、发展迅速的文化市场需求，必将吸引外国文化产业前来激烈竞争。出现这种局面，有益于我们借鉴和汲取外国文化中的养分，有益于我们学习外国文化产业的成功经验，但也将面临资本主义文化产业的严峻挑战，在竞争中一些企事业单位有被外国文化企业挤垮的危险。如果我们不抓住机遇，积极地推动我国文化产业加速发展，就不能跟上文化发展的世界性潮流，也不能迅速增强社会主义文化的竞争力以有效地维护我国文化安全、扩大我国文化在世界的积极影响。对此，我们必须有清醒的认识。

四、全面深化改革，增强文化产业的活力与竞争力

随着社会主义市场经济体制的初步建立，我国的文化产业无论在规模还是在体制、机制方面都有了很大的变化。近年来，已经在全国组建了一批报业集团、出版集团、发行集团。这些集团的成立，在一定程度上改变了过去新闻出版业均衡布局、不大不小、重复建设的情况，推进了新闻出版业从粗放型向集约型、由数量规模向质量效益的转变。一些新闻出版单位已经借助现代企业管理理论，在面向市场，全面推进体制改革和机制创新等方面积累了宝贵经验，走出了一条成功之路，取得了良好的社会效益和经济效益。

就我国新闻出版业产业的集约化程度、质量、效益及经营管理水

平来说,与发达国家相比还存在明显的差距。在国民经济中的地位和比例还比较低。当今世界新闻出版业发展更加向跨媒体的大型、超大型集团发展,兼并、联合成为重要趋势。投资主体多元化、产业结构的立体化、经营方向的跨媒体化、市场的国际化趋势,使世界性传媒出版集团的市场聚合能力、应变风险能力、主导市场能力大大增强。我国新闻出版业集团化建设,处于起步阶段,集约化程度低,产业规模不大。一家出版社加几家出版社、一家报纸加几家子报子刊式的集团,产业构成比较单一,抗风险能力不强。出版发行集团基本还是局限于书、刊、部分报纸等传统纸介质出版物,多媒体发展的能力较弱,资本不雄厚,跨地区、跨行业、跨国经营尚需一个过程。

推进文化产业的分类管理和经营改革。现在,许多文化企事业单位还不是完全意义上的市场竞争主体,程度不同地存在定位不明,机制不活,管理混乱的问题,自主开发能力差,运行成本高。由于文化领域涉及面广,覆盖新闻出版、广播影视、文艺团体、演出市场、文化娱乐等各个方面,需要在调查研究的基础上进行分类指导。其中包括:哪些领域实际上已经企业化,但仍作为事业管理?在已经企业化的领域有哪些尚未开放市场,由国家垄断经营?在各类文化产业和服务业中,哪些领域可以由市场机制主导,哪些是政府必须垄断经营的?针对不同类型的文化事业或文化服务,政府可以选择的财政供养方式和事业管理体制有哪些?在搞好调查研究的基础上,实行政企(事)分开、企业与事业分开、营利机构与非营利机构分开。

加快适宜于产业化经营的文化事业改革。随着我国国民经济市场化程度不断提高,特别是随着社会生产力发展,许多原来作为公共服务和社会事务进行管理的活动,逐步成为经营性市场活动,表现出巨大的产业发展空间和吸纳社会就业的潜力。通过定性、定量地对文化事业领域进行实证分析,在借鉴世界其他国家经验的基础上,研究消除制约文化事业发展的体制性障碍。

尽快提出支持文化产业发展的政策和措施,推进文化产业在政府调控指导下健康有序地发展。加强和改善党对文化工作的领导,理顺政府与文化企事业单位之间的关系,健全规范化的文化行业组织,探索建立党委领导、政府管理、行业自律、企事业单位依法运营的管理体制。

加快文化产业的战略性结构调整和资产重组,增强我国文化产业的整体实力和竞争力。规模狭小、重复建设、资源分散、效益低下,是当前阻碍我国文化产业发展的重要因素。产业结构调整,要以市场为基础,以政策为导向,努力打破条块分割和行业壁垒,反对地方保护和垄断,通过提高产业的社会化程度,促进文化产业和相关行业联动发展,要提高产业的集约化程度,以资产为纽带,引导文化产业跨行业、跨地区进行深度整合。按照专业分工和规模经营的要求,重点发展新闻传媒业、出版音像业、文化娱乐业、文化演出业等,组建大型文化产业集团,形成我国文化产业走向世界和参与国际交流与竞争的主要力量。

积极运用高新技术推动我国文化产业升级,不断提高文化产品的科技含量和市场竞争力。当前蓬勃发展的文化产业,是文化与高新技术联姻的结晶。以信息技术为代表的高新技术迅猛发展,多媒体出版、网络出版等新的出版业态竞争更加激烈。外国文化产业发展的实践表明,积极跟踪高新技术的发展、及时运用科技进步的最新成果推动文化产业升级,推动新闻出版业从数量扩张向素质提高转变,是文化产业加速发展、在市场竞争中夺取和保持优势地位的关键。计算机进入新闻出版、影视、广告和文化市场后,大大降低了生产和流通成本,应大力推广应用。

要特别注意到我国文化产业尚处于起步阶段,在国际竞争中处于弱势的客观现实,努力建立和完善既符合世贸组织规则,又符合我国国情和社会主义文化发展需要的文化产业政策体系。及时调整和完善我国现有的文化产业政策，是一个学习、借鉴外国文化产业发展经验的过程，有利于我国文化产业在新规制环境下增强竞争力并走向世界。因此，借鉴外国在世贸组织规则的前提下保护民族文化产业的经验，积极运用财税和金融等手段支持我国文化产业的发展，应成为当前完善文化产业政策的一个重要内容。

加大文化企业事业单位内部体制改革的力度，转变经营机制和管理方式，健全激励机制和约束机制，建立保证正确导向、富有经营活力的运行机制。文化企业单位要按照现代企业制度，建立科学有效的运营机制。加强人才培养，充分调动文化工作者的积极性，使他们的创造力与创新精神得到充分发挥。

坚持有步骤地扩大对外开放，加强对外文化交流。实施“走出去”战略，积极推动我国文化艺术产品，通过各种渠道走向世界，扩大优秀民族文化产品在国内外市场的份额。吸收国外优秀文化和先进技术，抵制腐朽文化。

深化文化管理体制改革。要改变现在文化系统多部门管理、职能分散交叉、权力责任脱节的状况，积极建立相对集中、管理统一、调控健全、监管有力的宏观管理体制。这无论对于加快文化产业的健康发展还是促进文化事业的大繁荣，乃至加快建设中国特色社会主义先进文化，都具有十分重大的意义。这方面改革涉及面广，但应当加以研究，创造条件，择机进行。

中华文明博大精深、源远流长，为人类文明进步做出了巨大贡献。在当今世界文化建设和文化产业的蓬勃发展的浪潮中，我们一定能建设好无愧于伟大时代的先进文化，使我国民族的科学的大众的社会主义文化更加异彩纷呈，绚丽灿烂。

（在中共中央宣传部召开“发展文化产业座谈会”上的书面发言，2003年5月）

加强生态环境保护
走可持续发展之路

在世界临近世纪之交，人类即将告别一个千年，迎来另一个千年的时候，举办以中国环境与发展为主题的研讨会，引发社会各界对这一重大问题的深入思考，为国家领导人和实际工作部门进行决策提供智力支持，非常及时、十分必要。会议产生的成果将对我国整个改革开放和现代化建设起着重要的积极推动作用。借此机会，讲以下三个问题。

一、协调发展与环境的关系是中国现代化建设中一项重大而紧迫的任务

保护环境，是关系人类生存、经济与社会协调发展的大事。经济的发展，离不开良好的社会环境和自然环境。经济的增长，社会的发展，不仅依赖于科学技术的进步，还取决于环境资源的支撑能力。在发展经济中，如果没有强有力的保护环境的政策和措施，就会使环境进一步恶化，从而会延缓、甚至破坏经济的顺利发展。因此，环境和发展问题，是世界各国共同关心的焦点。当今世界正面临着环境恶化的严峻挑战和威胁。正确处理环境与发展的关系，是世界面临的迫切任务。

重视环境保护,促进发展与环境相协调,对于我们国家更具有特殊的现实意义。这主要是因为:

其一,中国人口众多,劳动力充足,为国民经济的发展提供了极为丰富的人力资源,同时也给经济和社会的发展以及环境保护增加了很大的压力。中国幅员辽阔,自然资源和矿产资源总量丰富,但人均占有量相对不足,人口多、耕地少的矛盾尤为突出。国民经济虽然有了很大发展,奠定了比较雄厚的物质技术基础,但是经济结构不合理,地区发展不平衡,经济效益差。中国是一个发展中国家,把发展经济、增强国力、提高人民生活水平放在第一位这是十分必要的,但由于经济长期实行粗放经营,高投入、高消耗,结果导致环境污染严重。每年仅环境污染所造成的经济损失就达上千亿元。生态环境问题相当严重。中国是世界上水土流失最严重的国家之一,水土流失面积估计有179万平方公里。中国还是世界上沙漠和沙漠化土地较多的国家。中国不少高等植物处于濒危或受威胁状态,近50年来约有200种高等植物灭绝;野生动物中约400种处于濒危或受威胁状态。中国大气污染主要是燃煤造成的,因为二氧化硫排放量增长过快,酸雨的危害日趋严重。目前,累计堆存的固体废弃物占地5.45万公顷,成为严重的二次污染源。现在许多农村环境污染也相当突出。

其二,展望未来时期,环境问题的压力将进一步加大,从现在起到21世纪初,中国人口仍将继续增长,20世纪末可能达到十三亿人,2010年大约为十四亿人。同时,经济处于加速工业化、现代化阶段,全国人民向小康生活水平前进。这样,对资源的需求量将大幅度增加,资源的消耗和环境污染负荷会更大;淡水资源供需矛盾将会更加突出,特别是华北及华东地区、西北地区、辽中南地区及部分沿海城市,缺水地区的经济和社会发展受水资源不足的制约将日趋严重。以煤为主的能源结构近期内难以有根本性改变,2000年耗煤将达到

16亿吨左右，加上其他燃料燃烧和工艺过程中产生的二氧化硫，2000年二氧化硫排放量将达到2100万吨~2300万吨。2010年，若以能源总需求量18.5亿吨标准煤计算，则二氧化硫的产生量预计将达到3400万吨。与此同时，随着机动车的迅速增加，在前些年尚不严重的机动车尾气污染将进一步突出。随着国民经济的持续发展和大量农村剩余劳力的转移，城市人口将大量增加。由于居民生活水平的提高，城市环境将主要面临两个方面的问题：一是生活垃圾问题突出，预计到2000年，全国城市垃圾粪便产生量将超过2.5亿吨；二是城市生活污水大量增加，预测到2000年达170亿吨左右，城市水环境的有机污染将呈发展趋势。

其三，国际社会对实现全球可持续发展和切实履行各项环境条约的呼声日益高涨，并要求对氟里昂、二氧化碳等受控物质的排放加以控制，将对我国形成较大压力。

总之，中国环境问题已经成为影响经济和社会发展的重大问题。问题的严重性还在于，时至今日，不少地方还在一味不惜浪费资源、破坏生态环境，单纯追求经济的高增长。因此，协调好环境与发展的关系，不仅直接关系到国民经济能否做到长期持续、快速、健康发展，而且直接关系到现代化的进程和前途。加强环境保护和治理，维护生态平衡，确实刻不容缓。

二、运用计划和市场两种手段协调好发展与环境之间的关系

在进行社会主义现代化建设的整个过程中，我们都必须正确处理发展与环境的关系。党和国家关于建立社会主义市场经济体制的改革目标，为我们处理好二者关系提供了体制条件，也提出了新的要求。

建立社会主义市场经济体制,就是要使市场在社会主义国家宏观调控下对资源配置起基础性作用。这是增强经济活力和效率,优化资源配置,促进国民经济既快又好发展的必由之路。因此,对那些凡是应当由市场调节的经济社会活动,要让市场起调节作用,特别是属于企业的微观经济活动,要落实企业的生产经营自主权,使之成为市场竞争的主体,从根本上改变过去国家计划包揽过多、统得过死的做法。这既是经济体制改革的基本方向,也是处理发展与环境关系的重要原则。

同时,理论与实践都表明,现代市场经济都是有政府调控和管理的经济,完全自由的市场经济是不存在的。主要是因为,市场对配置资源和调节经济活动固然有许多优点和长处,但也有其自身的弱点和消极方面。市场行为往往只注重短期利益和局部利益,由于受短期利益和局部利益驱动,市场调节经济活动有一定的盲目性、自发性,而且又往往在事后才能反映出来。同时,有些社会经济活动单靠市场是管不了或管不好的。例如,单纯的市场调节只能解决微观经济平衡问题,而不能解决宏观经济总量平衡问题;市场机制只能反映现有的生产结构和需求结构,而不能有效反映国民经济发展的长远目标和结构。又如,许多社会事业发展领域,包括城乡公共设施的建设,环境保护和生态平衡,只靠市场作用难以达到目标,而必须由政府有意识有计划地加以调控。政府的宏观调控和计划指导作用,可以依据客观规律的要求,正确处理局部利益与整体利益、当前利益与长远利益之间的关系,正确处理经济效益、社会效益、环境效益之间的关系,正确处理经济建设、城乡建设、环境建设之间的关系。邓小平同志指出:计划和市场都是经济手段,二者都得要。充分发挥市场机制的作用和加强国家宏观调控,都是社会主义市场经济体制的内在要求。在总结国内外经验的基础上,党的十四届三中全会的《决定》中,又明确地把制定和执行宏观调控政策,搞好基础设施建设,创造良好的经济发展环境，以及控制人口增长，保护自然资源和生态环境等，作为政府管理经济的重要职能；明确地规定计划工作的主要任务，是合理确定国民经济和社会发展的战略、宏观调控目标和产业政策，搞好经济预测，规划重大经济结构、生产力布局、国土整治和重点建设。在实行社会主义市场经济的条件下，要强调发挥市场的作用，但决不能忽视甚至排斥国家计划的指导作用，关键是要努力探索适应新形势的正确有效的计划指导形式和方法。

进入20世纪80年代以后，党中央决定把保护环境作为我国的一项基本国策，并制定了“经济建设、城乡建设、环境建设同步规划、同步实施、同步发展”的重要方针。在这一决策和方针指导下，我们在计划工作中逐步重视环境保护，努力协调发展与环境的相互关系。从制定国民经济和社会发展第六个五年计划起，就把保护环境作为国家计划的一项重要方面。国家计委还组织开展了全国国土整治规划工作，主要内容包括自然资源的合理开发利用，生产力的合理布局，产业结构的优化升级，环境的治理与保护，目的是通过制定规划来协调经济发展与人口、资源、环境的关系。国家还规定，新建项目，必须先做环境影响评价，并得到环境保护部门的批准，否则不予审批；同时，还要求环境保护设施与主体工程同时设计、同时施工、同时投产，从建设程序和管理制度上防止新建项目产生污染。近年来，国家支持建设了一批环境保护示范工程，以推动环境保护工作，并支持国家环境保护局和地方政府积极利用外资进行环境保护工程建设，包括环境监测、环境信息收集与传递、环境软科学研究、环境保护示范工程建设等等。此外，还安排利用世界银行、亚洲开发银行以及日本等国政府的贷款建设一批环境保护工程。在建设资金十分紧张的情况下，国家对环保的投入逐年有所增加，从1981年的25亿元增加到1990年的109亿元；“七五”期间的环保投资达到477亿元，比“六五”期间的170亿元增加了近2倍，占国民生产总值的比重由

0.49%提高到0.7%。投资的较大幅度增加对于控制环境污染和生态恶化的趋势发挥了重要作用,收到了显著的经济效益和社会效益。虽然已做的工作与客观要求相比还很不够,但它毕竟在进行国土整治和环境保护方面迈出了步子,并积累了宝贵的经验。我们要总结实践经验,坚持改革开放,适应新的情况,更好地发挥国家计划的指导作用,加强环境保护和治理工作,走可持续发展的道路。

三、今后时期协调发展与环境关系的一些设想

从现在到20世纪末和21世纪初叶,是中国现代化建设极为重要的关键时期。为了保证和促进这一时期现代化建设事业的健康发展,根据中央的部署和要求,国家计委已着手组织研究制定"九五"计划和2010年长远发展规划,研究制定中国社会事业发展纲要。这些是涉及方方面面的跨世纪的社会系统工程,需要研究解决一系列重大课题。在制定中长期规划中应当特别注意把握好以下几点。

第一,确立正确的指导思想。要坚持以邓小平同志建设中国特色社会主义的理论和党的基本路线为指导,认真贯彻党中央提出的我国现代化建设三步走的战略部署和党的十四大精神,全面总结15年来改革开放和现代化建设的经验,并研究借鉴国外特别是发展中国家在工业化过程中实现赶超先进水平的经验,走中国特色的工业化、现代化道路。坚持深化改革,扩大开放,充分体现抓住机遇,加快发展,力争使经济隔几年上一个新台阶的战略思想,并大力促进社会的全面发展与进步。

第二,坚决实行可持续发展的战略。正确处理经济、人口、资源、环境之间的相互关系,合理确定经济发展的规模和速度。中国目前经济落后,人口众多,无论是增强综合国力,改善人民生活,还是解决劳动就业和人口老龄化等种种社会矛盾,都需要经济有一个较快的

发展速度,没有持续较快的增长速度是不行的。也只有不断增强经济实力,才能更好地为解决环境问题提供物质条件。但是经济的快速增长必须充分考虑资源和环境的承受能力,以及防治环境污染,促进社会全面进步的要求。只有使经济增长速度与环境保护要求相协调,才能实现经济和社会的持续健康发展。

第三,明确制定经济建设和环境保护协调发展的目标。在制定中长期规划中,不仅应当有经济发展、人民生活提高的目标,还应当有环境保护的目标。20 世纪 90 年代,经济建设要在优化结构、提高效益的前提下,实现国民生产总值年均增长 8% ~9% 的目标,使人民过上小康水平。在环境保护方面,到 20 世纪末要控制环境污染和生态恶化的趋势,力争部分重点城市和地区的环境质量有所改善。在考虑 21 世纪初叶奋斗目标时,也应同时考虑合理确定经济发展与环境保护的目标。明确提出经济发展与环境保护的双重目标,有助于实施可持续发展的战略。

第四,选择非传统的工业化、现代化方式。世界上不少国家在实现工业化和现代化过程中,大都建立了高消耗的生产体系、高消费的生活体系、高投入的经济体系,这种方式是以浪费资源、污染环境为代价的。对于我们国家来说,用传统的方式实现经济高速增长,对中国本身和世界来说,都是难以想像的。由燃煤和汽车扩张造成的空气污染,由工业和农业造成的水资源紧张和污染,以及土地侵蚀和土质退化,这些都是不堪想像的。为此,要选择适应我国国情,将环境资源保护与经济发展统一起来,建立合理的产业结构、生产结构、能源结构、消费结构、贸易结构、技术结构、城市结构;同时,必须实行全面节约的战略,从根本上改变高投入、低产出,高消耗、低效益的局面。要选择资源节约型、质量效益型、科技先导型、环境保护型的发展模式,积极做好节煤、节油、节电、节材、节水工作。切实贯彻对环境资源“谁开发谁保护、谁破坏谁恢复、谁利用谁补偿、谁污染谁治理”的原则，把经济建设、资源合理开发利用、环境保护和治理有机结合起来。积极发展环保产业。

第五，制定与实施节约资源和保护环境的政策措施。

在经济政策方面，要研究制定合理的价格政策、税收政策、信贷政策、外贸政策和投资政策。要按市场经济的要求，逐步理顺价格关系，彻底改变由于某些资源低价或无价造成资源、能源浪费和环境污染的现象。又如，对“三废”综合利用和环境保护工程项目，应给以必要的税收优惠；根据不同情况，征收适当的资源使用税和环境保护税。

在强化环境管理方面，加快建立市场手段和政府调控相结合的自然资源管理体系。工业污染防治要从终端控制为主向生产全过程控制为主转变，从分散治理向集中控制转变，从浓度控制向浓度与总量控制相结合转变。坚决关停严重污染环境的小企业，严格控制小工业锅炉的盲目发展，通过建立区域性供热中心、热电联产等方式进行集中供热，有效地减少大气污染物的排放。建立区域性污水处理厂，实行污水集中处理，以达到区域的水环境质量目标。通过建立集中的固体废物特别是有毒有害废物的处理场、处置厂和综合利用设施，对固体废物进行有效的集中控制。要研究建立完善的环境保护指标体系，并使之切实纳入国民经济和社会发展计划。在国民经济和社会发展的综合计划中，要包括环境保护的投资计划和政策；环境保护的项目要根据各种不同的情况，分别纳入国民经济和社会发展的各类项目计划，其中大中型污染治理项目、自然生态保护项目和重大环境保护示范工程项目要纳入全国的国民经济和社会发展计划。在建设项目时，坚持先进行环境评价后开工建设，继续执行“三同时”的原则。

在依靠科技进步方面，要积极研究开发无废、少废、节水、节能的新技术、新工艺；推广清洁煤技术和工程；开发和推广环境保护适用技术，开发符合国情的污染治理技术和生态破坏恢复技术，研究和推广资源综合利用技术，加强环境保护监测技术、新仪器、新设备以及环境管理现代化研究。还要开展全球环境问题研究和国际环境保护科技合作。大力推进科技进步，提高经济增长的质量和效益，是解决中国环境问题，协调发展与环境关系的最积极和最根本的出路。

在增加投入方面，要研究建立资源保护和环境综合整治资金机制。多方开辟资金来源，在经济发展的基础上，从中央到地方各级政府都应逐步增加用于环境保护的资金，努力提高这部分资金占整个建设资金中的比重。随着多种经济成分的发展，还应积极引导各类企业和社会资金用于环境保护。目前，国际金融机构和主要发达国家已纷纷将环境保护作为其借贷的重点领域和重要条件，我们应多做工作，积极创造条件，争取利用外国政府和国际金融组织的资金与技术，进行城市和区域环境综合整治。我们要有计划地建设一批环境保护项目，特别是《中国 21 世纪议程》中列出的第一批优先项目要逐步落实资金，有的可以建议列入开发银行解决，有的在利用外资计划中应优先考虑。

（原载《绿色战略》，青岛出版社 1997 年 11 月第 1 版）

（五）

树立和坚持正确政绩观

大力弘扬
理论联系实际的优良学风

党的十五届六中全会《决定》指出:“理论联系实际,是党一贯坚持的马克思主义学风,是党具有旺盛创造力的关键所在。大力弘扬这一学风,提高全党的马克思主义理论水平和解决实际问题的能力,是当前加强和改进党的作风建设的一项基础性工作。”全会要求全党同志联系实际刻苦学习,做到理论与实际、学习与运用、言论与行动相统一,创造性地开展工作。认真学习领会和贯彻落实六中全会这一重要精神,大力弘扬理论联系实际的优良学风,对于在新的形势下把党的作风建设提高到一个新水平,胜利推进党和国家的各项事业,具有全局性和关键性意义。

一、理论联系实际是我们党80年奋斗的一条基本经验

我们党历来特别强调学风建设,这是对马克思主义建党学说的独创性贡献。学风问题,是对待马克思主义的根本态度问题,即究竟是从本本出发,还是用马克思主义的立场观点方法来研究和解决中国的现实问题。坚持马克思主义基本原理与中国具体实际相结合,是我们党对待马克思主义的科学态度,是党一贯倡导的理论联系实

际的优良学风。毛泽东同志早在延安时期就明确说过,学风问题是一个非常重要的问题,是第一重要的问题。他指出:“应确立以研究中国革命实际问题为中心,以马克思列宁主义基本原则为指导的方针,废除静止地孤立地研究马克思列宁主义的方法。”(《毛泽东选集》第3卷,第802页。)并批评“从本本出发”的教条主义是不正派的学风,是反科学的反马克思列宁主义的主观主义的方法,是共产党的大敌,是工人阶级的大敌,是人民的大敌,是民族的大敌,是党性不纯的一种表现。在历经“文化大革命”教训之后的20世纪70年代末,邓小平同志再次强调学风问题,并上升到关系“亡党亡国”的高度来论述,反复强调要坚持解放思想,实事求是,理论联系实际。他指出:“我们坚信马克思主义,但马克思主义必须与中国实际相结合。只有结合中国实际的马克思主义,才是我们所需要的真正的马克思主义。”(《邓小平文选》第3卷,第213页。)20世纪90年代以来,党的第三代中央领导集体在新时期党风建设中,也极为重视学风问题。江泽民同志在许多重要讲话中,都要求全党同志一定要理论联系实际,端正学风。他在党的十五大报告中指出:“离开本国实际和时代发展来谈马克思主义,没有意义。静止地孤立地研究马克思主义,把马克思主义同它在现实生活中的生动发展割裂开来、对立起来,没有出路。”江泽民同志在庆祝建党80周年大会上的重要讲话中,把“始终坚持马克思主义基本原理同中国具体实际相结合”,作为我们党80年奋斗历程的第一基本经验,并且进一步深刻论述了理论联系实际与理论创新的极端重要性和必要性。

我们党为什么如此高度重视坚持和发扬理论联系实际的学风呢? 这个问题可以从以下几个方面来认识。

(一)只有坚持理论联系实际,马克思主义才能不断发展。马克思主义来源于实践,始终严格地以客观事实为根据。世界是物质的,物质是运动的,运动是有规律的。随着实践的发展,作为现实世界运动变化规律的反映,理论也必须随之发展变化。任何理论包括科学的理论,都必须随着实践的发展而发展。马克思主义理论的这种与时俱进的品质,决定了它必然随着实践的发展而发展,是不断发展的科学。江泽民同志在党的十五大报告中指出,马克思主义必定随着时代、实践和科学的发展而不断发展,不可能一成不变。只有坚持理论联系实际,根据实践中的新情况、新变化,提出新思想、新观点,才能把马克思主义不断推向前进。一部马克思主义发展史,就是一代一代马克思主义者坚持理论与实际紧密结合,不断进行理论创新,赋予马克思主义以新的时代内涵的历史。

还要指出的是,马克思主义是普遍真理,是对事物共性的认识。而共性是寓于个性之中,没有脱离个性而存在的共性。世界上各个民族和国家都有自己独特的社会、经济、历史、文化背景,有不同的国情,有自己的"个性"。列宁曾经指出:"一切民族都将走向社会主义,这是不可避免的,但是一切民族的走法却不会完全一样,……每个民族都会有自己的特点。"(《列宁选集》第3版,第2卷,第777页。)这就要求共产党人必须把马克思主义理论与本国的实际很好结合起来,把马克思主义所揭示的"共性"与本国的"个性"很好结合起来,提出既符合"共性",又具有"个性"特点的理论观点,推动马克思主义理论的发展,并成功地指导本国的革命和建设事业。

(二)只有坚持理论联系实际,才能正确地运用马克思主义理论指导实践。"没有革命的理论,就不会有革命的运动。"(《列宁选集》新版第1卷,第311页。)马克思主义是人类社会发展规律的科学反映,这种科学理论一旦与实践结合起来,变成广大群众的自觉行动,就会转化成巨大的物质力量。正因为如此,我们党不但注重实践,也注重理论,是高度重视理论指导的党。重视理论建设和理论指导,是我们党的一个根本特点。运用马克思主义理论指导实践,决不能不顾具体情况照抄照搬,必须把它与不同国家和民族的实际结合起来,加以运用，并有所创新和发展。

中国革命和社会主义建设、改革取得的伟大胜利，都是马克思主义理论与中国实际相结合的结果。在民主革命时期，毛泽东同志把马克思主义的基本原理与中国革命的具体实际相结合，提出中国必须走农村包围城市、武装夺取政权的道路，并同党内出现的右倾和"左"倾错误进行斗争，确立了毛泽东思想的指导地位，使中国新民主主义革命取得了节节胜利。20 世纪 70 年代末，"文化大革命"结束后，邓小平同志全面总结国际共产主义运动和新中国成立以后社会主义革命和建设的经验教训，从中国的实际出发，领导我们党坚决停止"以阶级斗争为纲"，果断地把党的工作重心转移到经济建设上来，并决定实行改革开放的新政策，同时坚持四项基本原则，创立了建设中国特色社会主义的理论。在邓小平理论指导下，短短二十多年，我国生产力和综合国力上了一个大台阶，人民生活总体上达到了小康水平，使我国现代化建设进入新世纪，站在一个新的伟大起点上，社会主义制度得到了进一步巩固和发展。20 世纪 90 年代以来，以江泽民同志为核心的党的第三代中央领导集体，高举邓小平理论伟大旗帜，正确回答了我国在改革开放和现代化建设中面临的一系列新课题，根据实践发展，做出了许多重要的新结论、新概括和理论创新，指导我们在新的历史条件下把建设有中国特色社会主义伟大事业不断推向前进。

当然也不能忘记，我们党历史上曾经发生过偏离理论联系实际原则，出现过教条主义和"左"的严重错误。在第二次国内革命战争时期，以王明为代表的教条主义者，不顾中国的具体实际，把马克思主义教条化，把共产国际决议和苏联经验神圣化，差一点儿断送了中国革命。从 20 世纪 50 年代后期滋长的、特别是在"文化大革命"中出现全局性的"左"的指导错误，使党的事业遭受了严重损失。这里很重要的原因，就是偏离马克思主义基本原理，指导思想脱离中国的实际。

历史的经验和教训告诉我们,我们党什么时候坚持理论联系实际的学风,革命和建设事业就顺利前进,就不断取得新的胜利;什么时候教条主义、本本主义盛行,我们党的事业就会受到挫折。因此,坚持理论联系实际的学风,确实是关系党和国家前途与命运的大问题。江泽民同志在2001年“七一”重要讲话中指出:“马克思主义的基本原理任何时候都要坚持,否则我们的事业就会因为没有正确的理论基础和思想灵魂而迷失方向,就会归于失败。”同时,“马克思主义具有与时俱进的理论品质。如果不顾历史条件和现实情况的变化,拘泥于马克思主义经典作家在特定历史条件下、针对具体情况做出的某些个别论断和具体行动纲领,我们就会因为思想脱离实际而不能顺利前进,甚至发生失误。”这是对我们党历史经验的深刻总结,我们必须牢牢记取。一定要正确认识以江泽民同志为核心的党中央反复强调在党的基本理论指导下,从实际出发,推进理论创新的重要意义。坚持科学态度,大胆进行探索,使我们的思想和行动更加符合客观实际,更加符合社会主义初级阶段的国情和时代发展的要求。

(三)只有坚持理论联系实际,才能坚定对马克思主义的信仰。马克思主义之所以是科学,不仅因为马克思主义理论含有丰富的科学观点和科学论断,更重要的是马克思主义提供了认识世界的科学方法,体现了彻底的科学精神。我们只有把马克思主义理论与实践紧密联系起来,不断创新发展,才能指导我们的事业不断前进,马克思主义才具有生命力,才能显示出认识世界、改造世界的巨大作用,才能使我们对马克思主义的信仰更加坚定。如果用教条主义的态度对待马克思主义,不考虑社会历史条件已经发生变化,照抄照搬马克思主义针对某些具体问题的个别结论和词句,必然会在实践中碰壁,造成严重损失。这种不良学风必然严重败坏马克思主义的声誉,从而使人们对马克思主义产生怀疑，动摇对马克思主义的信仰。“文化大革命”结束后，社会上之所以出现过一些马克思主义“过时论”、“危机论”等错误思潮，一个重要原因，就是在“文化大革命”中“左”的一套和教条主义式的假马克思主义，把马克思主义糟蹋得不成样子，国家和人民吃了苦头，严重损害了马克思主义的形象。从这个意义上说，共产党人要捍卫马克思主义，坚定对马克思主义的信仰，关键是要坚持理论联系实际的作风，坚持马克思主义的科学精神，正确运用它、发展它。

二、必须加强马克思主义理论学习

要做到理论联系实际，学习和掌握理论是前提。我们党一贯重视全党的理论学习。党的十五届六中全会再次强调：“加强马克思主义理论学习，努力掌握和运用马克思主义的立场、观点、方法，始终是全党一项重要的政治任务。”这是理论联系实际，坚持和发展马克思主义的首要问题。如果不认真学懂弄通理论，不全面、系统地掌握马克思主义经典作家的理论体系和深刻内涵，对科学理论不甚了了，就无法做到理论联系实际，就不能自觉坚持和运用马克思主义理论，更难以认识和进行理论创新。因此，我们必须按照六中全会的要求，坚持不懈地学习马克思列宁主义、毛泽东思想、邓小平理论，深入学习“三个代表”重要思想，不断深化对共产党执政的规律、社会主义建设的规律、人类社会发展的规律的认识，在改造客观世界的同时不断改造主观世界。要把学习马克思主义理论与总结实践经验结合起来，与学习党的历史、中国历史和世界历史结合起来，与学习当代经济、科技、文化等知识结合起来。领导干部特别是走上新岗位的领导干部，还要认真学习、掌握同本职工作相关的方针政策和法律法规。领导干部特别是党的高级干部要做学习的表率，打牢马克思主义理论功底，坚定理想信念，提高政治敏锐性和政治鉴别力，增强工作的原则性、系统性、预见性和创造性，要通过贯彻六中全会精神，在全党形成学习理论的新高潮，进一步提高全党同志的马克思主义理论水平。

首先，要增强学习的自觉性，坚决纠正轻视理论、忽视学习的错误倾向。目前，一些党员干部其中包括领导干部，存在轻视理论、忽视学习的倾向。有的在工作中单纯凭经验办事，陷入忙忙碌碌的事务主义，甚至以“不懂理论的实干家”为荣；有的盲目骄傲自满，往往在学习中粗枝大叶，不求甚解；有的则为了应付考试，死记硬背个别词句和结论，甚至搞形式主义，作表面文章。这些错误倾向都是十分有害的，必须坚决纠正。

这里的关键，是要充分认识重视理论和加强学习的重要性。学习理论和其他知识，是适应改革开放和现代化建设迅速发展变化形势的需要。毛泽东同志曾指出：“有工作经验的人，要向理论方面学习，要认真读书，然后才可以使经验带上条理性、综合性，上升为理论，然后才可以不把局部经验误认为即是普遍真理，才可不犯经验主义的错误。教条主义、经验主义，两者都是主观主义”。（《毛泽东选集》第3卷，第818～819页。）我国改革处于攻坚阶段，发展进入关键时期。目前世界格局正在走向多极化，经济全球化进程加快，科技革命突飞猛进，我们既面临着良好机遇，也存在着严峻挑战。在这种情况下，无论是系统学习过还是没有很好学习过马克思主义理论的人们，理论知识和其他知识都不够，不能与新形势、新任务相适应。如果放松学习，对马克思主义一知半解，对现代经济、科技、文化知识一问三不知，只凭工作热情和老经验、老办法办事，就必然如同“盲人骑瞎马，夜半临深池”，必然会碰钉子。理论和实践都证明，政治上的清醒和坚定，来源于思想理论上的清醒和坚定；政治上的糊涂和摇摆，都是由于思想理论上的动摇和混乱。不学习和掌握科学理论，在错综复杂的情况下，就难以辨明政治方向和是非界限，也难以全面贯彻执行中央的路线、方针、政策。要通过学习，用马克思主义理论和其他现代知识把自己武装起来。否则，就要落后于时代，落后于实践，就不能很好地完成我们所承担的历史使命，甚至会迷失前进方向，犯这种或那种的政治错误。同时，也只有学好理论，掌握党的路线方针政策，才能结合本地区、本部门的具体实际创造性地开展工作。否则，思想和行动就会出现偏差。

学习理论也是加强党性、陶冶情操的需要。江泽民同志曾经指出："加强学习，对提高人的精神境界很有益处"，"学习搞好了，掌握的理论知识和科学文化知识多了，政治认识和精神境界提高了，讲政治、讲正气才讲得起来。"（《十五大以来重要文献选编》中，第1560页。）必须认识到，良好的政治素质、高尚的人格、洁美的操守、刚直不阿的凛然正气，都不是与生俱来的，而是长期学习和实践的结果。学习是增强党性、陶冶情操的重要环节和途径。只有学好理论，才能通晓人类社会历史的进程，感悟党的事业的伟大；只有学好理论，才能坚定信念，增强政治敏锐性和政治鉴别力；只有学好理论，才能懂得"高山仰止，景行行止"，牢固树立正确的世界观、人生观、价值观。因此，我们要把学习看作是一种政治责任，一种精神追求，做到学习、学习、再学习，活到老，学到老，永不懈怠。

其次，要发扬"钉子"精神，挤时间保证学习。有的同志常常借口工作忙、任务重，没有时间学习，为自己轻视理论开脱。确实，现在改革和发展的任务十分繁重，各级领导干部工作都很忙，但关键还在于对学习是否真正重视。如果不必要的应酬活动少一点，就可以有大量时间用来学习。中央领导同志日理万机，仍然坚持学习理论、历史、法律和现代经济科技文化知识，经常把专家请来，举办各种专题讲座，为全党同志做出了表率。我们要认识到，面对世界日新月异的变化和艰巨复杂的工作任务，不学习就不能肩负起承担的责任，就容易犯错误。近几年揭露出来的一些走上犯罪道路的领导干部，除了别的原因之外，一个重要方面就是长期不学习、假学习，放松了世界观的改造。结果逐渐丧失了理想信念，成了金钱和私欲的俘虏，最终堕落为犯罪分子。因此，作为一个领导干部，无论工作怎么繁忙，都应该坚持挤时间学习理论，学习党的方针政策和国家法律法规，学习现代经济科技文化知识。要切实改变一些干部存在的“学风不浓、玩风太盛”的现象。

再次，要坚持学习制度，加强督促检查。党的十五届六中全会《决定》指出：“学习制度化是加强学习的有力保证。”要建立健全理论学习的领导责任制，坚持一级抓一级，对学习情况经常监督检查。要建立健全党委中心组学习制度、领导干部在职自学制度和干部理论学习考核制度，认真落实县以上党政领导干部定期脱产进修和新进领导班子成员到党校、行政学院和其他干部培训机构学习的制度。许多地方和单位的实践证明，健全和坚持实行这些学习制度，是完全必要的，取得了好的效果。同时，要加强监督检查，使学习制度落到实处，讲求实效，防止流于形式。既要从制度上保证有一定的学习时间，又要正确安排学习内容，结合实际需要，学好理论和现代经济、科学、文化知识。要通过加强学习，达到提高理论素质、树立世界眼光、培养战略思维、加强党性修养、增强解决实际问题能力的效果。要把理论学习情况和理论联系实际、解决实际问题的能力，作为评议和考核干部的重要内容，并把考核结果作为选拔使用干部的重要依据。

三、学习和掌握理论的目的全在于应用

我们党在加强学风建设中历来强调：学习和掌握理论的目的在于应用。要以我国改革开放、现代化建设和我们正在做的事情为中心，着眼于马克思主义理论的运用，着眼于对现实问题的理论思考，

着眼于新的实践和新的发展，开动脑筋，勤于思考，勇于探索，敢于创新。坚持有的放矢，确立以解决实际问题为中心学习和研究马克思主义，是我们党一贯倡导的科学方法。解决的实际问题越多，就说明学习和运用理论越好。

为此，最重要的是坚持解放思想，实事求是。应该看到，由于我国过去长期实行计划经济，必然给人们留下根深蒂固的思想烙印；由于教条主义、本本主义在我们党内曾经一度盛行，搞乱了人们的思想，主观主义、形而上学的思想方法仍然禁锢着一些人的思想。这些都是理论联系实际的大敌。我们一定要坚持党的基本理论和基本路线，按照实践是检验真理的惟一标准，一切从实际出发，自觉地把思想认识从那些不合时宜的观念、做法和体制中解放出来，从对马克思主义的错误的教条式的理解中解放出来，从主观主义和形而上学的桎梏中解放出来，正确地运用马克思主义研究新情况，解决新问题。坚持理论联系实际的学风，就要打破陈旧的思想观念的束缚，研究改革开放和现代化建设过程中出现的新情况、新问题，提出新思想、新观点、新政策，使我们的思想随着实践的发展而发展，使我们的思想和行动更加符合客观实际。要时刻防止思想僵化，在一个拥有十几亿人口的大国，推进改革开放和现代化建设是一项全新的事业。“马克思没有讲过，我们的前人没有做过，其他社会主义国家也没有干过，所以，没有现成的经验可学。我们只能在干中学，在实践中摸索。”（《邓小平文选》第3卷，第258～259页。）这就要求我们破除迷信，反对僵化，既要打破框框，大胆探索，勇于创新；又要反对“九斤老太”式的做法，正确认识和对待新事物、新思想、新创造。只有这样，才能在理论上有所创新，有所发展，使我们的事业生机勃勃，兴旺发达。

要正确做到理论联系实际，还要把握以下四个方面：

一是要紧密联系当今世界的实际。邓小平同志曾经告诫全党，要用世界的眼光看问题。和平和发展是时代的主题,但这两大课题至今一个也没有解决。现在,世界格局日益走向多极化,经济全球化趋势不断增强,科技革命迅猛发展,国际竞争十分激烈。我们必须运用马克思列宁主义、毛泽东思想和邓小平理论,科学地、敏锐地观察分析国际形势,把握当今世界的大背景、大格局、大趋势,正确认识这些新变化、新情况、新问题,给予科学的回答,并能及时提出应对措施,以利于我们抓住机遇,迎接挑战,掌握主动。无疑,这方面的学习和研究任务是多方面的,而且是非常重要和紧迫的。

二是要紧密联系当代中国的实际。我国改革开放和现代化建设取得了伟大成就,现在已进入新的发展阶段。在我们党面前,有许多重大理论问题和实践问题亟待研究解决。包括:如何正确认识和处理所有制结构调整和发展社会主义市场经济出现的新情况、新变化;如何正确认识和推进深层次经济体制改革和全方位、宽领域对外开放;如何正确认识和处理既要积极参与国际经济合作与竞争,又要善于维护国家的主权、独立与国家安全;如何正确认识和理解在新的情况下,不断增强党的阶级基础和扩大党的群众基础;如何按照"三个代表"的要求,加强党的建设、经济建设和各项社会事业建设,等等。我们应该按照党中央的要求,坚持发扬理论联系实际的学风,在实践中进行深入的思考和探索,寻求解决问题的正确答案,以利推动改革开放和现代化建设事业更好地向前发展。

三是要紧密联系个人的思想实际。这里主要是指联系个人主观世界的实际,在马克思主义理论指导下,加强对世界观、人生观、价值观的改造。比如,要在学习和掌握马克思主义世界观、方法论的基础上,结合实践"三个代表"的要求,根据党的历史使命和根本宗旨,经常想一想"参加革命是为什么?现在当干部应该做什么?将来身后应该留点什么";(见《十五大以来重要文献选编》中,第1559页。)对照自己的思想实际和所作所为,看自己在发展社会主义市场经济的情况下，在对外开放各种思想文化相互激荡的情况下，能否坚定共产党人的理想信念和宗旨，能否坚持人民的利益高于一切，能否自觉抵制个人主义、“一切向钱看”的思想行为，能否保持思想的警醒和行为的廉洁。要通过学习和运用理论，提高个人的思想政治素质，坚定理想信念，弘扬浩然正气，经受住金钱、权力和美色的考验，永葆共产党人的本色。

四是要紧密联系具体工作实际。对于一个地区、部门和单位的领导干部来说，学习掌握马克思主义理论，根本目的是要以科学理论为指导，做好本地区、本部门、本单位的工作。在实际工作中，对党的理论、路线、方针、政策、上级的决定和工作部署，必须坚决贯彻执行，不能违背，不能盲目蛮干。同时，我国经济社会发展不平衡，每个地区、部门和单位都有自己的具体情况。要正确运用马克思列宁主义、毛泽东思想、邓小平理论的基本观点和科学方法，深入分析研究自己面对的实际情况，针对工作中存在的具体矛盾和问题，正确提出解决的方法和措施，创造性地开展工作。照抄照搬上级指示，当“收发室”、“传声筒”，必然会给一个地区、部门和单位的工作造成损失，是对党的事业不负责任、也是党性不纯的表现，必须克服。各地方、各部门要在大局下行动，防止和纠正各种形式的分散主义现象。不能有令不行、有禁不止，搞“上有政策、下有对策”，搞地方和部门保护主义；不能制定与中央政策和国家法律法规相抵触的规定。

四、切实加强和改进调查研究工作

党的十五届六中全会号召，要大力加强调查研究工作、这是弘扬理论联系实际优良学风的必然要求。各地方、各部门要建立健全调查研究制度，改进调查研究方法，提高调查研究的质量。为此，必须进一步提高认识，真正把大兴调查研究之风作为改进学风、理论联系实际的关键措施和重要途径。

我们党之所以历来十分重视深入调查研究，是因为人们对事物运动变化的正确认识只能来自于实践，并经过实践的反复检验，不断丰富发展，逐渐向真理接近。这就是认识的规律。毛泽东同志曾经指出："共产党的正确而毫不动摇的斗争策略，绝不是少数人坐在房子里能够产生的，它是要在群众的斗争过程中才能产生的。因此，我们需要时时了解社会情况，时时进行调查。"(《毛泽东选集》第 1 卷，第 115 页。)改革开放以来，我们党的一系列重大正确决策，都是通过深入调查研究，总结群众在实践中的创造和经验，加以理论和政策升华而做出的。邓小平同志曾经说过，改革开放以来在农村实行土地联产承包责任制、发展乡镇企业等重大政策，都是从基层干部和广大群众具体实践中概括出来的。江泽民同志关于"三个代表"的重要思想，也是经过深入农村、企业进行大量调查研究和反复思考提出来的。新世纪已经拉开帷幕，我们国家要在本世纪中叶基本实现社会主义现代化，任务非常艰巨。前进中要解决许多复杂问题，克服各种困难，全面、正确地实践"三个代表"的要求，顺利实现我国现代化的宏伟目标，就必须坚持理论联系实际，深入调查研究，向群众学习，向实践学习，发现事物运动的规律，找出解决问题的办法。

加强调查研究，要建立制度，改进方法，提高质量。各级党政领导机关都要健全调研制度，制定和落实调研计划。按照中央的要求，省部级领导干部每年应至少抽出一个月时间，市(地)县党政领导干部每年要有两个月以上时间，深入基层调研，总结经验，探索规律，指导工作，解决问题。建立了制度，就要执行；制定了计划，就要落实。各地方部门要定期对调查研究制度和调研计划的执行、落实情况进行检查，经常督促，把调查研究情况和成果作为党政干部特别是各级领导干部考核的重要指标，把考核结果作为干部任用的重要标准。要坚决反对和纠正调查研究走过场、做样子，真正深入实际，深入基层，深入群众，了解真实情况，掌握第一手材料。中央领导同志经常深入到基层单位和群众中作调查，倾听基层干部和群众的意见和建议，了解基层单位工作情况和群众生产生活中的实际困难，这种求真务实的工作作风值得各级干部学习。现在，有的地方领导干部只要求下级干部调查研究，自己则官僚主义、高高在上、脱离群众；有的虽然下去作调查，但走马观花，浮光掠影，名曰调查研究，实则劳民伤财；有的听赞颂奉承之词格外顺耳，对批评意见则芒刺在背；有的只看先进典型，不看落后单位。这样做，结果必然是“情况不明决心大，脑筋不动办法多”，造成决策失误，给事业带来损失，必须坚决纠正。只要全党切实加强和改进调查研究工作，党的理论联系实际的优良学风和作风就一定会得到发扬光大，我们党的各项事业也就一定会更好地向前发展。

（原载《〈中共中央关于加强和改进党的作风建设的决定〉学习辅导读本》，学习出版社2001年10月版）

努力提高政策研究与决策咨询工作水平

从1998年到2002年的五年,我国改革开放和现代化建设进程波澜壮阔,绚丽多彩。这几年,国际局势发生深刻变化,外部经济环境相当严峻;国内各种矛盾重叠交织,市场需求不足,多年积累的体制性、结构性矛盾突出;1998年、1999年连续两年发生特大洪涝灾害。在这种情况下,以江泽民同志为核心的第三代中央领导集体驾驭全局,审时度势,指挥若定,果断做出一系列重大决策,率领全国各族人民克服艰难险阻,取得了举世瞩目的伟大成就。我们国家空前繁荣,各项事业蒸蒸日上。这是全国各个方面共同努力的结果。

国务院研究室作为承担综合性政策研究和决策咨询服务的办事机构,五年来紧紧围绕全党全国工作大局和国务院中心工作,围绕改革开放和现代化建设中需要解决的问题,开展调查研究,撰写了一大批具有较高实践价值的调研报告。许多调研成果和建议受到国务院领导同志和有关方面的高度重视,对决策形成和政策制定起到了重要的参考作用,为推动改革开放和现代化建设尽了微薄之力。“文以用为贵。”调研成果被决策所采纳,直接或间接运用于实践,贡献于社会,发挥积极作用,应当视为上乘之作。由于不少发挥过重要作用的调研成果当时主要是通过内部刊物或白头文稿直接报送国务院有关领导同志,没有公开发表。现在应一些同志的要求,将部分调研成果汇编成册，与广大读者见面，这无疑是件很有意义的事情。这些调研成果具有以下一些特点：

其一，有很强的针对性。这些调研成果，都是围绕党中央、国务院的中心任务和社会经济生活中出现的突出问题撰写的。有些是为国务院领导同志思考问题和决策提出建议；有些是为党中央、国务院召开重要会议、起草重要文件做准备；有些还是国务院领导同志直接交办的任务。

其二，有较高的实用性。这些调研成果大都经过深入实际调查研究，尽可能掌握第一手材料，事实确凿，资料翔实，分析深透，对策明确，有较强的使用价值和可操作性。

其三，有鲜明的宏观性。这些调研成果，无论是对部门、地区问题的研究，还是对农村、厂矿企业、学校、医院等基层单位问题的剖析，都十分注意从国家全局和宏观角度思考，尽量避免部门、地区观点的局限，力求找出宏观与微观相统一的正确对策。许多调研成果都是在综合多方面意见基础上形成的。

这些调研成果还有一些其他特点，诸如观点明确、条理清晰、文风质朴、语言简练等。

从这些调研成果中，既可以看到亚洲金融危机以来我们国家发展的不凡历程，也可以了解党中央、国务院高瞻远瞩，运筹帷幄，采取一些正确决策的背景情况；既可以深刻认识前进中遇到的许多复杂矛盾，也可以直接折射出中央解决一些问题的决策过程。

政策研究和决策咨询是一项十分重要的工作。我们正在进行的改革开放和现代化建设事业，既空前伟大，又无比艰巨。我们面临的国内外环境，既充满无限机遇，又存在巨大挑战。要使党和国家的事业在复杂的环境中不断推向前进，党和政府就必须及时做出正确决策，制定符合实际的方针、政策和措施，避免决策和政策的失误。然而，这绝非是一件轻而易举的事情，需要多方面的努力。无数事实表明，科学的决策和政策必须对客观情况作出全面、真实的了解，并进行深入、透彻的研究分析。离开调查研究，就难以制定出正确的决策和政策。

完全可以说，多年来我们国家之所以能够取得举世公认的巨大成就，各级各类政策研究和决策咨询机构做出的努力功不可没。对此，党和政府也给予了公允的评价。

具有重大历史意义的党的十六大，在全面分析国际国内形势的基础上，确定了我国在新世纪新阶段的奋斗目标。面对新形势和新任务，政策研究和决策咨询工作肩负历史重任。完善社会主义市场经济体制的改革，仍有不少深层矛盾亟待攻坚；随着我国加入世贸组织，对外开放将进一步扩大，既有机遇，也有挑战；经济建设处在产业结构加快调整和增长方式转变的关键时期。这种情况对政策研究和决策咨询工作者提出了更高的要求，也为大家施展才华提供了广阔的实践舞台。我们一定要珍惜机会，再接再厉，“百尺竿头，更进一步”，努力做出新的更大贡献。这既是历史的重托，时代的召唤，也是国家和人民的殷切期望。

总结多年的经验，做好政策研究和决策咨询工作，需要注意把握好以下几点。

首先，坚持以马克思列宁主义、毛泽东思想和邓小平理论为指导，全面贯彻“三个代表”重要思想。这是搞好政策研究和决策咨询工作的根本前提。毫无疑问，政策研究工作必须坚持从实际出发，反对人为设置框框和禁区，积极鼓励开拓创新。同时，必须坚持以党的基本理论、基本路线和基本纲领为指针，这样才能有正确的方向，调研成果才能为决策服务。这与解放思想、实事求是、与时俱进的要求毫无矛盾。不然，我们的政策研究和咨询工作非但起不到应有的作用，反而可能会对决策造成干扰和破坏。

第二，紧紧围绕中心任务，及时把握决策需求。政府机构的政策研究工作是直接为领导者决策服务的。这种服务是否到位，在很大程度上取决于我们对党中央、国务院以及本地区、本部门工作部署、决策需求的贴近距离和把握情况。如同发展经济必须研究市场需求一样，搞好政策研究和决策咨询服务，也必须研究中心工作的需要和决策者的需求，并作为调研工作的出发点、着力点和落脚点。为此，从事政策研究工作的同志，都要敏于观察形势，勤于思考问题，不断增强敏锐性和鉴别力，做到准确把握大局，透彻分析形势，明确鉴别是非，善于见微知著，能够举一反三。只有这样，才能及时发现问题，选准研究任务，正确开展研究咨询工作。为了更好地服务于决策需求，在实际工作中还需注意，既要吃透"上情"，也要摸准"下情"。中央决定精神和工作部署是研究咨询工作的重要导向，但同时也要高度关注实际情况变化和社情民意动向，必须将领导同志关注的重点问题，广大群众反映强烈的热点问题，各方面工作中遇到的难点问题，作为研究咨询工作的主攻方向。既要想大事、抓大事，深入研究重大问题，也要注意研究具体政策措施问题。对于那些一叶昭秋、似小实大、微而见重的倾向性问题和代表性事物，不能视而不见，而要小题大做，彻底搞清弄透。此外，既要把握领导意图，千方百计为领导机关和领导同志服好务，也要坚决防止不顾客观实际和科学规律一味迎合、投决策者所好的庸俗行为和错误做法。

第三，深入实际调查研究，实事求是反映问题。没有调查研究就没有发言权。调查研究是领导机关和领导干部的"谋事之基"、"成事之道"。既要认真调查，更要注重研究。某些基础理论性研究也许可以在书斋里进行，但政策研究工作却必须扎根于现实生活的土壤之中。毫无疑问，要捕捉领导机关难以听到、不易看到和意想不到的新情况、新苗头，要找出解决问题的新视角、新思路和新对策，要拿出情况真实、分析深刻、见解独到的高质量调研成果，就必须走出去、沉下去、钻进去，深入实际、深入基层、深入群众。深入实际要不怕吃苦、不摆架子，真正贴近群众、倾听真话、察看实情，切忌心浮气躁，不能走马观花和道听途说。同时，深入实际也必须全面系统了解情况，切忌偏听偏信，不能以点代面和一叶障目。坚持实事求是，既是马克思主义的理论精髓和我们党的优良传统，也是政策研究和咨询工作必须遵循的基本原则。反映情况时，要讲真话，报实情；既报喜，也报忧。实质上，只有客观地反映实际情况，尤其将那些具有倾向性的问题和矛盾，以及民间疾苦、群众意见如实反映到领导机关，才有助于正确的决策和制定出适宜的政策，并使有关问题得到及时解决。如果回避矛盾、隐瞒问题、夸喜遮忧，则必然会误导判断，引致决策失误，给国家和人民造成损失。应当承认，目前在许多下情上达工作中还存在着报喜易、报忧难的问题，有些对领导机关分析形势、做出决策产生了负面影响。必须深刻认识其危害性，切实加以克服。

第四，增强政策研究和决策咨询工作的前瞻性，争取较快地拿出调研成果。做好任何一项工作，都有一个审时度势、抓住机会的问题，搞政策研究和决策咨询工作当然也不例外。较好地抓住时机，适时提出政策建议，使许多问题及时得到解决，就会事半功倍，否则就会事倍功半，甚至使一些问题久拖不决。如果对于领导者和广大群众在一段时间里普遍关心的问题，及时调查，认真研究，很快拿出较好的政策建议，便能较快地进入决策系统；如果人们关心的焦点转移了，你才慢腾腾地拿出调研报告，即使写得再好，在实际中起的作用也会大打折扣。这样说，并非主张急功近利；而是说，必须有预见地研究问题，并要及时反映研究成果，尽快提出建议或主张，不能迟疑不决、拖拖拉拉。这也是有些同志调查研究成果较多，并能变成决策参考依据的重要经验。

第五，精心写作，改进文风，努力提高文字表达能力。通过调查研究，写出来的东西，既要准确，又要生动。好的调研报告，固然要有独到的见解，但文字表达不好也不行。有些调研成果，用了不少人们不熟悉的概念、名词,又不作必要的解释,效果肯定不会好。我们的调研成果,首先是给领导同志看的,只有吸引人,打动人,才能更好地被采纳,发挥应有的作用。因此,每一篇文稿都要冥思苦想,精心写作。从内容上讲,观点要鲜明,重点要突出,论证要有力;从形式上讲,结构要严谨,条理要分明,语言要生动,善于画龙点睛。写文章也要从实际出发,讲究多样化,切忌公式化,不能千人一面。怎么写,都要让人看得懂,愿意看,引人入胜,看了以后还回味无穷。这样才能取得好的效果。此外,报送给领导同志的调研成果,务求短小精悍,言简意赅。

时代在发展,社会在前进。政策研究和决策咨询工作者要适应形势需要,胜任本职工作,就必须不断地加强学习,不断地拓宽知识领域,不断地提高思想水平。既要志向高远,执著追求,又要不畏艰难,肯下苦功。正是:历尽天华成此景,人间万事出艰辛。

(原载《政策研究与决策咨询——国务院研究室调研成果选》代前言,中国言实出版社2003年1月版)

提高调查研究水平
做好决策咨询工作

2003年,是我国发展进程中重要而非同寻常的一年。面对复杂多变的国际形势、突如其来的非典疫情和频繁发生的自然灾害,在以胡锦涛同志为总书记的党中央领导下,全国人民同心协力,顽强拼搏,取得了令人瞩目的重大成就。各级政府研究部门作为承担综合性政策研究和决策咨询服务的办事机构,无疑是这一非凡历程的重要参与者并做出了积极贡献。

调查研究是政府研究部门的基本职责。去年,各级政府研究部门紧紧围绕全国工作大局和本级政府的中心任务,针对经济社会生活中存在的重要问题和突出矛盾,深入调查研究,取得了丰硕成果。许多调研成果不仅质量上乘,而且有很强的使用价值,不少成果受到各级领导同志重视并在决策中起到重要作用;有些直接应用于起草领导讲话及其他文稿,从而对指导和推动工作产生了重要影响。为使这些调研成果能够发挥更广泛的作用,现在从国务院研究室和省级政府研究部门的内部调研报告中选出一部分,汇编成册,公开出版。我相信,广大读者从中肯定会有所裨益,既可以更深刻地认识我们面临的诸多复杂问题和现实矛盾,也可以了解到各级政府做出有关决策的许多背景情况和慎重抉择过程。

这里,我就进一步做好政府研究部门的调查研究工作谈一些看法，与大家共勉。

一、充分认识调查研究工作的极端重要性

重视和坚持调查研究，是辩证唯物主义和历史唯物主义认识论的根本所在，是贯彻党的解放思想、实事求是思想路线和从群众中来、到群众中去群众路线的必然要求，也是保证科学决策与实现正确领导的基本前提。我们党历来十分重视调查研究工作。毛泽东同志提出了“没有调查就没有发言权”的著名论断。他说：“我的经验历来如此，凡是忧愁没有办法的时候，就去调查研究，一经调查研究，办法就出来了，问题就解决了。”他形象地说：“调查就像‘十月怀胎’，解决问题就像‘一朝分娩’。调查就是解决问题。”邓小平同志指出，离开了调查研究，任何天才的领导者也不可能进行正确领导。江泽民同志强调，“坚持做好调查研究这篇文章，是我们的谋事之基，成事之道。”陈云同志也曾指出：“领导机关制定政策，要用百分之九十以上时间作调查研究工作，最后讨论作决定用不到百分之十的时间就够了。”回顾建党八十多年的历史，什么时候重视调查研究，坚持理论和实际的统一，党的事业就顺利发展；什么时候忽视调查研究，就会导致主观与客观相脱离，造成工作失误，给党的事业带来损失。

在全面建设小康社会的新的历史时期，调查研究工作更加重要。当前，国际形势错综复杂，经济全球化深入发展，科学技术日新月异，综合国力竞争日趋激烈。从国内看，经济市场化程度不断提高，对外经济联系不断扩大，社会经济结构发生着广泛而深刻的变化。经济成分、组织形式、就业方式、利益关系和分配形式等日益多样化、复杂化，改革开放和现代化建设中的各种矛盾相互交织，国内外各种思想文化相互激荡，新事物、新情况层出不穷。我们既面临着加快发展现代化进程的历史机遇，也面临着一系列前所未有的难题和挑战。与

过去相比，影响决策的因素增多了，决策的时效性增强了，决策的风险性增大了，决策所需的信息量也增加了。这些无疑对调查研究工作提出了更高要求，同时也赋予了政策研究和咨询机构更为重要的使命。

政府研究部门是直接为领导机关决策服务的机构，岗位重要，责任重大。我们的工作主要包括两个方面，一是起草领导讲话及其他重要文稿，二是为领导决策提供情况和建议，而这些都必须建立在大量调查研究的基础之上。只有认真调查研究，才能全面深刻地认识客观存在的实际情况，真正把握事物的本质和发展规律；才能对千头万绪的现实生活做出科学分析，对纷繁复杂的社会经济发展形势做出准确判断；才能及时发现问题，掌握新的苗头和动向，抓住关键矛盾；才能充分体察社情，真实了解民意，广泛集中民智；才能发现好的典型，总结好的经验，理出好的思路，想出好的办法。惟有如此，以丰富的调研成果为基础，政府研究部门才能提出分析深刻、观点正确和切实可行的咨询建议；才会起草出符合客观实际、反映时代脉搏和群众愿望的各种文稿；才能真正成为各级政府的眼睛、耳朵和外脑，发挥好参谋助手作用。如果不了解实际情况，不懂得社情民意，无论起草文稿还是其他工作，都难以提高水平。完全可以说，调查研究是政府研究部门的基本功和生命线；它与我们的工作须臾不可分离。离开了调查研究这个关键和基础环节，政府研究部门的工作就会成为无源之水、无本之木。要提高我们的综合性政策研究和决策咨询服务水平，就必须加强和改进调查研究工作。

二、政府研究部门调查研究工作的主要特点

各行各业都需要调查研究，但具体情况却各不相同。基于工作性质和基本职能的内在要求，政府研究部门的调查研究工作有以下

一些重要特点。

一是政策性。政策和策略是党的生命。作为政府的政策研究和决策咨询部门，我们开展调查研究，根本目的就是要为领导做出正确的决策提供服务。与此相联系，衡量政府研究部门调查研究工作质量的高低，关键要看有多少调研成果进入了决策，变成了具体政策，以及这些决策和政策在实际工作中发挥了什么样的作用。可以说，政策性是政府研究部门调研工作的最基本特征。

二是针对性。各级政府的工作千头万绪，有数不尽的问题需要研究探讨，我们的调查研究要围绕中心工作，考虑决策需要，关注重点热点问题，做到有的放矢。实践表明，政府研究部门的调查研究工作，只有忙在点子上，谋在关键处，才能富有成效，事半功倍。如果脱离中心工作，远离决策需要，其调研效果必然会大打折扣。

三是应用性。政府研究部门的调研工作，既不是纯粹的理论研究，也有别于具体的工作部署，而多是一种理论与实践相结合的对策性应用研究。它离不开正确的理论指导和深刻的理论思维，具有更强烈的实践性特征，尤其强调“研以致用”。具体说，调研选题必须紧扣现实工作需要，出发点是为政府工作提供急需有效的对策建议；调研成果必须有实用价值，落脚点是解决社会经济生活中的具体问题。古人云：“文可载道，以用为贵。”我们的调研成果只有被领导者作决策所采纳，直接或间接用于改革开放和现代化建设的实践，才能真正称为上乘之作。

四是超前性。政府的许多决策与未来发展趋势密切相关，特别是一些重大决策更是如此，做出这样的决策首先要预知未来。为此，调查研究必须有战略眼光，既要立足当前，又要面向未来，注意瞻前顾后。这是为决策服务的一个重要方面。只有把视野放得更宽一些，眼光看得更远一些，既能预见潮流所在和大势所趋，又能看到苗头性倾向性问题，才能提出有真知灼见的建议。

五是操作性。政府研究部门提出的对策建议不能笼统含糊和空发议论，务必做到符合实际，思路正确，措施具体。社会经济生活极其复杂，有些对策建议，看似很正确，却因无实际操作办法，只能成为书柜之物。一项好的建议，必须兼顾需要和可能，应有切实可行的具体措施。

六是时效性。对急迫问题以及领导机关关注的重要问题，必须集中力量，及时调查，快速反映，适时提供情况和建议，才能适应和满足决策者的需要。"文当其时，一字千金。"倘若时过境迁，工作重心转移，才慢腾腾拿出调研成果，即使写得全面、正确、深刻，也为时已晚，难有大用。事实上，对多数调研成果而言，时机因素至为重要，"生逢其时"才能"谋当其用"。

毫无疑问，深刻认识和正确把握政府研究部门调查研究工作的特点，从中总结出一些带有规律性的东西，对于我们提高调研成果质量是非常重要的。

三、着力提高调查研究工作水平

提高政府研究部门的调研工作水平，涉及诸多因素，需要多方面努力，特别要做到以下几点。

（一）努力提高政治理论和政策水平。这是提高调研工作水平的根本前提。政府研究部门的调查研究，一般都与制定和实施政策措施相关。必须坚持以马列主义、毛泽东思想、邓小平理论和"三个代表"重要思想为指导，认真贯彻党的路线、方针和政策。这就需要刻苦学习理论，熟悉党的方针政策和国家法律法规，从而提高认识和鉴别事物的能力。这样，也才能提高调研成果的政策水平。创新是社会进步的不竭源泉，也是调查研究工作者的可贵品质和必须遵循的重要准则。缺乏起码的理论功底，不知晓党的路线方针政策，没有创新思维能力，就难以搞好调查研究，也难以提出有分量、有重要价值的调研报告。

（二）紧紧围绕工作大局和中心任务。政府研究部门的调研工作是直接为领导机关决策服务的。如同企业生产必须符合市场需求一样，我们的调研工作也必须适应政府中心工作需要和领导决策需求，做到急政府之所急、想政府之所想、求政府之所求。为此，一定要把握全国的中心任务，了解政府的工作部署，掌握领导同志的工作意图；同时，还要敏于观察形势，勤于思考问题，善于见微知著。只有这样，才能自觉地使我们的调查研究同决策需要紧密联系起来；才能把握好调研工作的重点任务，为决策多出主意、出好主意。总的来说，政府研究部门的调查研究，要想大事、议大事，着重研究解决事关改革、发展、稳定大局的突出问题，着重研究解决全局性、战略性的重大问题，着重研究解决人民群众关心的热点、难点和重点问题。对有关问题要尽量提供决策前、决策中和决策后的全方位咨询服务。对于那些一叶昭秋、似小实大、微而见重的倾向性问题和代表性事物，要敏锐观察，抓住不放。在我们的调查研究工作中，既要领会领导者意图，千方百计为领导机关和领导同志服好务，也要坚决防止不顾客观实际和科学规律而一味迎合、投领导者所好的庸俗行为和错误做法。

（三）务必在全面、深入、求实上下功夫。要捕捉领导机关难以听到、不易看到和意想不到的新情况，要找出解决问题的新视角、新思路和新对策，就必须深入地开展调查研究。调查研究必须走出去，沉下去，钻进去；必须深入实际，深入基层，深入群众；必须认真思考，深刻分析，精心研究。具体来说，搞好调查研究，一要全面把握。努力做到脚勤、眼勤、口勤、脑勤、手勤，多层次、多方位、多渠道地了解情况。既要调查机关，又要调查基层；既要调查干部，又要调查群众；既要看到事物的正面，又要看到事物的反面；既要解剖典型，又要了解全局；既要到工作局面好和先进的地方去总结经验，更要到困难较多、情况复杂、矛盾尖锐的地方去研究问题。同时，还要搜集和阅读大量的相关材料。二要深入研究。无论是深入调查，还是潜心研究，一定要有不获实情不收兵、不得真理不甘心的毅力和追求。在调查中，应本着求深、求细、求准的原则，“一竿子插到底”，深入到问题的所在地和矛盾的症结处，溯本求源，真正掌握第一手材料，深刻了解事物本来面目。要综合运用归纳与演绎、分析与综合、具体与抽象以及比较、分类、统计、想像等手段，对调查中掌握的材料进行一番去粗取精、去伪存真、由此及彼、由表及里的深入思考和研究，透过现象把握本质，找出规律性和普遍性东西，找到解决问题的有效办法。三要注重求实。搞好调查研究，必须坚持实事求是的原则，树立求真务实的作风，具有追求真理的勇气和无私无畏的精神。要全面了解客观情况，善于听取各种意见，勇于反映真实情况。搞调查研究，不能预设框框，先入为主；不能只看好的，不看差的；不能只报喜，不报忧；不能只总结经验，不反映教训。对调查了解到的真实情况和各种问题，要敢于“较真”和“碰硬”，不粉饰太平、不掩盖矛盾、不怕得罪人，有一说一、有二说二，“不唯书、不唯上、只唯实”，做到说老实话、办老实事、当老实人。惟科学是从，惟国运顿首。敢不敢把自己通过深入调研得到的、而与领导者意见不一致甚至相反的观点，秉笔直书，不仅是个水平与胆量的问题，而且是个品德与党性的问题。实质上，只有客观反映情况，尤其将那些具有倾向性的问题和矛盾，以及民间疾苦、群众意见如实反映到领导机关，才有助于做出正确的决策、制定出有力的政策，使有关问题得到及时解决。如果一味迎合领导者意见，回避矛盾，隐瞒问题，夸喜遮忧，则必然会误导判断，引致决策失误，给国家和人民造成损失。这是需要极力加以避免的。

（四）广泛听取群众意见。“群众是真正的英雄。”人民群众的社会实践，是我们获得正确认识的不竭源泉，也是检验和深化认识的根本所在。我们调查研究成果的质量如何，形成的意见正确与否，最终都要由人民群众的实践来检验。因此，搞好调查研究工作，必须放下架子，扑下身子，深入田间地头和厂矿车间，拜群众为师，和群众交友，“问问家长里短事，听听鸡毛蒜皮言”，同群众一起讨论大家关心的问题，倾听他们的呼声，体察他们的情绪，感受他们的疾苦，总结他们的经验，集中他们的智慧。既要了解群众盼什么，也要了解群众怨什么；既要听群众的顺耳话，也要听群众的逆耳言；既要让群众反映情况，也要请群众提出意见。尤其对群众最盼、最急、最忧、最怨的热点、难点和重点问题，更要主动调研，抓住不放。只有这样的调查研究，才能够真正听到实话、察到实情、获得真知、收到实效。

（五）创新调研工作方法。在实践中，我们积累了许多行之有效的调研方法，如召开调查会、研讨会、走访调查、蹲点调查、典型调查、实地考察等等。这些方法具有感受直接、体验深刻、互动性强、人情味重等优点，应继续坚持。但必须在此基础上，适应社会经济发展变化的新情况，拓展调研渠道，创新调研方式。要积极使用统计调查、问卷调查、抽样调查、网络调查等现代方法，提高调查的效率和质量。要充分利用现代信息技术和手段进行资料的收集、整理和加工，为调研乃至决策提供快捷、全面、翔实的信息资料。要综合运用经济学、社会学、信息论、系统论、控制论，以及规划与优选、预测与评价、计算机仿真等方法，对已掌握的调查材料进行多层面、多角度的系统研究。只有把传统调研方法和现代调研手段结合起来，才能增强调查研究的科学性和时效性，提高调研工作效率和调研成果质量。此外，调查研究既是科学，更是艺术。搞好调研工作，必须在实践中做有心人，不断积累经验、丰富技巧、提高能力。比如，调查的提问方式就有多种，或开门见山，直来直去；或投石问路，先做试探；或竹笋剥皮，层层深入；或枯井打水，一竿到底；或耐心开导，循循善诱；或旁敲侧击，弦外听音。究竟采用何种方式，必须因情而定，随机应变。

（六）精心写好调研报告。撰写报告是调查研究的重要环节，调查再全面,研究再深刻,文章写不好仍达不到预期目的,甚至会前功尽弃。写文章是一门很大的学问,涉及的因素很多,一般说来,需要注意几个方面。一是把握主题,突出主线,抓住重点,善于画龙点睛,给人以启迪。二是文字表达要准确、鲜明、生动。写调研文章不应过多雕饰、过于华丽,不要用词生僻、苦涩难懂,也不要过于平淡或官话套话连篇,而要准确、鲜明、生动、朴实。即使讲道理也要寓理于事实之中,不能搞纯粹的理论推理。要让人看得懂,愿意看,引人入胜,看了以后还津津乐道、回味无穷。三是表现形式要多样化。写文章也要从实际出发,讲究多样性,切忌公式化,不能千人一面。有些文章,形式死板,毫无个性,如同"八股",给人以似曾相识之感,领导见了烦,读者见了厌。四是从内容上讲,言之要有物,资料要翔实,论证要有力;从形式上讲,结构要严谨,条理要分明,布局要合理。五是要提倡写短文章。领导同志和决策机关日理万机,很难有时间读长篇大作。调研报告要力求短小精悍、言简意赅,应意到言到、意尽言止,千万不要冗长乏味,动辄洋洋万言,让人到沙堆中淘金捡宝。

（七）全面提高自身素质,练好基本功。调查研究是运用科学的理论去探索未知,认识事物发展,寻求解决问题方法的一种复杂的脑力劳动,是一项高度依赖调研人员素质的工作。提高调研工作水平必须提高调研人员的思想、业务和写作素质。政府研究部门调研工作的重要性对人员素质提出了极高的要求。概括起来说,要有较高的马克思主义理论水平和全面准确把握党的路线方针政策的本领,要有较高的政治洞察能力和鉴别能力,要有解放思想和敢于创新的意识,要有实事求是的精神和严格的科学态度,要有较强的分析研究和文字表达功底,要有比较广博的政治、经济、法律、历史和科技等各种知识,要有较好的电脑、网络等现代化办公技能。调查研究工作者一定要博学厚积,自强不息,秉要执本,常勤精进,做到站得高、看得远、想得深、写得好,努力使自己成为政治合格、业务精良、作风过硬、善打硬仗的高素质全面发展人才，更好地提高调查研究工作水平，以更好地适应党和国家事业发展的需要。

（原载《政策研究与决策咨询——国务院研究室调研成果选》代前言，中国言实出版社9月版，《人民日报》2004年12月2日刊载其中大部分内容）

深化干部人事制度改革的若干思考

1993年10月实施的《国家公务员暂行条例》,标志着我国开始实施国家公务员制度。国家公务员制度的建立和推行,是干部人事制度的重大改革,对于加强公务员队伍建设发挥了重要作用。《国家公务员暂行条例》中规定,“国家行政机关实行职位分类制度”,根据职位分类,“设置国家公务员的职务和等级序列”。这套制度至今运行10年,效果明显,但也有必要根据改革开放和发展新形势的需要,加以完善。党的十六大报告提出:“完善干部职务和职级相结合的制度,建立干部激励和保障机制”。这是党中央的重要决策,对于党政机关吸引和留住优秀人才,形成广纳群贤、人尽其才、能上能下、充满活力的用人机制,对于建设政治坚定、业务精通、纪律严明、廉洁高效的干部队伍,有着十分重要的意义。

根据党的十六大报告论述和现行干部人事制度中存在的问题,谈以下几点意见。

一、关于完善干部职务和职级相结合制度问题

完善党政干部职务和职级相结合的制度,首先要科学、明确界定干部职级的含义,明确设立职级在干部管理中的作用。我认为,干部职级序列与干部职务序列既相互联系又相对独立。职级就是党政干

部的级别。职级应该成为决定干部的政治待遇和工资福利待遇、退休待遇的基本依据。它同干部职务序列相互配合，形成对干部的激励和保障机制。

据人事部同志讲，《国家公务员暂行条例》中的公务员"等级"就是党的十六大报告中讲的"干部职级"。如果这样的解释是对的，那么目前干部职务和职级相结合方面存在的问题，主要是干部的级别只与四项基本工资中的级别工资挂钩，与其他待遇无关，没有成为真正意义上的干部级别。级别只是工资级别，还不是真正意义上的职级。这是造成干部"争提拔"、"过独木桥"和短期行为问题的重要制度原因。

完善职务与职级相结合的制度，就要强化职级在干部等级识别中的作用，职级不仅要与干部的基本工资挂钩，还要与干部各方面的待遇挂钩，如政治待遇、生活待遇、退休待遇等，使干部在职务不变的情况下，能够通过职级晋升来提高待遇，以强化对干部的激励保障机制。

二、关于党政干部职务和职级设置问题

党政干部目前的职务层次设置基本合理。问题主要是职级设置不合理、不科学。一是有些职务对应的级别少，不能满足正常晋升级别的需要，出现大量的"倒级差"现象（倒级差是指：当级别晋升达到所任职务对应的最高级别后，在这个最高级别上增加一个倒级差的工资额，即最高级别对应的工资额与低一级次工资额之差）。二是级别只与工作年限挂钩，没有反映干部级别晋升对其能力、责任、业绩的要求（即《国家公务员暂行条例》第十一条规定的执行不够充分）。

解决这个问题，可以采取以下措施。一是要增加级别设置，完善

职务和级别的对应关系。可以考虑在现有15级的基础上再适当增加一些级次，使部分职务对应的级别相应增加1～2级，以解决由于正常晋升级次不够而出现的“倒级差”问题。二是落实《国家公务员暂行条例》第十一条规定，综合考虑决定干部级别晋升的因素，既要考虑工作和任职时间长短，更要考虑所在职位的责任大小、工作难易程度以及德才表现、工作实绩等方面的情况，使晋升级别起到促进干部工作积极性的作用。例如，同样的省、地、县级职务，由于经济、人口规模等情况不同，责任大小也有区别，这些因素应该在其晋升级别问题上得以体现，要制定明确具体的办法，便于操作。三是适当缩短正常晋升级别的年限，使干部不断得到激励。

同时，建议强化职级工资制中的年功贡献，较大幅度提高工龄工资标准，可先从现在的每年工龄1元提高到5元～10元。因为地（市）、县级以下干部数量多，职位少，干部晋升职务机会少，增加工龄工资标准，有助于调动广大参加工作长而级别低的干部的积极性。

三、关于建立专业技术职务问题

随着社会经济的发展，政府职能和工作方式的转变，党政机关对专业技术干部的需要越来越迫切，建立专业技术职务系列很有必要，这也有助于解决“争提拔”和“过独木桥”的问题。

一是各级专业技术人员宜实行聘任制，按照专业技术职务享受政治和工资福利待遇。

二是对非领导职务可以考虑改为政务类专业职位系列，如政务专员、助理政务专员、一秘、二秘等，或某级领导职务助理。这是许多发达国家公务员职务序列的通行做法。

三是对于主要从事研究工作、对学历学位要求较高的党政机关，例如像国务院研究室这样的单位，应当允许评定专业技术职称。这样，可以使公务员队伍中理论学术水平较高的人员与事业单位同等水平人员有相同职称。他们的理论业务水平受到社会承认后，不仅有助于稳定公务员队伍，方便工作，也有利于人才合理流动。

四、关于规范地区和部门自行出台的津贴、补贴，建立适合国情的工资管理体制和调控机制问题

现在的干部收入中津贴、补贴名目繁多，比较混乱，弊端丛生。突出的问题：一是不仅地区之间，而且同一地区的不同部门、单位之间干部的津贴、补贴收入差距悬殊。例如，同在北京市工作，北京市和中央国家机关收入不一样，北京市各部门之间、中央国家机关各部门之间收入都不一样，有的差别很大。二是引起互相攀比，影响干部队伍的稳定，造成有些部门乱收费、搞创收。三是津贴、补贴的项目越来越多、标准越来越高，许多地方津贴、补贴数额已经超过基本工资，占了党政干部收入的大头，使基本工资失去了作为劳动报酬的意义。因此，必须对地区和部门自行出台的名目繁多的津贴、补贴项目加以清理和整顿，可结合财政收支两条线改革一并进行。要简化津贴、补贴项目，确定合理的标准，建立规范的津贴、补贴制度。这是完善干部工资管理制度的重要内容。

由于不同地区经济发展水平、平均工资水平和物价水平不同，应当允许不同地区之间党政干部的收入存在差别。这可以通过设置附加津贴的办法，调节党政干部与当地同等条件人员的收入差距。但是同一地区的不同部门、单位之间的同职同级同类干部津贴、补贴项目和标准应当统一。

要研究和改进中央对地方设置各项津贴和补贴的管理办法。可以考虑：一是中央对地方设置的各类津贴、补贴提出指导意见，具体

项目和标准由地方确定。为改善和提高党政干部物质文化生活水平而设置的补贴项目由中央统一确定，补贴标准可根据补贴项目的不同，有的由中央确定，如通信、书报费等；有的由中央确定补贴比例，地方确定具体标准，如住房，中央只明确按照市场价的一定比例补贴；有的由地方确定，如高级干部服务人员自雇费用等。二是设立职位津贴。根据干部所任职位的责任大小、工作难易程度确定津贴标准，对领导干部和非领导干部应有明显差别，因为工作任务和责任明确不一样，具体标准可以由地方决定，并纳入地方财政预算支出。三是对年度考核优秀等次，给予资金奖励。四是实行分灶吃饭，中央主要管编制、管制度、管政策，并通过转移支付帮助中西部地区解决因执行统一制度和政策产生的困难。五是根据经济发展、平均工资水平和物价变化，适时调整地区附加津贴标准，并把它作为今后提高党政干部收入水平的一项制度。

五、关于对选举产生的干部和委任制干部是否实行不同工资制度问题

通过选举产生和需经各级人大审议的党政干部，其职责、工作压力及难度等一般高于党政机关内设机构同职级委任制干部，因此在工资待遇上应当适当体现。但不同部门、单位的委任制领导干部，其责任和工作量也不相同，有的不亚于选举产生的领导干部。这可以通过不同的职位津贴标准来解决，没有必要建立两套不同的工资制度。

党政干部福利待遇货币化、透明化是改革的方向，步伐应当加快。现在反映比较突出的，是公务用车问题。党政干部福利待遇货币化、透明化后，可使党政机关干部调进调出的限制因素大大减少，有利于干部的交流，也使财政支出更加合理、科学。比如住房补贴货

币化，干部在职期间应该享受多少住房补贴就领多少，调出后在住房上没有任何瓜葛，个人不吃亏，财政也没有多支出。

六、关于干部分类管理问题

干部分类管理是深化干部人事制度改革的另一个重要方面。做好干部分类管理，是做好干部工资、福利待遇、社会保障等工作的前提。完善党政干部职务和职级相结合的制度，建立健全干部激励和保障机制，干部分类管理势在必行。

首先是党政机关和事业单位（含人民团体、各类学会、协会等）、企业单位的干部应该实行不同的管理办法，增加工资和调整工资标准也不要捆在一起。

其次是对党政机关干部实行分类管理。大体可以分为四种类型：一是领导干部，二是政务类专业干部，三是专业技术干部，四是普通文员。党政机关可以设置文员，采取聘用制，不晋升职务、级别，固定工作项目和工资标准，干得好不好，采用是否续聘和给奖金多少的办法，加以区别。

（2003年8月15日在中共中央召开的“完善干部职务和职级相结合的制度　建立干部激励和保障机制”座谈会上的发言）

始终做合格的共产党员

在全国各族人民以雄健的步伐跨入新世纪之际,我们迎来了中国共产党的80周年诞辰。国务院研究室全体党员同全国6400多万党员一样,以十分兴奋的心情祝贺党的光辉生日。今天,我想同大家一道,重温我们党的奋斗历程,展望新世纪我们党面临的重大任务,进一步明确做合格的共产党员的基本要求,坚定为党的事业毕生奋斗的决心,以此纪念我们党成立80周年。

一、中国共产党80年的光辉历程和伟大业绩

每个共产党员都应该熟知并牢记党的光辉历史。不懂得或者忘记党的奋斗史,就不能做一名真正合格的共产党人。这里,先简略地回顾一下我们党的历史。

中国共产党从1921年成立以来,已经走过了80年艰辛而辉煌的历程。中国共产党的诞生,是近代中国社会和人民革命斗争发展的必然结果。1840年鸦片战争后,中国社会逐渐陷入半殖民地半封建的深渊,先进的中国人历经千辛万苦寻找救国救民的道路。太平天国、戊戌变法、辛亥革命,这些斗争和探索最终都失败了。只是在1917年俄国十月革命的胜利,传来了马克思列宁主义,催生了中国共产党,才使中国发展出现了历史性的转折。正如毛泽东同志指出:

“中国产生了共产党,这是开天辟地的大事变。”(《毛泽东选集》第4卷,第1514页。)80年来,中国共产党为了民族解放、社会进步和人民幸福,始终站在斗争的最前列,团结和带领全国各族人民英勇奋斗,为国家的繁荣昌盛和中华民族的伟大复兴,谱写出一曲又一曲雄壮凯歌。

中国共产党的80年,是不断发展壮大的80年,是百折不挠、创建伟业的80年。大体说来,我们党80年的历史分为三个阶段:第一阶段,从1921年党的成立到1949年新中国的诞生,是党领导进行新民主主义革命的阶段。第二阶段,从新中国成立到1978年党的十一届三中全会,是党领导从新民主主义革命转变为社会主义革命和建设的阶段。第三阶段,党的十一届三中全会以来,是党领导进行改革开放和社会主义现代化建设的新时期。党和人民80年来历尽艰难险阻和千辛万苦,开拓出当今中国的新局面,的确来之不易。

中国共产党在领导全国各族人民为新民主主义革命而斗争的过程中,经历了国共合作的北伐战争、土地革命战争、抗日战争和解放战争四个时期。在这期间,我们党经受了1927年和1934年两次严重失败的痛苦考验。1927年,国民党勾结帝国主义,残酷屠杀共产党人和革命分子,使我们党遭受惨重损失。以毛泽东同志为代表的中国共产党人,面对敌人的血腥屠杀,纠正了陈独秀右倾投降主义错误,缔造了人民军队,建立革命根据地,开创了农村包围城市的道路。在革命力量不断壮大的时候,由于敌人的疯狂“围剿”,加上王明“左”倾冒险主义的错误,使革命陷入极端困难境地。在关键时刻,1935年1月中央政治局在长征途中召开了具有伟大历史意义的遵义会议,确立了毛泽东同志在红军和党中央的领导地位,拨正了中国革命的航船。这次会议在党的历史上是一个生死攸关的转折点。此后,党及其领导的红军胜利完成了两万五千里长征,打开了革命的新局面。抗日战争时期,我们党是反抗日本帝国主义侵略的中流砥柱。

1945 年 4 月,党的第七次代表大会在延安召开。这是民主革命时期我们党最重要的一次代表大会。七大将毛泽东思想写进了中国共产党党章,确立了毛泽东思想在我们党的指导地位。这次大会选举产生了以毛泽东同志为核心的中央领导集体,使全党在组织上达到空前的团结和统一;大会制定了正确的纲领和策略,把迎接抗日战争的胜利与争取民族民主革命在全国的彻底胜利紧密结合起来。大会还系统地阐明了党的优良传统和作风,即理论和实际相结合的作风,和人民群众紧密联系在一起的作风,批评和自我批评的作风。抗日战争结束后,蒋介石悍然发动全面内战,我们党以扭转乾坤的气概,领导人民进行了三年多气势磅礴的解放战争,消灭了蒋介石的八百万军队,推翻了国民党反动统治,取得了新民主主义革命的伟大胜利。1949 年 10 月 1 日,中华人民共和国成立,开辟了中国历史的新纪元。

新中国成立后到 1978 年,党领导全国各族人民进行社会主义革命和社会主义建设。建国后的头七年,党和政府依靠人民群众,肃清反动派残余力量,实现了西藏和平解放,战胜了帝国主义的封锁、破坏和武装挑衅,巩固了新生的人民政权,并取得了抗美援朝战争的伟大胜利。我们党和人民迅速医治战争创伤,统一全国财政经济工作,稳定了物价,完成了全国土地改革,开展了“三反”、“五反”运动。仅仅用了三年多时间,就把国民经济恢复到历史最高水平。在这个基础上,采取了符合中国国情的步骤和措施,创造性地对农业、手工业和资本主义工商业进行社会主义改造。这个改造于 1956 年基本完成,在全国消灭了剥削制度和剥削阶级,全面确立了社会主义制度。此后,开始进行大规模的社会主义建设。1956 年 9 月,召开了党的八大。大会正确地分析了国内外形势和国内主要矛盾的变化,明确指出:由于社会主义改造已经取得决定性的胜利,我国无产阶级同资产阶级之间的矛盾已经基本上解决;国内的主要矛盾,已经是人民对于建立先进的工业国的要求同落后的农业国的现实之间的矛盾，已经是人民对于经济文化迅速发展的需要同当前经济文化不能满足人民需要的状况之间的矛盾。党和全国人民当前的主要任务，就是要集中力量解决这个矛盾，把我国尽快地从落后的农业国变为先进的工业国。这些论述，是社会主义制度在我国建立起来以后党确定正确路线的基本依据。大会确定了经济、政治、文化和外交工作的方针。这次大会制定的路线是正确的，标志着我们党探索自己的建设社会主义道路取得了初步的并且是具有深远意义的成果。在这以后的 20 年中，我们党对社会主义建设规律和社会主义社会主要矛盾的认识，经历了曲折的过程。一段时间里，由于在“左”的思想指导下，犯过一些错误，特别是经历过“文化大革命”那样的全面内乱的严重挫折。但是，这期间尽管历经坎坷，我国经济和社会发展仍然取得了巨大的成就，初步奠定了我国社会主义现代化建设的物质技术基础。

1978 年 12 月召开的党的十一届三中全会，实现了新中国成立以来党的历史上具有深远意义的伟大转折，开创了我国社会主义事业发展的新时期。以邓小平同志为核心的中央领导集体，重新确立了解放思想、实事求是的思想路线，以非凡的胆识和魄力拨乱反正，果断地把党和国家工作的重心转移到经济建设上来，同时做出了改革开放的重大决策。从此，波澜壮阔的改革开放大潮在祖国广袤的大地上汹涌澎湃。在 1982 年召开的党的十二大会议上，邓小平同志明确提出了“把马克思主义的普遍真理同我国的具体实践结合起来，建设有中国特色的社会主义的”这个崭新的命题。这次大会确定了到 20 世纪末实现国民生产总值比 1980 年翻两番的奋斗目标。党的十二大以后，改革开放全面展开。经过几年改革开放的实践，我们党对于中国国情的认识更加深刻，对建设中国特色社会主义的道路更加明确。党的十三大明确概括了党在社会主义初级阶段“一个中心、两个基本点”的基本路线；根据邓小平同志提出的设想，大会确定了我国现代化建设分三步走的战略部署。从 1984 年到 1988 年,在推进改革开放的同时,国民经济出现了一个加速发展的时期。1989 年春夏之交,我们党断然平息了一场严重的政治风波。从十三届四中全会到十三届五中全会,以邓小平同志为核心的第二代中央领导集体和以江泽民同志为核心的第三代中央领导集体顺利实现交替。20 世纪 90 年代初,国际共产主义运动遭受了前所未有的挫折。面对严峻的挑战,我们党沉着应对,岿然不动。在国际国内形势发展的关键时期,邓小平同志于 1992 年初视察南方,发表了马克思主义宣言般的重要谈话。1992 年 10 月党的十四大召开,江泽民同志作了《加快改革开放和现代化建设步伐,夺取有中国特色社会主义事业的更大胜利》的报告。这次大会作出了三项具有深远历史意义的重大决策:一是确立邓小平同志建设中国特色社会主义理论在全党的指导地位。二是明确我国经济体制改革的目标是建立社会主义市场经济体制。三是要求抓住机遇,加快发展,集中精力把经济建设搞上去。以邓小平同志南方谈话和党的十四大为标志,中国社会主义改革开放和现代化建设事业进入新的阶段。1993 年～1997 年,党中央、国务院加快推进财政、税收、金融、外贸、外汇、计划、投资、价格、流通、住房和社会保障等方面的体制改革。同时,针对一度出现的经济过热问题,中央正确地实施了一系列宏观调控的决策和措施,成功地实现了经济的“软着陆”,避免了大起大落。1997 年 9 月召开了党的十五大。大会通过了江泽民同志作的《高举邓小平理论伟大旗帜,把建设有中国特色的社会主义伟大事业全面推向 21 世纪》的报告。这次会议把邓小平理论确立为党的指导思想,明确规定中国共产党以马克思主义、毛泽东思想、邓小平理论作为自己的行动指南,提出了建设中国特色社会主义的经济、政治和文化的基本目标、基本政策,构成党在社会主义初级阶段的基本纲领。会议确定了跨世纪改革开放和发展的战略部署。我们党带领全国人民按照十五大确定的部署，坚定地推进改革开放和现代化建设，在纷繁复杂的国际国内条件下，面对来自经济、政治和自然界等方面的严峻挑战，取得了一个又一个重大胜利。1997年和1999年，香港、澳门顺利回归祖国。

我们党80年奋斗建树的丰功伟业，概括起来有以下十个方面：第一，完成了新民主主义革命的任务。结束了中国半殖民地、半封建社会的历史，实现了民族独立和人民解放。中华民族以崭新的姿态屹立于世界民族之林。第二，建立了社会主义制度。实现了中国历史上最广泛、最深刻的社会变革。这是中国有史以来最伟大的历史进步。第三，建立了人民民主专政的国家政权。中国人民掌握了自己的命运，真正成为国家、社会的主人。第四，开创了建设中国特色社会主义的道路。确立了党在社会主义初级阶段的基本理论、基本路线、基本纲领，为实现中国社会主义现代化和中华民族伟大复兴指明了正确的方向和道路。第五，建立了独立的和比较完整的国民经济体系。经济实力和综合国力显著增强。新中国成立以来，国内生产总值增长了56倍，在全世界的位次已跃居第七位。钢铁、煤炭、电力、化肥、粮食、水泥、电视机等十种主要产品产量位居世界前列。12亿多中国人民不仅解决了温饱问题，而且总体上达到小康水平。第六，不断发展社会主义文化。坚持用马克思主义教育人民，继承和发扬民族优秀文化，广泛吸收世界文明的先进成果，全国人民的思想道德素质和科学文化素质日益提高。第七，社会主义民主法制建设取得了重大进展。国家一切权力属于人民。人民代表大会制度和共产党领导的多党合作、政治协商制度不断完善，城乡基层的民主建设逐步加强。实行依法治国，中国特色的社会主义法律体系框架基本形成。第八，实现了国家的高度统一和各民族的空前团结。彻底结束旧中国一盘散沙的局面。在共产党的领导下，各政党、各人民团体团结一心，同舟共济。20世纪90年代后期，我国政府如期恢复对香港、澳门行使主权，全民族的夙愿得以实现。第九，建立和壮大了人民军队。国防现代化建设明显加强,军队革命化、现代化、正规化建设不断推进。第十,坚持独立自主的和平外交政策。我国为世界和平与发展的崇高事业做出了重要贡献,在国际舞台上发挥着越来越重要的作用。

回顾我们党 80 年的光辉历程和伟大业绩,可以得出几点重要结论:第一,中国共产党领导人民不屈不挠、艰苦奋斗,历经磨难而不衰,千锤百炼更坚强。我们党不愧为伟大、光荣、正确的马克思主义政党,不愧为领导中国人民不断开创新事业的核心力量。第二,没有共产党就没有新中国,有了共产党,中国的面貌才焕然一新。只有坚持中国共产党的领导,坚持走中国特色社会主义的道路,国家才能强盛,民族才能振兴,人民才能富裕。第三,中国革命、建设和改革的卓越成就,是全国各族人民共同奋斗的结果,是近代以来中国一切仁人志士前赴后继、英勇奋斗的结果,也是一代代中国共产党人无私奉献的结果。

历史不应忘记,忘记历史就意味着背叛。一个时期以来,社会上有些人极力鼓吹历史虚无主义,以这样或那样的形式歪曲中国现代历史,污蔑、攻击中国共产党的领导。作为一个共产党员,如果否定党的光辉历史和伟大业绩,甚至同反对党的领导的人同流合污,那就是对党的可耻背叛,就要被清除出党的队伍。

我们党之所以能够由小到大、由弱到强、从胜利走向胜利,有以下三个主要原因。一是始终有科学的理论作指导。马克思主义是无产阶级和劳动人民认识世界和改造世界的强大思想武器。我们党从诞生之日起,就把马克思主义作为自己的指导思想,坚持把马克思主义的基本原理同中国实际相结合,坚定不移地走自己的路。在这个结合过程中,出现了两次历史性飞跃,产生了两个理论成果——毛泽东思想和邓小平理论。毛泽东思想和邓小平理论是对马克思主义的继承和发展,是中国化的马克思主义。实践已经并将继续证明,马克思主义、毛泽东思想和邓小平理论，是指导中国人民进行革命、建设和改革开放以至胜利实现社会主义现代化的正确理论。二是始终坚持群众路线。一切为了群众，一切依靠群众，善于从人民群众中获取前进的不竭力量。全心全意为人民谋利益，始终保持同人民群众的血肉联系，在任何情况下都与人民群众同呼吸共命运，这是我们党战胜各种困难和风险、不断取得事业成功的根本保证。三是始终重视加强和改进党的建设。党在各个重要时期，都结合形势的发展，紧紧围绕党的中心任务，不断加强党的建设，进行了多次整党和整顿党的作风活动。我们党敢于坚持真理，勇于纠正错误，善于总结经验。无论在革命还是建设时期，都把全面推进党的建设作为伟大的工程，从而不断增强党的创造力、凝聚力和战斗力，永葆蓬勃生机。所有这些，是我们党在80年不屈不挠、坚忍不拔、所向披靡的主要原因，也是我们党取得一个又一个伟大胜利的基本经验。这些极为丰富的精神财富，对于我们党在新形势下继续前进弥足珍贵。

我们坚信，党过去能够领导全国各族人民赢得民族独立、人民解放和社会主义革命的辉煌胜利，开创建设中国特色社会主义的伟大道路，并取得举世瞩目的巨大成就，今后也一定能够领导全国各族人民开创更加美好的未来。我们应该为党的光辉历史和伟大业绩而骄傲，应该为自己是一名中国共产党党员而自豪，应该为党的壮丽事业而生命不息、战斗不止。

二、党在新世纪的重大使命和党的建设任务

我们的党是谱写了辉煌历史的党，也是孜孜不倦奋斗的党。世纪之交，以江泽民同志为核心的党中央，立足中国实际，顺应世界发展潮流，高瞻远瞩，统揽全局，提出了我们党在新世纪的三大使命，即继续推进现代化建设、完成祖国统一大业、维护世界和平和促进共同

发展。实现这三大历史任务,任重而道远。

跨入新世纪,我国进入了全面建设小康社会、加快推进现代化建设的新的发展阶段。目前虽然人民生活总体上已实现小康,但我国仍处于社会主义初级阶段,生产力发展水平还比较低,特别是人均经济发展水平还居于世界后列。党中央确定的奋斗目标是,新世纪头十年即到2010年实现国内生产总值比2000年翻一番,建立比较完善的社会主义市场经济体制;到2020年建党100周年时,使国民经济更加发展,各项制度更加完善;到本世纪中叶,新中国成立100周年时,基本实现现代化。实现这样的奋斗目标,必须始终把发展社会生产力放在第一位,不断增强综合国力;必须使改革在一些重大方面取得新的突破,并在优化经济结构、发展科学技术和提高对外开放水平等方面取得重大进展。为此,需要解决一系列非常复杂、难度很大的问题。我国现代化建设已经取得重大进展,但前面的道路并不都是平坦的,还有各种困难和风险,包括可以预料的和难以预料的,来自国内的和来自国外的,经济生活中的和社会政治生活中的。无论遇到什么困难和风险,我们都必须坚定不移地沿着党指引的建设中国特色社会主义的伟大道路前进。

从完成祖国统一大业看。我们已经实现了香港、澳门回归祖国。解决台湾问题,实现祖国完全统一,更加突出地摆在了我们面前。台独势力和西方敌对势力仍在处心积虑地为两岸统一设置障碍。我们必须坚持"和平统一、一国两制"方针,坚持一个中国的原则,反对分裂,反对台独,努力实现和平统一,但不能承诺放弃使用武力。同时,面对复杂多变的国际环境,我们必须积极推进国防现代化建设,不断增强国防实力。这是维护国家安全和实现国家现代化的重要保证。

和平与发展是当今时代的主题。维护世界和平、促进共同发展,是各国人民共同的强烈愿望,但天下仍不太平。世界格局总体上趋向多元化,但不会一帆风顺,会有斗争和曲折。我们要密切注视世界政治、经济、科技、文化、军事等方面的变化，高举和平与发展的旗帜，维护世界和平，致力于共同发展。

我们党在新世纪的任务是极为繁重的、艰巨的。同时，随着国内外环境的变化，面临着许多新情况和新考验，既有着良好机遇，也存在严峻挑战。要胜利实现党在新世纪的重大使命，再铸历史辉煌，关键在于坚持、加强和改善党的领导，进一步把我们的党建设好。概括地说，在新世纪推进党的建设新的伟大工程，就是要适应改革开放和发展社会主义市场经济的新形势，切实从思想上、组织上、作风上全面加强党的建设，不断提高领导水平和执政水平，不断增强拒腐防变的能力，以新的面貌和更强大的战斗力，带领全国人民奋发前进，确保完成新的历史任务。

加强党的思想建设，最根本的是坚定不移地用马克思主义、毛泽东思想特别是邓小平理论武装全党，充分发挥党的思想政治优势。马克思主义是我们立党立国的根本指导思想，是全国各族人民团结奋斗的共同理论基础。马克思主义的基本原理在任何时候都要坚持。否则，我们的事业就会因为没有正确的理论基础和思想灵魂而迷失方向。同时，马克思主义具有与时俱进的理论品质，要在新的伟大实践中，认真总结实践经验，敢于做出新的理论概括，不断丰富和发展马克思主义，这样才能使我们党永远走在时代前列，开拓前进。加强党的组织建设，最根本的是把党建设成为坚强的领导核心，充分发挥党的组织优势。我们党有6400多万党员，300多万个基层党组织。充分发挥我们党的组织作用和组织优势，坚持和完善党的民主集中制这个根本组织制度和领导制度，就能够更好地带领全国人民不断前进。加强党的作风建设，最根本的是坚持全心全意为人民服务的宗旨，充分发挥党的密切联系群众的优势。要永远保持党同人民群众的血肉联系，这是党的力量源泉和胜利之本。在任何时候任何情况下，党与人民群众同呼吸、共命运的立场不能变，全心全意为人民服务的宗旨不能变。党的作风建设既是一项长期而艰巨的任务,又是一项现实而紧迫的工作。当前和今后一个时期,要集中精力解决党的思想作风、学风、工作作风、领导作风和干部生活作风方面存在的突出问题。加强党的建设,还要坚持不懈地开展反腐败斗争,这是关系我们党和国家生死存亡的严重斗争。

在总结我们党的长期奋斗历程和基本经验,深刻分析国际国内环境新变化和面临新任务的基础上,着眼于使我们党继续站在时代前列,更好地带领人民胜利前进,江泽民同志提出了“三个代表”的重要思想。这就是:我们党要始终代表中国先进生产力的发展要求,代表中国先进文化的前进方向,代表中国最广大人民的根本利益。“三个代表”的要求,是我们在新世纪全面推进党的建设,不断开创建设中国特色社会主义事业新局面的根本要求。我们要深入学习,正确认识,加深理解,全面贯彻。我们党要始终代表中国先进生产力的发展要求,就必须使党的理论、路线、方针、政策和各项工作,努力符合社会生产力发展的规律,体现不断推动生产力的解放和发展的要求,尤其要体现推动先进生产力发展的要求,通过发展生产力不断提高人民群众的生活水平。为此,要正确把握我国社会生产力的发展趋势,坚持以经济建设为中心,坚持推进改革开放,充分发挥科技第一生产力的作用。我们党要始终代表中国先进文化的前进方向,就必须使党的理论、路线、方针、政策和各项工作,努力体现发展面向现代化、面向世界、面向未来的,民族的、科学的、大众的社会主义文化的要求,促进全民族思想道德素质和科学文化素质的不断提高,为我国经济发展和社会进步提供精神动力和智力支持。为此,必须坚持用马克思主义、毛泽东思想特别是邓小平理论教育人民,大力实施科教兴国战略,继承和发扬我国一切优秀文化成果,学习和吸取人类社会创造的一切先进文明成果。我们党要始终代表中国最广大人民的根本利益,就必须使党的理论、路线、方针、政策和各项工作,坚持把人民的根本利益作为出发点和归宿，充分发挥人民群众的积极性和创造性，在社会不断发展进步的基础上，使人民群众不断获得切实的经济、政治、文化利益。为此，必须立党为公，执政为民，恪尽职守，全心全意为人民服务。“三个代表”作为统一的整体，体现了鲜明的先进特征、科学的创新精神、广阔的世界眼光、坚定的立党宗旨，是我们党的立党之本、执政之基、力量之源。我们必须把全面落实“三个代表”的要求，统一于党的建设的各个方面，统一于党领导人民进行改革开放和社会主义现代化建设的全过程。

我们党在新世纪的任务和对党的建设的要求，也是对我们国务院研究室党组织的要求。我们研究室是承担综合性政策研究和决策咨询任务、为国务院主要领导服务的办事机构，既要负责起草或组织起草重要报告、讲话等文稿，又要进行重要问题的调查研究，提出对策建议，任务十分繁重和光荣。我们研究室有 7 个党支部，绝大多数同志都是共产党员。只要充分发挥机关各级党组织的应有作用，充分发挥党员的先锋模范作用，就一定能够更好地履行职责，把各项工作不断推向前进。为此，每个党支部都要切实按照我们党全面加强党的建设的部署，认真贯彻“三个代表”要求，进一步加强思想建设、组织建设和作风建设，把我室党组织建设成坚强的、忠诚于党的事业的、朝气蓬勃的战斗堡垒，以更好地适应新形势新任务的需要。

三、坚持高标准、严要求，始终做一名合格的共产党员

回顾党的 80 年光辉历史，展望党在新世纪面临的艰巨任务，认清党的建设的新要求，目的在于始终保持共产党员的先进性，使我们的思想和行动符合党和时代进步的要求。只要全国每一个共产党员都始终保持先进性，我们党就会永葆生机活力，就能够在新世纪率领

全国各族人民勇往直前,从胜利走向新的胜利。新的形势和任务对党员提出了新的更高的要求。在我们庆祝建党 80 周年的时候,我想郑重地提出一个严肃的要求,就是我们每个党员都要立志始终做一名名副其实的、合格的共产党员。为什么提出这么一个要求呢?这是因为:第一,每个党员在入党的时候,总的来说是符合入党条件的,是合格的,否则不会被吸纳到党组织里面来。然而,我们不能只做一段时间的合格党员,而必须一辈子都要做合格的党员。第二,从组织上入党是重要的,更重要的是思想上入党。思想上入党不能是一时的,而是长期的,随时随地都要经得住各种各样的考验。第三,我们面临着急速变化的新情况、新形势。在改革开放和发展社会主义市场经济条件下,在错综复杂的国际形势和国内社会生活中,永远保持共产党人的本色,始终做一名合格的党员是不容易的,这就必须坚持高标准、严要求,时时刻刻不忘入党誓言。

这里,我想和大家一起重温入党誓词:

“我志愿加入中国共产党,拥护党的纲领,遵守党的章程,履行党员义务,执行党的决定,严守党的纪律,保守党的秘密,对党忠诚,积极工作,为共产主义奋斗终生,随时准备为党和人民牺牲一切,永不叛党。”

今天,我们回顾党的 80 年峥嵘岁月,展望党任重道远的光辉未来,重温入党时字字千钧的庄严誓词,心潮澎湃,热血沸腾。在新的历史条件下,我们要始终做一名合格的共产党员,最重要的就是要切实按照党章和“三个代表”的要求,不断加强党性修养,认真实践入党誓言。根据当前的情况和我们研究室的工作要求,谈谈几点认识和体会,与大家共勉。

(一)加强理论学习。就是要认真学习马克思主义、毛泽东思想特别是邓小平理论。政治上的清醒和坚定来源于思想理论上的清醒和坚定;政治上的糊涂和摇摆,都是由于思想理论上的动摇和混乱。

良好的政治素质、高尚的人格、洁美的操守、刚直不阿的凛然正气，都不是与生俱来的，而是长期学习和实践的结果。学习是加强党性、陶冶情操的重要环节和途径。只有学好理论，才能通晓社会历史的进程，感悟党的事业的伟大；只有学好理论，才能坚定理想信念，增强政治敏锐性和政治鉴别力；只有学好理论，才能懂得“高山仰止，景行行止”，牢固树立正确的人生观、世界观、价值观。因此，我们要把学习看作是一种政治责任、一种精神追求、一种思想境界，做到学习、学习、再学习，活到老，学到老，永不懈怠。在国务院研究室工作，学习和掌握理论尤为重要。不学习，就难以辨明政治方向和是非界限；不学习，就难以提高自己的理论政策水平和观察分析问题的能力；不学习，就难以全面把握中央的路线、方针、政策，也难以提高工作的水平。我们起草文稿、研究问题，没有扎实的理论功底，没有开阔的视野和广博的知识，就不可能提高起草报告、讲话等文稿和调研成果的质量，也就不能履行好自己的职责。我们必须充分认识学习理论的极端重要性，切实纠正某些同志存在的轻视理论、忽视学习或者以干代学的错误倾向，真正始终把加强理论学习作为头等重要的任务。

加强理论学习，最要紧的是坚持解放思想、实事求是的思想路线和思想作风。从党的事业看，解放思想、实事求是，是党引导社会前进的强大力量；从党性锻炼看，解放思想、实事求是，是广大党员保持先进性的根本要求。毛泽东同志说过：“马克思列宁主义并没有结束真理，而是在实践中不断地开辟认识真理的道路。我们的结论是主观和客观、理论和实践、知和行的具体的历史的统一，反对一切离开具体历史的‘左’或右的错误思想。”（《毛泽东选集》第 1 卷，第 296 页。）邓小平同志也指出：“真正的马克思主义者必须根据现在的情况，认识、继承和发展马克思主义；不以新的思想、观点去继承、发展马克思主义，不是真正的马克思主义者。”（《邓小平文选》第 3 卷，第 291 页。）社会实践是不断前进的，我们的思想认识也应不断前进。要坚持党的基本理论和基本路线,按照实践是检验真理的惟一标准,一切从实际出发,自觉地把思想认识从那些不合时宜的观念、做法和体制中解放出来,从对马克思主义的错误的和教条式的理解中解放出来,从主观主义和形而上学的桎梏中解放出来。要坚持科学态度,使我们的思想和行为更加符合客观实际,按照马克思主义的实践观点和发展观点,研究新情况,解决新问题。正确认识和对待新事物、新思想、新创造,防止思想僵化,勇于探索,敢于创新。

学习理论,要坚持理论联系实际。我们要努力掌握和运用马克思主义的立场、观点和方法,不断深化对改革开放和现代化建设规律的认识,并在改造客观世界的同时改造主观世界。学习的目的全在于应用。要开动脑筋,善于运用理论思考问题、解决实际问题。我们要按照中央的要求,加强理论学习制度的建设。建立健全党组中心组学习制度,并认真执行。我们要在全室上下形成自觉学习的浓厚风气。要把学习理论与学习党的历史、中国历史和世界历史结合起来,与学习当代经济、社会、科技、金融、法律等知识结合起来。每个干部都要谙熟和掌握同本职工作相关的党和国家的方针政策与法律法规,努力把握现代经济、科技、文化等领域的新知识、新思想。这样,才能提高我们的理论政策水平,头脑清醒,视野开阔,业务精通,把各项工作做好。

(二)坚定理想信念。为共产主义奋斗终生,是每个党员入党时立下的庄严誓言。只有坚定共产主义的理想信念,才能做合格的共产党员。共产主义是一个非常漫长的历史过程,只有在社会主义社会充分发展和高度发达的基础上才能实现。我们要树立共产主义的远大理想,坚定信念,以远大的理想激励和鞭策自己,以高尚的思想道德要求和规范自己。同时,要脚踏实地地为实现党在现阶段的基本纲领和奋斗目标而奋发努力。我国现在处于并将长期处于社会主义初级阶段。建设中国特色社会主义的政治、经济、文化,把我国建设成为富强、民主、文明的社会主义现代化国家，是党在现阶段的基本纲领和奋斗目标。这一纲领和目标与共产主义的远大理想紧密相连。我们要做党的最低纲领和最高纲领的统一论者。只有积极为我们党现阶段的基本纲领和奋斗目标服务，才能做一名合格的共产党员。这里至关重要的，是要全面正确地执行党在社会主义初级阶段的基本路线，坚持以经济建设为中心、坚持四项基本原则、坚持改革开放，坚定不移地沿着建设有中国特色的社会主义伟大道路前进。

坚定理想信念，一个十分重要的方面，是要时刻注意保持清醒头脑，同各种错误思想倾向划清界限。现在，社会上有右的东西影响我们，也有“左”的东西影响我们。右，主要是否定四项基本原则，鼓吹资产阶级自由化；“左”，主要是思想僵化，把改革开放说成是引进和发展资本主义。邓小平同志在 1992 年南方谈话中指出：要警惕右，主要是防止“左”。我们每个共产党员在任何时候都要立场坚定，抵制右的和“左”的干扰，坚持党的基本理论和基本路线不动摇。正如清人郑燮诗云：“咬定青山不放松，立根原在破岩中。千磨万击还坚劲，任尔东西南北风。”（《郑板桥全集》六编，清西山堂刻本。）

现在社会上有些共产党员，政治立场发生动摇，迷失了前进的方向。有些人思想僵化，从“左”的方面极力反对我们党的现行路线和方针政策，攻击改革开放偏离了社会主义。有的人把国有企业改革中实行股份制、资产重组、“抓大放小”等等，一概斥之为搞资本主义私有化。他们无视改革开放以来我国取得的历史性巨大成就，企图拉历史车轮向后退。另有一些人搞资产阶级自由化，公然主张我国要全盘“西化”，极力鼓吹全面私有化和政治多元化，企图把中国引向资本主义道路。这两种思想政治倾向都是极端错误的。一方面，我们必须坚决反对思想僵化，反对“左”的错误倾向。改革开放是决定中国命运的重大决策，没有二十多年的改革开放，就没有中国社会生产力的巨大进步，也就没有人民生活水平的显著提高和综合国力的大大增强，更没有中国在当今国际上的重要地位和作用。我们必须坚定不移地贯彻执行党的改革开放政策。另一方面，我们也必须坚决反对资产阶级自由化。在我国，放弃四项基本原则就是动摇和瓦解国体，就要走上资本主义的邪路，就会给我们国家和人民带来深重的灾难。我们研究室的所有同志，在事关党的根本立场、根本原则的大是大非面前，要十分清醒和坚定，做到旗帜鲜明，绝不能在思想和行动上有这样或那样的偏离，并敢于同各种错误思想倾向作坚决的斗争。

（三）牢记根本宗旨。全心全意为人民服务，是我们党的根本宗旨，也是对党员的根本要求。每个共产党员都应甘当人民公仆，先天下之忧而忧，后天下之乐而乐，做到吃苦在前，享受在后，勤勉工作，克己奉公。如果不顾及人民的利益和群众的疾苦，一事当前，先为自己打算，一心考虑个人的名利得失，甚至锱铢必较，那就不是一个合格的共产党员。对在国家机关工作的党员来说，实践党的根本宗旨，集中地体现在工作态度、敬业精神和责任心上。我们机关的共产党员爱岗敬业，勤勤恳恳，埋头苦干，任劳任怨，不计得失。由于工作性质和岗位所决定，需要经常加班加点，但大家没有怨言，确实是忘我工作，乐于奉献。大家在工作中表现出来的强烈事业心和责任心，确实是很可贵的。我们要继续发扬淡泊个人名利、甘当无名英雄的优良传统，发扬为人民鞠躬尽瘁、死而后已的献身精神，发扬一丝不苟、认真负责的工作态度。总之，我们在任何时候都要把党和人民的利益放在高于一切的地位，做到不为名所缚，不为物所累，不为利所驱，不为财所惑，不为誉所喜，不为失所悲，诚心诚意地把自己的一切献给党和人民的崇高事业。

牢记党的根本宗旨，必须坚信群众是真正英雄的历史唯物主义观点，坚持密切联系群众。要深入实际，深入群众，深入调查研究，体察民情，了解民意，不断从人民群众中吸取营养和智慧。要把对党负责同对人民群众负责统一起来。多年来,我们研究室同志深入农村、企业调查研究,写出了一批质量较高和有价值的调研报告,不少调研成果受到国务院领导同志的重视,成为决策的重要依据,今后,我们要继续加强调查研究,发扬求真务实的优良作风。特别是要围绕党中央、国务院的中心任务,抓住社会经济生活中的重要问题和热点问题,进行全面的而不是片面的、深入的而不是肤浅的调查研究,及时反映人民群众的呼声和要求,提出对策建议,更好地为中央、国务院领导服务,为广大人民群众服务。

(四)执行民主集中制。党章规定:党是根据自己的纲领和章程,按照民主集中制组织起来的统一整体。民主集中制是马克思主义认识论和群众路线在党的生活和组织建设中的运用,是党的根本组织制度和领导制度。我们党从1921年成立开始,就把民主集中制原则的精神写入了第一个党纲。党的民主集中制的基本原则是:党员个人服从党的组织、少数服从多数、下级组织服从上级组织、全党各级组织和全体党员服从党的全国代表大会和中央委员会。民主集中制是在民主基础上的集中,在集中指导下的民主。我们必须正确理解和认真执行党的民主集中制。一个党组织,必须认真贯彻民主集中制;一个党员也要懂得和自觉执行民主集中制。我们要坚持发扬民主,维护集中统一,努力营造又有集中又有民主,又有纪律又有自由,又有统一意志又有个人心情舒畅的生动活泼的政治局面。

从全党来说,充分发扬党内民主,是党的事业兴旺发达的有效途径。从一个单位来看,充分发扬党内民主,是发挥党员干部积极性、提高战斗力的重要保证。工作中的重大问题,都应充分听取各种意见。总体上看,我们室内民主空气是好的,今后还要努力拓宽民主渠道,进一步发展党内民主,充分发挥广大党员和各级党组织的积极性和主动性。凡是属于重要决策、重要事情、重要人事任免,都要严格执行规定程序,广泛地听取党内外群众意见后,进行集体讨论决定。

同时，要认真执行集体领导下的个人分工负责制。集体决定的事项，必须坚决照办，不能各行其是，擅自行动，做到有令则行，有禁则止。我们要继续健全民主集中制的具体制度，认真解决存在的问题，防止出现个人独断专行和软弱涣散现象。不论是什么人，不论是哪个党组织，如果违反民主集中制原则行事，都要受到批评和处理。

（五）遵守党的纪律。我们党是靠革命理想和铁的纪律组织起来的马克思主义政党。严肃党的纪律是维护党的团结统一、贯彻执行党的路线、完成党的任务的重要保证。每个共产党员都必须严格执行和维护党的纪律，包括政治纪律、组织纪律、工作纪律。遵守党的政治纪律，就是一定要与以江泽民同志为核心的党中央在思想上、行动上保持高度一致，自觉维护中央的权威。对党的决议和政策如有不同意见，在坚决执行的前提下，可以声明保留，并且可以向上级党组织直至中央提出，但不得公开发表同中央决定相反的意见。共产党人要光明正大，表里如一，决不能阳奉阴违，搞当面一套、背后一套，决不能参与各种非法组织和非法活动。同时，对党在组织、财经、外事、人事、保密等方面的纪律，每个党员都必须严格遵守。

我们研究室全体同志，对遵守党的纪律要特别重视。由于我们工作性质和岗位所决定，在工作中有的时候知道的情况可能要早一些或多一些，尤其要严守纪律，绝对保守秘密。我们工作中应遵守的各项纪律，室党组已经多次作了重申，请大家一定要认真执行。现在有些同志新来不久，要抓紧熟知各方面纪律，自觉遵守。我们机关所有人员的一言一行都要注意社会影响，特别是在公开场合发表意见或与群众交谈时，绝不能信口开河，更不能传播政治谣言以及发表丑化党的形象的言论。当然，在内部讨论、研究问题时，一定要敞开思想，知无不言，言无不尽，任何组织和个人都不能抓辫子、扣帽子、打棍子。要在全室进一步形成敢于解放思想、实事求是、勇于发表意见的风气。研究问题没有禁区，对外发表言论则要十分谨慎。我们每个同志都要努力学习和掌握党章党规和国家法律法规，做遵纪守法的模范。

（六）勇于开展批评。党章第一章第三条明确写道："切实开展批评与自我批评，勇于揭露和纠正工作中的缺点、错误。批评与自我批评，是我们党抵御各种政治灰尘和腐朽思想侵蚀、纠正自身错误、维护党的纪律的有效方法，也是一个党员纯洁党性、保持先进性的重要方法。毛泽东同志在《反对自由主义》这篇名著中，开宗明义写道："我们主张积极的思想斗争，因为它是达到党内和革命团体内的团结使之利于战斗的武器。每个共产党员和革命分子，应该拿起这个武器。"（《毛泽东选集》第2卷，第359页。）一个共产党员应该襟怀坦白，忠实、积极，以党和人民的利益为第一生命，个人利益服从党和人民的利益，无论何时何地，都要坚持正确的原则，同一切不正确的思想和行为作斗争。不仅要敢于批评别人的错误言行，而且要勇于自我批评。古人云："日省其身，有则改之，无则加勉。"严于律己，更是一个正直的共产党员的应有品格。

我们要正确运用批评与自我批评的武器，勇于坚持真理，随时修正错误。看问题、办事情，要公道正派，讲党性，讲原则，有意见要摆在桌面，不搞不负责任的背后批评、议论。要弘扬正气，反对歪风。要正确看待自己、正确看待他人、正确看待组织。在"三讲"教育活动后，我们机关讲学习、讲政治、讲正气之风进一步光大，一些消极庸俗作风得到遏制、克服。为了进步，为了把工作做好，许多同志能够勇于开展正确的批评，积极提出合理的建议。这种良好风气应进一步发扬。我们要继续健全党内民主生活制度，开好民主生活会，经常听取大家对室领导工作和领导干部的意见。各级领导班子内部也都要善于开展批评与自我批评，及时纠正不正确的思想和行为。

（七）增强革命团结。邓小平同志曾指出："党的团结和统一，是党的生命，是党的力量所在。经常注意维护党的团结，巩固党的统一,是每一个党员的神圣职责。”(《邓小平文选》第1卷,第236页。)对于党的伟大事业来说,团结就是大局,团结就是力量,团结就是胜利。无论是党自身的巩固和发展,还是实现党的最高使命和完成各个阶段的任务,都必须有党的坚强团结和统一。对于一个单位来说,团结出凝聚力,团结出战斗力,团结出成果,团结出人才。一个单位团结搞得好,心齐风正,必然会工作成绩大,人才成长快。如果相互拆台,互相掣肘,那就不利于团结,不仅会妨碍工作,不可能出高质量成果,也不利于身心健康和个人成长进步。这些是为大家所共识的。当然,党的团结、革命队伍内部的团结,是在正确的政治原则和正确的组织原则基础上的团结。同志之间在工作中难免会产生这样或那样的意见分歧和矛盾。问题是,要正确认识分歧和矛盾,采取正确的方法加以解决。

搞好团结的一个重要方面,是要主动团结与自己有不同意见的同志。毛泽东同志曾讲过,要讲团结,包括团结与自己有不同意见的人一道工作,甚至团结那些曾经反对过自己并且被实践证明是反对错了的人一道工作。我们共产党人就是要有这种博大的胸怀。这里很重要的是,大事讲原则,小事讲风格。如果对别人有意见,要与人为善地提出,不要怄气。同志之间要推心置腹、开诚布公,要相互理解、相互信任,增进友谊。搞好团结,还必须谦虚谨慎,不能把自己看成“一朵花”,把别人看成“豆腐渣”。要记住“谦受益,满招损”这个道理。近几年,我们机关由于各单位的团结进一步加强,大家的工作积极性不断提高,高质量的工作和调研成果也越来越多。我们要以革命利益为重,十分珍惜团结奋斗的良好局面,以利于更好地提高工作水平,也为大家的成长进步创造良好的工作氛围和环境。

(八)做到清正廉洁。立党为公,廉洁从政,建设廉洁、勤政、务实、高效的政府,这是党和国家根本宗旨的要求,也是对党员干部的基本要求。廉洁是第一位的,只有廉洁,才能勤政,做到廉洁、勤政,才能务实、高效。古人说过："修身洁白而行公正，居官无私。"（《韩非子·饰邪》）古人尚且如此重视廉政，我们共产党人应当比古人更高明，应当有崇高的精神境界和职业道德。每个党员特别是领导干部都必须牢记全心全意为人民服务的宗旨。要做到清正廉明，两袖清风，一身正气，反对以权谋私。在新的形势下，要经得起改革开放和市场经济发展的考验，经得起权力、金钱、美色的考验，正确行使人民赋予的权力。要做到这一点，必须不断加强党性锻炼和修养，严于自律，防微杜渐，做到自重、自省、自警、自励。要树立正确的义利观、荣辱观、人生观，保持共产党人的高尚情操与革命气节，追求积极向上的生活情趣。要发扬艰苦奋斗精神，自觉抵御拜金主义、享乐主义、极端个人主义的侵蚀。每个党员干部都要认真执行中央关于加强党风廉政建设的一系列规定，严格自律，自觉地同各种消极腐败现象作坚决斗争。我愿和大家一道，堂堂正正做人，清清白白做"官"，勤勤恳恳办事，扎扎实实工作。

总之，我们庆祝建党80周年，最重要的是要牢记党的光辉历史，明确我们党在新形势下肩负的历史重任，按照党纲、党章的规定和"三个代表"要求，永远做个真正合格的共产党员，立志以与时俱进的思想观念和自强不息的精神风貌，为我们党的伟大事业毕生进行不懈的奋斗。这是对党的生日最好的纪念。

（本文系作者2001年6月28日在国务院研究室全体党员会议上讲的党课）

责任编辑:张伟珍
装帧设计:肖　辉
版式设计:朱启环

图书在版编目(CIP)数据

科学发展观和现代化建设/魏礼群著.
-北京:人民出版社,2005.5
ISBN 7-01-004996-3

Ⅰ.科…　Ⅱ.魏…　Ⅲ.现代化建设-研究-中国　Ⅳ.D614

中国版本图书馆CIP数据核字(2005)第047607号

科学发展观和现代化建设
KEXUE FAZHANGUAN HE XIANDAIHUA JIANSHE

魏礼群　著

人民出版社　出版发行
(100706　北京朝阳门内大街166号)

北京建筑工业印刷厂印刷　新华书店经销

2005年5月第1版　2005年5月北京第1次印刷
开本:880毫米×1230毫米 1/32　印张:18.5
字数:500千字　印数:1-4,000册

ISBN 7-01-004996-3　定价:45.00元

邮购地址 100706　北京朝阳门内大街166号
人民东方图书销售中心　电话 (010)65250042　65289539